本书受浙江树人大学著作出版基金资助

美国研究型大学
本科教育发展研究

高飞 著

人民出版社

本书受浙江树人大学著作出版基金资助

美国研究型大学
本科教育发展研究

高飞 著

人民出版社

目　录

前　言

在美国研究型大学中,本科教育不但培养出大批富于探索意识和创新能力的高素质人才,而且对于研究生教育、科学研究以及社会服务等其他职能的履行也起着重要支撑作用。然而,由于研究型大学集知识发现、传播和应用于一体的独特性,也存在着如何处理教学与科研、通识教育与专业教育以及本科教育与研究生教育等诸多矛盾关系的问题。因此,考察分析美国研究型大学本科教育变革历程及其得失成败,可以为我国建设世界高水平大学提供一定的理论和实践借鉴。

美国研究型大学本科教育经历了五个发展时期。从 19 世纪70 年代至第二次世界大战,是本科教育的初步形成与局部调整阶段,建立起了相对统一的模式:主修制度、通识教育和自由选修组成的课程体系,讲授法为主的教学手段以及综合性书面考试的评价策略都成为研究型大学的典型标志。在第二次世界大战后初期的二十多年中,伴随高等教育黄金时代的到来,大学的关注重点从教学转为科研,教育重心也从本科教育转向研究生教育,除了短暂的通识教育运动之外,本科教育活动面临了前所未有的冷遇。20世纪 60 年代后期起至 80 年代初期,为了扭转课程过分专业化的态势减少本科生对于遭受忽视的不满,部分高校开始通过核心课程、实验学院以及跨系教育等措施来谋求知识之间的联系,并期望依靠新生研讨课、学生主导课程和经验学习等途径来表示尊重学生的决心。然而,这些革新主要限于少数大学,只代表本科教育变革的初步兴起。20世纪80年代之后的10年,一方面,本科教育改革的内容得到扩充,质量水平、教学地位、多元文化以及全球意识等领域都成为关注的议题;另一方面,本科教育改革的范围增大,引起高教界乃至全社会的思考与讨论,表明革新迈入拓展阶段。20世纪90年代以来,如何推进学习整体性、帮助本科生成为优质资源分享者以及改变教学创新性缺乏等深层矛盾浮现出来,相应地整合教育、学生中心大学以及教学学术等理念也逐渐付诸实践,本科教育的变革日益朝纵深发展。

纵观美国研究型大学本科教育的历史轨迹,可以发现:在课程领域,共同性、连贯性和综合性是其不懈追求的主题;在教学方面,教师中心、学生中心和交互中心三种形式都发挥过重要作用;在变革模式上,实施局部调整、开辟实验基地、发起整体改造以及建立新式大学则共同构成了教育革新的全景图式。

第 一 章

绪 论

一、问题提出

（一）选题缘由

1. 本科教育在研究型大学发展中起着不可或缺的重要作用

本科教育是高等院校教学、科研和服务三大职能中最古老也最基础的任务。即使在以强调科研重视研究生教育为己任的研究型大学中，本科教育的重要地位也不容忽视。康乃尔大学前校长弗兰克·T. 罗德斯（Frank T. Rhodes）曾指出："公众是通过本科教育来直接认识大学的，研究型大学的成败与否完全取决于本科教育。"[1] 具体而言，研究型大学本科教育的重要作用体现在以下几个方面。

首先，本科教育的基础性。

从社会发展的角度，研究型大学的本科教育为国家培养了大量栋梁之才。本科毕业生既有比较宽厚的知识基础，又具相对精深的一技之长，有较强的适应能力和发展后劲，能够在各种行业领域为整个社会进步作出巨大贡献。这也是研究型大学在国家高教体系中发挥作用的重要体现。从高校发展的角度,本科教育是研究型大学财政收入的重要来源之一。各国政府大多依据在校生人数划拨经费,此外本科学生每年还缴纳大量的学费,这二者都是大学正常运作所必不可少的资金。在世界高等教育普遍面临经费短缺的今天,本科教育作为大学财源的稳定组成部分,其基础性地位更加突出。从人才发展的角度,本科教育是衔接中等教育和研究生教育的重要纽带,为更高层次人才的培养奠基。成功的研究生教育不仅需要优秀的师资、精良的设备,更需要高质量的生源。而本科教育通过引发探究兴趣、积累广博知识和提升学术能力可以帮助学生为更深层次的学习作准备。

其次,本科教育的独特性。

虽然伴随高等教育大众化的发展,各类非传统学生不断增长,但年龄在 18 岁—22 岁直接从中学毕业升入大学的学生依然是本科生的主体。这一群体的独特性也赋予本科教育与众不同的特色:无论是大学生组织的课外活动、本科生与教师的课堂交流还是他们参与的科研和服务活动都给研究型大学带来了无限活力。

哈佛大学前校长德里克·博克(Derek Bok)强调正是本科生使大学充满了朝气,校园内发生的激动人心的事件,包括丰富多彩的娱乐项目、生动活泼的学生报纸、吸引人的足球比赛和表演以及其他许多活动,都给校园生活带来了生机和活力。[2] 在创造多样的文化生活之外,更为重要的是本科生还能利用他们活跃的思维、新颖的观点在与教师的接触交流中,使双方都获益良多。研究型大学的教授们在向虽具有专业兴趣但还缺乏系统训练的本科学生传授专业知识时,自己也同时获得了反思与提升。此外,本科学生还越来越多地投身到科研和服务活动之中,在拓展本科教育内涵的同时,也赋予高校另外两项功能以更丰富的含义,从而将大学的三大职能更为有机地结合起来。

　　总之,与高校的其他活动相比,本科教育占有更多时间、利用更多人力、消费更多资源、需要更多设施同时也产生更多收益。只有给予本科教育以应有的重视,才能把握住研究型大学发展中的根本问题,也才能为院校其他功能的发挥提供稳固的基石。高质量的本科教育能帮助大学树立良好的品牌形象,为其今后发展赢得先机。

2. 我国在建设世界一流大学过程中本科教育存在诸多问题

　　自 20 世纪 90 年代以来,我国为了迎接世界新技术革命的挑战、解决国民经济建设和社会发展中的重大科技问题同时满足社会主义现代化建设对高级专门人才的需要,先后实施了"211 工程"和"985 工程"。二者都致力于通过变革管理体制、加强学科建设、调整专业结构、深化教学改革、创建一流师资、改善物质环境和促进国际交流等措施,来有计划分阶段地建设一批国内重点院校和国际一流大学。王战军指出,如果将世界一流大学定位于学术型院校范围内,则其将成为研究型大学的一个子集,即凡是一流大学则必然是研究型大学。[3] 由此,要成为世界一流大学就必须以研究型大学的建设为必要前提和必经阶段。这也是我们在追求世界一流大学的形势下,深入探索研究型大学的原因。具体到研究型大学建设的各个领域,本科教育中三方面的问题特别值得关注。

　　首先,本科教学和科学研究的矛盾。

　　研究型大学因大量的科研资助、雄厚的科研实力和卓著的科研成果而名声在外,但这也在无形中对本科教育构成了威胁。一方面,高校诸多政策向研究领域倾斜以及科研本身给参与者带来的丰厚利益,都促使教师将更多的精力投身到课题项目之中,而对教学采取相对忽视的态度。另一方面,教师在科研上的成果并未有效地回报在他们的教学过程之中:他们的研究方向不仅与所授科目缺少联系,而且往往未能将本领域的前沿问题引入本科课堂。

其次,本科教育和研究生教育的矛盾。

研究型大学的发展与研究生教育可谓息息相关:一方面高校要通过不断增设硕士点和博士点来增加声望与资源,另一方面研究生也是教师从事科研项目的重要助手。因此,以科研为导向的研究生教育获得了更多资源并日益受到重视。此外,研究型大学将本科生与研究生置于同一学院,许多教师也同时兼顾本科教学和研究生教育的任务。这种做法虽有利于充分利用资源,但也容易将研究生教育模式运用于本科教学之中,成为本科教育的一大隐忧。

再次,普通教育和专业教育的矛盾。

本科教育由普通教育和专业教育两部分构成,二者缺一不可。但本科四年的学习时间有限,因而两者如何安排以及怎样衔接的问题就十分突出。在课程数量上,虽近年来有所改进,但大学的专业课比例仍然远高于普通科目,二者尚未达成平衡状态。在课程内容上,我国高校长期以来对普通教育不够重视,内容缺少有机整合;大学虽强调专业教育的实施,但一般分科过于狭窄,内容相对陈旧;此外,普通教育的宽度与专业课程的深度也缺乏结合点。在课程安排上,研究型大学一般把普通课程安排在一、二年级,而在更高年级实施专业教育,这种形式上的割裂使原本已在内容上处于疏离状态的两种教育更加难以贯通协调。

以上三对矛盾并非我国建设国际一流大学过程中特有的问题,而是世界上许多研究型高校所共同面临的挑战。如何充分发挥研究型大学在本科教育上的特有优势,又尽可能减轻其在大学教学方面的不利影响,尤其需要国际间的相互学习。

3. 美国研究型大学本科教育改革有诸多值得借鉴之处

首先,相对完善的形态。

早在第二次世界大战(下称二战)以前,美国研究型大学在本科教育方面就形成了比较一致的模式,近几十年又通过改革创新而得以进一步完善。[4] 研究型大学本科课程一般由通识教育、集中课程(主修)和自选课程(选修)三部分构成。教学方面,讲授法因传授知识的系统性、节约资源的低成本性以及课堂管理的便利性长期以来一直是研究型大学教育传递的主要形式,同时辅之以研讨班、课堂讨论和独立学习等方法。研究型大学还利用自身在科研方面的优势实施了研究生助教制和导师指导制。尤其是 20 世纪 80 年代和 90 年代以来,各大学的本科革新不一而足,本科科研、服务学习和学习共同体等新举措层出不穷。

其次,比较明显的优势。

美国研究型大学不仅在本土享有盛誉,就是在国际上也声名卓著,在一定程度上已成为名校的同义词。它们形成了高水平的教师队伍,从而为优秀人才的培养提供了前提和依托;拥有特色鲜明的优势学科,在全美乃至国际排序中都名列前茅,成为新知识新成果的重要生长点;还具备优良的物质条件,使师生能够利用最丰富的资源和最先进的设备开展工作学习。美国研究型大学本科教育的突出成绩成为我们积极探索其发展特点的推动力。

再次,与时俱进的变革。

美国研究型大学本科教育虽然取得了不少成就,但也存在诸多不足之处。作为融多种功能于一身的顶尖高校,其各类问题往往能够集中代表美国教育活动中的弊病,而其改革行动也相应成为全美本科革新中的风向标。从诞生伊始,研究型大学就是本科变革的先行者。而二战以后特别是近几十年则成为研究型大学本科教育改革的繁荣时期,它们根据经济发展、人口变化和社会需要不断在教育目的、内容和方法上进行反思和创新,虽然这些改革有的取得了一定成效,有的却以失败而告终,但美国大学从未停止过努力,这也激励着别国立足本土不断变革。

(二)选题意义

1.理论意义

研究型大学本科教育是美国高等教育体系的重要组成部分之一。以变革为主题、以历史为维度描述美国研究型大学本科教育的发展状况,横向上关注其在不同阶段最为显著的特征和最具特色的改革,纵向上探索其变化脉络和未来走向,同时结合时代背景思考现象背后的原因进而总结整个演化过程中的内在规律,将展示一幅相对完整的本科教育变化图景,并能在一定程度上丰富当前学术界有关研究型大学的理论成果。

2.实践意义

我国在创建国际一流大学提升本科教育品质的过程中,在面对普遍性的问题和共同性的挑战时,与他国交流和向别国学习就成为一种必然。而美国研究型大学的本科教育既取得过巨大的成功,积累了丰富的经验;又存在和我国类似的困扰,需要不断变革。由此,对美国研究型大学的本科教育进行系统研究,将为我国解决高等教育发展中的矛盾、改进本科教学工作和明确未来改革方向提供一定的借鉴与启示。

二、概念界定

（一）研究型大学

　　研究型大学的精神之源可以追溯到 19 世纪初期德国学者威廉·冯·洪堡关于现代大学的阐释。他认为大学应是具有研究性质的学校，将发展科学视为大学的重要职能，并强调把科学研究同教学过程结合起来。虽然研究型大学的精神最早萌发于德国，但却是美国率先明确了研究型大学的地位并形成了相对成熟的形态。深受德国大学的影响，通过新建和改造，美国在南北战争后逐渐发展起一批不同于传统学院的新型高校即研究型大学。到1900 年，美国大学协会成立，接受了 12 所大学作为第一批会员。由于美国大学协会以严格的研究生教育和科学研究的成绩作为入会条件，这 12 所高校便成为公认的最早的美国研究型大学，后又增至 16 所。[5] 因此，至第二次世界大战前夕，是否为美国大学协会的会员就成为判断研究型大学的唯一标准。第二次世界大战后，伴随联邦政府对高校科研的大力资助以及研究生教育计划的繁荣，研究型大学在质量和数量方面都迎来了黄金时代：在传统研究型院校的实力得到提升之外，更多高校跻身研究型大学之列。[6] 同时美国大学协会的会员要求放宽，已不再为研究型高校所专属。因而，二战后初期人们一般把获得全国科研基金会研发资金前100 位的高校默认为研究型大学，但这种界定过于模糊和简单，学术界亟待更为规范的定义出炉。

1. 卡内基教学促进基金会的定义

　　从 20 世纪 70 年代开始，卡内基教学促进基金会在 1973、1976、1987、1994、2000 和 2005 年先后六次发布了美国高等教育机构的分类报告,其中也对研究型大学作出了相应的规定。1973年的报告中将美国高校分为五种类型,其中授予博士学位的院校(Doctoral-Granting Institutions)这一类又具体包括Ⅰ类研究型大学(Research Universities Ⅰ)、Ⅱ类研究型大学(Research Universities Ⅱ)、Ⅰ类博士学位授予大学(Doctoral-Granting Universities I)和Ⅱ类博士学位授予大学(Doctoral-Granting Universities Ⅱ)四个部分。Ⅰ类研究型大学的标准为:在1968—1971年的三年中,至少有两个学年高校获得联邦学术科研资助的排序在前50名之内,且在1969—1970学年至少授予50个哲学博士学位(如果医学院在同一校区也将医学博士学位计入);Ⅱ类研究型大学的要求为:在1968—1971年的三年中,至少有两个学年位居联邦资助的前100名,而且在1969—1970学年至少授予50个哲学博士学位(如果医学院在同一校区也将医学博士学位统计在内),或者在1960—1970年的十个学年中哲学博士学位授予总数位列全国前50名。[7]博士学位授予大学则依据颁发的博士数量进行区分:Ⅰ类博士学位授予大学每年要颁发40个以上的哲学博士学位;Ⅱ类博士学位授予大学则要颁发10个以上的哲学博士学位。

1976年的报告基本延续了三年前对研究型大学科研的规定,只是具体学年作了调整;但在Ⅱ类研究型大学的要求中有了一定的变化:其所授予的50个哲学博士学位中至少25个必须是一直存在而不是新增加的,如果高校无法达到此项规定,则必须在1965—1975年期间颁发的哲学博士学位数位居全国前60名。Ⅱ类博士学位授予大学颁发哲学博士学位的要求提高为每年至少20个,或者在至少3个领域中颁发10个以上的哲学博士学位。

1987年的分类以具体的科研资助数目代替了对排名的要求:Ⅰ类研究型大学每年至少要获得3350万美元的联邦资助,Ⅱ类研究型大学争取到的联邦资金也要在 1250 万至 3350 万美元之间。此外，这两类高校都必须提供门类齐全的本科专业，要开展包括授予博士学位在内的全部研究生教育活动，每年至少颁发 50 个哲学博士学位，并高度重视科研活动。博士学位授予大学在学位设置上也要和研究型大学一样提供从本科到博士所有阶段的教育。

1994 年的界定保留了前一次报告的主要内容，但将四类授予博士学位院校的哲学博士学位要求拓展为更为广泛的博士学位，其中包括教育学博士、法学博士、公共卫生学博士和哲学博士。[8]同时提高了Ⅰ类和Ⅱ类研究型大学获得联邦资助的最低标准，分别升至 4000 万美元和 1550 万至 4000 万美元。

2000 年的版本将一直以来授予博士学位的高等教育机构中的四小类合并为两大类，即广延型博士学位/研究型大学和密集型博士学位/研究型大学。可以说长期以来博士学位授予大学和研究型大学一样在争取科研资助和开展博士教育方面发挥着重要作用，二者之间的区别更多是数量方面的，而非性质层次的。两者的合并有助于壮大研究型大学的队伍。对广延型和密集型两类大学的要求都坚持了设置覆盖面广泛的学士学位专业、开展研究生教育和从事授予博士学位活动的规定；区分在于第一类要在调查期间即 1995—1998 年每年至少在 15 个学科颁发 50 个以上的博士学位；第二类则需在 1995—1998 年间每年至少在 3 个领域颁发 10 个以上博士学位，或者每年授予的博士学位总数不少于 20 个。

虽然相较于以往的研究，2000 年的版本作出了较大调整，但仍然坚持传统的单一维度标准，而最新的 2005 年分类报告则作出了根本性变革，实现了多维度的结合。新方法围绕课程、学生和背景三个主题，在原有标准的基础上新增了本科教育、研究生教育、学生结构、本科生特征以及高校的规模设置五个基本维度和一些可选择性的维度,再具体演化为众多二级指标,综合性地描述出了美国高校的六种基本类型,并根据各类院校的不同特点提出了侧重点各异的要求。在研究型大学的界定方面,除了规定在2003—2004学年度授予的博士学位至少在 20 个以上之外,则试图更动态全面地考察高校的科研成就。调查数据包括大学科学和工程学科的研发支出(以国家科学基金会的调查为准)、非科技领域的研发支出、科技人员队伍总数和所有学科博士学位授予总数。这些数据的总和和人均值(即四项数据总和除以大学中以教学、科研和服务为主要活动的全日制教师的总数所得出的平均值)相结合确定出大学在高教体系中的位置,并通过和共同的参考系相比较确定所属层次,共分为三类。总值和均值中只要一者得分为“很高”,则大学就属于科研活动水平很高的研究型大学(RU/VH)之列;两个指标中只要一个显示为“高”,则大学就归于科研活动水平高的的研究型大学(RU/H)之中;两个变量都未达到“高”这一标准的大学就为普通的博士/研究型大学(DRU)。

2. 其他中外学者的理解

美国教育家休·戴维斯·格拉汉姆(Hugh Davis Graham)和南希·戴尔蒙德(Nancy Diamond)认为研究型大学指提供博士学位,同时在教师晋升和终身教职的要求中强调教学之外科研成绩的四年制高校。[9]二人据此对卡内基分类中的研究型大学作了增减,并依大学获得的联邦研发资金、高校发表的文章总数、在前 10位科学期刊上发表的文章数、在前 10 位社科刊物上发表的文章数以及人文艺术学科所获得的奖金和资助数目这五项指标,结合大学的全日制教师当量,重新划分了研究型大学内部的类别。

美国学者罗杰·G.诺尔(Roger G. Noll)则指出研究型大学必须满足如下要求:(1)教师不仅要完成教学任务还要在较高水平

上从事科研活动;(2)大学通过在科研设施方面投下巨资以支持研究计划;(3)教学活动多样,既包括训练新的研究者也涉及本科生的通识教育。从师资的角度,诺尔指出研究型大学的教师一般要把25%—75%的时间运用于教学。如果教师的教学时间比例低于25%,则该组织更像提供一些在职训练的科研机构,而如果教师的教学用时比例高于75%,则教学就成了唯一重要的职能,研究沦为副业。[10]

我国学者在借鉴国外研究的基础上,根据国内高等教育的现状,也提出了对研究型大学的独特见解。王战军指出研究型大学是以知识的传播、生产和应用为中心,以产出高水平的科研成果和培养高层次精英人才为目标,在社会发展、经济建设、科教进步和文化繁荣中发挥重要作用的大学。[11]此外,国内学者也有从指标维度对研究型大学进行阐释。如马陆亭和马桂荣就强调研究型大学必须从八个方面达标,包括学科综合程度、在国内高校的排名位置、年授予博士数、学校规模、在校研究生比例、科研经费、建校历史以及收入 SCI 和 EI 的论文数。[12]而吴咏诗则将指标进一步简化为:研究生在学生总数中的比重应在 30%—50% 以上;各主要学科应能培养博士,各个学科均应能培养硕士;科研经费数应等于或大于教学经费数;按教师人数计算的人均科研项目数、人均科研经费数应高于一定水平等四方面。[13]

综上所述,可以发现卡内基教学促进基金会对高等教育机构的分类最为系统严谨,其对研究型大学的界定始终坚持从社会需要和现实情况出发的原则,十分注重根据时代发展不断进行变革。这为探讨不同时期研究型大学的发展变化提供了非常重要的依据。同时,卡内基高等教育机构分类是基于对全国高校比较全面深入的调查而形成的,不仅对各类院校作出了明确规定,而且详细列出了各类别中具体包括的院校名称和数目,这又为进一步的案例研究提供了帮助。但其分类和界定主要以量化指标为依据,虽易于操作,可缺乏对研究型大学性质的根本把握和内涵的深入探讨。因此本研究虽然主要以卡内基分类为分析研究型大学的工具,但也会注重参考其他中外学者的定性研究,以形成更为丰富立体的认识。

对比中外研究,研究型大学的特征可归纳为内部特征和外部表征两个方面。罗杰·G.诺尔指出美国一些高水平的文理学院也拥有不少知名的研究型学者,但因其所获联邦资助较少,而且不开展研究生教育,因此尽管具备一定学科优势和一流师资仍不属于研究型大学一类。[14]由此大量科研资助和大规模的研究生教育构成了研究型大学内部的根本特征:(1)科研活动是高校的主要职能和显著特色,大学有能力争取到来自政府、企业和社会各界的大额资助,在科学研究方面投入巨大的人财物资源并取得了卓著的成果;(2)研究生教育构成教学活动的重要方面,有授予博士学位的能力,以培养具有探索精神和创新能力的人才为己任。内部特征并不能完整地代表研究型大学的全部特征,外部表现也同样重要。此类大学必须能够体现一国高等教育发展的最高水平,要在高教系统中占据不可或缺的重要地位,在国家建设和社会进步中发挥出举足轻重的作用并具备一定的国际影响力和声望值。

(二)本科教育、自由教育与通识教育的关系

1.美国高校自由教育和通识教育的发展

要研究美国高校的本科教育,分析其与自由教育、通识教育的关系是必不可少的一步。自由教育也称博雅教育、文雅教育,正式用语虽然来自古罗马时代,但它的精神实质却要追溯至古希腊。

古希腊的学者亚里士多德比较完整地阐述了自由教育的早期思想。他指出自由民必须有闲暇时间以便从事心灵的沉思,研讨真理和进行哲学的思考,而最适合自由民的教育便是文雅教育。[15]概言之,古希腊、古罗马时期的自由教育就是适合自由人的教育;致力于促进人的身体、道德和智慧的和谐发展以及理性的充分发展;以三艺四科等自由学科为教育内容,反对功利性和实用化;是以自身为目的为教育而进行的教育。

　　12、13 世纪,中世纪大学纷纷建立,巴黎大学成为欧洲北部大学的典型代表,以古希腊、古罗马时期的自由学科为学习内容,合称七艺。但在上帝支配一切的中世纪时代,此时七艺已经沦为神性的自由教育。英国的牛津大学和剑桥大学都是按照巴黎大学的模式建立起来的。14、15 世纪的文艺复兴运动呼唤冲破教会的束缚,将人从神的统治中解放出来;倡导回归古代,强调恢复古希腊、古罗马时代的教育传统。七艺从神学的婢女转而成为传授人文之学的学科,并新增了历史和道德哲学的内容,自然科学也被纳入教学内容之中,但不占据主要地位。[16]由此,古希腊的自由教育演化为人文主义教育。

　　具体到美国高等教育的发展,其 17 世纪创建的殖民地学院深受英国古典大学影响,认为自由教育才是真正的教育。学院以古典教育为中心,致力于心智培养和品格塑造。到了 18 世纪,文理学院和古典课程已经完善地建立起来,本科教育实质是一种博雅教育。19 世纪初,传统学院的自由教育已经明显落后于时代发展,一些高校也开始变革求存。古典教育虽然不断受到冲击,但主导地位仍未被真正撼动。直到南北战争后,随着《莫雷尔赠地法》的颁布、在德国大学的影响下、面对美国社会对专门人才的需求,学院才渐渐抛弃自由教育传统纷纷向大学转型。它们设置大量实用科目、允许学生自由选课并开办研究生教育向更进一步的专业化方向发展,此时的本科教育已与殖民地时期的博雅精神相去甚远。

但与此同时,许多教育者也担心在这种新型本科教育下培养的专家将缺乏传统文理学院中的博雅素养;而且过分重视职业化专业化的学校已经出现了人才培养片面化的问题,由此 19 世纪末 20 世纪初自由教育的呼声再次高涨。虽然自由教育的提倡者不可能完全排除实用主义和专业化在本科教育中的影响,但他们可以通过不断重申本科学习中通识教育的重要性来为自由教育赢得一席之地。[17]这场运动一直持续到 20 世纪 50 年代,随着其达到全盛时期,"通识教育"一词也取代"自由教育"变得更广为人们接受。但一直坚持以自由教育理念办学的院校仅限于部分小型文理学院,包括研究型大学在内的广大高校只是间断性地实施了一些通识教育革新,而且这些改革或者只着眼于本科教育中的非主修部分,或者只存在于高校发展的某段时期,自由教育完全主导美国本科学习的时代已经一去不复返。虽然教育界从未停止过对通识教育的倡导,但实际改革之路任重而道远,时至今日美国大学中这一问题仍然没有得到很好地解决。

2. 自由教育和通识教育的关系

从通识教育这一术语广泛使用开始,因其和自由教育在历史发展上的传承关系以及二者内在精神内涵方面的共通性,在理论界将通识教育与自由教育绝对区分开来就成为一桩难事,而且许多著者也在无意识间将二者等同并进行混用。如詹姆斯·J. 科南特(James B. Conant)在 1945 年的哈佛红皮书中就认为通识教育的核心问题就是要继续自由和人文传统。所谓通识教育就是不再面向少数精英而是服务于大众的自由教育。他强调在标题中使用通识教育而不是自由教育的唯一原因也只是出于受众的考虑而并不在于两种教育有何差异。[18]

尽管当代的通识教育与历史上的自由教育密切相关,但毕竟并非同一概念。学者加里·米勒(Gary Miller)对二者进行了比较详细的区分,他认为通识教育体现了工具主义思想,强调问题解决、获取技艺和提高能力,致力于个体和社会的改变;自由教育反映了理性主义的内涵,更关心作为学识活动场所的头脑的状态,定位于借助抽象观念思考的精神过程。而米勒认为自由教育不同于通识教育的最根本特性在于其所探寻、研究和理解的是具有普遍性质和本质意义的真理。[19]虽然米勒对二者的区分有些绝对和极端,但确实在一定意义上揭示了它们之间的差异:自由教育较少受外界社会变动的影响,更依赖于过去而不是现在与未来;而通识教育则面向现实,需要把作为教育对象的学生和作为生存环境的社会考虑进去。在教育对象上,自由教育局限于少数自由人,通识教育则面向广大公众;在教育目的上,前者从本原上强调以人自身的发展为目的反对任何功利性实用性的取向,后者则关注社会需要以培养合格公民为己任;在教育内容上,前者以自由学科及古典人文学科为主,后者则与时俱进地扩充到人文、社会和自然科学基本素养的造就。总之,在当前的美国大学中,自由教育更多体现为一种意识层面的精神追求;通识教育则更多作为本科教育实践中的非专业部分而存在,本质上只部分地反映了自由教育的理念。

(三)研究型大学本科教育与非研究型大学本科教育比较

美国研究型大学内部有公立和私立之分,该维度在一定程度上也会影响到本科教育的发展;如前者往往本科生人数偏多后者则数量较少。因而本书虽以研究型大学本科教育作为整体研究对象,但在两者表现出差异时会进行分别阐释。美国研究型大学由于以重视学术科研活动以及发展研究生教育特别是博士教育为特征,从而又导致其本科教育与其他非研究型大学表现出不同的特点。

在招生领域美国研究型大学本科教育强调高度选择性,特别是私立研究型院校。而美国其他类型的高校除了少数精英文理学院之外,与研究型大学相比录取率普遍较高,而社区学院更是具有广泛的开放性。招生上的严格要求在很大程度上确保了研究型大学本科生源的优质性。

在授予学位方面种类更为丰富,由此学士学位不是唯一甚至有时不再是主要的类型,研究生在研究型大学总学生数量中占有重要比重。卡内基教学促进基金会 2005 年将美国高校的基本类型分为 6 种:(1)副学士型学院,只颁发副学士学位或者副学士学位占本科生学位总数不足 10%;(2)学士型学院,颁授学士学位比重至少为全部本科学位的 10%,而且每年授予硕士学位不足 50 个或者颁发 20 个博士学位;(3)硕士型院校,每年授予至少 50 个硕士学位和 20 个以内的博士学位;(4)博士型大学,每年至少授予 20 个博士学位,具体包括三类研究型大学;(5)专业性学院,授予的学士及以上学位集中于某一个或一组专业领域;(6)种族学院,属于美国印第安高等教育联盟的成员。[20]

在教育目标上具有综合性、基础性和精英性的特征,在综合性上美国研究型大学期望本科人才不是只掌握一技之长或某领域的专业知识,而是要求他们在熟知自然、社会以及人文学科等多领域知识之外,还具备较高的思维能力、适应能力、创新能力以及艺术素养、道德修养和公民素质等。在基础性上,美国研究型大学更倾向于将本科教育视为更高层次人才的准备活动,而不是以培养专业人才为最终目标。据美国全国科学基金会的调查显示,研究型大学的本科毕业生中 56% 日后获得了博士学位。[21]在精英性上,研究型大学承担了美国高等教育普及化过程中精英教育的责任,学术取向、知识尖端以及研究前沿都正在惠及本科生,优越的办学条件、一流的教学科研队伍以及丰富的学术交流机会都在强化美国研究型大学本科教育目标的精英性。

在教育内容方面重视将广博性、职业性和学术性集于一身,研究型大学本科课程一般由通识课、专业课和自选课三部分构成,具有较为丰富的内涵。与之相比,社区学院因同时肩负升学和就业职能,也相应为两类不同需求的学生开设了各有偏重的学术型和职业型课程。文理学院则长期坚持自由教育传统,不希望为了迎合市场需求而让职业技术课程充斥于教育计划之中,普遍强调本科教育的博雅性。其他以授予学士和硕士学位为主的大学,虽其课程也大多由通识教育、专业教育以及自选部分组成,但因自身学科力量和师资水平有限,所以其专业教育的学术性明显弱于研究型大学的本科教育。

在教育方法上强调本科生的探究性,虽然研究型大学因忽视本科教育而曾经在教学方法改造方面有所懈怠,但近年来日益重视富有创新精神的探究人才的培养,使本科生也能享受到研究型大学内部长期以来为研究生所垄断的优质资源。研究型大学开发并推广了本科科研、顶峰体验以及学习共同体等一系列颇具特色的措施来激发本科生的积极性、主动性和创造性。

三、文献综述

(一)国外相关文献综述

美国对于研究型大学本科教育的探讨产生了丰富的成果,这也为本书提供了主要的研究基础。美国学术界对本科教育、研究型大学及高等教育发展等不同主题的论述都构成了重要的文献来源。

1.有关本科教育的研究

第一,本科教育整体状况。

不同时代都有对本科教育总体概况的论述,特别是从20世纪60年代以来,伴随对本科教育教学问题的关注,这方面的著作也逐渐丰富起来。

约瑟·阿克斯罗德(Joseph Axelrod)在1967年的报告《本科教育的新模式》中针对当时本科学习存在的问题,提出了一种新型的本科教育范式。其寻求创建一种由师生共同建构的基本学习小组,努力超越课程分裂状态试图发展联合计划,同时贯通书本知识和直接经验视教学活动为一种合作探究过程。

卡内基高等教育委员会的报告《内容和背景:大学教育论文集》和亚瑟·桑帝恩(Arthur Sandeen)的著作《本科教育:冲突和变革》都是20世纪70年代论述本科教育的重要文献。前者是出于对本科职业化倾向日益严重的担心而对自由教育进行呼吁的尝试。后者则总结了70年代通识教育衰落、过于强调科研和研究生教育以及学系的过分增长等诸多问题,并提出本科教育应在目标、管理、计划和服务等各方面都进行变革。

80年代,质量成为本科变革的主题。在这期间,不论是教育组织的报告还是学者个人的著述都对本科教育表现出前所未有的重视,《投身学习:发挥美国高等教育的潜力》首先将质量问题引入高教领域。欧内斯特·L.博耶(Ernest L. Boyer)的《美国大学教育——现状·经验·问题及对策》则以大学生从入学到毕业的整个学习过程为线索论述本科改革问题。因此,中学和大学的衔接、教育的使命与目标、教师职责的重点、教学活动的开展、校园文化生活、大学行政治理以及对教育结果的评估等议题都在博耶的论述之列。

90年代以来,伴随本科创新活动的不断开展,学术界对本科教育的探讨也日益深入,人们开始不断反思美国大学教育应如何应对新千年的挑战。托马斯·E.布德罗(Thomas E. Boudreau)在《大学联合体:美国本科教育的社会重建》中提倡整合教育学,认为本科教育必须关注人类普遍知识,采用跨学科的方法并坚持跨文化的研究,由此大学才能真正成为一个从事整合和跨学科探究活动的整体组织。德里克·博克(Derek Bok)的新作《回归大学之道:对美国大学本科教育的反思与展望》是一本从目标、内容、方法、教师以及校园生活等多方面全面研究本科教育的著述。

第二,本科课程改革。

课程历来是教育界关注的焦点之一,而本科课程方面的著述也十分丰富:有的关注历史发展,有的则描述总体状况。

弗雷德里克·鲁道夫(Frederick Rudolph)的《课程:1636年以来美国本科学习的历史》是一部探讨美国本科课程变化发展过程的力著。该书并没有事无巨细地全景描绘课程演变,而是抓住每一时期的突出特点和事件加以阐述。鲁道夫在研究历史变化时始终关注着规定必修和自由选修、通识教育和专业教育、精英导向和平等主义、规模教育和个别化教学等课程发展中的主要矛盾。

《本科课程指南：目的、结构、实践和变革的综合介绍》则是一本试图全方位描述本科课程总体状况的著述，指出 19 世纪末发展起来的传统课程结构正面临着变革的压力而未来新课程的开发将成为必然。该书将本科课程的发展历程归纳为专业化趋势的增长和内容计划的增多，尽管专业化推动了学术的巨大发展，但也导致了信息缺乏连贯性、学习经验缺少完整性以及学术社区缺失整合性等问题的出现。正如亚瑟·K. 埃利斯(Arthur K. Ellis)在《本科课程模式的跨国分析：聚焦于研究型大学》中所指尤其是在研究型大学，学科分化过细和主修科目不断增多，进一步弱化了博雅教育在整个本科生学习中的作用。自由教育再次得到学术界的重视。[22]

第三，本科教学改革。

确定了学习内容之后，如何有效地使学生掌握知识就涉及本科教学问题。美国高校历经几百年的发展，在教学方面有许多创新之处，独立学习、能力学习和实验学习等新方法新手段层出不穷。而近年来对本科教学的研究已经不再停留于形式创新，而是更多地深入到根本改善方面。特别是伴随教师职能从单一教学行为拓展到科学研究和服务活动，教学和科研的相互关系也日益成为困扰学术界的重要问题，有关这方面的著述也逐渐丰富起来。

面对如何协调教学和科研之间关系的问题，雪城大学在 20 世纪 90 年代初期和后期开展了两次针对研究型大学的调查。1992 年的报告显示大学虽然言论上倾向于支持科研和教学间的平衡，但事实上却将重点置于科研活动方面；奖励体系是二者难以达成平衡的问题所在。[23]1996 年—1997 年对研究型大学的再次调查显示出大学比五年前更为支持教学和科研之间达成平衡；同时高校正日益重视并积极改进教学活动。但高校的晋升、终身教职和绩效工作政策仍然偏重奖励科研而非教学,而过多的资源也继续流向研究活动。

欧内斯特·博耶试图超越传统教学和科研的争论,从更广泛的意义上界定学术活动,提出了教学学术水平的概念。他从全新的视角打破了教学和科研间的固有定论,指出教学和科研的内在一致性。面对教学和科研失衡的状况,许多学者都开始重视对教学学术的研究,如 M. P. 阿特金森(M. P. Atkinson)的文章《教学学术:重新定义学术和改革校园》、P. 哈钦斯(P. Hutchings)的报告《开放的界限:教学学术的新途径》以及威廉·E. 贝克(William E. Becker)和莫亚·L. 安德鲁斯(Moya L. Andrews)主编的《高等教育中的教学学术:研究型大学的贡献》等都试图将教学视为一种学术并加以改进。以最后一本著作为例,其主要探讨教学如何在研究型大学中找到自己合适的位置。书中提出研究型大学可以通过四种渠道来实现教学的学术:跨学科机构、研究生教育、技术中心和分散的院系。[24]

2. 有关研究型大学的研究

第一,研究型大学的历史发展。

罗杰·L. 盖格(Roger L. Geiger)的两本论著《增进知识:美国研究型大学的发展(1900—1940)》和《科研及相关知识:第二次世界大战以来的美国研究型大学》从知识发展与研究型大学成长之间关系的角度探索了其100多年的历史演进,为分析研究型大学的本科教育提供了重要背景。特别是第二本著作和本书有着更为密切的关系。盖格将二战后90年代之前的研究型大学发展分为四个时期:1957年之前联邦对大学科研的资助仍主要采用战时的方法,运用多元主义的政策在不同领域分别建立了资助机构;1957年苏联卫星上天促使联邦政府增大科研预算,并确定大学为研究的主要场所同时大力发展研究生教育,1958—1968 年成为联邦资助研究型大学科研的黄金十年,但从这一阶段中期起政府投入的增幅开始下降;70 年代是研究型大学的困难时期,财政危机、资助停滞、入学不再大幅增长和联邦政府干预的加强都成为重要困扰;80 年代对国家经济竞争力的关注,促使政府再次鼓励大学的科研活动和技术转移,同时研究型大学也加强了和工业界的联系,不仅为了加速经济发展,也是在谋求高校资金的新渠道。[25]联邦政府政策的变化、基金会和企业界的作用、大学的科研体系和组织以及校园内外环境的演变都是该书论述的重要内容。

休·戴维斯·格拉汉姆(Hugh Davis Graham)和南希·戴尔蒙德(Nancy Diamond)的《美国研究型大学的兴盛——战后的精英院校及其挑战者》主要围绕大学知识创新的功能展开论述,侧重于分析 1945 至 1995 年期间联邦科研政策的变化和研究型大学的发展。全书并没有局限于某些精英院校,而试图展示二战以来研究型大学演变的全景,比较了二百多所研究型高校教师的科研表现,其中也包括博士学位授予大学;同时以整所高校作为基本的调查研究单位,而不是选用校内的某一部分如某个系的研究生计划或某所专业学院的发展,且覆盖一所高校的所有学科领域,并将医学院的发展纳入研究型大学的整体成就之中。与盖格只偏向于一些重点大学的分析相比,格拉汉姆和戴尔蒙德更强调研究型大学整体状况的描述,但二者都侧重于从科研活动的角度阐述研究型大学的演变情况。

第二,研究型大学的现存问题。

20 世纪 90 年代以来有关研究型大学现状问题的论著不断涌现,其中有三本特别值得一提。乔纳森·R.科尔(Jonathan R. Cole)等主编的《不满时代的研究型大学》主要探寻了当前研究型大学在使命、治理以及教学领域的优势和不足。科尔指出了研究型大学的困境:决策难以达成缺乏清楚的最终权威,有限资源如何分配以发挥最大价值,如何实现科研和教学的双重成功以及面对联邦资助的减少怎样维持先进的科研水平。[26]虽面临不少问题,但著者们也表示美国研究型大学的巨大成就不容抹杀,它们将多种职能融于一体并较好地履行了诸多职责。

罗杰·G. 诺尔(Roger G. Noll)主编的《研究型大学的挑战》也是一本探讨目前研究型大学处境的论著。该书主要阐述了研究型大学和州政府、联邦政府、工业界以及学生等方面关系的变化。诺尔认为资助不足同时会给科研和教学活动带来危害,只不过后者的受破坏程度不会如前者一般严重而已。[27]研究型大学内部的差异也会增大,顶尖的二三十所高校虽然会受到波及,但依然会保持相当大的优势并处于世界领导地位;但其他研究型大学特别是处于平均水平之下而外来捐赠又少的高校则岌岌可危。

罗杰·L. 盖格(Roger L. Geiger)的《知识和金钱:研究型大学和市场的悖论》结合20多年的研究经验和最新的对99所大学的调查数据探讨了当前研究型大学面临的挑战。作者指出市场已经深刻地影响了研究型大学的知识创造和传播功能。市场的力量带给大学更多财富方面的不平等,也增加了高质量院校中学生的社会分层;创立了看起来难以维持的过高的学费体系和以经济需要为基础的金融资助,并开始逐渐破坏以学生表现为依据的资助制度;还引起了生物技术领域的商业化进程,而这已经超出了学术控制的范围。但是,市场也给美国大学带来了更多的资源和更好的学生以及更大的促进知识的能力。[28]积极作用和不良影响并存正构成了市场力量的悖论。

在论著之外,许多报告和论文也都对研究型大学的现存问题作了有益的探索,如美国学院和大学协会的报告《美国研究型大学》、诺沃德·J. 布鲁克斯的报告《研究型大学的未来》和斯蒂文·柏林特的文章《创造未来:美国研究型大学的新方向》等都涉及现状的分析和历史的展望,成为重要的补偿性资料。

第三,研究型大学本科教育改革。

研究型大学在发展过程中,也不断反思其在本科教育方面的经验与不足,有的限于个别院校的研究,有的则针对研究型大学整体而言。

《提高大型院校的本科教育》就是明尼苏达大学根据 20 世纪 80 年代中后期自身本科改革的经验编写而成的著作。大学确定了改善本科教育的四个方向:视学生为学习者,教师应将学术成果有机运用到教学领域;本科教育中涉及的知识技能和价值应以终身教育为导向,避免以研究生教育模式指导本科教学。[29]肯尼斯·J. 阿罗(Kenneth J. Arrow)等人以斯坦福大学为案例,阐述了校内教育的变革及与之相关的行政和科研的发展。该书的研究对象不仅仅定位于本科教育,而且将研究生教育也纳入其中。和这两本著作相类似,许多高校关于本科教育的报告都成为本书重要的文献来源,如麻省理工学院二战后初期的刘易斯报告、加州大学伯克利分校 80 和 90 年代本科教育委员会的报告以及约翰·霍普金斯大学 21 世纪对本科学习的展望等,这些个案有助于深入到典型院校内部去剖析本科改革的动因、实施和成效。

针对研究型大学整体发展的调查报告以《重振本科教育:美国研究型大学的蓝图》(简称《博耶报告》)和《重振本科教育:博耶报告三年回顾》为代表。面对研究型大学中本科生不能充分得到名师的指导、教学缺乏对思维和交流能力的培养以及本科学习缺少连贯性等一系列问题,1998 年的《博耶报告》提出了高校应予以努力的十个方向:推动探究学习普遍化、构建以探究为基础的新生年、促进整个本科教育的整合性、移除跨学科教育的阻碍、加强课程中交流能力的训练、创造性地运用信息技术、开展毕业生的顶峰体验活动、培训研究生担任实习教师、改变教师奖励体系和发展共同体意识。三年后,为了更好地了解本科教育改革的现状,博耶委员会以《博耶报告》中十方面的建议为依据,针对123所研究型大学开展了调查。在比较了高校本科教育的具体表现之后,该报告进而指出研究型大学未来努力的方向在于招募更多的教师以缩小班级规模、实施更多激励教师发展本科教学的措施以及开发更多高质量的课程计划。[30]

3. 高等教育发展研究

第一,美国高等教育通史研究。

克里斯多夫·J.卢卡斯(Christopher J. Lucas)的《美国高等教育史》在探寻了高等教育的历史根源后,详细论述了从殖民地时期到当代社会的高教发展历程,并将其大致区分为三个阶段:形成期(殖民地时期到19世纪末)、成熟期(20世纪上半期)和发展期(二战结束后至今)。他把这几百年美国高等教育的整体变化归纳为六个方面:高教系统内部组成日益复杂、学生构成日趋多样、课程可选择的范围日渐拓宽、学术和职业之间的关系更为密切、学生在校园生活方面享有比以往更大的自由以及社会各界对大学的期望要求变得更加广泛、持久和更具侵入性。[31]

约翰·S.布鲁贝克(John S. Brubacher)和威利斯·鲁迪(Willis Rudy)的《转变中的高等教育:美国学院和大学史》同卢卡斯的研究一样,着重探讨了殖民地学院、19世纪传统学院的革新、大学的兴起和20世纪高等教育的发展等情况。此外,该书还把1975—1995年的历史作为独立章节加以阐述,突出了这一时期的问题和成绩。这20年高校发展可谓面临重重挑战:开放入学和平权法案一方面满足了少数族裔学生的需求,另一方面也引发了优秀和平等之间的矛盾;大学由于财政上的紧缩教师构成发生变化,从全日制教师为主体发展到雇用更多的薪酬较低的兼职教师,同时终身教职也经受着校内外的不断冲击;高校不断爆出丑闻,促使政府和公众对大学丧失信心。尽管这一时期大学饱受批评,也存在不少问题,但入学人数和授予学位数仍保持增长势头,更为重要的是它们开展了不少有益于高教和社会的新活动。[32]主要包括:课程方面,女性研究、黑人研究以及多元文化研究得以开展,同时核心课程也逐渐受到重视;教育技术进一步得到应用,电脑引入教学,图书馆计算机化,虚拟课堂发展起来;大学积极参与社会服务和社区活动,并日渐关注非传统学生和弱势群体,学生广泛参加志愿者活动。

第二,美国高等教育断代史研究。

除了美国高等教育的通史研究,也有不少著作只关注某一特定时期院校的发展情况,戴维・D. 亨利(David D. Henry)的《挑战过去、挑战现在:1930 年以来的美国高等教育分析》和内森・M.普西(Nathan M. Pusey)的《美国高等教育(1945—1970):一份个人报告》都属于这一类的成果。此类研究不着眼于历史发展的全面性,而重视对特定时段的深入剖析。两本书都以第二次世界大战以后美国高教的演变发展为重点。

亨利在简要叙述了20 世纪30 年代的萧条及复兴对高教的影响之后,着重分析了第二次世界大战期间及之后美国高校发生的转变。退伍军人潮、冷战的开始以及苏联卫星上天等重大事件及其对院校的冲击都有重要阐释。作者虽然重视史实陈述,但也没有忽视提炼观点总结经验。三条主线一直指导着作者的写作,而这也是他归纳美国高教45年发展所认识到的规律:适应社会环境从一开始就一直是高等院校的主要特性,危机和压力既可能发生在高等教育的停滞和萧条期也可能发生在增长和繁荣期,以及高等教育机构最困难的阶段是公众对其社会重要性产生怀疑缺乏信心之时。[33]

曾任哈佛大学校长的普西不仅描述了25年间高等院校的整体变化,而且融合了许多个人作为校长的经验和哈佛的案例。其书总结了这一高等教育黄金时代的种种成就:退伍军人和婴儿潮给高校带来了大量的学生,院校数量也从1940年的1750所攀升至1970年的2850所,高教方面的投入则从6亿剧增为240亿;为了跟随新知识加速发展的步伐和满足社会各界对高水平训练人才的需求,研究生教育和科研活动在高校广泛开展;学术生活更为丰富并更具吸引力,大批高素质的学者涌现出来。[34]作者在分析成就的同时也关注到了繁荣背后的问题,其中最为引人注目的就是联邦政府对高等教育的影响日益加深,麦卡锡主义和平权法案也成为引发这一时期矛盾的重要导火线。

第三,美国高等教育当代发展研究。

亚瑟·莱文(Arthur Levine)主编的《美国高等教育:1980—2000年》是一本探讨80和90年代以来美国高校发展的著作。书中辟出专门章节对研究型大学以及本科改革进行论述。罗杰·L.盖格(Roger L. Geiger)分析了研究型大学的新特点:私有化倾向加剧,面对政府资助的减少,学费和捐赠所占份额日渐增大;程序化科研资助体系逐步发展起来,带来了双重影响;科研活动更为分散化,在更多的院校中开展。80年代以来伴随对质量的强调,作为本科教育重要组成部分的通识教育也有日渐加强的趋势。维吉尼尔·史密斯(Virginia Smith)指出了通识教育长期以来存在的问题:高校常常只是把相关课程组合起来构成一门通识课,同时缺乏有效管理,往往不设专门机构与领导负责监督。但作者也注意到许多高校在对传统的分布必修制表现出越来越多的不满,并着手改进:开展了更多跨学科计划,为大一新生特别设计了课程,在毕业班开办顶峰体验科目,更注重校外学习和传统课堂教育的整合,甚至试图打破主修的界限发展贯穿于整个本科生涯中的共同学习。[35]

菲利普·G. 阿尔特巴赫(Philip G. Altbach)等编著的《21世纪美国高等教育——社会、政治、经济的挑战》比较全面地阐述了当今美国高等教育的发展概况。全书既有对历史的回顾,也有对未来的展望;既有对影响高教外部力量如政府、法律环境及社会团体的分析,也有对包括教师、学生和领导者在内的校内成员的描摹;在展示整体发展的同时还提炼出一些关键性议题予以着重阐释,财政资助、科技变革、研究生教育、课程发展和种族问题都在其列。以课程为例,约翰·K. 威尔森(John K. Wilson)就揭示了长期以来传统主义者和多元文化主义者之争。前者哀叹经典著作遭到摒弃,后者则反对西方文明独占课程的局面。但是目前对于课程的安排已经越来越不可能是少部分学人之间的争论,而成为政治性的议题,而各个领域的人物——从董事到捐款的校友、校长及大众媒体——都势必会在这场盛会里发出声音。[36]可以说,较之以往,当前课程变革中的影响力量和要考虑的方面日益增多,这也要求美国本科教育研究不能局限于学校内部而要放眼整个社会的变迁。

总之,美国高等教育的不少著述都涉及研究型大学本科教育的发展状况,其中既有宏观上的总体概览,也有微观上的个案分析;既有具体事实的陈述,也有深层矛盾的思考,这些都成为重要的资料来源。然而至今在美国学术界还缺少对研究型大学本科教育整个发展过程比较详细的历史描述,这既给本书在一些问题的把握如历史分期上带来了困难,但也促使本书能够多方面地综合各种学术成果而不是片面地以某些论断为依据来进行研究。

(二)国内相关文献综述

我国对美国研究型大学本科教育的探索起步较晚,而且也缺乏专门论著,但一些著作文章及学位论文都与本研究有一定的相关性,具有重要的借鉴意义。

1.**著作**

中文著作主要分为三类:研究美国高等教育发展与改革的著述、描述美国研究型大学概况的论著以及介绍国外本科教育变革的专著。

在有关美国高等教育改革发展的著述中,有的偏向历史回顾,有的则重视当代研究。前者如陈学飞的《美国高等教育发展史》,后者如王英杰的《美国高等教育的发展与改革》。陈书以时间为线索,分四个阶段从总体上描述了从殖民地学院建立至20世纪80年代美国高等教育的发展概况,突出了不同时期美国高校面临的问题和改革的成果。王书则关注美国现代高等教育制度的确立,特别是第二次世界大战以来的改革情况。该书还辟出专门一章探讨了研究型大学的发展经验,并将其概括为追求综合性、重视科学研究、发展物质条件以及具备优秀师资等四个方面。此外,2000年以后,一些关注当今美国教育问题的书也陆续出版,如史静寰主编的《当代美国教育》、王定华的《走进美国教育》以及郑文的《当代美国教育问题透视》等书中都对本科教育有专门论述。这些论著指出了当前本科教育中的问题,如学生学业失败现象严重、毕业生不能适应工作要求、主修专业过于狭窄、分数通货膨胀以及教师对本科生缺乏应有重视等现象。[37]它们同时也总结了美国大学改革的经验,如《当代美国教育》就强调通过更成功的过渡和更有意义的学习来加强本科教育。而《走进美国教育》则将其凝练为四点即质量提高、创新精神、通识教育以及激励机制。[38]

从 20 世纪 90 年代以来,我国才开始对美国研究型大学有比较深入系统的探讨。至今为止代表作主要包括:沈红的《美国研究型大学形成与发展》、马万华的《从伯克利到北大清华——中美公立研究型大学建设与运行》和许迈进的《美国研究型大学研究——办学功能与要素分析》。沈书从高校科学研究发展的角度论述了研究型大学成长壮大的过程,并尤其侧重于第二次世界大战后美国研究型大学和联邦政府之间关系的演变。马书则将研究重点设置在大学的建设和运行方面,并通过总结美国研究型大学的组织结构、决策过程和管理机制希望为我国向世界一流大学迈进提供帮助。许书从办学功能、研究生教育、本科教育、师资建设、权力结构、办学经费构成等方面比较全面地阐释了研究型大学的整体状况,并总结了此类高校的成功之道及对我国院校发展的启示。许迈进将研究型大学面临的批评归纳为三个方面:本科生未成为大学智力资源优势的分享者、学校组织结构及教学方面的欠缺影响本科质量以及现有教师奖励机制不容易保持高水平的本科教学。[39]同时他也提出研究型大学要在四个方向进行努力:提高录取标准保证生源质量、加强基础文理并重并开展跨学科教育、以国际化教育思想指导课程计划和学生培养以及强化教学环节提升教学品质。

关于国外本科教育变革的主要著作包括:李兴业的《七国高等教育人才培养:法、英、德、美、日、中、新加坡人才培养模式比较》、朱清时的《21世纪高等教育改革与发展——国外部分大学本科教育改革与课程设置》和孙莱祥的《研究型大学的课程改革与教育创新》。这些著述的共同特点是并不只针对某一国家的现实,而是致力于介绍多国的经验,并深入到本科教育内部进行研究,探讨教学、课程或人才模式等细节问题。具体到美国本科教育,李书着重从整体上阐述美国人才培养的简要历史和发展动向,指出美国人才培养要从调整目标、改革方法和变革内容几方面着手。后两本书侧重于选取著名美国高校的改革成果作为研究对象,描述其本科规划及课程体系。总之,这类著作既可以在同多国的比较中突出美国教育的独特之处,又可以为以后的深化研究提供线索。但此类研究往往缺少对美国研究型大学的特别关注,将其特性湮没于一国教育的共性之中。

2. 文章

有关美国研究型大学本科教育改革的文章依内容分为三类:经验成果的介绍、问题不足的剖析以及中美比较研究。

有关美国研究型大学本科经验描述的文章相对丰富。有的偏重整体改革的介绍,刘凡丰在《美国研究型大学本科教育改革透视》中将10年来本科改革的特点归纳为超越通识教育与专业教育之争,建构以研究为本的本科教育和课程上的不断创新如本科科研计划的开展、讨论课的增多和跨学科主修的进行等方面。[40]有的偏重某一侧面或某一特点的分析,如《美国研究型大学本科教育课程改革特点述评》以课程为主题,关注其理念、结构、组织、优先发展及能力取向的变化。而顾建民的《整合教育:美国研究型大学重建本科教育的新范式》则抓住本科教育日益突出的强调整体性的特点,指出美国研究型大学正走上以探究为基础,整合正式教育和非正式教育,整合教学、研究和社区教育资源之路。[41]

在介绍研究型大学本科改革经验的同时,我国学术界也开始了对其存在问题的反思。刘宝存在《美国研究型大学本科生教育重建:进展·问题·走向》中归纳了本科教育重建中的多种问题:学校间发展不平衡、学科间发展不平衡、教师水平有待提高、教师奖酬机制尚不完善以及改革经费不足。胡建梅和刘剑虹在《美国研究型大学本科教育改革中的突出问题及其观念性根源》中指出改革中普遍存在三方面问题:教师重研究轻教学倾向不改、改进措施偏重优生倾向严重和对转校生的弥补教育明显欠缺。[42]

中美比较研究也是我国学术界探讨的一个重要方面。有的偏向宏观比较,有的强调微观对比。庄丽君和刘少雪的《中美两国研究型大学本科教育改革之比较》就依据博耶报告中的十条标准对比了美国和中国研究型大学本科改革的现状,并认为我国高校的七项指标都已得到一定程度实施并在某些方面还要好于美国大学。[43]微观研究以课程比较居多,任钢建的《中美一流研究型大学本科课程设置之比较》和姜凤春的《中美研究型大学本科课程结构比较研究》分别从课程设置和课程组织两个方面对比了中美情况,并呼吁我国高校根据自身情况有选择地借鉴外国经验并进行本土创新。

3. 学位论文

随着国内有关美国研究型大学本科教育改革的论述增多,一些学位论文也应运而生,这些成果或直接与本论文的主题切合,或在一定程度上与本研究相关。

直接着眼于美国研究型大学本科教育变革的硕士论文有:何振海的《重建本科教育:"二战"后美国研究型大学本科教育改革述评》、高艳青的《关于二战后美国研究型大学本科教育发展及改革的历史考察》和李艳的《20世纪90年代以来美国研究型大学本科教育改革探析》。前两篇论文注重历史研究，分析了不同时期本科改革特点。二者在一定程度上勾勒出第二次世界大战以来研究型大学本科教育的发展脉络，为以后的研究提供了一个重要框架。但两文对各个时期高教整体背景的分析还不充分，对不同时代本科变革状况的把握也不够全面，一些重要的改革特色和案例也未纳入其中，而且对事实背后原因的剖析也有待深化。第三篇学位论文关注当代发展，总结了本科教育改革的内容特点并提出了对我国的启示意义。但该文重提炼概括少实例分析，未能提供典型的可供借鉴的案例阐释。

综上所述，目前国内对美国研究型大学本科教育的研究表现出如下特点：（1）在研究时间上，虽然美国研究型大学已经诞生了一百多年，但我国的相关研究在 20 世纪 90 年代才开始进行，起步较晚；（2）在研究方法上，当前著述主要采用文献分析和案例研究两种形式，方法比较单一，而且因较少运用调查访谈等定量方法，对一些问题的阐述也不够全面；（3）在研究形式上，多以学术文章方式呈现，较少专著，但近年来一些学位论文日益关注此问题，在一定程度上弥补了这方面的缺憾；（4）在研究内容上，学术界比较关心 20 世纪 80 和 90 年代以来美国研究型大学本科教育的变革情况，尤其在课程方面有着比较详细的阐述；但我国对研究型大学本科教育整体的发展变化历程缺少把握，如研究型大学诞生之初其本科教育模式如何演变确立、第二次世界大战后研究型大学的大发展给本科教育带来怎样的变化、60 和 70 年代专业化趋势下本科教育又受到哪些方面的冲击并如何回应以及当今本科教育总体变革特点和未来发展走向等一系列问题还有待深入挖掘；而且，国内研究主要侧重于泛泛描绘或局限于课程教学的某些方面，但美国研究型大学的许多改革已经走出了传统课堂以谋求正式和非正式教育相结合,并且诸多革新也不再只是针对本科教育自身而是面向全校致力于整个学校各方面的配套改革,从这一角度来说我国对美国本科创新仍然缺乏全面的把握,而这些内容也成为本书要进一步探讨之处;此外,我国的案例分析主要还限于顶尖高校的某些改革,而随着更多院校进入研究型大学之列,我们也应从更广阔的范围内选择典型案例;最后,我国研究偏重于事实阐述,而较少理论分析,对美国研究型大学本科发展中的内在矛盾、本科改革发生的内外动力以及本科教育的独特地位与作用等方面都缺乏深入分析。总之,前人的经验为本书提供了研究思路和重要资料,而以往论述中有待完善之处也为今后的探讨留有余地。

四、研究创新与不足

(一)研究创新

首先,比较系统地勾勒了美国研究型大学从创建以来至今整个本科教育的变化历程,而不是局限于某一特定时期,从全局演变和历史发展的角度去探讨本科教育各主要领域的问题。

其次,比较详细地概括了不同时期本科教育面临的挑战、发起的革新以及呈现的特点,在一定程度上抓住了各阶段的主题,分析了影响改革的内在动力和外部力量,并总结出本科变革的总体发展趋势。

再次,对我国现有研究中关注较少或较不全面的部分,如美国研究型大学建立之初本科教育模式的形成、60 和 70 年代一些高校富有特色的改革以及大学本科教育的最新发展等问题作了一定的补充。

(二)研究不足

首先,主要以各类文献为依据,以定性研究为方法,虽然其中采用了一些量化数据与图表,但缺少对美国研究型大学第一手的调查研究。

其次,主要阐释本科教育的纵向变化,分析其总体演变历程,故而可能在突出整体发展特点的同时对某些细节性具体性问题的论述有所不足。

五、研究方法与思路

(一)研究方法

本研究在辩证唯物主义和历史唯物主义方法论的指导下,具体采用了文献法、历史法、比较法和案例法四种方法。

1. 文献法

依靠文献法,通过搜集、整理和分析国内外的相关成果,不仅可以确定主要研究问题形成基本观点,还能掌握大量的资料作为论据,为充分的论证过程提供前提条件。本书将利用专著、报告和文章等研究文献,在获得美国研究型大学本科教育事实材料的基础上,进而依时期和问题的二分法进行归类,并进一步对各类现象作出解释说明。

2. 历史法

本书以历史为线索探索美国研究型大学本科教育的变化历程,因而历史法也成为主要的研究方法。本书并不只着眼于具体的史实,而是会结合本科变革的时代背景,分析影响本科教育发展的政治、经济和文化力量,并努力揭示社会变化和本科改革的内在联系。

3. 比较法

比较法是社会科学研究普遍采用的一种方法,也是比较教育研究的基本方法。本书虽主要着力于美国的研究,但根本目的却是为我国提供借鉴和启示。特别是在行文归纳美国本科发展特点、探索本科变革原因和总结本科教育规律时,已经将中美比较的思想渗入其中。而本书作为一项历史研究,从本质上讲也是一种纵向比较法的运用。

4. 案例法

使用案例不仅可以深入细致地呈现经典个案,还能够以小见大地反映整体状况。探讨改革问题,在总体状况描述之外,案例的运用总是必不可少。无论是变革中的先行者,还是发展中的成功者与失败者,对它们的具体剖析都十分重要。

(二)研究思路

本书主要致力于研究从 19 世纪 70 年代美国研究型大学产生以来至今其本科教育的变革过程。各时期的确定既尊重了研究型大学的兴衰起伏,又考虑到本科教育自身发展的特殊性。学者罗杰·L. 盖格的两本论著《增进知识: 美国研究型大学的发展(1900—1940)》和《科研及相关知识:第二次世界大战以来的美国研究型大学》,以及休·戴维斯·格拉汉姆和南希·戴尔蒙德的《美国研究型大学的兴盛——战后的精英院校及其挑战者》对研究型大学的发展历程进行了比较详细的划分。以 1920 年为分界点,盖格指出 1865—1920 年期间研究型大学终于建立起了全国性的系统,而第一次世界大战后特别是进入了 20 年代研究型大学则从对外数量规模扩张走向了对内质量内涵提高的道路。二战给研

究型大学带来了巨大的发展契机,盖格、格拉汉姆及戴尔蒙德均将
二战后 50 和 60 年代视为研究型大学的黄金期,70 年代为困难
期,80 年代又重获生机。在此基础上,本书结合弗雷德里克·鲁
道大的《课程:1636 年以来美国本科学习的历史》、卡尔·凯森主
编的《内容与背景:大学教育文集》、克里斯多夫·J.卢卡斯的《美
国高等教育史》、约翰·S.布鲁贝克和威利斯·鲁迪的《转变中的
高等教育:美国学院和大学史》以及亚瑟·M.科恩的《美国高等教
育的形成:当代系统的出现和发展》对本科教育变革过程的描述;
同时,还参考了何振海和高艳青以及李喆的研究,何、高两人在硕
士学位论文《重建本科教育:"二战"后美国研究型大学本科教育
改革述评》和《关于二战后美国研究型大学本科教育发展及改革
的历史考察》中,均将二战后美国研究型大学本科教育的演变历
程分为战后初期、70 年代、80 年代和 90 年代以来等阶段;李喆的
硕士学位论文《撷论美国研究型大学本科培养模式的历史变革》
则认为美国研究型大学本科培养模式经历了 1876—1945 年"个
性"培养、1945—1980 年"共性"培养、1980—1990 年能力培养和
1990—2000 年创新人才培养的变化。综合国内外相关研究成果
并根据个人的认识理解,本书划分出了五个发展阶段。全书以历
史为纵向主线,依社会背景和变革特色将研究型大学本科教育从
建立至第二次世界大战的发展划分为初步形成和局部调整两个时
期,将二战后的改革区分为新变化、初步兴起、横向拓展和纵向深
化四个阶段。每一时期中,本书都将从背景、问题、变革和总结四
个方面加以阐释。时代背景方面既涉及这一阶段美国高等教育界
经历的共同事件,也包括研究型大学面对的特有挑战。存在问题
和变革情况是论述的主要内容,采用整体状况描述和个别案例研
究相结合的形式。对各阶段的总结将涉及改革的广度、深度和力

度等多个方面。

注　释

1　Cole, J. R., Barber, E. G. & Graubard, S. R. *The Research University in a Time of Discontent.* Baltimore: The Johns Hopkins University Press, 1994, p. 181.

2　[美] 德里克·博克:《美国高等教育》,乔佳义译,北京师范学院出版社,1991 年版,第 26 页。

3　王战军:《什么是研究型大学——中国研究型大学建设基本问题研究(一)》,《学位与研究生教育》,2003 年第 1 期,第 11 页。

4　Graham, H. D. & Diamond, N. *The Rise of American Research Universities-Elites and Challengers in the Postwar Era.* Baltimore: The Johns Hopkins Unversity Press, 1997, p. 20.

5　沈红:《美国研究型大学形成与发展》,华中理工大学出版社,1999 年版:第 29 页。

6　Cohen, A. M. *The Shaping of American Higher Education: Emergence and Growth of the Contemporary System.* San Francisco: John Wiley & Sons, Inc. , 1998, p. 189.

7　The Carnegie Foundation for the Advancement of Teaching. *The Carnegie Classification of Institutions of HigherEducation* (2000 *Edition*). Menlo Park: Carnegie Publications, 2000, p. 12.

8　The Carnegie Foundation for the Advancement of Teaching. *A Classification of Institutions of Higher Education* (1994 *Edition*). Ewing: Cacifornia/Princeton Fulfillment Services, 1994, p. xx.

9　Graham, H. D. & Diamond, N. *The Rise of American Research Universities-Elites and Challengers in the Postwar Era.* Baltimore: The Johns Hopkins Unversity Press, 1997, p. 249.

10　Noll, R. G. *Challenges to Research Universities.* Washington, D. C. : Brookings Institution Press, 1998, pp. 5—6.

11　王战军:《什么是研究型大学——中国研究型大学建设基本问题研究(一)》,《学位与研究生教育》,2003 年第 1 期,第 9 页。

12　马陆亭、马桂荣:《试析研究型大学的边界条件》,《学位与研究生教育》,1997 年第 6 期,第 58—59 页。

13　吴咏诗:《综合性,研究型,开放式,国际化——关于建设国内外知名高水平大学的若干思考》,《高等工程教育研究》,2001 年第 2 期,第 29 页。

14 Noll, R. G. *Challenges to Research Universities*. Washington, D. C. ： Brookings Institution Press, 1998, p. 28.

15 顾明远主编:《教育大辞典(第十一卷)》,上海教育出版社,1991 年版,第 28 页。

16 滕大春:《外国教育通史(第二卷)》,山东教育出版社,1989 年版,第 160—161 页。

17 Conrad, C. F. *The Undergraduate Curriculum*： *A Guide to Innovation and Reform*. Boulder： Westview Press, Inc, 1978, p. 51.

18 The Harvard Committee on the Objectives of General Education in a Free Society. *General Education in a Free Society*. Cambridge： Harvard University Press, 1945, pviii. p. ix.

19 Miller, G. *The Meaning of General Education*. New York： Teachers College Press, 1988, p. 183.

20 *Classification Description*： *Basic Classification*. http://classifications. carnegiefoundation. org/descriptions/basic. php. 2010. 08. 23.

21 刘少雪:《对研究型大学本科教育目的的思考——从华盛顿大学和上海交通大学的毕业生调查谈起》,《清华大学教育研究》,2006 年第 6 期,第 35 页。

22 Research Institute for Higher Education. *A Cross-National Analysis of Undergraduate Curriculum Models*： *Focusing on Research-Intensive Universities*. Hiroshima： Hiroshima University, 2006, p. 67.

23 Gray, P. J. & Others. *A National Study of Research Universities*： *On the Balance between Research and Undergraduate Teaching*. Syracuse： Center for Instructional Development, Syracuse University , 1992, p. 15.

24 Becker, W. E. & Andrews, M. L. *The Scholarship of Teaching and Learning in Higher Education*： *Contributions of Research Universities*. Bloomington： Indiana University Press, 2004, p. 9.

25 Geiger, R. L. *Research & Relevant Knowledge*： *American Research Universities Since World War II*. New York： Oxford University Press, 1993, p. 320.

26 Cole, J. R. , Barber, E. G. & Graubard, S. R. *The Research University in a Time of Discontent. Baltimore*： The Johns Hopkins University Press, 1994, p. 28.

27 Noll, R. G. *Challenges to Research Universities*. Washington, D. C. ： Brookings Institution Press, 1998, p. 202.

28 Geiger, R. L. *Knowledge and Money*： *Research Universities and the Paradox of the Market-*

place. Stanford：Stanford University Press，2004，p. 6.

29　Arrow，K. J.，Cottle，R. W. & Eaves，B. C. *et al. Education in a Research University.* Stanford：Stanford University Press，1996，pp. 4—5.

30　The Boyer Commission on Educating Undergraduates in the Research University. *Reinventing Undergraduate Education：Three Years After the Boyer Report.* Stony Brook：The State University of New York，2001，p. 28.

31　Lucas，C. J. *American Higher Education：A History.* New York：ST. Martin's Press，1994，pp. xvii—xviii.

32　Brubacher，J. S. & Rudy，W. *Higher Education in Transition：A History of American Colleges and Universities.* New Brunswick：Transaction Publishers，1997，p. 412.

33　Henry，D. D. *Challenges Past，Challenges Present：An Analysis of American Higher Education Since 1930.* San Francisco：Jossey-Bass Publishers，1975，p. xiii—xiv.

34　Pusey，N. M. *American Higher Education*，1945—1970：*A Personal Report.* Cambridge：Harvard University Press，1978，p. 4.

35　Levine，A. *Higher Learning in America 1980—2000.* Baltimore：The Johns Hopkins University Press，1993，p. 254.

36　［美］菲利普・G. 阿尔特巴赫等：《21 世纪美国高等教育——社会、政治、经济的挑战》，杨耕、周作宇主审，北京师范大学出版社，2005 年版，第 436 页。

37　郑文：《当代美国教育问题透视》，中山大学出版社，2002 年版，第 158—162 页。

38　王定华：《走进美国教育》，人民教育出版社，2004 年版，第 110—117 页。

39　许迈进：《美国研究型大学研究——办学功能与要素分析》，浙江大学出版社，2005 年版，第 79—81 页。

40　刘凡丰：《美国研究型大学本科教育改革透视》，《高等教育研究》，2003 年第 1 期，第 103 页。

41　顾建民：《整合教育：美国研究型大学重建本科教育的新范式》，《外国教育研究》，2002 年第 5 期，第 60 页。

42　胡建梅、刘剑虹：《美国研究型大学本科教育改革中的突出问题及其观念性根源》，《外国教育研究》，2005 年第 3 期，第 69—70 页。

43　庄丽君，刘少雪：《中美两国研究型大学本科教育改革之比较》，《高等教育研究》，2008 年第 6 期，第 76 页。

第 二 章

研究型大学本科教育模式的确立
（19世纪70年代至第二次世界大战）

一、高等教育步入转型阶段

1861至1865年的南北战争是美国历史发展进程中的转折点和催化剂,自此之后直到第二次世界大战(下称二战),美国社会的方方面面发生了不同于以往任何时代的巨大变化。在经济上,内战进一步扫除了资本主义发展的障碍,借助科学技术的进步,美国在19世纪末完成第一次工业革命的同时率先开始了第二次科技革命,并在20世纪初实现工业化的同时基本完成了城市化;在政治上,南北战争带来了南北各州的妥协,加强了东部和中西部的联系,促进了民主政府的巩固与发展;国内经济的发展和政治的安定使美国有余力进行对外扩张,并在国际舞台上初露锋芒逐渐跻身世界强国之列。在文化上,实用主义成为这一时期的主导思想,其强调通过考察实际效果来检验一切理论学说;深受实用主义的影响并在反思教育问题的过程中,进步主义教育思潮逐渐兴起,推动了整个教育领域的改革运动。总之,虽然第一次世界大战(下称一战)和20世纪30年代初的经济危机给美国带来了一定冲击,但该阶段从整体上一直保持着强劲的发展势头。在社会变革的影响下,高等教育也步入了转型时代,高校拥有了更多渠道的财源,也迎来了更多数量的学生,同时自身也在不断分化,类型更为多样。其中以发展研究生教育关注科研活动为特征的研究型大学的创建尤为引人注目,并给整个高等教育界带来了新的变化。

(一)高校财富的增长

1.联邦政府的资助

美国联邦赠地兴学的历史可以追溯至1787年《西北法令》的颁布,这一法案的施行成为开办州立学院的主要推动力。1804年以后,每一个位于阿巴拉契亚山脉以西的新加入联邦的州,都可以获得两个市镇的土地用以兴建学院。截止到19世纪中叶,联邦政府已经向15个州赠与了400万英亩的土地作为高校发展的资金。但联邦政府更多将赠地办学视为推动土地买卖、促进西部开发和平衡各州利益的途径,教育则沦为政治的副产品只作为一种发展手段而非根本目的。[1] 由此对所办学院类型以及州和地方政府的责任都缺乏明确的规定,因而所赠土地自身获得的收入并不能维持高校的生存,许多院校陷入了困境。

联邦政府真正为高等教育发展注入活力则是从两部莫雷尔法案的实施开始。1862年总统林肯正式签署了《莫雷尔赠地法》。该法案依据1860年各州国会议员人数拨赠土地,每名议员可使所在州获得3万英亩的公地或等值的土地券,全国共赠地1743万英亩。各州可将出售土地的资金用于购买债权或以其他方式进行投资,以确保该笔款项能获得合理的收益回报,并成立永久性基金。基金中除最多10%用于购买校舍用地外其余部分不得擅动,而其利息部分则需用来捐赠、资助和维持至少一所学院。该学院要在不排除其他科学和古典科目学习并包含军事教育的同时,教授与农业和工艺有关的学科。在 5 年内未开展上述活动的州必须将售地款归还联邦政府;已经资助学院发展的州则要每年上报高校的进展情况。[2]1890 年国会又通过了第二个莫雷尔法案,规定对最初创办的赠地学院将提供每年 1.5 万美元的资金,并逐渐增至 2.5 万美元。该法案还指出对歧视黑人的州将停止资助,并强调只有农工学科才能获得联邦拨款,同时强化了配套资金的原则。早在 1862 年莫雷尔赠地法出台时就表示联邦资助不得用于校园建设,这实际上是希望州政府能拿出部分款项以支持学院发展。1890 年的法案进一步阐明学院条件未达到联邦要求的州将不能享有年度拨款,再次督促州政府在年度预算中为高等教育留出位置。而州政府也确实在联邦的召唤下为高等教育提供了大量资金,如从 19 世纪末至 20 世纪 30 年代末加利福尼亚、伊利诺伊、密歇根、明尼苏达和威斯康星五所公立研究型大学的州拨款数共增加了二十多倍。州政府逐渐将支持州立大学视为一项永久的责任,如同对其他州机构拨款一样开始定期资助高校。其不仅为大学提供建设图书馆实验室等物质设施的费用,还援助学术活动发展。正是从 1890 年之后,政府在高等教育运行中发挥着日益重要的作用。

伴随联邦政府对高等院校资金的注入,各地纷纷开始了新建或改造学院的活动。密歇根、宾夕法尼亚、马里兰和衣阿华四州将原有的农业学校改建为赠地农工大学;康涅狄格、罗德岛、肯塔基、特拉华、印第安纳和纽约各州将私立学院转化为州立院校,如康涅狄格州中耶鲁的谢菲尔德理学院、罗德岛的布朗大学等属此列;明尼苏达、佐治亚、密苏里、威斯康星和北卡罗莱纳等州则将联邦资助用于现有的州立大学;俄亥俄、加利福尼亚、阿肯色和西弗吉尼亚四州创建了新的州立大学并增加了农工科目;堪萨斯、俄勒冈、得克萨斯、南达科他和华盛顿等20多个州则仿照已有的州立大学兴办一所公立高校以促进院校间的竞争。[3]此外,一些私立高校也成为赠地拨款和私人资金结合的产物,如马萨诸塞州将一部分赠地资金分配给麻省理工学院,而印第安纳州和纽约州则各自新建了普度大学和康乃尔大学。

总之,联邦政府通过莫雷尔法案发展赠地学院的举措,不仅自身为高教注入了大量资金,也推动了州政府对院校的财政拨款制度化,在帮助州立大学解决生存危机的同时也为私立高校提供了发展契机,不少受惠于莫雷尔法案的院校都先后发展为研究型大学,如伊利诺伊大学、加利福尼亚大学、康内尔大学和麻省理工学院等。莫雷尔法案鼓励高校同时教授各种科目并着力资助实用学科的做法,不仅为大学本科教育活动带来崭新面貌,承认了各类学科的平等价值;也在客观上推动了高校应用科学的发展,催生了大学的研究活动,为研究型大学的出现提供了条件。此外,伴随更多院校的出现,高等教育也开始向更广泛的人群敞开大门。

2. 私人资本的注入

南北战争后至二战前,美国工业的进步和经济的增长也使社会财富日益丰厚,从而有余力为高等教育提供更多支持。慈善捐款、学生学费和工业资助都成为支持高校发展的主要渠道。

慈善家、基金会和普通个人都是院校捐赠的重要力量。约翰·霍普金斯大学、斯坦福大学和芝加哥大学都得益于慈善家的捐助而成立;而高校在具体运行中也离不开慈善人士的慷慨解囊,如乔治·贝克(George Baker)资助了哈佛大学商业管理研究生院,乔治·伊斯特曼(George Eastman)支持了麻省理工学院的应用工程学教育,而丹尼尔·古根海姆(Daniel Guggenheim)则向大

学投资数百万美元以推动航空学的进步。在基金会建设方面,20
世纪前30年成立的基金会达72个之多,而卡内基基金会和洛克
菲勒基金会则是其中的翘楚。二者都把捐赠主要用于发展高教和
增加知识方面,特别在20世纪20年代许多高校社会科学和自然
科学的进步都离不开两大基金会的扶持,如芝加哥大学、加州理工
学院、斯坦福大学以及哈佛大学都在这一时期从洛克菲勒基金会
获得50万到1000万不等的捐助。[4]但慈善家的投资和基金会的捐
赠往往附带条件只能用于特殊目的,由此高校为了拥有更加灵活
的财政来源,开始将目光投向以校友为代表的普通人群,校友基金
和筹款运动成为大学经常使用的策略。耶鲁大学早在1890年就
建立了校友基金,而仅仅十余年本金数就超过了百万美元;1905
年哈佛大学1880级校友提供了10万美元作为基金,此后每届学
生在毕业25年的典礼上都要捐出不少于上述数目的款项。在20
世纪早期,耶鲁、哈佛、斯坦福、约翰·霍普金斯、康内尔、芝加哥和
普林斯顿等大学都开展过筹款行动,而哈佛大学无论在捐赠人数
还是捐款金额上都居于领先地位,共计23477名校友参与其中,总
额达1400万美元。[5]学费一直是高校财政的重要来源。当院校不
能控制其他收入渠道时,学生的学费可以起到缓冲作用,保持大学
预算的相对稳定。在20世纪初,除了斯坦福、加利福尼亚和威斯
康星等院校不收学费外,大多数学校都十分依赖这笔收入。在研
究型大学中,州立大学每年的学费一般为30到40美元,如密歇根
大学在世纪之交时学费将近占教师工资支出的一半;而私立高校
尤其需要这笔款项,年学费从100到160美元不等,哥伦比亚大学
的学费收入可以支付约63%的教师工资,宾夕法尼亚大学和麻省
理工学院该比例则在90%左右。可以说学费收入构成了大学核
心预算的基础,特别在高校的扩张时期作用尤为凸显。

　　在两次世界大战期间,私人工业也逐渐成为大学的固定赞助者,但其资金除部分流向某些领域的研究生教育外,主要还是用于研究活动本身而不是增强大学的科研实力。[6] 大学主要与化工、电力、制药和通讯等工业部门合作,如 20 世纪 20 年代密歇根大学和麻省理工学院就专门建立了服务于产业界的工程科研中心。工业界的拨款根本上是注重实效的,最终目的在于为公司利益服务。因而建有工学院和医学院的综合性大学往往能吸引最大数目的工业捐助。这些资金从数百美元至上万元不等,虽无法与大型基金会的赠款相提并论,且使高校存在过于迎合私人企业的危险,但毕竟开创了大学和工业界的新关系,并且确实在这一时期高教发展中发挥了一定作用。

　　总之,高等教育转型时期,院校在联邦政府和私人资本的双重扶持下迅速积累起财富,为进一步扩张实力提高质量奠定了坚实的物质基础,也减缓了一战和经济危机对高校的冲击,使它们能够迅速恢复并继续保持发展势头。

(二)入学状况的改变

1. 招生人数剧烈增加

　　美国高等教育转型时期的一个突出特征就是与以往相比入学人数有了显著增加。1869—1870 学年全国 563 所高校的入学总数仅为 63000 人,而 1939—1940 学年院校数量已增至 1708 所,入学数也提高到 1494000 人。[7] 大学生在 18 岁适龄青年中所占的比重逐渐上升:1890 年为 3%,1900 年为 4%,1910 年是 5%,1920 年至 8%,1940 年则达 16%。[8] 纵观这一时期,20 世纪 20 年代是入学增幅最大的阶段。

　　高校所以能招收更多数量的学生主要源于四方面的原因:

(1)中学毕业人数增长,高中毕业生人数占同龄人口的比例从1870年的2%增至1940年的近51%,这成为大学人数增加的直接诱因;(2)家庭收入的增加,更多的父母有能力维持子女更长时间的教育活动;(3)经济发展对高学历的要求,越来越多的人希望借助教育实现阶层流动;(4)高校数量增多,不仅已有院校努力扩大招生,新建的初级学院和师范学院也吸纳了不少学生。

与其他类型的高校相同,研究型大学的入学人数也一直处于增长之中。但以一战为界,其招生的具体情况却有所变化。在一战前,研究型大学积极扩充自己的学生,大量的生源对于维持相当数量的教师队伍、比较广泛的学科专业以及相对充足的教学设施都是不可或缺的条件。因而入学人数的增长也往往被视为院校成功的重要标志。20世纪前15年中研究型大学在新生人数上占有绝对优势,其秋季招生数基本保持在全国的20%左右,可以说当时规模最大的高校也就是最好的大学。但一战后,研究型大学的学生数在美国高教总人数的比例却从1914年的19.5%下滑至1919年的17.5%,并在1939年降到9.5%。从20年代中期起研究型大学的增幅不是很快,这种状况首先出现在私立高校中,但州立大学也日益表现出相同的趋势,它们正逐渐把新增的资源集中用到更少的学生身上,不再以扩大数量而以提高质量为主要方向。

2. 录取要求渐趋规范

在一战前,美国院校实际上向所有做好从事大学水平学习的申请人开放。在西部,这要求从被认可的中学获得毕业证书;在东部,则主要从专门的预备中学招生,不过此时东部院校大都倾向于扩大录取范围。这一阶段招生上的变化主要体现在科目要求上。从19世纪下半叶开始,一些新的科目跻身到大学录取标准之中,英语写作、物理科学和现代语言等属于新添加的内容,哈佛、普林斯顿和密歇根等大学在这场革新中发挥了领导作用,并逐渐在更广泛的院校中得以推广。普林斯顿、哈佛和密歇根大学分别于1870、1874 和 1878 年在入学中提出了英语作文的要求,哥伦比亚和康乃尔大学则于 1882 年作出了相关规定。自然科学方面,哈佛和密歇根大学在 1870 年率先将自然地理学纳为录取科目,康乃尔大学 1877 年增加了对生理学知识的考查,密歇根大学于 1890 年把植物学和自然哲学列为招生内容。至 19 世纪末,物理学已经成为本科录取的基本要求之一。[9]

但是,伴随对学科要求的渐趋一致,高校则把更多精力放在录取质量的提高而非具体科目的调整上。一些高校特别是东部的私立院校也因资源的限制而开始出台政策以有意识地控制录取人数。20 世纪 20 年代东部精英学院开始推行选择性招生制度,这一时期高校的录取标准都表现出比较主观且相对模糊的特征。如哥伦比亚大学要求申请者提供推荐信、个人信息以及具体志愿等材料,并需要进行智力测验或参加学院考试。然而这实际上是以一种看似客观的形式进行主观选择,任何单一的数据都不能表明学生是合格的,但在某一方面令人不满的表现却都可以成为不予录取的原因。[10]劳威尔曾建议哈佛大学对犹太学生的录取数划出定额,虽遭公众抨击而未实施,但却深刻反映出当时高校更重视学生的社会特征而非智力水平的问题。普林斯顿大学则在招生过程中明显偏重社会资格而非学术能力,该校会依据候选人的社会信息对其进行分类,测验分数合格的学生只有属于适宜类别才有机会被录取。这一阶段州立大学虽然没有在招生上作出明确的选择性规定,但在私立院校的影响下实施了以课程等级为基础的入学后筛选政策以逐步减少不合格的学生。总之,对学生的选择确实在很大程度上淘汰了成绩低劣者,为进一步提高质量奠定了基础;

但也把一些人群如犹太和黑人学生拒之门外,对于一些高校而言保持同质性的学生团体可能比传播知识发展智能更为重要。

20 世纪 30 年代,大学教育考试委员会(College Education Examination Board)开始设计专门供精英院校使用的考试方法,同时东部私立预备学校的生源也有减少的趋向,而且社会对东部大学明显的精英主义也不再宽容,因而这些私立研究型大学开始走出地方而从全国寻找生源。如果说 20 年代是对资质不合格者的逐渐消除,30 年代就是对成绩优异者的积极追求。高校为了获取优质生源而展开了激烈竞争,以哈佛大学为代表的许多大学都为表现突出者提供了奖学金。在这场院校角逐中,学术资质成为主要标准,而标准化考试则被视为最好的手段。高素质的学生既可以减轻教师的负担使他们更有余力从事科研工作,又更加倾向于从事高水平专业性的学科学习从而成为潜在的研究生来源,而这些活动都与研究型大学的主旨相契合。因而对质量的重视开始凸显,智能水平取代社会特征、客观测试取代主观评定成为必然趋势。

(三)院校类型的多样化:研究型大学的出现

美国内战之后,高等教育的兴旺也带来了各种院校的繁荣,高教机构的类型日趋多样化:州立大学、赠地学院和初级学院等都获得了巨大的发展生机,而其中研究型大学的出现尤为引人注目。

高校财富的增长和入学人数的充足为研究型大学的建设创造了前提条件,而德国大学的影响则产生了重要的催化作用。德国高校作为世界高等教育的楷模自然也吸引了不少美国人前去留学。从 1815 年开始到一战前,美国约有万人赴德求学。而其中不少人如丹尼尔·吉尔曼(Daniel Gilman)、安德鲁·怀特(Andrew White)、查尔斯·埃利奥特(Charles Eliot)和希欧多尔·伍尔西(Theodore Woolsey)等都成为创建研究型大学的中坚力量。他们不仅学到了德国的先进知识和技术,更为重要的是还带回了德国大学的教育思想和精神特质。德国大学认为真正的高教机构应首先成为自由科研的场所,要通过原创性的调查来追求纯粹真理。因而,一方面大学在一定范围内必须保障教的自由和学的自由;另一方面高校最终要为国家提供各种服务。[11]以德国大学为模式,美国教育家纷纷开始改造或新建大学的行动。而1876年约翰·霍普金斯大学的创办则成为研究型大学出现的标志性事件;但直到1900年以后,随着美国大学协会对16所高校的认定,研究型大学才作为一个群体而声名鹊起。约翰·霍普金斯大学从建立之日起就鼓励师生从事学术研究,并以获取、保存、提炼和传播知识为己任。这种做法也为其他高校所赞赏,并纷纷从自身特色出发探索研究型大学创建之路。二战前的16所研究型高校中,加利福尼亚、伊利诺伊、密歇根、明尼苏达和威斯康星大学这5所州立院校通过扩大学术资源、增加知名学者和授予博士学位等方法来跻身研究型大学之列;而耶鲁、普林斯顿、哈佛、宾夕法尼亚和哥伦比亚等5所前殖民地学院则通过改造原有的专业院系来开展研究生教育;约翰·霍普金斯、康乃尔、芝加哥、斯坦福同麻省理工学院以及之后的加州理工学院则基本上从建校伊始就将研究生学习涵盖其中。16所研究型大学在20世纪上半叶借助于私人资本的投入和智力移民的涌入而逐渐发展壮大,在研究生教育和学术活动方面都取得了重要成就。

1. 研究生教育的实施

在数量方面,19世纪70年代初全美仅有约200名的研究生,

1900 年增至 5668 人,而到了 1930 年则飙升到 47255 人。博士学位的变化代表了整个研究生教育的发展趋势。耶鲁大学 1860 年决定给哲学和人文研究系中表现突出者授予哲学博士,并在次年向 3 人颁发了该学位。1876 年,约翰·霍普金斯大学建立时全美25 所高校在当年共授予了 44 个博士学位,1940 年已变为3088 个。[12]

在质量方面,美国最初对研究生学位没有太多的要求。直到1825 年,哈佛学院依然规定任何已具有哈佛学士学位三年且交纳了足够费用的学生都可获得文硕士学位。美国第一个正式的研究生学位是 1853 年由密歇根大学颁发的学术硕士学位。而最初各校博士学位的含金量也存在很大差异,一些颁给本校教师的学位往往也只不过是对学院水平的一种粉饰。但伴随研究生申请者的增多以及对高校教育质量的追求,对研究生教育进行规范成为一种必然趋势,从 1930 年起一流高校都开始加强研究生招生的选择性。哈佛大学率先要求候选人出示以往学术成绩的证明,其他私立研究型高校紧随其后开展了类似活动,而州立大学也逐渐发展出了研究生筛选程序,1937 年哥伦比亚、哈佛、普林斯顿和耶鲁大学还合作开发出了研究生成绩测试体系以提高入学标准。[13]

2. 学术活动的开展

伴随研究型大学的发展,各种学术活动也日益丰富起来,主要体现在专业协会的建立、学术期刊的创办、大学出版的兴盛以及研究活动的开展等几个方面。

美国社会早期的学术社团往往服务于比较广泛的目的,缺乏针对某一学科的特定组织。而从 19 世纪后期开始,以美国语言协会的创建为标志各种学术组织的专业化特色逐渐凸显出来。19

世纪 80 和 90 年代成为学科组织发展的兴盛时期,从 1869 至 1905 年新建的重要专业协会有二十多个,覆盖人文、社会和自然科学三大领域。这些组织的主要领导人往往由一流大学的知名教授担任,他们和全国各高校的同行一起通过交流思想展示成果来为学科进步作出贡献,而学科发展则进一步推动了大学的学术繁荣。与专业学会建立相伴而生的是学术期刊的发展,在学术协会创办会刊之外,大学也逐渐成为杂志出版的重要力量。自约翰·霍普金斯大学 1877 年发行《美国数学杂志》之后,各研究型大学纷纷效仿,截至 1906 年,主要的研究型大学都发行了至少 1 种刊物,而芝加哥大学无疑是其中的佼佼者,总数达到 12 种之多。大学出版业的活跃也是这一阶段学术活动发展的指标之一。为了更好地服务于学术研究,许多高校开始创办出版社。约翰·霍普金斯大学 1878 年建立了一个专门负责出版活动的办公室,随着 1888 年要求所有博士论文都必须出版的规定的出台,该项职能才显著发展起来,到了 1891 年,约翰·霍普金斯大学出版社已经明确地负责起各类出版事务。芝加哥大学于 1892 年,哥伦比亚和加利福尼亚大学于 1893 年,普林斯顿、耶鲁和哈佛大学于 20 世纪初都创建了出版社。[14] 一战前,基础科研的地位已经在研究型大学中牢固地树立起来,研究所、实验室和观测站等成为开展研究活动的重要基地,但当时美国公众普遍没有认识到科学的巨大进步以及其实际效益。一战时高校科学家则充分证明了解决实际问题的能力,他们援助战争的努力有目共睹,同时也加强了与基金会以及工业的密切联系。但一战后初期的财政危机却威胁着大学的研究活动,高校科研前景令人担忧。然而,从 20 年代中后期开始包括基金会在内的各种资助的大力支持使研究型大学的科研活动迎来了一个黄金时期,美国学术站到了国际科学的前沿。虽然直到二战前美国都是世界科学最重要的中心,但 30 年代的经济危机也促使大学思考寻求新的赞助渠道的可能。

伴随大学对学术活动的重视,其内部也实施了一系列扶持教师科研的政策。带薪休假制、研究资金周转制、研究生助教制以及拥有优质本科生和大量研究生的现状,都为研究型大学教师教学时间的减少和教学工作量的降低提供了重要保障,到了 1940 年左右,研究型大学教师的教学负担已经与其他类型高校明显区分开来。将德国大学研究模式和英国学院教育结构结合在一起的美国研究型大学,在创造了更巨大的学术成就并将更多的学生引向高级专业化发展之路的同时,也从建立之初就面临着教学和研究、本科教育和研究生教育以及普通教育和专业教育之间如何协调平衡的问题。

(四)实用主义、理性主义和学术中心教育思想的影响

社会政治经济形势的巨大变革引发了思想领域的多元化趋势,其中三类教育哲学对高等教育的发展产生了重大作用。哈佛大学前校长科南特总结了三种在 20 世纪 30 年代影响美国大学的观念:第一种是"教义的"观念,视大学为传播普遍性知识的场所;第二种是"功利的职业教育"观念,认为大学应以训练专业人员为主,主要任务在于将知识运用于社会;第三种是他所赞同的,即大学应成为发展知识的场所,是学术和研究的中心。[15]学者巴巴拉·S. 福尔曼(Barbara S. Fuhrmann)指出:20 世纪上半叶,在高等院校回应不同社会需求的过程中三种哲学最具影响力。一是强调为工作作准备培养现实技能的实用主义或职业主义的观点;二是重视研究中心地位和传播新知识的科学观点;三是以终身学习为导向凸显人性发展和智力涵养的自由教育观点[16]罗纳德·D. 辛普森

(Ronald D. Simpson)也认为:标志着高等教育新时代开始的美国研究型大学,正得益于实用主义、自由文化以及科研精神三种思想的交织影响。[17]总之,实用主义、理性主义和学术中心三类思潮既彼此斗争相互冲突,又互相牵制共同制衡,从而使研究型大学本科教育也呈现出独特的结构和内涵。

19世纪70年代,美国哲学家查尔斯·皮尔斯最早提出了实用主义哲学思想。但直到世纪之交,威廉·詹姆斯和约翰·杜威才将实用主义加以系统化、建立起一个完整的哲学体系并推动其广为传播,而后者更是成为实用主义教育的精神领袖。杜威认为思维和行动在经验中是统一的,他反对传统的二元论世界观。哲学二元论将世界分为高级永恒领域和低级变化领域,前者蕴涵着绝对真理后者则充斥着实践活动。杜威认为这导致理论性科目优于实践性科目的分级课程,正规教育变得过于抽象并与学习者个人的和社会的经验无关。[18]杜威认为所谓教育,就是要给人类提供一种能够处理各类问题的方法;在不确定的情境下,作为生命有机体的学习者必须同外界环境不断相互作用。正如约翰·S.布鲁贝克所言:就像达尔文发现多种多样的物种之间存在着连续性一样,杜威认识到了多种多样的教育术语之间的连续性,由此动摇了二元论的高等教育哲学基础。[19]总之,在高等教育领域,杜威强调面对日常生活的各种问题,学生和教师应该从高深学术中选择那些对克服眼前种种困难有用的材料来学。[20]正是以实用主义为指导,美国大学课程的数量和门类才有了显著增长,本科教育与现实生活有了更为密切的结合,同时学生也逐渐拥有了更多的课程选择权。然而,实用主义又不可避免地引发了大学教育中的功利性、工具性以及零散化倾向。

哲学意义上的理性主义以理性作为衡量各类事物的唯一标

准,认为人的本质就是人的理性。反映到高等教育领域即将传播真理培养理性作为大学教育的终极目的,以经典知识为学习内容注重学科体系的严密性,主张在教育过程中实现自我完善并反对引入实用性与职业化因素。教育上的理性主义可以追溯至古希腊柏拉图、亚里士多德等人的博雅教育思想,并伴随中世纪大学的产生古典大学的演变而得以发展。成为 19 世纪以前整个西方高等教育的支配力量。[21] 美国理性主义大学观深受英国高等教育思想特别是纽曼自由教育理念的影响,虽然其从 18 世纪末开始就不断受到功利主义等思潮的冲击,但是统治地位一直在南北战争前都得以维系。直至 19 世纪后半叶起,越来越多的人开始认同大学应服务于国家的观念,理性主义大学思想才日益面临严峻的考验。其并未因此而销声匿迹,而是通过捍卫者的努力继续在本科教育领域占据一席重要的位置。芝加哥大学校长罗伯特·梅纳德·赫钦斯可谓是这一时期高教界理性主义的集大成者。他指出大学教育正面临三方面的困境:(1)专业主义,对专业性和职业教育的重视影响到大学探寻真理的活动;(2)孤立主义,关注特定职业的教师和从事专业训练的系科之间也相互隔离;(3)反智主义,大学为了迎合专业界和公众需求往往使专业教育丧失学术性质,学生的注意力正从学科的理智方面转向职业的现实兴趣。赫钦斯强调只有以发展人的理性思考为目的的大学才能解决上述问题。相应地,他提出形而上学、社会科学和自然科学的基本问题应是高等教育恰当的学习内容。[22] 理性主义反对大学的理智传统屈从于功利目的,倡导古典文明,坚持学科的统一性,在一定程度上遏制了高校的职业主义倾向有利于为本科生建构共同的教育基础。但是其对理性的过分强调,也造成许多新知识难以进入大学课程,高等教育存在与社会现实日渐脱节的倾向。

　　德国大学注重学术探究的精神也成为影响美国高等教育发展的一支重要力量。德国古典大学观的代表人物威廉·冯·洪堡反对传统大学将传授知识作为主要职能的做法，主张科学研究是第一位的。他指出教师在创造性活动中所取得的研究成果，才能作为知识加以传授，学生通过对不含任何目的的"纯粹科学"的学习和研究来形成良好的思维方式与品格。[23]这种新人文主义思想实际上视大学为增进知识场所的理念，任何领域的学习都要建立在对世界基本原则及意义的系统认识之上，这获得了不少美国学者的认可并被他们选择性的接受。亚伯拉罕·弗莱克斯纳（Abraham Flexner）就坚持现代大学在最高层次上应全心全意毫无保留地致力于增进知识、研究问题和训练学生。[24]他指出高等教育的责任就在于调查、研究和探索，并引导学生投身其中以为他们今后的发展作准备。他赞同赫钦斯在本科阶段实施自由教育的观点，但更强调要为部分高水平学生提供学术探究的机会。由此，数学、化学、物理学和生物学等"精密科学"、艺术、语言和历史等人文学科以及哲学应成为学习的主要内容，此外这些学科背后所隐藏的思想内涵和价值意义也应成为探讨的范围。虽然弗莱克斯纳并不绝对排斥专业教育，但认为专业应是来自理智的学术性高深学问、具备客观性和利他性，否则就只能算作职业；如法律和医学可作为专门科类，而家政、商业和新闻等则不能列入。重视知识创新学术研究的大学理念，不仅促进了美国高校科研活动与研究生教育的发展，而且为研究型大学的本科教育也增添了更加丰富的元素。

二、研究型大学本科教育模式初步形成
（19 世纪 70 年代至 20 世纪初）

（一）课程发展

1. 新内容的引入

第一，南北战争前新科目的缓慢发展。

19 世纪之前的学院课程主要以 1642 年哈佛学院校长亨利·邓斯特（Henry Dunster）确定的范式为蓝本。四年本科教育中：一年级一般开设拉丁语、希腊语、逻辑学、希伯来语和修辞学等课程；自然哲学在第二年成为修学科目；下一年的教学内容包括自然、精神和道德三种哲学以及地理学；第四学年则要复习前三年所学并开始数学学习。[25]此外，神学教育贯穿于整个本科学习。美国建国以后，虽然科学和数学教育的内容有所增加，但古典学科的主导地位一直得以保持。

进入 19 世纪以来，工业的发展、科技的进步以及新学科的出现都使传统教育日益显得不合时宜，一些课程改革的方案也纷纷出台。哥伦比亚学院对新科目的引入、阿默斯特等学院平行课程的开展以及哈佛和布朗学院赋予学生一定的选课自由等举措都曾发挥过一定影响。19 世纪初，哥伦比亚学院将一门崭新的科目"科学和文学课"引入校园，其几乎涵盖各个领域但却排除了拉丁语和希腊语。学生既可以完整接受整门课的教育也可以只选修其中的部分内容，毕业时将获得非学位的证书。自此之后，学院相继开设了与海军、建筑、工程和管理相关的各类课程。1827 年之后，在阿默斯特学院的影响下，许多高校都实施了平行课程，其一般以三年为期，大多不授予文学士学位；用法语、西班牙语、德语和意大利语等现代语言代替希腊语和拉丁语的要求；包含英语文学、工程

学、建筑学、历史学、物理学以及化学等现代科目;同时也保留了道
德和智力哲学、雄辩术和修辞学等传统课程。[26]哈佛的乔治·蒂克
纳(George Ticknor)和布朗的弗朗西斯·威兰德(Francis Way-
land)两人都曾建议给予学生自我选择的权利。让学生学习那些
他们真正感兴趣的内容。总之,虽然南北战争前美国社会已经对
高等院校提出了新要求,这些课程改革也在一定程度上指明了教
育发展的新方向,但它们在实质上大多是作为支持古典教育发展
的措施而被采纳实施的,往往只是补充性的小修小补而不是革命
性的根本改变。究其原因,主要基于以下四个方面:(1)整体社会
需求的匮乏,直到19世纪60年代末学院教育对于大众来说仍是
奢侈物而非必需品,对于致力于从事牧师、律师、医生和教师等职
业的少数人群来说古典教育仍然可以在很大程度上满足需要;
(2)传统教育势力的强大,古典学院课程在19世纪上半叶依然显
示出巨大的发展惯性,特别是1828年《耶鲁报告》再次重申古典
语言学习的必要性、指出专业教育只能在本科阶段之后实施,并认
为本科生尚未在智力上成熟到可以自由选择所学之后,许多院校
都放慢了课程革新的步伐;(3)学院改革资金的缺乏,美国内战前
传统学院往往规模小人数少,私立高校一般依靠并不稳定的捐赠
和学费度日,而州立学院也常常处于财政困境的边缘,而引入新学
科、开设新课程无一不需要大量资金的支持,在这种情况下学校往
往因不能筹集到足够的费用而裹足不前;(4)师资力量的薄弱,教
师群体在教育改革中发挥着重要力量,但这一时期的教师还是以
接受传统古典教育长大的一代为主,他们不仅对变革现状抱有质
疑的态度,而且也缺少教授新课程的相关知识和能力,课程改革由
此也失去了重要的校内推动力量。

　　第二,南北战争后新课程的加速设立。

　　美国内战后,伴随高等教育的快速发展,更多的新学科在大学教育中赢得了一席之地。1868 年建立的康乃尔大学无疑在课程改革中发挥着表率作用,为其他研究型大学本科课程发展提供了榜样。康乃尔大学的本科课程,实际上是对英国学院古典主义教育传统、德国大学重视学科深入发展和学生学习自由以及美国社会实用主义倾向兼收并蓄的结果。首任校长安德鲁·D. 怀特(Andrew D. White)在建校前也面临着当时困扰着高校领导人的共同难题:是开办实用课程还是古典课程,是发展纯粹科学还是扶植应用科学,是坚持传统专业还是接纳新兴职业,是以文化养成和个性熏陶为诉求还是以未来工作为目标。怀特的做法是社会民主意愿和赠地法案精神的双重体现:古典学习、实用职业、科学研究、应用技术以及大学学术等都可以在康乃尔找到它们自身的位置。[27]这不仅缔造出了美国第一所真正的大学,也引发了本科课程的激变。

　　怀特明确表示本科学习应同时包括职业教育和普通教育两大部分。他指出职业教育并不是其他教育的附属品,同时各种职业课程之间的地位也应是平等的。怀特还强调两种教育的共同实施并不只是在现有学院教学体制上的简单联合而必须谋求根本性的变革。康乃尔大学包括两大学部:专门文理教育部由农业、机械、民用工程、商业贸易、矿业、内外科、法学、教育和公共服务九个教学系构成,这一安排体现了古老职业和新兴工作的结合,相应地覆盖了更为广泛的课程领域,而神学则被完全排除在外;普通科学和人文教育部则致力于开展非专业的学习,并提供了五条发展途径,涉及古典课程、德语古典课程、德语和法语古典课程、自然科学课程以及自选课程。怀特坚信绝大多数学生都有能力在高校充分平衡和精心安排的各类课程中作出选择,因而他也为本科学习留下了一定自由余地。康乃尔大学的教育体系实现了各类科目的平衡,提供了课程选择的机会并反映了美国社会生活的需要。[28]康乃尔大学的创举还在于将军事训练和体育教育纳入本科课程体系之中,怀特认为这两项锻炼的效果远远超过一些传统的消耗学生过剩精力的方法,并将前者纳入了普通教育部的必修课而把后者规定为除学生自选课程之外的所有教育计划的必备要求。康乃尔大学还因男女同校教育而名声在外,而高校课程既因女性的加入而增添了新的内容,又使一些传统的男性科目有了更多的受众。

　　康乃尔大学的课程改革很快对其他高校产生了影响。丹尼尔·吉尔曼在就任约翰·霍普金斯大学校长前就对康乃尔大学引入现代学科的做法表示了赞赏,在他上任后将本科科目作出了主次区分,进一步引导学生走向专业学习。哈佛大学强调涵盖各学科的内容,逐步实施了自由选修制,允许学生依兴趣选择所学,还鼓励教师根据专业取向自由教学。即使作为保守主义重镇的耶鲁大学也有所改变,与1845年相比,其1870年的课程减少了拉丁语的要求;尽管修辞、逻辑和道德哲学依然保持原有份额,但许多新科目却取得了重要进展;历史的课程量增加了一倍,现代语言从自选课升为必修课,低年级学生可用微积分替代一学期的拉丁语和希腊语学习;用于科学教学的时间也变成了原来的两倍。康乃尔大学承认职业准备是本科教育组成部分以及鼓励整个课程体系服务导向的做法也深深感染着州立院校的发展,密歇根、明尼苏达和威斯康星等州立大学在向更广泛人群开放的同时也把更多的实用科目引入高等教育之中。总之,从19世纪下半期至20世纪初伴随新学科的不断涌现、教师专业化的逐渐深入以及学生实用需求的日益高涨,美国研究型大学的课程数量有了显著增长,下表将分别以加州大学伯克利分校和耶鲁大学作为公立和私立研究型大学的代表,分析1900年和1910年高等教育内容的改变。

表 2.1　1900 和 1910 年加州大学伯克利分校与耶鲁大学 12 门学科课程数量变化[29]

学科	加州大学伯克利分校						耶鲁大学				
	1900年	1910年					1900年	1910年			
	课程数	低年级课程数	高年级课程数	荣誉课程数	自选课程数	总课程数		A级难度课程数	B级难度课程数	C级难度课程数	总课程数
古典课	45	28	29	7	0	64	42	8	12	12	32
经济学	8	10	28	6	1	45	16	2	6	11	19
教育学	14	0	12	3	1.5	16.5	2	(未	分	类)	5
历史学	22	7	20	0	4	31	27	2	25	14	41
哲学	9	5	8	2	3	18	28	9	4	10	23
心理学	6	2	5	0	0	7	11	2	8	4	14
社会学	0	0	0	0	0	0	3	0	2	4	6
数学	27	15	16	0	0	31	19	2	8	6	16
物理学	18	8	12	0	0	20	6	2	4	4	10
地质学	11	2	10	0	0	12	5	0	8	4	12
法语	23	6	16	2	0	24	18	8	6	4	18
斯拉夫语	0	2	9	1	0	12	4	(未	分	类)	2
总计	183	85	165	21	9.5	280.5	181				198

　　根据表 2.1 的数据,可以得出如下结论:(1)在 20 世纪前 10 年,两所研究型大学的课程总量都有所增长,伯克利增幅达 53.3%,耶鲁也有 9.4%;(2)两校的课程更为细化,伯克利的科目主要以年级高低作出区分,耶鲁的课程则依程度难易而定;(3)古典教育的主导地位已经丧失,古典课程的比例在逐年下降,伯克利从 1900 年的 24.6% 减少为 1910 年的 22.8%,耶鲁从 1900 年的 23.2% 降低至 1910 年的 16.2%;(4)经济学、历史学等社会科学有了长足进步,更多的新兴学科在大学站稳了根基。虽然仅对两所院校进行研究难免会存在遗漏之处,以上图表也未覆盖大学中的全部学科,但是确实在一定程度上反映了当时研究型大学课程发展的整体趋向,揭示了教育变革中的一些特点。

　　第三,三大学科领域课程的变化。

　　大学的各类课程都可以大致归入自然、社科和人文三大学科之中。纵观这一阶段各领域的发展,自然科学可谓首当其冲日益在教育体系中占据重要位置。科学对古典科目的首次冲击可以追溯到 1727 年哈佛学院对数学和自然哲学教授的任命,1792 年植物学成为哥伦比亚学院的学习科目,三年后普林斯顿的约翰·麦克雷恩(John Maclean)成为美国首位化学教授。[30]到了 19 世纪中叶,数学、自然哲学、植物学、化学以及动物学、地质学和矿物学已经在美国多数学院中出现,但是这并不代表自然科学已经撼动了古典学科的统治地位。哈佛学院和耶鲁学院以及密歇根大学在内战前都建立了理学院系,并向科学专业的学生颁发理学学士或哲学学士学位,但普遍比文学士要低一等级,且此时的自然科学往往被视为解释上帝所创造的各类奇迹的工具,而不是通向未来职业的专业学习内容。南北战争后,社会对理工等新职业的迫切要求、第二次科技革命的积极推动以及实用主义思潮的广泛影响都使科

学成为破坏传统学院教育的推动力。在 19 世纪 60 年代至少 20
所院校开设了理科系。不仅传统高校在积极扩充科学领域的学
习,如 1870 年耶鲁大学的谢菲尔德学院建立了机械工程系,1873
年普林斯顿大学引进了三年制的科学课程并在次年开设了工程
学;一些新建大学也在科学教育上颇有建树,如 1865 年开办的麻
省理工学院以基础和应用科学为主的教学内容吸引了大批学生,
同年成立的康乃尔大学也在 1881 年首开电气工程课。总之,自然
科学正日益摆脱神学侍女的地位,逐渐成为引导高等教育发展的
重要力量。

　　道德哲学也称伦理学,曾长期作为毕业班的顶峰体验课程而
实施,目的在于促进知识整合与强化宗教虔诚,并在 18 世纪中期
确立了统治地位。进入 19 世纪,其在继续探讨社会和个人道德发
展问题的同时,也逐渐拓宽学习内容进而将政治、经济、法律乃至
美学等诸多领域都包含进来。但道德哲学在日益扩充教学范围的
同时也使知识整合难以为继,到了 19 世纪后半期不断有学科从中
分离出去而形成新的课程。哈佛大学的威廉·詹姆斯(William
James)首先将心理学从道德哲学中剥离出来,并利用生理学的视
角和方法进行重新解读,他 1876 年的生理心理学课程也成为开创
性的工作。之后,康乃尔、哈佛、约翰·霍普金斯以及哥伦比亚等
大学都建立了社会科学系,在传统的政治经济学之外还增加了政
治学和宪法史,并将系的职责界定为建立社会责任参照和确定社
会组织原则。实验主义和归纳探究取代权威主义和道德判断成为
社会科学建设的重要方法。[31]

　　人文学科课程的发展主要以语言和艺术为代表。作为古典语
言对立面的现代语早在美国内战前就在高校中显示出吸引力。哈
佛学院 1816 年首设现代语教职,1817 年乔治·蒂克纳成为带头

人并于 1819 年开始授课,现代语言也由此繁荣一时,这之后普林斯顿以及耶鲁学院都有过推动现代语教育的活动。但在 19 世纪上半期因现代语相对狭窄的适用面以及美国人民对本土语言的偏爱,法语、德语以及西班牙语等科目并未获得长足发展。南北战争后,古典语言的主导地位渐失,人们在倡导现代语言的过程中日益发现作为母语的英语实际上在高校中一直缺乏系统教育,由此 19 世纪的最后三十年院校将主要精力都投入其中。到了 1900 年,甚至耶鲁大学的英语语言和文学课都取代了古典科目成为人文主义教育的支柱。一旦艺术学习只适合于妇女这种社会偏见被打破,绘画、音乐以及舞蹈等活动都逐渐成为高等教育的正规组成部分。1869 年耶鲁艺术学院实施了第一个大学美术教育计划,哈佛大学 1874 年创设了艺术系并开办了"美术发展史及其与文学的关系"讲座。伊利诺伊、密歇根和康乃尔也都在 20 世纪之前发展出艺术课程。与美术教育相伴随,音乐也在大学中获得了一席之地。1871 至 1886 十余年的时间哈佛大学的音乐课已经从一门拓展到五门,而宾夕法尼亚大学的董事会也于 1875 年同意任命音乐教授。伴随人们对艺术教育的认识从只是一种单纯的技能改变为富有创造性的活动,更多的艺术课程随之发展起来。

2. 选修制的出现

第一,选修制的早期实践。

早在 18 世纪末之前,美国一些学者就对当时学院过于偏重古典科目表示过不满,认为应给予学生接触其他课程的机会,其中最重要的代表人就是托马斯·杰弗逊(Thomas Jefferson)。他不仅明确提出选修课程的思想,还将其运用到弗吉尼亚大学的实践之中。他认为所有美国社会所需要的科学内容都应走进大学,指出不同于其他美国院校要求所有学生修读共同课程且不赞成职业教育的做法,弗吉尼亚大学将允许学生拥有选择所学科目的权利,让每个人接受他自己所认可的推动智力发展的教育。[32] 1825 年大学开办之后,共设立了 8 个覆盖古典语言、现代语言、数学、自然哲学、自然历史学、解剖学与医学、道德哲学以及法学等领域的学院。各领域内再设若干门课程,如古典语言学习包括拉丁语、希腊语和希伯莱语;现代语言学科涉及法语、西班牙语、意大利语、德语和盎格鲁-撒克逊语;数学又分为基础数学和物理数学;自然哲学则由化学和矿物学组成。学生自由选择就读于何所学院,可一旦他选定某一专业后,就必须学习该领域内的全部课程,在各个学院中通往学位之路的所有科目都是规定必修的。但无意获取学位的学生则可以完全自由地挑选学习内容。大学的课程体系建立于对学生能力充分信任的基础之上,相信入学者已经达到了能够自我确定学习方向的年龄。大学中并不划分年级,由学生自己掌握进度学习课程,只要最后通过了严格的综合性考试即可获得学位。弗吉尼亚大学,深刻体现了杰弗逊及其同事试图将德国大学重视学生专业训练和尊重学生学习自由的精神移植到美国的努力。

作为美国最早留德学生之一的乔治·蒂克纳十分赞同弗吉尼亚大学的做法,并希望可以在自己任教的哈佛学院实施类似措施。他提倡自愿选择学习内容,在规定课程外增加选修科目,依学生能力对其分类同时创建学系和研究生院。在乔治·蒂克纳的不断呼吁和哈佛学生骚乱的影响下,新的学院规定终于出台并于 1825 年施行,但只部分采纳了蒂克纳的建议。哈佛教师被重组到各系之中;高年级学生获得了有限的选修权利,当能力具备时可在某一领域深入学习;未达到专业教育水平的学生,可通过修读"部分课程"完成学业但不被授予学位。然而,这种举措只是一种有限的妥协,学生并不能在各系的计划间进行自由选择,最后改革导致的结果只是不断在原有内容之外增加新课程,但选修制的火种已经播撒在学院的土壤之中,为战后哈佛大学自由选修的完全确立奠定了基础。伴随 1829 年新校长乔赛亚·昆西(Josiah Quincy)的上任,哈佛重回到古典学院的发展之路上。但变革并未完全停止,1835 年之后,数学、拉丁语以及希腊语逐渐成为一年级之后的选修课程。1838 年本杰明·皮尔斯(Benjamin Pierce)提出的数学选修方案允许学生在一年的数学实用课程、一年的师范教育理论课以及三年的以数学家为定位的教育计划中作出选择。[33] 到了 1843 年,实际上所有一年级以上的课程都是以选择为基础的,但是因改革幅度过大反对之声渐起因而在同年开始限制选修制度。至 1846 年,三、四年级的选修课各减至 3 门,其他科目则恢复为必修。这种状况直到查尔斯·埃利奥特就职后才有了改观。南北战争前许多高校实施的平行课程也渗透着选修原则,但由于此类课程往往面向的是与普通学生相区别的入学成绩较低不具备学位资格的特殊群体而声名不佳。即使有些院校也向选修平行课的学生颁授学位,但因他们缺少古典学习经历而往往在社会上得不到同样的尊重。总之,古典课程和新增科目明显的不平等地位,使平行选修常常形同虚设,大多数计划都以失败而告终,学生的学习自由仍缺乏根本保障。

第二,选修制的全面兴盛。

南北战争前课程选修还只限于部分院校的行为,战后全国范围的高校则都兴起了学生自选科目之风,而哈佛大学无疑成为这股潮流的引导者。埃利奥特就任前学校的选修制度虽面临不少阻碍,但还是取得了一定成就,如截止到 1867 年拉丁语和希腊语已经完全成为三、四年级的自选课,而新校长在巩固原有成果的基础上开了大刀阔斧的革新。埃利奥特在就职演说中就开始强调实施必修制的重要性。他指出美国高等教育界长期都忽视了个体间的区别,幻想人人都可以将任何事情学会,而实际上真正的课程应该是以促进每个人专长的充分发展为目的。他进而提出大学学院必须做到三点:赋予学生自由选择教育内容的权利,提供学生在特殊领域取得成就的机会并形成能够引导学生正确行为的修养。[34]埃利奥特对选修制的赞同与推行主要基于两方面的原因。一是源于他对学生的性格、需要和爱好的认识,他反对作为规定课程理论基础的官能心理学,而提倡一种崭新的个体差异心理学。他认为每个青年的兴趣和能力都存在差异,选修制则可以照顾到自然偏好和内在天性,激发学生对自己所选择的事物的热情,在强化个体学习动机的同时也能相应减轻教师负担。二是来自他对大学中各类学科相互地位的理解。在不考虑具体技能教育的情况下,他强调高校不应人为地在学科间造成对抗和隔阂,大学里也并不应存在古典课程或自然科学非此即彼的选择,他坚信任何课程都具有平等的文化或学科价值,高等教育的任务在于推动各个学术领域向最好的状态发展。总之,埃利奥特希望借助于选修制既能在哈佛大学中营造出探究氛围和学术精神,又可以将科学等新学科提升到和传统科目同等的位置。

哈佛大学的选修制在逐步推进之中:1868—1869 年新生的全部科目、二年级的大部分学科以及三、四年级约五分之二到半数的课程均为必修内容;1872 年取消了四年级所有课程的必修要求;1874—1875 年除了修辞学、哲学、历史学和政治学之外,所有必学科目仅针对一年级新生;1879 年三年级学生的必修课全部废除;1884 年二年级学生从规定课程的束缚中解放出来,同年选修制惠及一年级学生,约五分之三的科目纳入自选范围;到 1894 年新生仅需共同学习修辞学和现代语;至 1897 年整个大学唯一的必修课仅为一年级的修辞学。[35]在允许学生自由选择所学教师自由决定授课类型的同时,哈佛大学一直坚持各门课程不论学科属性还是新旧程度都具有平等地位,选修制并不是以新科目代替古典学习而是推动各类教育共同发展,但事实上学生还是日益偏向于实用教育,而这自然引来了许多古典学院的质疑。普林斯顿大学校长詹姆斯·麦考士(James McCosh)首先开始了对选修制的抨击。他以官能心理学为依据强调教育应是对大脑各方面机能的训练并缺一不可,指责选修制造成了同类课程泛滥,学术进步成效甚微,学生缺乏自律以及避免艰深学习等问题。耶鲁校长诺亚·波特(Noah Porter)也是传统文理课程以及规定的非专业教育的倡导者,他认为学生的志趣还远未发展完善或处于不断变动之中,他们最不愿意学习的课程往往却是最应掌握的内容。普林斯顿的学者安德鲁·F.韦斯特(Andrew F. West)批评哈佛大学选修制的所谓进步只是体现在远未成熟的专业化、零散的努力以及微不足道的学科发展上。而所有的批评者都将矛头指向选修制会破坏学院教育的完整性和知识体系的整合性方面。

但是在日益高涨的实用主义、民主化和专业性的需求之下,越来越多的院校以实际行动支持选修制的发展。哈佛大学和康乃尔大学无疑站在这场运动的潮头,至1895年两校都各自保留了一门必修课,前者为修辞学后者为体育训练和保健。选修开放度仅次于两校的是一些中西部州立大学。接下来是规模较大的私立院校,其同时拥有充足的财力和强烈的动机来通过选修制壮大自身的实力。而南部州立高校和小型文理学院最为保守,它们或由于财政问题无力提供广泛的选修课程,或源于宗教信仰和古典教育的巨大影响而自愿保持现状。[36]1901年对全国97所有代表性的高校的调查表明:34所院校70%以上的课程为自选;12所高校的选修科目介于 50% 至 70% 之间；其余 51 所学校的选修率在 50% 以下。[37] 即使在早期曾经猛烈抵制选修课程的普林斯顿和耶鲁大学也在改变之中。普林斯顿大学开始逐步引入新学科并考虑某些课程的专业发展。至 1885 年，其已向三、四年级学生大量地开设选修课。但与哈佛大学不同，普林斯顿无意放弃希腊语在文学士入学考试中的重要地位。耶鲁大学在 1876 年开始略微放松了必修要求，1893 年选修制拓展到二年级，到了 1901 年高年级学生获得了选课自由，但这种自由是限定在某一系列课程或某组科目范围内的，与哈佛大学的全盘自由选修有本质区别。虽然 19 世纪 90 年代威斯康星和密歇根大学仍在一年级和二年级的多数课程中坚持着必修规定，但在 20 世纪初都放弃了对于大部分科目的严格限制。1897 年哥伦比亚大学也废除了希腊语的要求，并逐渐在招生标准中取消了对拉丁语的规定。[38]

总之，研究型大学选修制的实施可划分为四种类型：第一类以哈佛和康乃尔大学为代表，全校课程基本上都成为选修科目；第二类以普林斯顿、耶鲁和哥伦比亚大学为典型，教育计划中规定和自选的部分约各占一半，选课自由主要针对高年级学生；第三类做法主要体现在威斯康星和密歇根大学的实践中，采用主修和辅修相结合的途径，后者的课程量约是前者的三分之二，学生在三年级时开始选择两个领域分别作为主要和辅助的学习方向；第四类由约翰·霍普金斯和宾夕法尼亚大学牵头，学校课程根据学科划分为科学、哲学和历史等类别，学生可以选择一或多种课程组作为学习对象。虽然研究型大学在采用选修制方面逐渐达成共识，但各校为学生提供的选课自由度还是存在着很大的差别：哈佛、康乃尔和斯坦福大学对科目选择作出的限制最少；而耶鲁和哥伦比亚大学的课程限定和方向指导最为繁多，尤其是针对低年级学生；宾夕法尼亚、加利福尼亚、密歇根和芝加哥等大学的选修程度则介于前两者之间。

第三,选修制的贡献与问题。

从19世纪70年代起风行全美近40年的选修制带来了不同于传统学院体制的新气象,给研究型大学的发展造成了深远影响。

首先,促进了课程的增长。

选修制最直接的影响首先反映在课程方面。课程的发展体现为广度和深度两个层次。广度上,在承认各学科具有同等重要性的前提下各高校在保留原有古典科目的同时大力引进新知识,科学、社科和人文领域的课程都出现了显著增长,而功利主义的风潮也使实用学科在大学逐渐拥有一席之地。深度上,为了向学生提供更为广泛的选择范围,课程也不断朝纵深发展,开始进一步细化,诸多科目内部都有了入门课、基础课和专业课之分。总之,在以关注学生自选教育内容为方向的改革中,课程的纵横拓展成为一种必然趋势。

其次,加速了学习的专业化。

选修制在鼓励本科生自我选择发展方向的同时也把他们推上了专业化的道路,这既体现在不少学生取得了专业教育学位上,还反映在更多的学生走进了研究生队伍之中。一方面学生大都根据自身的兴趣爱好、能力专长以及工作意图来选择教育内容;另一方面高校开设的课程往往相当庞杂,若均有涉猎肯定是不现实的,因此专攻某一个方向不仅可与自己的志趣相契合也是最终能够顺利完成学业的捷径,专长培养日益成为大学的重要教育目的,专业学位逐渐取得了和传统文学士同样的地位。而本科阶段就开始的专业化教育也减少了通往更精深的高层次学习的障碍,研究生教育有了更强有力的依托。

再次,推动了学术的繁荣。

查尔斯·埃利奥特曾指出选修制最大的作用在于给学术活动带来了生机。传统学院的规定科目使教师仅限于传授浅表化的基础知识,课程数目少且内容单一,这在很大程度上制约了他们的研究能力和创造精神。选修制推动下不断涌现的新学科新课程促使教授不再可能精通全部领域而必须有所专长;同时课程选修在赋予学生选择自由的同时也给教师带来了教学自主,他们得以在自己所钟爱的领域中开展深入研究并将成果引进课堂教学而不用担心会与高教实践相冲突。这种教师的专业化趋向无疑成为推动学术繁荣的重要力量,进而加剧了整个大学的研究导向。

选修制在为大学提供发展动力的同时也暴露出不少问题,对此本科教育也必须加以正视并不断改进。

首先,影响了大学教育的质量。

选修制在实施过程中,由于相应的指导措施没有及时确立,因而一些学生在毕业时并未达到应有的水平,这主要基于两方面的原因。一是课程水平与学生能力不符,有些学生在还未完全实现从中学到大学生活的过渡时,就要在大量的课程中作出选择,这难免导致不成熟决定的出现,而有些学生在明知一些课程并不适合自己的情况下,出于较易获得学分或时间上的方便,仍将其作为学习内容,这都会导致科目过难或过易,从而影响学生能力的发挥。二是学生对自选课程缺乏重视,他们往往由于选课面十分广泛而认为即使一些自选课表现不佳但还可以选择其他科目作为补充,从而下意识地放松对自己的要求。

其次,破坏了本科教育的联系性。

虽然各校的选修体系都会按照学科领域系统规范地建立,但学生在选课时往往因缺乏必要的限定,而导致个人教育计划最后成为一种拼凑。虽然不能将大学本科教育整体性的丧失完全归结于课程选修,但自选课确实加速了这一过程。大学原有的十几种课程在短短几十年内一下子膨胀至数百种,其中又往往是古典科目与实用学科并存,理论课程与职业教育混杂,绝大多数课程都处于彼此分化的状态,而试图实现学科统整追求共同理解的科目寥寥无几,且也不为众多以专业学习为己任的学生所重视。

虽然选修制存在一些不足,但瑕不掩瑜,其给美国本科教育带来了革命性的变化,改变了古典科目一统天下的局面,自然科学开始成为本科学习的重要内容,学生的个体性和主动性日益受到关注和尊重,之后的改革虽然不断对其批评修正,但传统学院所有科目规定必修的时代已经一去不复返了。

(二)教学变化

1. 讲授法成为主导性教学方法

第一,背诵与辩论。

背诵与辩论是传统学院使用最为广泛的两种教学形式。在背诵中,教师一般会引用教材中的某些话语或前次教学中的部分问题,而学生必须尽可能完整地表述出相关内容以证明他已经掌握所学。根据师生互动的情况背诵可具体分为单纯复述、逐字翻译以及苏格拉底式对话等几种形式。背诵作为一种普遍性的方法自有独特的优点:(1)确保教师可以准确地了解学生的学习状况;(2)鞭策学生勤奋读书减少了发生懈怠的可能性;(3)督促教师认真备课和开展教学活动。从最好的方面讲,课堂背诵既能够加强学生对教育内容掌握的精确性,又可以进一步提高他们对事物的分析能力;即使从最差的方面看,学生每日的复述也仍然是帮助他们改善记忆力的重要途径。因此,在学院最初发展的200多年中,特别是在当时高校和中学的水平并无太大差异的情况下,背诵自然成为深受广大教师喜爱并经常运用的教学方法。[39]但长期对记忆的强调往往造成教师倾向于给那些能够逐字逐句精确复述而不是在原文中添加自己理解的学生更高的分数,而且也导致一些教师的教学活动演变为倾听背诵而不是指导学生的过程。进入19世纪以来,背诵虽然开始日益遭遇恶评,但一些改进措施也逐渐出台并取得了一定成效,主要体现在两类做法之中。一种朝启发对话的方向发展。如弗朗西斯·威兰德逐渐在布朗大学的课堂上采用对教科书即席阐释的方法,如果他不同意课本中的观点他会表明态度解释原因并鼓励学生向他提问和作出自己的判断,由此课堂教学不仅涉及对教材的温习还包括了生动的讨论活动。另一种与耶稣演讲的方式相类似,介于背诵和讲课之间,主要应用于语言教学。教师不是如惯例般地要求学生翻译经典,而是自己先挑出些语句来进行演示。他首先富有语气地朗读著述,接着依字面原义进行翻译,进而提供作品的背景材料,最后在添加一定的修饰语后重新翻译。次日学生再集体温习教师前一天所教的内容。

辩论源于中世纪大学的传统,既是日常课堂教学的组成部分也是学生毕业典礼上的保留项目。辩论全程都必须运用拉丁语表达,教师会先提出某一命题,然后由学生选择赞成或反对这一论点。双方同学都必须从本方立场出发详细阐释论题,并运用三段论推理加以证明,还要回应对方的质疑。直到一方无力作答时整个论辩过程才宣告结束,而此时作为仲裁者的教师会总结整场辩论并说明个人观点。早期争辩的内容往往围绕"天堂的内部结构是怎样的"、"亚当为什么吃苹果而不是梨"等宗教议题展开;而18世纪之后,辩论则更为关注"政府是否是人类必需的"、"学院教育是否无力使人适应商业生活"等世俗事物,而"地球是宇宙的中心吗"、"美洲土著人是不是犹太人的后代"等科学问题也逐渐进入讨论范围。[40]虽然辩论是提高表达水平、激发创造活力和锻炼逻辑思维的重要途径,但因其自身的局限性而从18世纪中期起在高等教育中渐渐失去了吸引力。这一方面源于辩论推理一定要采用亚里士多德式的三段论,大大限制了学生所能提供的论据范围,而且这种演绎推理虽有利于将已学内容综合化但却无助于自由探究新知识;另一方面也因为作为辩论用语的拉丁语日益遭受质疑,民族主义和共和政治的兴起促使学院逐渐认可英语的地位。新的法庭式辩论渐渐取代了传统辩论,其不限于三段推理,归纳、经验和直觉都可以作为支持论点的方法,逻辑、伦理和情感方面的材料也都能够作为阐释问题的材料,同时还以英语为表达用语从而更易在学生中推行。1782年耶鲁学院的三段式拉丁语辩论已经减少到每月一天,而法庭式英语辩论则大放光彩一月中的每周二和三个周一都要举行。耶鲁和哈佛学院分别于1789和1810年废除了课堂中的传统式辩论。但到了19世纪中期甚至法庭式辩论也慢慢从课堂教学中消失而成为课外活动的一种形式。至于毕业典礼中的拉丁语辩论则逐渐由公开演讲取代。

第二,讲授法与研讨课。

讲授法最早的实践可以追溯到中世纪大学,在当时图书匮乏的情况下,授课实际上演变为一种朗读活动。学生在聆听教师阅读的同时要尽可能快地记录下书中的思想乃至措辞,之后还要互相参照笔记以确保内容的完整性和准确性。在17和18世纪背诵和辩论主导的学院教学中,讲授也具有一席之地,但与中世纪的方法已有所区别:有的教师会要求学生当众朗读教材,有的教师则将教育内容抄写在黑板上后再读给学生。到了19世纪,不仅讲课形式在道德哲学、形而上学以及逻辑学等更广泛的科目中得到了运用,而且还衍生出实验讲课法等新的形式。实验讲授法主要用于自然哲学或科学教学,把讲解教育内容和演示科学实验结合起来,先提出科学原理,再通过演示证明其正确性。宾夕法尼亚大学的威廉·史密斯(William Smith)、哈佛学院的艾萨克·格林伍德(Isaac Greenwood)以及耶鲁学院的本杰明·西利曼(Benjamin Silliman)都是使用该方法的杰出代表。实验讲授法使科学教育变得更为生动从而推动了物理学、化学等新兴学科的发展,同时也使讲授制的吸引力逐渐凸显出来从而比传统的背诵辩论等方法更受到师生的青睐。从19世纪20年代起德国大学教育思想的影响进一步为其注入了活力,德国教授普遍运用讲课方法向学生介绍最新的研究成果、提供广泛的教育信息、描述所学领域的概况并激发他们对学术的热情。而留德的美国学生不仅切身感受到了讲授法的魅力而且也跃跃欲试想在美国大力推广。伴随美国高等教育水平的提高,背诵等与中等教育和预备学校更相贴近的方法势必失去主导地位,讲授法作为更适合于成熟青年的形式日益得到了普遍实施。但其成为大学教育主要方法的过程并非一帆风顺,1828年的《耶鲁报告》再次强调了背诵和辩论的重要性。报告虽然肯定了课堂讲授可以充分展示教师的才能,但却认为这可能使学生变得懒散,只有传统方法才能充分调动学生的各部分官能是学习科目的唯一正途,讲课只能作为辅助手段。保守势力虽能一时阻挡教育革新但无法改变整个潮流的趋势,讲授法终于在19世纪末成为新兴大学的主要教学方法。[41]

讲授法的胜利主要源于三方面的优势:(1)扩大了班级规模,使教学更为经济,一名教师可以面向更多的学生授课,这对于当时努力扩招的大学来说无疑是一种非常有效率的教学形式;(2)充实了教育内容,讲课使课程的决定权更多掌握在教师手中,他们可以依自己对学科和学生的认识来调整教学活动而不必如背诵那样完全拘泥于教材或经典,有机会展示新思想和新成果;(3)解放了学生的思维能力,讲课更加重视知识的综合理解而非刻板记忆,学生不再终日以死记硬背为业,在课堂上拥有了更多思考的余地和分析的空间。随着讲授法的日渐推行,随堂提问、分组讨论等一些辅助教学方法也发展起来,其中尤为引人注目的就是研讨班。其最早出现在18世纪的德国,以学生参与人数少、关注某一特定领域、强调主动探究调查为特征,哥廷根和哈勒大学都曾开办过研讨班。柏林大学于1830年左右引入研讨课,并以历史学和经济学领域的教学最为著名。[42]19世纪70年代密歇根大学的查尔斯·肯德尔·亚当斯(Charles Kendall Adams)、哈佛大学的亨利·亚当斯(Henry Adams)和康乃尔大学的摩西·科伊特·泰勒(Moses Coit Tyler)率先在美国大学中开办了研讨课,并逐渐推广到其他研究型大学之中,如约翰·霍普金斯大学的研讨学习在19世纪80年代有了突飞猛进的发展,普林斯顿大学在1898年也开始筹划研讨课程的实施。在研讨课上,学生在教师的指导下要研读文献资料、讨论专著文章并以口头和书面方式报告个人学习进度,师生在交流互动中获得学术上的进益。但由于研讨课程花费较多、对教师要求较高且与传统方法差异较大,因而在引入初期主要限于部分关注学术发展的研究型大学。

第三,实验室与图书馆。

伴随科学进步和学术发展,实验室和图书馆逐渐成为本科教学的重要途径。实验讲授法首次将实验室教学引入本科教育活动之中,但实验室在其中只是发挥辅助作用,学生仅仅是参观教师演示科学实验而已。随着实验室在科学教学中的广泛应用,学生在观察教师示范的同时也获得了亲自操作的机会。特别是19世纪中期以后在一些研究型大学中,课堂实验不再限于重复原有发现,学生逐渐在教师的指导下遵循界定问题、搜集数据、建立假设和实际检验的程序开始了探索之旅,实验室也由此成为学生发现疑难解决问题的重要场所。

殖民地时期的古典学院往往馆藏量十分有限,如哈佛学院初建时约 300 卷图书,在独立战争结束时也只增至 1 万多册,这种情况既源于学校发展资金的短缺,也由于图书大部分要从国外购买所带来的不便,此外不时的火灾事故也使图书馆建设裹足不前。早期图书馆以神学书籍为主其他学科的著述寥寥无几,建国后随着辩论学习的兴盛政治学和经济学方面的著作逐渐增多。南北战争前学生使用图书馆受到严格的限制,通常只限于一周中某几天的部分时段。如 18 世纪达特茅斯学院的图书馆每两周开放 1 小时并且每次只接纳 5 人,学生所借册数也相当有限,一般新生限 1 本,二、三年级为 2 本,四年级是 3 本。[43]总之,在美国内战前,一方面因为图书馆馆藏少且种类不多,一方面由于学校对学生借书存在着相当多的规定,另一方面也缘于当时学习要求仅限掌握课本中的知识,因此图书馆并没有在本科学习中发挥出应有的作用。

19 世纪后半期,随着讲授法和研讨班取代课堂背诵,学生的学习对象逐渐从教材内容转为学科本身,课外阅读需求相应增长,图书馆也从高校的边缘地带走向了中心位置,而约翰·霍普金斯、耶鲁、哈佛、康乃尔和密歇根大学无疑成为这方面的佼佼者。过去高校完全依靠教师的专业声望来提升知名度,现在图书馆的规模、质量和使用情况都成为衡量一所大学水平的重要指标。[44]图书馆的发展主要表现在三个方面:(1)馆藏量有了大幅提高,如哈佛大学的图书总数从南北战后的 12.2 万本增至 20 世纪初的 54.9 万册,研究型大学平均馆藏数也达到了 17.1 万卷;(2)馆员队伍的专业化,学校开始聘请专人负责图书管理而不再让校长或教师兼职,这在保障更长开放时间的同时也使图书的分类编排变得更加系统化规范化;(3)教师开始向学生推荐阅读书目,鼓励他们在课外充分利用图书馆进行学习,优秀的学生不应仅掌握课本知识还要了解所学领域的经典著作,细心研读相互比较并善于作出自己的判断,图书馆成为学生的另一个课堂。总之,图书馆从学校装饰性的收藏品日益转变成开展教育活动的重要地点,并逐渐成为学生开展自主学习和原创活动的基地。

2. 学分制成为主要的教学管理手段

19 世纪 70 年代以后,一方面伴随课程数量增长和选修制度推广,高校日益需要一种衡量科目学术水平追踪学生学业表现的机制;另一方面面对公立中学发展带来的高校申请人数的增加,大学也必须制定出规范标准来评估中学生所受教育的程度,学分制由此逐渐成为本科教学管理的主要方法。迪特里希·格哈德(Dietrich Gerhard)将学分制的发展历程划分为两个时期:第一阶段纵贯 19 世纪 70 和 80 年代,高校先后依据课程水平和教学时间估量各门科目的价值;第二阶段始于世纪之交,大学和高中开始规定出每门课程的具体学分以及要达到毕业要求的总学分数。

在第一阶段中,哈佛大学率先启动了学分制建设,1870—1871年大学详细列出了所有教学科目并为每门课程编上了代码,并在1884 年明确指出要取得学士学位必须修满 18.4 门课程。1878—1879 年密歇根大学的毕业要求开始以完全课程为依据,所谓完全课程指该科目一学期中每周的教学活动不论采取背诵、实验室工作还是讲课的形式,但总数量必须保证达到 5 次。修满 24 门课程可获得文学士、民用工程学士或矿业工程学士学位;学完 26 门课程可取得哲学学士学位。密歇根大学还对各学年的教学量作出了具体规定：一年级学生每周课程学习时间不得少于 16 小时，二、三年级增至 18 小时，最后一年为 20 小时。[45] 但由于当时中学课程比较混乱，学生一时难以适应大学学分制的规范要求，所以改革者们并始把目光投向中等教育，希望在实现中学学习标准化和大学入学规范化的基础上再由下向上地把学分制引入高等教育。由此学分制发展步入第二阶段。1892 年哈佛校长埃利奥特建议全国教育协会任命十人委员会来探讨中学和大学教育的衔接问题。该委员会要着力解决的难题之一就是当时高中课程标准化的缺乏，其建议应实施中学教育内容的统一化并且全部科目在大学录取中都应具有同等价值，但该措施因遭到普遍反对而未成行。1895 年，埃利奥特又建议高中一门科目半年的学习量应达到每周 4 至 5 次课的水平，并以此计为 1 分，学生修完 20 分才能被大学录取。1899 年大学录取委员会接受了埃利奥特的提议，指出高中的某些科目应保持一致以便于大学录取之用，并对各门学科具体的学分数作出了要求：4 学分（4 年）外语、2 学分（2 年）数学、1 学分（1 年）历史以及 1 学分（1 年）科学。1900 年马里兰和大西洋中部各州学院招生协会采纳了大学录取委员会的建议。1902 年中北部教育联盟进一步细化了这一规定指出各科学分标准为：每次课程时间不少于 45 分钟，每周授课次数达到 4—5 次且总教学时间 35 周以上。但学分制的最终确定还要归功于卡内基教学促进基金会的努力。1906 年基金会同意为大学教师提供养老金的条件之一就是大学必须向高中生提出 14 个学分的入学要求，一门科目全年每周开设 5 次背诵课计作 1 学分。1908 年，基金会又把要求修改为中学四门课程中的任何一科在一年中每周教授 5 天即为 1 学分。20 世纪初高校开始纷纷效仿卡内基基金会对中学的要求，以学分作为规定课程和学位的重要指标。

　　世纪之交时加州大学伯克利分校已明确规定学位要求为 125 个学分,其中 59 个学分为必修,具体包括英语 10 学分、数学 6 学分、自然科学 12 学分、外语 18 学分、历史或政治科学 8 学分以及 5 学分的军事科学。[46]宾夕法尼亚大学在 19 世纪末还只是规定出了每门课程的教学时间,一般每周 1 至 4 个小时,到了 1910 年则制定出了相当完善的学分规划。以文理学科为主要学习方向的学生要修满 60 个学分才能获得学位。在宾夕法尼亚大学中,1 个学分代表 1 年中每周 1 小时的讲课或背诵活动,或者每周 2 小时的实验室工作。学生可以自己决定每年修读的学分数进而选择在 3 至 5 年中毕业。一般正常 4 年获得学位的学生每年约完成 15 个学分左右的课程;意图提前毕业的学生一年最多可学习 20 个学分的科目;打算延期至 5 年的学生全年的工作量可减至 12 个学分,但不能再低于此标准。整个教育计划由 22 学分必修课、18 学分专业组学习和 20 分自选课构成。必修学科中除英语和外语各占 6 学分,化学、历史、逻辑和伦理、数学以及物理均为 2 学分,学生在这六大学科内部仍有具体选课的自由。专业组学习提供了 18 个不同的学科,学生可从中选取 2 至 3 个领域作为发展方向。其余的 20 个学分学生拥有自主选择权,但建议计划 3 年毕业的学生选修 6 学分的外语、数学或历史课程。达到上述学分要求且入学时出示了拉丁语和希腊语成绩,同时选修了希腊语 331、拉丁语 431 和 432 课程的学生可获得文学士;其余学生在毕业时取得理学士学位。[47]

　　总之,学分制使高校在教学活动的绝对划一和完全自主间取得了平衡,大学的教学管理走向了系统化与规范化;同时其内在的灵活性和弹性化也为本科生更改专业、转换学校乃至中途休学提供了便利。但学分制一方面将完整的本科教育划分为各个零散的部分,从而破坏了课程的整合性;另一方面以时间为计算单位,偏重课程数量和学时积累,而缺少了对教育过程和学习质量的关注。

(三)评价革新

1. 书面考试代替个人背诵

传统学院对学生的考查主要以学年结束时的公开面试为主,由董事会监督教师实施。考试中,教师会要求学生背诵经典著述,董事也会提出问题但必须与课堂所学相关,不能超出学生的指定阅读材料。哈佛学院从 1646 年起就建立了入学和毕业考试制度。入学考试时间为一天,最初的测试要求比较含糊宽泛,可不久就走向了刻板和具体。毕业考试内容包括阅读和翻译拉丁文圣经旧约和新约。两类考试都采用口试的方法,由校外的考试委员会主持,委员会成员主要为德行良好富有学识的绅士。但考试的象征意义大于现实效用,在实践中并未严格地加以执行。学生在日常学习中也要接受非正式的评估,背诵、朗读以及辩论都是常见形式。这种教学评价手段实际上既无法检验教师的教学水平和工作成效,也不能激发学生的创造能力和学习兴趣,而只是对传统教育所依据的官能心理学、机械记忆以及规定课程的维护与巩固。

以背诵古典著作为主的评估方式虽无益于学生智力发展和学术进步,但一直延续了两个多世纪,直到进入 19 世纪伴随新教育内容的增加,传统考试方法才有所改变,1762 年耶鲁学生举行抗议拒绝参加毕业考试,教学评价改革迫在眉睫。1804—1805 年耶鲁学院引入了每日测验的方法,但并不与毕业要求挂钩。1815年,耶鲁开始每年对四个年级的全体学生进行考查。1830 年每年的口试变为两年一度的笔试,分别在二、四年级期末举行,内容覆盖前两年的所有课程,学院希望借此建立更为规范的考试制度,但因花费昂贵实施程度仍然有限。[48]1865 年笔试才成为耶鲁检查课程学习的主要方法。1857 年哈佛学院认为校董主持的口试已经不能满足学习的需要,决定代之以教师评分的课程书面考试。1869 年哈佛允许科学教育采用实验的方法考查学生能力。1870 年教师通过投票表决支持将笔试作为哈佛最重要的评估途径。一年后,不定期的小考引入哈佛大学。密歇根大学 1882 年结束了面向全年级的共同考试而开始实施专门的课程检查,主考者从校外社会各界的董事转变为校内负责专门科目的教师,教学评估活动从外部监督走向了内部自控。这一转变实际上是自由选修课程增加和教学内容专业化的自然产物,是校内外人士在考查学生方面长期矛盾而教师终获教学决定权的表现,也是书面考试主导地位确立使校外监督者无存在必要的结果。其他学院开始纷纷效仿先行高校的做法,教师自教自评的书面考试在更广泛的范围中得以推行。到了 19 世纪末,各校在原有笔试的基础上开始作出进一步的改革,评分者不知考生身份的盲测、包括日、周、月以及期中考试在内的形成性评价和以专题论文为内容的书面考核都纷纷发展起来。作为传统背诵制支持体系的口试由此瓦解,笔试将学生从每日的机械复述和死记硬背中解放出来,帮助教师从监督者转变为指导者,带动了课程内容和教学方法的革新。与随机提出问题的口头面试相比,统一规定题目的书面考试具有如下优势:(1)有助于从更高层次上考查学生的语言表达能力,口试中学生有时只需要简短回答几个字就可以过关,而笔试中学生要使表述同时具有优美性和逻辑性才能合格;(2)推动整个评价过程更为公正化,教师的随机提问往往使题目的难易程度有所差别,而要求全班学生统一回答相同的问题则可以避免厚此薄彼情况的发生;(3)有利于确定共同标准相互比较学生们的水平,口试时不仅问题存在差异,学生的作答未保存下来,教师也只是凭借印象给出评语,因而缺少共同的参照系,而笔试使学生答案在一致提问下有了更多对比的可能性;(4)能够更为有效地检查教师的教学质量,学生的考试成绩可以从侧面反映出教师的教学水平,笔试在更方便地比较学生表现的同时也使检验课程质量和教学水平更加可行。

2.字母或数字等级评分取代教师评语

早期学院常常以撰写书面评语的方法对学生表现作出认定,但这种形式一方面难以满足日益增长的学生数量,另一方面又存在过多的主观性,因而逐渐被字母或数字计分制所取代。正式的评分体系可以追溯至 1785 年耶鲁学院的四段分类法,依毕业表现将学生分为四个等级。1813 年,耶鲁学院又引入了新的计分程序,打分区间为 1 至 4 分,1814 年学生成绩从 1.0 至 3.21 分不等,但其并没有与具体的等级相挂钩。1896 年耶鲁大学废除了 10 位制的打分要求。密歇根大学最早曾采用数字评分体系,不同数字与各类学术表现相对应。1851 年又改为及格—不及格的计分制度。成绩评定以百分制为准,50 为达标分,分通过、有条件地通过和不通过三级。1895 年大学又将三级细化为通过、不完全通过、有条件通过、未通过以及缺考五种类别,并明确规定介于通过和不通过之间的学生必须完成额外学业才能合格毕业。哈佛学院传统上按照学生家庭的社会地位而不是学术成绩对学生进行编目,毕业致辞代表等荣誉学生的选择也缺乏客观明确的根据。1830—1840 年哈佛学院先后使用了 20 分制和百分制两套评价系统,修辞学采用前种方法,数学和哲学使用后种形式,各个分数段的学生数量都予以公布。1877 年哈佛大学在依卷面表现打分后,进而将学生分为六个等级:90 分以上为 1 等,75—89 分为 2 等,60—74分为 3 等,50—59 分为 4 等,40—49 分为 5 等,40 分以下为 6

等。[49]各校计分形式的分歧促成了 1878 年新英格兰学院会议的召开,大会敦促一致性评分政策的出台。哈佛响应该号召,1883 年将成绩简化为 5 类,具体为:A 等(90—100 分)、B 等(80—89 分)C 等(70—79 分)、D 等(其他通过分数)和 E 等(不及格)。1895年哈佛大学的评分体系又改为未通过、通过和优等通过三个维度。到了 19 世纪末,主要高校开始将各个分数段与教师评语联系在一起,使对学生的评价更为完整精确。

总之,虽然各校所采用的数字或字母的象征意义有所不同,但都在实施等级评分上取得了共识,其与书面考试共同使教育评价活动进入了一个相对客观规范的时代。

三、研究型大学本科教育模式局部调整(20 世纪初至二战)

历经从南北战争后至 20 世纪初近 40 年的发展,研究型大学本科教育模式已经初步形成,但也暴露出课程相对混乱、教学比较刻板和评价缺乏统一标准等问题。直到二战前,各主要大学都力图对已有体制进行修正以推动本科教育朝更健康的方向发展,但与前一阶段的根本性变革相比,这些举措只能被视为支流性的局部调整。

(一)改变课程的混乱状况

1. 建立主修制度

自由选修制在为本科教育发展注入生机和活力的同时,也使大学课程处于一种前所未有的混乱状态,让尚未完全成熟的学生自己挑选大部分的教育内容不可避免地带来教育内容支离破碎的问题。以选修制实施最为彻底的哈佛大学为例,1895 年的研究显示约 55% 的学生的选课以初级科目为主,近 75% 的人的选择缺少

明确的专业方向;1903 年的调查又进一步发现与必修课相比学生
在选修课上会做更少的准备工作,各科内容之间也相当杂乱无序。
自由选课引发的弊端使一向对选修制充满信心的校长埃利奥特也
开始思考补救之道。他逐渐允许各系硬性规定一些必学科目,通
常的做法是要求学生在某一领域至少选择六门课程,同时增加了
递交论文和参与口试的规定。其他研究型大学有的从未实行过完
全放任的自选机制,有的则日渐认识到了不加指导的选课的危害,
因而各校纷纷于世纪之交开始在自由选修和规定必修间寻求平
衡,主修辅修制由此代替自由选修制成为主要的课程管理模式。

　　主修课程的发展源自以各学术领域为基础的分组制,学生从
数学、哲学或历史等学科组中选取某一类作为自己的专业方向,该
实践最早可追溯到弗吉尼亚大学的 8 类教育计划,而分组制概念
的正式使用则始自康乃尔大学。伴随本科教育内容的不断增长和
日趋专业化,分组要求逐渐用于描述课程的宽度特征,而主修课则
成为深度的代名词。主修和辅修概念最先出现在约翰·霍普金斯
大学 1877—1878 年的课程目录中。学校规定本科生必须在 6 大
学系中的 2 个系表现出色,主修课程选自主攻的 2 个学系里的科
目,学生需达到精通的水平;辅修课程要求虽低于主修科目,但也
要对主修内容学习起到帮助作用。[50] 1880—1881 年进一步提出主
修课学习时间为 2 年,辅修科目为 1 年。1882 年大学又要求主修
课完成 2 门、辅修课修够 4 门的学生才可毕业。但此时的主修规
定还只限于部分课程。霍普金斯大学的实践很快流传到其他院
校:印第安纳、密歇根、芝加哥、斯坦福以及加利福尼亚大学在相互
借鉴中把主修制推广到了全美高校之中。虽然在自由选修横行的
时期主修制已有所发展,可影响还相当有限。直到进入 20 世纪之
后才为更多的大学所接纳。1905 年,康乃尔大学放弃了自由选修

制转而强调学生要从四个知识领域中选择近五分之一的课程。1909 年伴随新校长劳伦斯·劳威尔(Lawrence Lowell)的上任,自由选修的时代由此结束,哈佛大学本科教育进入了集中与分布制的阶段。劳威尔将全部教育内容分为表达艺术(包括语言、文学、美术和音乐)、自然或归纳科学、归纳性社会科学(含历史)以及理论和演绎学习(含数学、哲学和法学)四组;并规定在本科生全年的 16 门课程中 6 门必须属于同一主修方向,其余 10 门中至少 6 科要分属 3 个不同的专业领域。[51] 1910 年左右,主修、辅修组成的集中式深度要求和分组选择形成的分布式宽度规定,共同成为大学本科教育的主导形态。然而值得注意的是这一阶段各校主修课的数量不仅存在较大差异,而且集中程度和所占时间也明显少于后世。如 1909 年对 55 所院校的调查表明主修用时从 6%—7.9% 至 34%—35.9% 不等,以 14%—25% 这一区段为主。[52] 下表显示了1909 年主要研究型大学的主修科目占总课时的比例。

表 2.2　1909 年主要研究型大学的主修科目占总课时的比例(%)分布[53]

研究型大学	用时(%)	研究型大学	用时(%)
哥伦比亚	29	普林斯顿	29
康乃尔	16	耶　鲁	20
哈佛	35	伊利诺伊	18
约翰·霍普金斯	15	明尼苏达	14
斯坦福	33	威斯康星	16

　　这 10 所研究型大学主修课用时百分比的均值约为 23%,高于一同接受调查的 55 所院校 19% 的平均数,而且哈佛大学的主修比率居所有高校之冠。可以说不论与普通综合性大学还是小型

文理学院相比,研究型大学都显得比较重视对学生的深度要求,主修制在课程体系中的绝对优势已经建立起来。也正是从这一时期起至二战前,各高校在巩固主修制已有成果的基础上开始逐渐对其改善以使之趋于稳定和规范,它们力图在帮助学生形成相对明确专业方向的同时又尽量避免在某一领域的过度集中,期望在深度和宽度间达成和谐状态。以加州大学伯克利分校和耶鲁大学为例,伯克利早在 1902 年就规定本科生 15 个学分的高级学习必须集中于一个系中,1905 年主修课概念正式引入,并从 20 世纪初的24 门增加到 1913 年的 41 门,此后虽具体科目有所变化但总量一直保持在这一水平。1915 年之后伯克利的主修课维持在 24 学分的标准,其中至少 12 学分的科目必须来自同一领域,剩余学分也要从相关学科中获得。耶鲁大学 1901 年开始采用集中和分布相结合的体系,即集中的主修领域和广泛的分组科目共同构成本科课程。1906 年,1 科主修包括 3 门持续时间各为 1 年难度递增的的课程,总计 18 学分。学生必须完成 2 科主修和 3 科辅修才能毕业。1911 年之后耶鲁的学生只需学习 1 科主修和 1 科辅修即可获得学位,主修要求覆盖 24 学分的高年级课程。总之,在 20 世纪前 15 年,各主要研究型大学为了对抗自由选修带来的课程无序状态,纷纷增加主修科目数量和比重强调集中要求;随着主修制地位的逐步确立,在两次世界大战之间各校又开始控制主修课程的发展,甚至有意缩减有关规定以谋求本科专业学习和普通教育的平衡。如伯克利在 1939 年就将高年级学生的非主修课增加到 36 个学分,科目分布也扩大到了 3 个系。[54]

　　纵观主修制的演变历程,其成长壮大虽得益于对自由选修弊端的修正,但不可否认的是选修制所推动的古典规定科目的终结,所带来的课程数量的增加和质量的深化都成为主修体系发展的重要前提条件。19 世纪上半叶的平行课程和分组制虽然形式与主修制类似,但在性质上却存在根本差异。平行课只是将相关领域的初级课程简单汇聚在一起;分组制虽然设计出不同的课程组,但内部各科的关联性仍十分松散,专业化程度也不高,且学生的选择也只限于组间而非组内。主修制不仅尊重并鼓励学生朝更加深入的高层次学习发展,而且在各个领域内部都提供了大量精深的课程供学生挑选,而这正是 19 世纪 20 年代乔治·蒂克纳等人所钦羡的德国大学的精髓之所在。主修制主导下的集中与分布相结合的课程模式,确实可以在肤浅消遣式的学习与过度专业性的教育间部分地实现调和,在一定程度上促使学生在某一领域深入发展又不失基本素质的培养;但伴随学科的分化和教师的专业化,教育内容的深度要求和宽度规定越来越难以有机结合,大学本科教育再难达成古典学院时代课程的整合性与一体化。

2. 提倡通识教育

为了重新统整各类知识,帮助学生形成共同理解培养完善个性,各方开始呼吁对大学教育进行重新调整。其中,自由文化坚守者提倡古典教育价值的观点得到了当时许多教育者的赞同。他们认为在整个本科时期或至少在前两年的学习中,应着重于进行不同于高中和研究生阶段的心灵训练,学生需要在确定专业方向前先接触广博的知识和价值。在其影响下通识教育运动以各种形式发展起来。20 世纪上半叶的通识教育改革虽然首先发端于小型学院,但大学特别是研究型大学则将这场运动推广到全国,并创造出了更多丰富的类型。

第一,概论课程。

两次世界大战之间概论课风靡一时,致力于在一门科目中以跨学科的形式向学生介绍自然科学、社会科学和人文学科三大领域的基础性内容。早在 1902 年杜威就敦促过高校教学活动中应包括概论内容在内。有据可查的概论科目可以追溯到 1908 年加州大学伯克利分校为主修科学专业的学生开设的自然科学通论课,包括第一学期的物理学习和第二学期的生物教育。但学术界传统上一般认为阿默斯特学院 1914 年为新生开办的社会和经济制度课为概论课程的开端。该课程覆盖伦理、逻辑、历史、经济、法律和政府等多方面的内容,以阐释当前形势和介绍智力方法为目的。[55] 可直到 1919 年哥伦比亚大学当代文明课程的创设,才使概论学习成为通识教育改革中的一个亮点。

　　一战期间,美国国防部的学生军事训练团曾请求哥伦比亚大学开设一门"战争问题"的课程。在研究生院院长伍德布里奇·弗雷德里克(Frederick Woodbridge)的领导下,该门课程得以在哥伦比亚大学和其他军事训练中心实施。作为回应,历史系教授哈里·卡门(Harry Carmen)和哲学系教授约翰·考斯(John Coss)共同设计了一门"和平问题"的科目。1919 年,两门课合并成为"当代文明",致力于向学生介绍其所身处的自然和社会环境中各种具有影响作用的因素。该课程为新生必修课,一周 5 天中上午 9、10 和 11 点各开课 1 小时,由历史、哲学、经济和政治系的教授共同执教。[56] 当代文明课设立初期在学校享有很大声望,这一阶段投身高级课程学习的人数有了明显增长。大学管理者和教师都认为其为学生提供了更好的概念理解工具和方法论研究视野。结果,各系都希望将所属学科的内容添加到当代文明课之中。1929 年,学校将概论学习拓展到两年,内容也进而分为 A 和 B 两大部分:第一年课程 A 着力于介绍西欧的哲学历史传统;第二年课程 B 则重视经济和政治领域的教学,几年后又覆盖了更多的学科。30 年代创立了包括更多当代文明课形式的概论科目在内的核心计划。

1934 年自然科学领域发展出两年制的科学 A 和科学 B 课程。但 1941 年因自然科学教授反对以及相应的师资配套问题而中止。1935 年人文领域开办了为期一年的文学和哲学方面的名著导论课,十年后又新增了一年的美术和音乐教育,此课程为全体学生的必需科目。在内容上不断扩充的同时,当代文明课在形式上也有所调整。1936 年大学将课程划分为两大部分:在初级部学生学习共同内容,在高级部他们则可以根据兴趣选修科目。

哥伦比亚大学的早期成功促使各校开始纷纷效仿它的做法,希望在学习专业化的同时也可保持知识的完整性。威斯康星、普林斯顿以及斯坦福等大学都设置了类似科目。概论课 20 年代在各地普遍开花,30 年代达到了发展的顶峰。1925 年,全国高校约开办了 82 门概论性或介绍性课程;1935 年 99 所院校此类科目的数量已经上升到 125 门。概论课程一方面不断拓宽学生的知识领域,一方面又谋求建立各学科间的联系发展学习的综合性,另一方面还促使整个本科初始阶段的学习是以普适教育而非专业发展为导向的,有效避免了过分的专业化。但从 30 年代起概论课开始不断遭受质疑,教育专家纷纷对其浅薄性表示不满,认为课程中涉及的内容往往只属于学术水平的初级层次。此外,不少教育计划在内容上存在专业性较强的弊端,不仅未将学生引入共同学习,反而成了主修科目的前提准备;在形式上则缺乏有机的组织,往往只是各领域教学的简单拼凑,学科内部的本质联系并未建立起来。而且,各校开办的课程内部差异也较大,有的班级容量较小,由专家授课,十分重视抽象理论和现实问题的结合;有的则受众面广泛,聘请校外名流讲课,学术色彩并不突出。虽然概论课程本身并不完善,也并未为在当时被广泛采用,但却是谋求教育内容综合性的一种重要尝试,并且为之后实验学院和名著计划中具体课程的安排提供了参考借鉴。

第二,实验学院。

实验学院的建设也是这一时期本科通识教育发展的重要举措之一,其中以威斯康星和明尼苏达大学两校的变革力度最大。

威斯康星大学的实验学院存在于 1927—1932 年间,由亚历山大·米克尔约翰(Alexander Meiklejohn)负责。米克尔约翰认为教育的目的既不是实用技能也非学术知识,而是要发展学生的智慧。正是在此思想的指导下,他开始了实验学院的建设,该学院主要面向大学中本科低年级学生的教育。学院由 11 名教师构成,他们三分之二的时间用于学院活动,其余三分之一的时间则在大学学系中工作。实验学院发展的鼎盛时期招生达 155 人,均为住校生。课程由一个整合计划构成,围绕古希腊文明和当代美国社会中的重要议题展开。第一年主要学习公元前四、五世纪的雅典文明,涉及哲学、文化、政治和经济等各方面的知识。阅读材料包括原始文献、二手文献以及各类教材,重点内容为柏拉图的《理想国》。第二年主要致力于将学生学习希腊文明所获得的逻辑思维运用于理解当代美国社会问题。夏秋学期集中于研究地区问题,每名学生选择某一乡镇、城市或地区作为考察对象并以此为主题撰写论文阐释这一地域的特点和价值。秋学期的前八周用于探讨科学在当今社会中的作用,实验室学习也是其中的一部分。[57]《亨利·亚当斯的教育》是第二年重要的学习材料,学生在该年最后的任务就是对此书的独立探讨。

学院教学活动由大班授课、个别指导和小组讨论三部分构成:(1)所有学生每周都参加四或五次由全体教师共同执教的非正式讲座,讲座由该领域最富经验的教师主持,提问和非正式交流都是课程的一部分;(2)每位教师各负责一个学习小组,由 12 名左右的学生组成,教师要分别对每人每周进行一次个别辅导或召开一次讨论会,时间各自为 1 小时和 1 个半小时,见面会主要内容涉及写作以及学生特别感兴趣的话题,以六周为单位学生再接受另一位教师的指导;(3)每周 12 名学生还要以学习小组形式和导师共同会面一次,内容由负责教师自己决定,因而各组所学各不相同。

写作一直是整个教育计划的重点所在。学生每周要写一篇命题论文,有时是州长或总统的演说词,有时是对柏拉图对话的分析。此外,学生还要以日记形式记录自己对阅读材料的认识。每六周的个别指导完成后,导师会就每位学生的表现写出报告并交给院长,但直到第二年期末才会对学生进行评定,根据他们在地区研究、独立探讨以及综合客观考试等环节中的表现作出最终评价。

实验学院重视学生的智力发展,在尊重传统的同时也强调和当代的联系,既关注理论学习又重视现实社会,试图为学生适应各种环境做好准备。但从建立之初起,诸多问题就困扰着学院的发展,主要体现在三个方面。(1)实验学院和专业学系间的矛盾:教师同时在这两个部门工作,但二者的衡量标准和质量重点均存在差异,而且学系的待遇要明显高出学院的水平,这在无形中使教师更偏重于学系中的教学和研究活动。(2)实验学院和大学中其他部门间的矛盾:学院往往占据全校最优质的资源如优先使用新建的学生宿舍,其内部制度常常也与学校的统一规定不符如第二学年末才对学生作出评定,同时学院的存在必然挤占其他单位对有限资金的利用,这都造成其余部门对学院的不满乃至抵制。(3)实验学院内部的矛盾:各位教师对于学院教育计划的性质、实施以及评估等问题都存在着不同认识而且难以协调,学院内部并没有形成一种占主导地位的共同理念。学院未能妥善处理上述矛盾导致了它的生源危机,学生往往来自其他州,而且整体质量不高。州政府不满于学院中过高比例的他州学生,到了 1932 年,伴随经济危机的冲击以及校内外的反对,入学严重不足的实验学院最终关闭。虽然实验学院的实践以失败而告终,但其有关本科教育改革的思想却不断影响着后世发展。

1932 年明尼苏达大学的通识学院正式成立,采取开放入学的政策,主要面向低年级本科生开展为期 2 年的普通教育。[58] 其主要面向一些有特殊要求的人,如无时间修完四年课程者、希望接受广博教育者、学业准备不足者以及大学其他院系不能满足其需要的学生。两年学习结束后学生统一参加综合考试,合格者才能毕业。校长劳特斯·戴尔特·考夫曼(Lotus Delta Coffman)委托马尔科姆·麦克莱恩(Malcolm Mclean)具体负责学院的发展。教育计划由诸多能引起学生兴趣的概论课程组成,并且采用收音机、留声机和电影等各种现代技术进行教学。每年大约招收千名学术潜能不足的学生,专门为他们设计的科目包括"如何学习"、"地球和人类"以及"食品和营养"等。外语学习、实验室课程以及高级技能专业化都不在要求之列。教育活动主要致力于帮助非传统学生提升社会适应和实际生存能力。麦克莱恩最初是从全校招募优秀的教师来计划和教授课程。但教师同时在学院和学系任教负担很重,而且从学系中获得奖励更为容易,他们对通识学院的热情就下降了。于是学院开始建设自己的师资队伍,包括全职教师和研究生助教。虽然明尼苏达大学的通识学院比威斯康星大学的实验学院获得了更长久的生命力,可由于受众面特殊、二年制的时限以及跨学科教学等特点而在大学中处于相对孤立和比较受忽视的地位。但不可否认的是,通识学院在坚持博雅教育理念、服务社会大众和推动本科课程改革方面发挥了不可替代的作用。

第三,名著计划。

如果说概论学习和实验学院还只是局限于某一课程或某一阶段的通识教育,芝加哥大学的名著计划则努力将博雅精神贯穿于整个本科生发展过程。1929 年罗伯特·梅纳德·赫钦斯(Robert Maynard Hutchins)出任芝加哥大学校长开始了大学部建设,他希望复兴古典学院传统,使学生充分接受西方文明的熏陶,因而主张实施完全必修的本科教育,整个教学活动建立在阅读和讨论西方经典名著原文的基础之上。芝加哥大学的通识教育实质上是要学习西方世界的伟大著述并发展阅读、写作、思维、表达以及数学能力。[59]学院课程包括三年的社会科学人文学科和自然科学的学习,以及各为期一年的数学、写作与评论、哲学、西方文明史、外语和作为顶峰体验的 OII(观察、解释和统整)或 OMP(组织、方法和知识原理)。社会科学第一年的学习主要涉及美国民主制度的问题,既包括其哲学预想,也涵盖现实议题;第二年的教育围绕社会与文化展开,集中于工业社会对个体的影响问题;第三年自由和控制的价值探讨成为中心任务,经济自由的性质和局限、经济自由与政治秩序的关系、官僚体系的作用等一系列内容都是分析的话题。[60]各主题下都会详细列出参考文献。与社会科学不同,芝加哥大学的人文领域教学并没有以各类问题为中心来组织,而是偏向学生抽象思维的发展,着重讨论作品分类原则、修辞学的本质、批评理论等问题。教育活动中也并不会依文学、美术或音乐等不同学科设置各种课程,而是帮助学生建立一种对艺术的综合的抽象的理解。自然科学主要是对物理和生物两类知识的学习,包括阅读经典名著和动手操作实验两大环节。作为统整课程之一的 OMP 由三学期组成:第一学期在大量阅读柏拉图、亚里士多德以及圣·奥古斯丁等人的名著的同时,要考虑分类方法、知识的区别以及学科的衍生关系问题;第二学期思考自然和人文科学中归纳的性质、比较的方法等理论问题,伴以阅读米尔、杜威以及爱因斯坦等人的哲学著述;第三学期致力于研究如何运用原理解决现实问题,柏拉图、亚里士多德、荷马和米尔四人的经典为学习材料。各门课程跨学科性很强并且依赖于原始资料的学习,具有比较宽广的视野同时注重对文本的分析。各科每周的课时数为四小时,包括一小时的讲课和三小时的讨论。教育内容虽然一致,但学生可以自己掌握进度,决定三或四年毕业。完成课程后,学生要参加大学考查办公室组织的综合性考试,总计14次左右,所有成绩均合格者方可毕业。通识教育之后学生才有资格开展专业学习。

总之,芝加哥大学的名著计划可以归纳出五个独特之处:(1)同时招收高中在读生和毕业生,大学最初曾设想完全从高中低年级学生中选拔新生,但由于认可度低才采用这种妥协政策,但其一直试图将高中教育和大学学习统合为一个整体;(2)实施完全的规定课程教育,不论学生的职业规划、智力能力、兴趣爱好以及社会背景如何,都必须统一学习共同科目;(3)重视跨学科教学,强调基本原理的掌握而非具体内容的精通,致力于营造整体性的学习氛围;(4)建立专职师资队伍,专门负责通识教育课程,而不是由各分散院系的教师开展教学活动;(5)发展外部的综合性测试,以取代学分制和内部评价体系,考试委员会的成员由非任教的教师组成从而保证考查过程更加客观公正。芝加哥大学本科教育改革有诸多创新之处,但也出现了一些问题:参与名著计划的教师要把更多精力投入到教学而非科研活动方面,在大学中普遍地位不高;而且大学部与其他院系也相对隔绝,人事任命和教师晋升自成体系。这种情况虽然得到赫钦斯的支持,但学院发展与整个大学运行日益格格不入,许多教师纷纷流失;特别是在校长更替之后,本科阶段的完全通识教育越来越难以为继。

3. 关注校园生活

美国学术界在谋求本科教育整合过程中,开始重新关注课外生活的价值,并希望通过各种途径将其与正式的本科教学活动融合在一起共同促进学生成长。

第一,重视学生住宿生活。

在 19 世纪末期,各大学受德国高校影响,曾一度忽视宿舍的教育意义,许多学生都在校外居住。到了 20 世纪初,学校在不断改进住宿设施的同时也日益认识到生活环境对学术表现的重要意义,越来越多的校长都强调为学生创造适宜的起居条件和提供优秀的课堂教学一样重要。

芝加哥大学校长威廉·韦尼·哈珀(William Rainey Harper)一贯主张利用住宿生活来培养学生的共同素养,并早在 1893 年就建设了完整的住宿体系,每栋宿舍都设有专门的管理者、咨询人员和委员会。哈珀后来又提议兴建设施完备的学生俱乐部,在即将卸任之前还建议将初级学院的男女学生依牛津和剑桥的学院制分别安排到 4 个宿舍中去。1907 年伍德鲁·威尔逊(Woodrow Wilson)提出"方院计划"建议普林斯顿兴建新宿舍安置学生和未婚教师同住,把学生的课外生活和教师的个别指导制度结合起来,将起居场所和教育机构的功能合二为一。[61] 威尔逊并不希望将改革仅仅局限在住宿安排上,而是要借此重振自由文化主导下的英式大学进而改变美国本科课程凌乱的现状。虽然威尔逊的提议未在普林斯顿获得广泛赞同,但其引起的全国性影响却对其他高校实施类似计划奠定了基础。哥伦比亚大学和康乃尔大学分别于 1896 年和 1914 年建立了第一所学生宿舍。西部州立高校如明尼苏达、密歇根和伊利诺伊等大学在一战前也开展了相关行动。高校在大力兴建新校舍的同时也开始加强对校外住宿的监督管理,并日渐重视对校内娱乐场所和社会设施的建设以满足本科生休闲和交往的需要。在密歇根大学兴建了专门的学生会大楼后,在校内为所有学生提供有益身心的民主的娱乐活动就成为全国性运动。

　　而这场提倡住宿生活和大学教育相结合的运动中,哈佛和耶鲁两所大学的表现最为突出。从 20 世纪 20 年代末起,两校的住宿楼即哈佛舍和耶鲁院的建设都得到了耶鲁大学 1897 级校友爱德华·S. 哈克尼斯(Edward S. Harkness)的赞助。宿舍由住校导师和其他教师负责,约能容纳 250—300 名高年级学生。各栋宿舍大楼都配备自己的餐厅、图书馆、运动设施和公共休息室。住宿上特意将不同经济状况、地域籍贯、宗教信仰、教育背景以及学科专业的人安排住在一起,以促进学生之间的交流互动。虽然两校抱着良好的初衷,但在具体实践中却未完全达到预期效果。在耶鲁大学,管理者发现英国的个别辅导体系因花费昂贵而很难普遍使用;而且美国本土校园文化中的兄弟会、秘密社团以及校际运动会很难与完全英国式的自治住宿体系相协调。在哈佛大学,当个别指导制度面临师资不济的情况时也不得不动用大量知识储备不足的研究生作为补充,同时也缺少大量资金来维持对本科生专门辅导的花费。学生宿舍推动社会交往的功能虽然得到较好发挥,但促进学术发展的目的却并未充分实现。总之,由于资金、师资和场地的不足、英美校园文化的长期差异以及学生兴趣的缺乏,以宿舍为基地谋求正式教育和非正式教育的努力并未获得预想的成功。

　　第二,开展人事服务活动。

　　出于发展学生综合素质以及增强整个校园凝聚力的考虑,从 20 世纪初美国高校开始发起学生人事运动。这种将大学生视为未成熟的青年人并试图在各方面予以指导的思想,实际上是对殖民地学院教育的继承。学院的任务不仅局限于智力锻炼,还包括宗教信仰和社会行为的养成。这种传统虽然伴随 19 世纪大学的建立而有所忽视,但到了 20 世纪初又有所复苏并演变为学生人事服务活动。此时,大学教师因日益关注学术活动而在学生事务上投入的时间越来越少,本科生中间却流行着重视课外活动而轻视学业成绩的反智主义倾向,家长则期望学校能对学生身心发展的各个方面都予以关注,因而学生人事服务日渐兴起并逐步走向规范化,但其与传统的学院生活管理已出现显著差别。这种不同体现在三个方面:(1)学院入学人数较少,往往由校长和教师兼职就可完全满足学生各方面的需求,但现代大学由于规模庞大、结构复杂而必须设立专职人员开展服务活动;(2)传统学院的人事人员并未接受专门培训,对学生的指导多出于自身的经验,而大学的人事职员不仅普遍接受了行为科学的训练,而且善于运用包括心理测量在内的科学方法来帮助学生解决问题;(3)传统学生具有较强的同质性,社会背景和生活目标相近,而大学的生源更趋多样,高校人事服务必须兼顾各方不同的需要。

　　虽然学生人事服务运动的迅速发展是在一战之后,但从 19 世纪末起一些高校已经在这方面有了一定尝试。约翰·霍普金斯大学在成立后不久就创设了一个学生咨询体系,曾任芝加哥大学校长的哈珀也强调科学地研究学生最终应成为美国大学工作中的一部分。[62]哈佛大学早在 1870 年就任命埃弗赖姆·葛尼(Ephraim Gurney)教授为专门负责学校纪律工作的主任。1890 年大学进一步成立了一个新生顾问委员会,其中学术事务和学生工作分别由不同部门管理,同年黎巴让·罗素·布里格斯(LeBaron Russell Briggs)成为承担后一方面职责的主任,推动了学生人事管理运动的发展并将其功能拓展到更宽广的领域。哈佛大学学术和学生双主任制的做法很快推行到中西部的大学,东部高校也随之效仿,课堂学习和课外活动都开始设有专人管理了。一战时学生人事工作的职权范围扩大,内部有了更细致的划分,住宿、健康和娱乐等事宜都由专门机构负责。一战后人事服务获得了更大的前进动力,在军队中发展起来的心理测验和咨询活动开始广泛运用到高校之中,大学学生工作获得了更多科学理论的支持,并逐渐形成一个专门的职业领域。精神病学研究者、宗教学者、社会学家、教育学专家以及职业指导人士都纷纷加入到学生服务队伍中来。伴随科学方法和专业人员的作用日益突出,人事活动又分化为面向全体和针对个人两类活动。前者如新生适应计划,为了帮助学生尽快融入高校生活,大学一般会在正式开课前设立课程或开展活动引导新生顺利进入新环境。1915—1916 年间只有 8 所院校开展了此类活动,10 年后发展到 82 所。后者如个别化咨询活动,依据学生个体间的差异和不同的问题,对其进行个别专门辅导,具体内容涉及教育、职业、宗教和个人问题咨询等多个方面。基金会也对学生人事服务发生了兴趣,在洛克菲勒基金会和通识教育委员会的支持下,美国教育协会发起了对人事实践、学术测验、排序标准以及职业问题的深入研究,全国的学生人事工作程序也日益趋于标准化。

(二)纠正讲授法的弊端

在前一时期,讲授法因节省资源、受众面广和包容量丰富等特点而深受师生喜爱,并最终于 19 世纪末确立了在教学方法体系中的主导地位。但伴随讲授法的发展,其各种弊端也逐渐暴露出来并引起各方质疑,高教界开始努力寻求补救措施。改革的呼声主要体现在三个方面:(1)科学导向的教授首先发难,他们指出应鼓励本科生从事高层次的探究工作,要大力增加研讨班和实验室教学的比例,以使学生了解前沿知识的运作情况进而激发他们学习的主动性和创造性;(2)与前一种希望增加其他教学形式的要求相比,第二类批评更具颠覆性,认为课堂讲授只注重既定事实的传递是远远不够的,还应当通过更多有计划的阅读和讨论来思考各类知识背后的价值和意义,这才是学习活动的主旨所在;(3)第三种呼吁指责讲授法缺少对学生的人性关怀,强调小班教学的作用,期望教师能给予学生更多个体化的智力和道德辅导。在理论上呼吁的同时各高校也开始在实践中进行变革。

1. 开展荣誉计划

作为纠正讲授法弊端的补救手段,荣誉计划这种独立学习形式在一战后逐渐发展起来。荣誉计划就是要通过有指导的自学使优秀学生将自身的能力充分发挥出来,而不被传统的课堂教学所局限,期望学生自身承担更多本科教育的责任,主要有三方面的特点:(1)专门为参与该计划的荣誉学生提供跨学科的、研究性的或高难度的教育内容;(2)开展丰富的学术活动和社会实践吸引学生参加,以提高探究能力和交往水平;(3)重视教师对学生的单独辅导,导师要对学生的课程选择、学习进度、专业确定、科研活动以及教育结果全面负责,从多方面充分影响学生发展。

早在1909年耶鲁大学校长哈德利就曾提议建立筛选体系将成绩优异和仅达到及格分的学生区别开来。但直到1915年荣誉计划才正式出台,可其对学生的区分并不显著,明显照顾多数学生而在智力要求上作出了妥协。劳威尔在哈佛就任后一直强调大学的当务之急是使高水平的学生最大限度地表现出自己的才能,为了创造一个鼓励突出能力的环境,劳威尔主张依据学生在期末考试中的成绩而不是课堂表现进行分类。他认为如果只是简单将科目分为荣誉和普通两类,优秀学生自己所选择的教育内容可能未必足够,但若以他们对整个领域的掌握情况为考查标准则能驱使他们不断提高现有水平。最初只有历史和政治系实验这一做法,但很快得到其他院系的响应,综合考试的严格要求迫使学生不但付出更多努力而且开始积极向教师寻求帮助,教育质量和师生关系都得到了改善。1920 年哥伦比亚大学也将名著课程转化为通识荣誉计划,希望借此提高教育质量激发学生的研究兴趣。普林斯顿大学则为高年级的优秀学生专门开设了古典人文荣誉课程,覆盖文学、历史、政治、艺术和哲学等多门学科。

虽然一战前耶鲁、哈佛、哥伦比亚和普林斯顿等东部精英大学就开始利用荣誉计划对能力突出者提出特别要求,并开展专门活动以改变本科生对学术的冷漠态度,但这些实践都缺乏必要的保证和资源,而且多被质疑为是对教育民主化的挑战。[63]直到 1922 年斯瓦斯摩学院的行动才真正让荣誉计划焕发了生机,该计划专为三、四年级具备深入独立学习能力的学生而设。学院不仅明确将优等生和普通生区分出来,而且通过小班教学、口头和书面交流等多种形式强化师生间的亲密关系。其中学生讨论会是整个计划的精髓所在,一般每周一次,用时三至五小时,教师提供相关学科领域的内容纲要作为学习要点,学生每两周要递交一份论文,讨论通常围绕他们的文章展开。在导师指导下荣誉学生享有很大的自主权分配时间和选择所学,最后他们要统一参加校外人员组织的考试以客观地检验学习成效。每项计划通常包括 4 门主修领域的测试和 2 门辅修科目的考核。依成绩学生最后被分为最高、高等、普通和无荣誉四等。斯瓦斯摩学院开始实施荣誉计划时全校 227 人中仅 11 人加入,而到了二战前夕 331 人中则有 146 名学生参与进来。[64]面对斯瓦斯摩学院的成功,许多高校都开始以其为模型发

展或修订荣誉计划。20 世纪 20 和 30 年代该计划在更广泛的院
校中得以传播,其鼓励潜能发挥、强调师生亲密交流并关注人性发
展的理念得到更多高校的认可。总之,实施良好的荣誉计划必须
遵循三项原则:(1)赋予学生充分的自由使他们自主选择实现目
标的途径,如将阅读书籍的种类、数量和时间等问题交由他们自己
决定,虽然师生的智力交流必不可少,但教师的工作更多应是努力
激发并正确引导学生学习的主动性;(2)专注于特定学科或问题
的深入研究,而不是对各类知识的泛泛了解,这样才能真正调动学
生的内部潜能并促进其智力发展实现质的飞跃;(3)坚持使用终
结性评价,直到全部学习结束时再对学生进行综合评定,这既可以
鼓励他们将已学内容综合起来又能促使其在自我统整中实现理论
的提升。荣誉计划一方面希望通过学术活动来引导学生迈向更高
层次的专门学习,与大学专业化发展并不直接冲突;另一方面又充
分运用小型讨论会、师生频繁互动以及学术论文作业等形式促进
学生主动性的发挥,在很大程度上解决了讲课造成的消极学习
问题。

2.提供个别指导

讲授法的一个重要缺陷就是专注于面向全班的共同教育而忽
视了对学生个体的辅导,由此个别指导制应运而生,其中以普林斯
顿和哈佛两校的实践最具代表性。

1905 年普林斯顿大学校长伍德鲁·威尔逊任命了一批年轻
教师充当导师,他们既具备较强的学术能力又善于和学生相处。
他试图利用这 45 名教师来解决大学教育忽视人格发展的问题并
激发本科生的学习热情。个别指导无形中会帮助学生整合各类知
识,尤其适用于具有大量阅读任务但又缺少综合考试的学科。普
林斯顿大学为每门课程都配备了指导教师,各科目分布情况为:古

典学科 12 人,英语 10 人,现代语言 10 人,历史、政治和经济学 10
人,数学 6 人,哲学 5 人,艺术和考古学 2 人,地质学 1 人。[65]指导制
普遍用于人文社科,未包括自然科学在内,后者主要以实验室教学
作为讲课的补充。本科生通常一周学习五到六门课程,每次三小
时,其中两小时用于课堂讲授,剩余一小时则进行课外指导。如攻
读文学士的一年级学生每周个别辅导的内容包括拉丁语、希腊语、
数学、现代语和英语五门学科;攻读理学士的新生每周个别指导的
科目为拉丁语、法语、德语、数学、物理和英语。学生往往三到六人
结为一组,利用一周中任何方便的时间在导师的住所或其他休闲
场所聚会,与教师讨论课堂教学内容或自己阅读过的书籍,在一种
非正式教育的氛围下提高智力水平。导师自身并不参与正式教学
活动,他们只是试图在课外为学生提供更多扩充知识和思维锻炼
的机会。导师之间常常互相交换学生,以根据他们的特性不断尝
试新的教育内容和方法。虽然当学生表现不佳时,导师可以阻止
其参加期末考试,但教师平时并不需要给学生评分。对学生的最
终评价是由阅卷教师和辅导教师共同研究确定的。辅导教师会撰
写报告总结学生在个别指导中的表现,这会在原有考试成绩基础
上有所增减。学生在导师辅导下既享有相当大的自主权又能不时
获得有益的帮助,这种亲密关系往往保持到他们毕业之后。总之,
个别指导制关注于个体的成长,充分调动了学生的积极性,有助于
他们厘清课堂所学并不断开阔新视野,试图在现代大学中营造出
传统学院自由教育的文化。

　　哈佛大学规定学生在修完各门课程之后还必须统一参加综合
性考试,只有成绩合格者才能毕业。要确保学生能将各科独立的
内容综合起来,为每名本科生配备一位导师进行个别辅导就变得
必不可少。1910 年,哈佛大学在校长劳威尔的领导下也开始实施

个别指导计划,从第二学年起学生和教师一对一地结成小组接受辅导,教师和学生非正式的见面会一般每周举行一次,时间控制在半小时到一小时之间。导师负责指导学生选修课程,推荐主攻方向的参考书目并帮助他们形成对一门学科的完整认识。参考学院办公室提供的学生学业记录和学习计划,导师会单独和每位学生接触,根据他们的需要、兴趣和能力制订个别化的阅读方案和报告内容。但选择同一专业的学生必须完成一定的共同的工作量,各系往往依据时代或问题列出必读著述,并标明哪些需要全文通读哪些则只要研究部分章节即可。学生在四年级之前一般会完成大部分的阅读工作,最后一年主要致力于发展抽象综合能力,如德国语言和文学系毕业班的本科生要掌握德国文学史的演变脉络,补充以往阅读不够充分的作家的著述,以口头和书面形式报告自己的学习成果,并在11月至5月期间准备5篇规定的学术论文。[66]个别指导制并不以传授知识为己任而是要通过辅导鼓励个人阅读和思考,教师并不试图将现成的观念灌输到学生的头脑中,而是引导他们在自我学习和共同讨论中发现问题获得认识。

(三)实行综合性考试

针对具体课程的书面考试往往只关注学生对特定领域的精通水平,而难以考查他们对整体学科知识的掌握能力,由此各研究型大学纷纷进行教学评价改革,即学生修完所有科目后并不自动获得学士学位而是还要参加学年末的综合性考试,希望以此来督促本科生加强对所学领域的整合并不断提高总体学术水平。

美国高校的综合性考试实际上是对18世纪后半叶英国大学考试制度的一种继承,其通过对学生总体表现的严格规定把大学从散漫腐化的风气中挽救出来并不断推进其提升学术水平。哈佛大学早在 1871 年就对荣誉学生提出了综合考试的要求,1911 年医学院明确规定所有毕业生都必须参加综合性考试。1913 年历史、政治和经济部也开始采用这一终结性评估方式,主要面向四年级学生,针对他们的主修科目进行检查,但考试范围并不局限于课堂讲授内容。1919 年,哈佛大学将综合性考试纳为各系的选择项目之一。到了 20 世纪 20 年代,由于考试要求日益和荣誉计划联系起来,并且在一定程度上确实有助于本科教育的连贯性和整体性的发展,综合性考试取得了巨大进展。1924—1925 学年哈佛大学规定所有参与综合性考试的学生将有资格获得教师的个别辅导。截止到 20 年代末除了化学和物理系之外,哈佛大学所有部门都赞同对有主修专业的本科生实施综合性考试。自 20 世纪 30 年代起,综合性考试在更多的院校中得到了推广。

表 2.3 1900—1935 年实施综合性考试的高校数量变化[67]

综合性考试的实施范围	1900 年	1932 年	1935 年
仅针对荣誉课程	2	75	71
仅限于一个系	3	73	94
两个系及以上	2	54	77
总　　计	7	202	242

　　根据各高校对综合性考试的利用方式不同可以分为两类。一类高校仅把综合考试作为一项新政策简单增加到原有的毕业规定之中,并没有在教育活动的其他方面作出相应改动,一般来说规模较小的院校实施成效更高些,因教师数量和课程种类有限而在各系之间容易达成一致。另一类大学在提出综合性考试要求的同时对入学、课程和教学都进行了调整,如把个别指导与期末考试结合

起来,设置专门的导师全程负责本科生的学习活动确保他们能顺利通过毕业考试;开展以整合各门课程发展学术能力为目的的研讨班活动,为终结性考试作准备;创设高级协调课程,以概论的形式将学系中的教育内容统整在一起。[68]

综合性考试尤其注重全面知识和概括能力的测查,以哈佛大学古代和现代语言部为例,其考查委员会规定的考试范围包括三大方面:(1)以《圣经》为主题的著述和莎士比亚的 12 部戏剧;(2)荷马、索福克勒斯、柏拉图、亚里士多德、西塞罗、贺拉斯和维吉尔 7 位古代作家中至少 2 人的经典著作;(3)学生主修文学领域的普遍性知识。[69]学部中的德国语言和文学系的综合性考试共由两大部分组成:第一单元着重于纵向上考核德国文学总体发展历程,第二单元集中于横向上评估特殊问题和专业知识。总之,考试主要涉及事实性知识的掌握程度、语言表达和动手操作的应用能力以及认识、评估和解决问题的思维水平等方面的内容,而且处于不断变化之中。如哈佛大学社会学部 1917 至 1931 年间有关知识记忆的试题比例从 46% 下降到 30%,而对思维水平的问题则从 54% 上升到 70%。

综上所述,综合性考试以三方面的优势而深受各大学推崇:(1)同随堂小测和期末考试相比,综合考试更关注学生较长时间内的学习进展,这将督促他们重视长期学习并不断温习已经学过的内容;(2)强调对某一专业所有知识能力的考查,促使学生必须将分散的课堂教学和课外阅读融会贯通,并在这一过程中发展出归纳概括能力;(3)有助于学生开展更积极的自我教育,更主动地探索未知的学科领域而不是被动地完成规定作业。

四、本章小结

在高等教育的转型阶段,美国研究型大学本科教育在不断变革中逐渐形成了自己的特点,不同于单一贫乏的传统学院教育,它在各个领域都完成了一个丰富化的过程:目标上不再以博雅精神的涵养为主旨,而强调学生要兼具广博知识、专业素养和职业能力;课程上古典学科式微现代学科逐渐发展起来,教育内容获得了前所未有的扩充;教学上传统的背诵和辩论风光不再,讲授法成为主导形式,同时辅以研讨课、实验室、图书馆、荣誉计划和个别指导等多种方法;评价上口试不再是唯一和主要手段,盲测、专题论文、综合性考试以及包括日、周、月和期中考试在内的形成性评价纷纷出现。该时期的总体发展特点可归纳为以下三个方面:

首先,融合多国教育传统。

美国研究型大学本科教育模式并不是对一国现成体制的效仿,而是融会各国之所长。研究型院校的创建源自德国大学的影响。德国高等教育倡导教与学的自由并重视学术发展的特点,促使美国高校也开始通过建立研究生院开展科研活动走上专业化之路,进而引导本科教育从以通晓博雅知识为己任转为追求高级专门学问,并且将德国的讲授法以及研讨班等方法广泛应用于本国教学活动之中。但美国高校在深受德国精神影响的同时,也不断反思自己的发展道路。特别是在意识到德美两国中等教育的差距、完全自由选课的危害以及过分专门化引起本科课程整体性丧失等一系列问题后,研究型大学又试图在一定程度上恢复英国古典大学的自由教育实践,期望通过实施通识教育、重振宿舍生活和加强个别辅导来统整本科教育。然而,美国对英国的大学理念并未全盘吸收而是有所选择,如本科学生的管理就是以学系而非学院为单位的。而美国研究型大学本科教育模式的形成过程中虽不乏对别国的学习,但最为重要的还是尊重本国传统和立足现实问题,不仅在借鉴他国经验时是以国内需要为出发点,而且不时有重要的创新之举,如学术活动对纯理论研究和应用科研兼容并包,本科教育将通识教育、专业主修和职业精神集于一身等不一而足。总之,融合多国教育传统而不固守某一方面成为美国大学本科教育发展的重要特色。

其次,强调与社会生活的联系。

美国高校传统教育内容相当有限,且希腊语、拉丁语和修辞学等古典科目占据着主导地位,而从学院转变为大学的第一步就应是现代学科的引入。面对传统学院课程日益与现实世界脱节的状况,在《莫雷尔赠地法》大力资助农工科目政策的推动下,并深受实用主义一切从实际出发思想的影响,美国大学本科教育开始与社会生活有了更为密切的联系。三大学科领域中的许多新内容都进入了高等教育领域,并且日益取代古典学科成为本科学习的主要组成部分。在学位建设方面,文学士一统天下的局面被打破,哲学学士、理学学士和文学学士等专业学位纷纷出现并逐渐获得了和传统学位同等的待遇。与专业学习同时获得迅速发展的是职业教育,科学农业、家庭经济和商业贸易等实用性科目也成为大学授课的内容并被授予相应的学位。虽然有些课程因与实际生活过于贴近而对知识的理论性学术性关注不够,同时过多的科目也使本科教育容易陷入混乱的状态,但重视本科学习与社会生活的联系是符合时代潮流发展的,并作为美国高校的重要特色一直延续下来。

再次,形成相对统一的模式。

美国研究型大学在初创时期并没有统一的范型和共同的标准

可循,而是在相互借鉴取长补短之中逐渐发展起为各校所普遍认可的模式。如哈佛大学的选修制在这一阶段广为推行并使自由选课最终成为本科学习中不可或缺的一部分,但其提倡的三年制本科教育应和者却寥寥无几;约翰·霍普金斯大学在本科生教育之外设置独立的研究生院得到了不少高校的效仿,但其过分重视研究生教育甚至在初期设想不招收本科生的做法却并未得到多少回应。各大学在彼此竞争和互相模仿中走上了殊途同归的道路:选择性的招生制度、研究性导向的学习活动,主修制主导下的课程体系,课堂讲授为主的教学方法,综合性考试的评估策略和以学系作为基本学术单位都成为当时研究型大学的标志性特征,并为后世更多此类高校本科教育的发展奠定了基调。总之,在高等教育的转型时期诸多本科创新活动都首先发生在研究型大学中,之后才在全国范围内得到更普遍的应用。虽然二战后研究型大学本科教育面临重重问题,但我们必须承认美国现代本科模式的形成离不开研究型高校的努力,它们在这一轮学术革命中作为领头羊和实验场的作用毋庸置疑。

注　释

1　Brubacher, J. S. & Rudy, W. *Higher Education in Transition: A History of American Colleges and Universities.* New Brunswick: Transaction Publishers, 1997, p. 228.

2　Levine, A. *Handbook on Undergraduate Curriculum.* San Francisco: Jossey-Bass Publishers, 1978, pp. 557—558.

3　Lucas, C. J. *American Higher Education: A History.* New York: ST. Martin's Press, 1994, p. 148.

4　[美]罗杰·L. 盖格:《增进知识——美国研究型大学的发展(1900~1940)》,王海芳、魏书亮译,河北大学出版社,2008 年版,第 117 页。

5　[美]罗杰·L. 盖格:《增进知识——美国研究型大学的发展(1900~1940)》,王海芳、魏书亮译,河北大学出版社,2008 年版,第 49 页。

6　Nerad,M. ,June,R. & Miller,D. S. *Graduate Education in the United States*. New York: Garland Publishing,Inc,1997,p. 22.

7　Snyder ,T. D. 120 *Years of American Education*: *A Statistical Portrait*. Washington,D. C. : U. S. Department of Education Office of Educational Research and Improvement, 1993,p. 76,p. 80.

8　Cohen,A. M. *The Shaping of American Higher Education*: *Emergence and Growth of the Contemporary System*. San Francisco: John Wiley & Sons,Inc. ,1998,p. 114.

9　Cohen,A. M. *The Shaping of American Higher Education*: *Emergence and Growth of the Contemporary System*. San Francisco: John Wiley & Sons,Inc. ,1998,p. 116.

10　[美]罗杰·L. 盖格:《增进知识——美国研究型大学的发展(1900 ~ 1940)》,王海芳、魏书亮译,河北大学出版社,2008 年版:第 126 页。

11　Brubacher,J. S. & Rudy,W. *Higher Education in Transition*:*A History of American Colleges and Universities*. New Brunswick: Transaction Publishers,1997,p. 176.

12　Brubacher,J. S. & Rudy,*W. Higher Education in Transition*:*A History of American Colleges and Universities*. New Brunswick: Transaction Publishers,1997,p. 193.

13　Nerad,M. ,June,R. & Miller,D. S. *Graduate Education in the United States*. New York: Garland Publishing,Inc,1997,p. 253.

14　Rudolph,F. & Thelin,J. R. *The American College and University*: *A History*. Athens: University of Georgia Press,1990,p. 407.

15　刘智运:《大学教育哲学》,人民教育出版社,2008 年版,第 160 页。

16　Gaff,J. G. ,Ratcliff,J. L. & Associates. *Handbook of the Undergraduate Curriculum*: *A Comprehensive Guide to Purposes, Structures, Pracitces, and Change*. San Francisco: Jossey-Bass Publishers,1997,p. 87.

17　Simpon,R. D. & Frost,S. H. *Inside College*: *Undergraduate Education for the Futures*. New York: Plenum Press,1993,p. 5.

18　[美]杰拉尔德·古特克:《哲学与意识形态视野中的教育》,陈晓端主译,北京师范大学出版社,2008 年版,第 94 页。

19　[美]约翰·S. 布鲁贝克:《高等教育哲学》,王承绪等译,浙江教育出版社,2002 年版,第 26 页。

20　[美]约翰·S.布鲁贝克:《高等教育哲学》,王承绪等译,浙江教育出版社,2002 年版,第 108 页。

21　施晓光:《美国大学思想论纲》,北京师范大学出版社,2001 年版,第 66 页。

22　[美]罗伯特·M.赫钦斯:《美国高等教育》,汪利兵译,浙江教育出版社,2001 年版,第 62 页。

23　贺国庆:《德国和美国大学发达史》,人民教育出版社,1998 年版,第 47 页。

24　[美]亚伯拉罕·弗莱克斯纳:《现代大学论——美英德大学研究》,徐辉、陈晓菲译,浙江教育出版社,2001 年版,第 19 页。

25　Rudolph, F. *Curriculum: A History of the American Undergraduate Course of Study Since 1636*. San Francisco: Jossey-Bass Publishers, 1977, p. 32.

26　Rudolph, F. *Curriculum: A History of the American Undergraduate Course of Study Since 1636*. San Francisco: Jossey-Bass Publishers, 1977, p. 83.

27　Rudolph, F. & Thelin, J. R. *The American College and University: A History*. Athens: University of Georgia Press, 1990, p. 266.

28　Rudolph, F. *Curriculum: A History of the American Undergraduate Course of Study Since 1636*. San Francisco: Jossey-Bass Publishers, 1977, pp. 118—119.

29　据 Kaysen, C. *Content and Context: Essays on College Education*. New York: McGraw-Hill Book Company, 1973, p. 45, p. 47. 数据整理而成。

30　Rudolph, F. & Thelin, J. R. *The American College and University: A History*. Athens: University of Georgia Press, 1990, p. 222.

31　Cohen, A. M. *The Shaping of American Higher Education: Emergence and Growth of the Contemporary System*. San Francisco: John Wiley & Sons, Inc. , 1998, p. 136.

32　Foster, William. *Administration of the College Curriculum*. Boston: Houghton Mifflin Company, 1911, p. 62.

33　Rudolph, F. *Curriculum: A History of the American Undergraduate Course of Study Since 1636*. San Francisco: Jossey-Bass Publishers, 1977, p. 78.

34　Brubacher, J. S. & Rudy, W. *Higher Education in Transition: A History of American Colleges and Universities*. New Brunswick: Transaction Publishers, 1997, p. 112.

35　Ben-David, J. *Trends in American Higher Education*. Chicago: The University of Chicago Press, 1972, p. 56.

36　Lucas, C. J. *American Higher Education: A History*. New York: ST. Martin's Press, 1994, p. 170.

37　Rudolph, F. & Thelin, J. R. *The American College and University: A History*. Athens: University of Georgia Press, 1990, pp. 302—303.

38　Veysey, L. R. *The Emergence of the American University*. Chicago: University of Chicago Press, 1965, p. 118.

39　Brubacher, J. S. & Rudy, W. *Higher Education in Transition: A History of American Colleges and Universities*. New Brunswick: Transaction Publishers, 1997, p. 86.

40　Cohen, A. M. *The Shaping of American Higher Education: Emergence and Growth of the Contemporary System*. San Francisco: John Wiley & Sons, Inc. , 1998, p. 37.

41　Kaysen, C. *Content and Context: Essays on College Education*. New York: McGraw-Hill Book Company, 1973, p. 29.

42　Veysey, L. R. *The Emergence of the American University*. Chicago: University of Chicago Press, 1965, pp. 153—154.

43　Brubacher, J. S. & Rudy, W. *Higher Education in Transition: A History of American Colleges and Universities*. New Brunswick: Transaction Publishers, 1997, p. 98.

44　Poole, W. F. *The University Library and the University Curriculum*. Chicago: Fleming H Revell Company, 1894, p. 51.

45　Farrand, E. M. *History of the University of Michigan*. Ann Arbor: Register Publishing House, 1885, p. 268.

46　Kaysen, C. *Content and Context: Essays on College Education*. New York: McGraw-Hill Book Company, 1973, p. 41.

47　University of Pennsylvania. *Catalogue of the University of Pennsylvania 1909—1910*. Philadelphia: University of Pennsylvania, 1910, p. 127.

48　Levine, A. *Handbook on Undergraduate Curriculum*. San Francisco: Jossey-Bass Publishers, 1978, p. 78.

49　Durm, M. W. *An A Is Not An A Is Not An A: A History of Grading*. The Educational Forum, 1993, 57(spring), p. 3.

50　Payton, P. W. *Origins of the Terms "Major" and "Minor" in American Higher Education*. History of Education Quarterly, 1961, 1(2), p. 58.

51 Rudolph, F. *Curriculum*: *A History of the American Undergraduate Course of Study Since 1636*. *San Francisco*: *Jossey-Bass Publishers*, 1977, p. 229.

52 Foster, William. *Administration of the College Curriculum*. Boston: Houghton Mifflin Company, 1911, p. 194.

53 据 Foster, William. *Administration of the College Curriculum*. Boston: Houghton Mifflin Company, 1911, pp. 196—198. 数据整理而成。

54 Kaysen, C. *Content and Context*: *Essays on College Education*. New York: McGraw-Hill Book Company, 1973, p. 38.

55 Levine, A. *Handbook on Undergraduate Curriculum*. San Francisco: Jossey-Bass Publishers, 1978, p. 6.

56 Levine, A. *Handbook on Undergraduate Curriculum*. San Francisco: Jossey-Bass Publishers, 1978, p. 331.

57 Levine, A. *Handbook on Undergraduate Curriculum*. San Francisco: Jossey-Bass Publishers, 1978. p. 345.

58 Lucas, C. J. *American Higher Education*: *A History*. New York: ST. Martin's Press, 1994, p. 215.

59 Lucas, C. J. *American Higher Education*: *A History*. New York: ST. Martin's Press, 1994, p. 215.

60 Bell, D. *The Reforming of General Education*. New York: Columbia University Press, 1966, p. 33.

61 Brubacher, J. S. & Rudy, W. *Higher Education in Transition*: *A History of American Colleges and Universities*. New Brunswick: Transaction Publishers, 1997, p. 337.

62 Harper, W. R. *The Trend in Higher Education*. Chicago: The University of Chicago Press, 1905, p. 321.

63 Rudolph, F. *Curriculum*: *A History of the American Undergraduate Course of Study Since 1636*. San Francisco: Jossey-Bass Publishers, 1977, p. 230.

64 Brubacher, J. S. & Rudy, W. *Higher Education in Transition*: *A History of American Colleges and Universities*. New Brunswick: Transaction Publishers, 1997, p. 269.

65 Slosson, E. E. *Great American Universities*. New York: The Macmillan Company, 1910, p. 81.

66 Burkhard, A. *The Harvard Tutorial System in German.* The Modern Language Journal, 1930,14(4),p. 276.

67 据 Jones, E. S. *Comprehensive Examinations in American Colleges.* New York: The Macmillan Company,1933,p. 251. 数据整理而成。

68 Cruze, W. W. *The Comprehensive Examination.* Peabody Journal of Education,1933,11 (2),p. 60.

69 Burkhard, A. *The Harvard Tutorial System in German.* The Modern Language Journal, 1930,14(4),p. 270.

第 三 章

研究型大学本科教育的新变化
（第二次世界大战后至 60 年代后期）

一、高等教育迎来黄金时代

第二次世界大战在给美国社会带来伤痛的同时，也为其提供了重要的发展契机。伴随战争的结束，美国在经济、军事和国际政治方面的实力都得到大幅提升。地缘条件的优势、战争生产的刺激和战时贷款及"租借法案"的机会为美国经济腾飞注入了活力，其在战后资本主义世界工业产量中的比重达到了 53.4%，出口贸易占据 32.4%，黄金储备增至 74.5%，大约掌握了世界财富的50%，建立起以美元为核心的国际货币体系，操纵着全球经济命脉。凭借强大的经济后盾，美国的军事力量随之增强：除了常规军队、武器装备、军事基地等独占鳌头外，还在战后初期垄断了原子武器。[1] 伴随经济和军事水平的提高，美国的国际角色也发生了改变，已经彻底摆脱了孤立主义传统的束缚转而承担起世界大国的责任，试图在更广的范围内推广其社会制度和价值观念，并开始采用冷战思维处理同社会主义国家的关系。美国全球霸权地位的建立也推动了高等教育的进步，作为各类院校中佼佼者的研究型大学逐渐从社会边缘走向了舞台中心,而其本科教育也面临着前所未有的新挑战。

(一)科研活动受到大力资助

1.联邦政府

在整个高等教育发展的黄金阶段,联邦政府虽然一直重视对研究型大学的科研资助,但在具体时段内却有所差别。

第一,苏联卫星上天前:战时联邦政府科研模式的继续。

第二次世界大战之前美国联邦政府在支持大学研究活动方面的作用并不突出,与之相对慈善基金会和大型公司则在其中扮演了主要角色。此外,20世纪头40年的科研资助基本为16所研究型大学机构垄断。二战期间,联邦政府才逐渐认识到高校学者的重要价值并开始利用大学从事科技创新和军工研制活动。此时,美国抛弃了一战时将科学家集中到联邦机构统一为战争服务的做法,而是采用和各大学的知名学者签订合同并提供资助的方式来网罗人才。由此重大的发明成果日益同研究型大学联系在一起。如麻省理工学院对雷达的研制、芝加哥大学有关核裂变的实验以及加州大学在原子弹方面的贡献等都是典型代表。这一系列成就也促使联邦政府在战后和大学继续合作。但在具体组织管理上各方存有分歧。一方以西弗吉尼亚州的参议员哈利·M.基尔戈(Harley M. Kilgore)为代表,认为科研活动应由政府主导,采用预算公式的方法在更广泛的地域内分配资金;作为科研组织的国家科学基金会要由总统提名的各方共同参与的外部委员会负责,该基金会虽然会支持大学基础科研发展,但重点将放在应用科学和政府实验室方面。另一方则由万尼瓦尔·布什和科学界的同人组成,他们担心政府人员和官僚机构会强加任务给大学并抑制学者创造性的发挥,而希望由著名的科学界人士依据申请人的能力水平来确定资助的分配情况,并优先发展非功利的基础科研项目。1950年《国家科学基金会法案》正式签署,但该法案并没有集中体现任何一方的观点:政府获得了基金会的管理权,而以能力竞争为原则提供资助并着重支持基础研究活动,这一点更反映了大学和科学界的意愿。成立之初的国家科学基金会预算很少,且局限于物理科学和工程学领域的资助。

国家科学基金会(NSF)在建立之前,一些联邦政府资助研究活动的使命机构,包括海军研究办公室(ONR)、原子能委员会(AEC)和全国健康研究所(NIH)等都已经有所发展。基金会的成立并没有改变联邦多元主义的科研发展政策,而更多是对现状的一种补充与加强。在50年代,各使命机构纷纷将更多的大学基础研究项目纳入资助之列。1954年,艾森豪威尔总统重申了这一政策。同年,对这些机构的资助在大学科研预算中的比例高达69%。[2]虽然政府逐渐强调理论研究的重要性,但实质上大部分联邦资金仍然流入应用科研领域。即使是联邦政府所支持的基础研究计划往往也与军事应用有着密切关系。此外,各学科所受资助情况也有巨大差异:物理科学、生命科学和工程学无疑是最大受益者,社会科学受到冷落,而在1965年之前,联邦政府对人文学科的投入寥寥无几。

第二,1958—1963年:面向顶尖高校的基础科研。

1957年,苏联人造地球卫星上天后,美国开始反思自己在研究活动方面的不足,认为联邦政府存在将服务于军事产业的目的置于发展科学之上、对于基础科研的投入相当薄弱以及忽视整个学术体系的基本建设等一系列问题。伴随1958年《国防教育法》的出台,战时的联邦科研资助体系正式宣告结束,新政策表现出三方面的特点:着重发展空间技术、大力支持基础研究和增强教育系统的竞争力。虽然原有的应用性科研计划继续得以发展,但基础研究则被注入前所未有的活力。对比 1953 年和 1963 年的数据可以发现:联邦政府对纯研究的资助比例从 52% 增至 76%;以定值美元计算研发资金在联邦预算中的比例增加了 250%,而其中投向大学的金额增长了 455%;美国大学获得的科研资助数目也从 2.55 亿增加到 11 亿美元,其中联邦政府所占份额从 54% 提升到 70%。[3] 而这些大量的资金往往集中流向顶尖院校。1963 年,加利福尼亚大学校长克拉克·克尔(Clark Kerr)指出全美约 10% 的大学收到了联邦政府 79% 的资助。

总之,这一时期联邦政府和大学之间的关系发生了两个重要变化:一方面对基础研究活动的关注已经取代了战后初期对狭窄的计划性科研任务的强调,前者在整个学术活动中的比重已经从 1958 年的 62% 升至六年后的 79%,主要使命机构 NSF 和 NIH 都将重心转移到纯粹研究领域;另一方面研究型大学不再担心大幅度的联邦资助会影响到高校任务的实现和研究议程的制定。这一时期与外部资金涌入相伴而生的是大学学术科研的黄金时代。

第三,1963—1968 年:资助面积扩大领域拓宽。

面对科研资助集中于东北部和西部少数精英大学的情况,联邦政府为了防止地区差异的进一步扩大,从 1963 年起试图在更广泛的地域中向更大范围的高校提供帮助,同时涵盖了更多的学科专业和高教领域。联邦政府在坚持支持优秀大学发展的同时也开始为更多的院校提供科研机会,其赞助对象既包括 100 所授予博士学位的研究导向大学,也涉及 2000 多所普通本科院校。政府资助的学科范围也在不断扩大。1965 年《全国人文艺术基金会法》颁布,其中全国艺术基金主要负责剧院、博物馆和图书馆等各种文化机构的发展;而全国人文基金与大学有着更密切的联系,支持人文及相关学科的研究活动,为古典文学、历史和哲学等学科的学者发放奖学金并为搜集、保存和使用各种文化资源提供资金。虽然与其他联邦使命机构相比,这两个基金会的资助金额不大而且常常要求高校具有配套预算,然而毕竟开启了联邦政府资助人文艺术学科的先河。到 1965 年末,除了社会科学之外各重要学术领域都有了专门的联邦赞助机构。社会科学继续主要依赖私人基金会的帮助,但到了 60 年代中期全国健康研究所和全国精神健康研究所开始将 40% 以上的资金用于社会学和心理学建设。

1963—1968 年联邦政府的研发资金有了双倍增长并在许多方面达到了峰值。包括基础研究的最高百分比(1964 年为 79%)、联邦资助最大比例(1966 年为 74%)和占据国民生产总值的最大份额(1968 年为 0.25%)。虽然这 5 年中联邦研发资金增长了 70% 并在各种学术活动资助方面达到了顶点,但是其所占政府的高校总预算的比例却从 60% 下降到 42%。[4] 联邦政府在研究活动之外,开始逐渐重视对大学科学教育活动以及高校教室、实验室和图书馆等物质设施加大投入力度。1963—1966 年期间以某种形式接受联邦资助的高校数量增长了 2.5 倍。到 1968 年为止,联邦政府大约支持了全国 92% 的高校发展,仅有 200 所左右的院校未涵盖其中。

2. 私人基金会

二战后,私人基金会继续为研究型大学的成长提供支持,内容覆盖高校的各种学术活动。社会科学活动成为战后基金会资助的主要对象。卡内基基金会关注对国际事务的探讨,20 世纪 40 年代后半期各大学的区域研究单位成为其扶持的重点。哈佛大学的俄国研究、密歇根大学的日本研究、耶鲁大学的东南亚研究、普林斯顿大学的近东研究、宾夕法尼亚大学的南亚研究、明尼苏达和威斯康星大学的北欧研究以及哥伦比亚大学的欧洲研究都是卡内基基金会资助计划的组成部分。1949年洛克菲勒基金会社会科学部在主席约瑟·威利茨(Joseph Willits)的领导下出台了新政策:分别向基础研究和应用研究投入35%的预算,前者用于发展行为科学,后者用于解决包括国际关系在内的各种现实问题;10%的资金用来赞助构成社会科学基础的道德和哲学议题的探讨;剩余20%的预算留做社科部培训费、奖学金和助学金之用。威利茨领导下的社科部共花费了近3000万美元支持高校社会科学的学术活动,而其中经济学成为主要的受益者。相应的各研究型大学中的科研机构也得以壮大。而从50年代中期到60年代初期福特基金会则成为大学自然科学之外各种学科研究活动的主要赞助者。行为科学成为该基金会最感兴趣的领域之一。行为科学计划为期7年,基金会捐赠了近4300万资金,其中1300万支持了一项特殊的精神健康研究,1000万用于分析总结各种创新项目。全部资金分配中,培养计划占37%、基础研究为28%、应用科研是14%、资源和方法各为20%和1%。三大基金会对高校的捐赠从1946—1949年间的450万美元上升至1955—1958年间的4360万美元。[5]而这些资金大多流向研究型大学特别是顶尖高校。

如果说苏联人造地球卫星上天前各基金会关注的是社会科学自身的建构,这之后则转为强调将理论运用于实践的问题,并将投入重点从学科转移到大学上来,资助面拓宽到高等教育的各个领域。在这一阶段,福特基金会的表现最为突出,它开展了三项侧重点各不相同的捐赠活动。成就捐助计划旨在促进私立高校发展和加强学术职业建设,主要帮助质量较高的私立大学,其支付了5000万美元给那些在提高教师工资方面作出努力的机构,共126

所高校得到了这批资金。基金捐赠计划致力于提高所有私立院校的水平,共向 630 所四年制高校提供了资助。挑战捐助计划则以扩大私立研究型大学的数量并增强其实力为使命,虽然这一计划后米将部分文理学院纳入其中,但主要仍以大学为主,16 所大学获得了 64% 的资金。以福特基金会为代表的战后基金会捐赠主要在三个方面影响了研究型大学:它们首先支持了联邦政府长期忽视的社会科学的发展;接着着力加强大学的学术水平进而对整个学术体系施加积极影响;此外还重视研究生教育的质量,为最优秀的学生提供奖学金。

总之,在政府和私人的双重赞助下,研究型大学的标准模式逐渐形成:追求各学系在全国的声望、强调对研究生的培养以及广泛开展科研活动成为重要标志。大学的地位日益和研究活动联系在一起。

(二)入学人数大幅增加

虽然在二战期间大学的招生工作受到影响,与 1939—1940 年相比,1941—1942 年间寄宿学院的入学率下降了 6 个百分点,即使有军事训练计划的存在,1943—1944 年的入学人数也比 1939—1940 年减少了 22% 以上。但伴随和平时代的到来,战后初期大批退伍军人涌入高校和 60 年代早期婴儿潮一代普遍到达入学年龄,又为高等教育带来了大量生源。

1. 退伍军人入学

1944 年国会正式通过了《军人权利法案》(也称《退伍军人重新适应法》),规定向至少服役过 90 天的退伍军人提供最少 1 年的教育,每多服役 1 个月则相应增加 1 个月的学习时间,但总量不得超过 48 个月。在读期间的所有花销包括学费、书本费、生活费及各种杂费全部由退役军人管理部门负责,每学年的消费上限为 500 美元。[6] 学生起初每月获得 50 美元的津贴,1946 年增至 65 美元,1948 年又调整为 75 美元。1500 万老兵中约半数的人参与了这一计划:其中 29% 走入了高等院校,71% 参与各种大学前的教育计划和在职培训。法案实施之后 12 年内共计 223.2 万老兵开始了院校学习,高等教育的入学率由此与战前相比翻了一番;其中1947 年达到发展顶峰,退伍军人占学生总数近一半。下图反映了这期间退伍军人占高校全体学生的比例。

表 3.1　1945—1956 年高校中退伍军人数量和比例(%)变化[7]

年份	高校学生总数（万人）	退伍军人	
		总数(万人)	占高校学生总数比例(%)
1945	167.6	8.8	5.2
1946	207.8	101.3	48.7
1947	233.8	115.0	49.2
1948	240.3	97.5	40.5
1949	244.4	84.4	34.4
1950	228.1	58.1	25.2
1951	210.1	39.6	18.7
1952	213.4	23.2	10.8
1953	223.1	13.8	6.1
1954	244.6	7.8	3.2
1955	265.3	4.2	1.6
1956	291.8	0.1	0.04

全美有两千多所高等教育机构因老兵入学而受益。其中知名的研究型大学成为最大赢家,此类院校最受退伍军人青睐;而地区性学院和专业有限的高校则是他们最后的考虑。退役军人在大学中的表现也让人刮目相看,权威调查显示他们的学术成绩明显好于其他学生。宾夕法尼亚大学老兵咨询委员会的主任认为退伍军人不仅严肃勤奋,而且注意抓紧时间并颇具才能;明尼苏达大学的管理者用"果断、自信和积极"来形容老兵;哈佛大学校长科南特进一步指出"退役军人是哈佛大学有史以来最成熟和最有前途的学生。"[8] 老兵入学除了为高校带来了大量高质量的学生之外,还推动了整个高等教育发生了不同于以往的重要变化:首先,联邦政府日益认识到了高等教育的重要作用,并试图在高校发展方面提供更多的政策法律和预算资源;其次,退伍军人成熟、可靠、优秀的形象促使公众对大学及其学生持有更加肯定和支持的态度,更多人把高等教育作为提升职业能力和实现社会流动的工具;再次,高等院校为了容纳更多的学生开始了扩张行动,特别是公立大学纷纷建设新校区和分校,同时为了适应老兵的各种需求而开始了在课程、教学和管理方面的新尝试,大学变得与社会更为贴近更具有灵活性。

2. 婴儿潮一代到来

20 世纪 50 年代初期,由于冷战的加剧和退伍军人陆续完成学业,院校的入学率又出现了一定波动,急需新的生源加以补充。但很快高等教育又迎来了一个新的入学高潮:一方面,退役老兵出色的表现以及社会对学历文凭要求的提高都呼唤更多的人接受中学后教育;另一方面,国家财富的增长使更多的家庭有余力为子女提供更高层次的教育;同时,战后初期的婴儿潮一代在 60 年代初期普遍到达了大学学习年龄。以 1950 年为例,当年新生儿的数量为 350 万,比 10 年前增加了 100 万,到了 60 年代,这群成长起来的青年构成了大学生的主体。1955 年美国大学生注册和入学办公室的报告《迫近的学生浪潮》曾预言随着婴儿潮一代的成长,1970 年的高校入学总数将达到 670 万人。[9] 尽管当时人们对此持质疑态度,但事实证明该预测还相对保守。1960 年,大约 40% 的高中毕业生进入高等院校,到了 1970 年该比例增长到 52%。下表显示了 1955—1970 年间有资格获得学位的高校学生总数变化及其增幅。

表 3.2　1955—1970 年入学变化[10]

	入学总数	增幅
1955	2678623	
1960	3610007	35%
1965	5570271	54%
1970	7920149	42%

总之,在整个 50 年代因退伍军人的涌入高校注册率一直稳步攀升,而 60 年代由于人口结构的变化这一趋势也得以继续保持。

(三)研究型大学进一步发展

1. 数量增多

资助的增多和生源的充足在壮大传统高校实力的同时,也促使更多的院校跻身研究型大学之列。50 年代和 60 年代高教界十分关注大学的排名问题,而通过对比这些数据可以发现,不少高教机构通过开展科研活动和发展研究生教育逐渐成为新兴的研究型大学。

表 3.3 1957 年海沃·凯尼斯顿调查中文理研究生系排名前 20 位的高校[11]

名次	大学	名次	大学
1	哈佛大学	11	宾夕法尼亚大学
2	加州大学伯克利分校	12	密歇根州立大学
3	哥伦比亚大学	13	斯坦福大学
4	耶鲁大学	14	加州大学洛杉矶分校
5	密歇根大学	15	印第安纳大学
6	芝加哥大学	16	约翰·霍普金斯大学
7	普林斯顿大学	17	西北大学
8	威斯康星大学	18	俄亥俄州立大学
9	康乃尔大学	19	纽约大学
10	伊利诺伊大学	20	华盛顿大学

表 3.4 1963 年获得联邦政府研发资金前 20 位的高校[12]

名次	大学	名次	大学
1	麻省理工学院	11	明尼苏达大学
2	哥伦比亚大学	12	康乃尔大学
3	密歇根大学	13	宾夕法尼亚大学
4	加州大学伯克利分校	14	约翰·霍普金斯大学
5	哈佛大学	15	威斯康星大学
6	芝加哥大学	16	耶鲁大学
7	斯坦福大学	17	华盛顿大学(西雅图)
8	加州大学洛杉矶分校	18	俄亥俄州立大学
9	伊利诺伊大学	19	得克萨斯大学
10	纽约大学	20	匹兹堡大学

表 3.5　1966 年艾伦·卡地亚调查中研究生教育排名前 20 位的高校[13]

名次	大学	名次	大学
1	加州大学伯克利分校	11	康乃尔大学
2	哈佛大学	12	明尼苏达大学
3	威斯康星大学	13	约翰·霍普金斯大学
4	密歇根大学	14	加州大学洛杉矶分校
5	斯坦福大学	15	宾夕法尼亚大学
6	耶鲁大学	16	华盛顿大学
7	哥伦比亚大学	17	西北大学
8	伊利诺伊大学	18	加州理工学院
9	芝加哥大学	19	印第安纳大学
10	普林斯顿大学	20	得克萨斯大学

表 3.6　1970 年卢斯—安德森调查中研究生教育排名前 20 位的高校[14]

名次	大学	名次	大学
1	加州大学伯克利分校	11	康乃尔大学
2	哈佛大学	12	哥伦比亚大学
3	斯坦福大学	13	华盛顿大学
4	密歇根大学	14	宾夕法尼亚大学
5	耶鲁大学	15	麻省理工学院
6	威斯康星大学	16	明尼苏达大学
7	芝加哥大学	17	得克萨斯大学
8	普林斯顿大学	18	印第安纳学院
9	伊利诺伊大学	19	约翰·霍普金斯大学
10	加州大学洛杉矶分校	20	加州理工学院

上述调查研究都可以从一个侧面反映出研究型大学在数量上的增长，但往往因调查对象和依据的有限性而难以完整呈现出当时此类高校的整体发展情况。与之相对，国家科学基金会与卡内基高等教育委员会的数据和分类则更具权威性。1968 年，国家科学基金会公布了获得联邦政府研发资金的前一百位高校，人们也普遍认为这些学校已经具备了研究型大学的资格。但新进高校的水平往往和传统大学还存在一定差距，因而这一百所院校又分为四个层次：第一梯队由战前为美国大学协会所认可的 16 所院校以及加州大学洛杉矶分校构成，代表了美国大学的最高水平，在 60 年代初接受了绝大部分的联邦资助；第二梯队的学术水平虽然略逊于前者，但也是高等教育界的佼佼者，主要包括印第安纳、西北、俄亥俄州立、杜克、纽约、华盛顿、得克萨斯、布朗、普渡以及北卡罗莱纳大学；第三梯队属于冉冉上升期的研究型大学，衣阿华、罗彻斯特、雪城、密歇根州立大学以及加州大学戴维斯分校等均属此类；第四梯队也处于蓬勃发展之中，但实力比第三类还要弱一些，以马里兰、佛罗里达、科罗拉多、弗吉尼亚和埃默里等大学为代表。1970 年，卡内基高等教育委员会在总结前一阶段院校发展情况的基础上对全国高校进行了分类，其中也包括对研究型大学的定义。研究型大学归属于授予博士学位的院校，以获得联邦政府资助的状况和颁发博士学位的数量为界定依据，共 92 所高校纳入这一范畴中，详细情况见下表。

表 3.7　1970 年卡内基分类高校授予博士学位的院校数量[15]

类　型	数量			
	总量	公立	私立	占总量比例(%)
全国高校	2837	1322	1515	100.0
授予博士学位的院校	173	109	64	6.1
Ⅰ类研究型大学	52	30	22	1.8
Ⅱ类研究型大学	40	27	13	1.4
Ⅰ类博士学位授予大学	53	34	19	1.9
Ⅱ类博士学位授予大学	28	18	10	1.0

　　总之,虽然国家科学基金会和卡内基高等教育委员会的分类在研究型大学总量上略有出入,但二者都已经认识到此类高校在数量上已有了巨大发展。研究型大学不仅在绝对数目上明显提高,而且在相对份额上有所增加:1939—1940 年全国高校总数共计 1495 所,16 所研究型高校所占比例仅约为 1%,而到了 1970 年该比值已经超过 3%,日益成为高教体系中不容忽视的重要一支。

　2.质量提高

　　研究型大学的质量提高主要表现在科研和教学活动两个领域。休·戴维斯.格拉汉姆和南希·戴尔蒙德根据卡内基 1970 年的院校分类,总结了 20 世纪 60 年代中后期授予博士学位的院校在学术方面的成就,同时包括研究型大学和博士学位授予大学。该研究分析了大学每位全日制教师平均争取到的研发资金、发表的科学类文章数和获得的人文艺术学科奖金情况。前两项以 1968 年的数据为准,分别为各类大学在这一年中取得的全部研发资助和发表的所有科学类文章总数除以全日制教师数而得到的结果。最后一项因政府大规模地资助人文领域是在 1965 年之后,因此范围定为 1965—1974 年。计算方法为高校在这段时期中获取的各类人文艺术奖学金的总次数除以全日制教师总量再乘以 10。

表 3.8　1968 年授予博士学位院校中教师
人均研发资金和科学类出版物(期刊)数量[16]

类　型	教师总数	人均研发资金	人均科学类出版物
公立大学			
Ⅰ类研究型大学	1326	11540	0.76
Ⅱ类研究型大学	826	5810	0.48
Ⅰ类博士学位授予大学	478	3750	0.24
Ⅱ类博士学位授予大学	506	1585	0.10
私立大学			
Ⅰ类研究型大学	759	28350	1.51
Ⅱ类研究型大学	419	12230	0.84
Ⅰ类博士学位授予大学	388	5290	0.38
Ⅱ类博士学位授予大学	214	2090	0.12

表 3.9　1965—1974 年授予博士学位院校中教师人均人文艺术奖金指数[17]

类　型	公立大学	私立大学
Ⅰ类研究型大学	0.03	0.07
Ⅱ类研究型大学	0.02	0.04
Ⅰ类博士学位授予大学	0.02	0.02
Ⅱ类博士学位授予大学	0.01	0.01

　　由此可见,研究型大学在学术活动方面的成果十分突出,与包括博士学位授予大学在内的其他高校拉开了明显差距,私立高校的表现又超过了公立大学。

　　这一时期研究型大学的教学发展主要体现在开展研究生教育特别是博士学位颁发情况、正教授的数量以及生均教学经费等方面。研究生入学人数和哲学博士的数量代表了研究生教育的规模。正教授作为从事科研活动和研究生培养的支柱,其数目反映了一所大学的质量。主要由教师工资和学系开支构成的教学预算是大学的核心支出之一,是质量成本的重要标志,一般认为投入越大教育水平越高。下表中的教学预算依照定值美元,以生均费用为基础。通过对比几所研究型大学从1955年至1967年上述指标的变化情况,可以观察到它们在教学活动特别是研究生教育质量方面的改善状况。其中私立高校以普林斯顿和斯坦福大学为代表,公立高校以密歇根州立和亚利桑那大学为代表。

表3.10　普林斯顿大学1955—1967年研究生数量、
正教授人数和生均教学费用变化[18]

年份	研究生入学人数	研究生所占比例(%)	哲学博士获得人数	正教授人数	生均教学费用
1955	520	14.9	101	140	1130
1959	758	20.4	118	165	1400
1962	956	23.4	167	178	—
1967	1543	32.4	215	238	2023

表 3.11　斯坦福大学 1955—1967 年研究生数量、

正教授人数和生均教学费用变化[19]

年份	研究生入学人数	研究生所占比例(%)	哲学博士获得人数	正教授人数	生均教学费用
1955	2358	32.2	168	161	706
1959	3157	37.5	197	210	1181
1962	3871	40.5	261	295	1828
1967	5386	47.6	498	353	2756

表 3.12　密歇根州立大学 1955—1967 年研究生数量、

正教授人数和生均教学费用变化[20]

年份	研究生入学人数	研究生所占比例(%)	哲学博士获得人数	正教授人数	生均教学费用
1955	1635	10.5	137	221	862
1959	3638	18.6	145	256	959
1962	5048	20.0	210	412	903
1967	10025	24.2	423	653	944

表 3.13　亚利桑那大学 1955—1967 年研究生数量、

正教授人数和生均教学费用变化[21]

年份	研究生入学人数	研究生所占比例(%)	哲学博士获得人数	正教授人数	生均教学费用
1955	354	6.2	7	120	506
1959	1456	13.6	17	210	560
1962	2300	14.6	40	293	581
1967	3856	18.0	154	396	658

对比四校的变化可以发现:无论是研究生的绝对数量和相对比重、哲学博士授予总量还是正教授人数和生均教学费用都呈总体增大态势,大学教育质量在战后二十多年有了长足进步。同时私立和州立大学又呈现出不同的发展特点:前者一般招生规模相对较小但学费较高,相应的生均教学预算也较多,同时其把扩招重点放到了研究生教育方面,如普林斯顿大学战后研究生入学增长了近三倍,但本科生却只增加了 10%,斯坦福大学在本科生保持中度增幅的同时却将研究生的比重从不足三分之一提升到近一半;后者则依靠扩大学生人数来获取资源,学费相对较低,生均教学预算也较少,密歇根州立和亚利桑那大学虽然研究生有了绝对数量上的大幅提高但比重徘徊在 20% 左右,可见大量的本科生是其发展的重要依托。

(四)民主主义与科学主义教育思潮的影响

二战之后,新技术新发明的涌现要求更多的人掌握比他们父辈更先进、更丰富的知识,美国国际大国地位的形成也呼唤与之相配的智力储备与人才积累,高等教育被赋予维护民主传播科学的重大责任,民主主义与科学主义成为该阶段影响大学发展的重要思潮。

1946 年,为了更好地发挥民主社会中高等教育的作用,总统杜鲁门任命一个委员会专门对此问题进行研究。委员会由 28 人组成,乔治·H. 祖克(George H. Zook)担任主席。委员会承担着在新时期重新界定高等院校职责的任务。委员会的报告《美国民主社会中的高等教育》共分 6 小卷,在 1947—1948 年间陆续出版,成为该时期倡导民主主义教育的先声。报告指出民主主义信念视教育为维护和促进思想自由、信仰坚定、进取精神以及交往沟通的必需途径。民主社会中的教育相应要肩负起保障不同个人和团体的平等自由与平等机会,以及帮助公民去理解、评判并变革左右自由的各种人事力量的责任。[22] 报告总结了威胁教育公平的三大阻碍:(1)经济障碍,低收入家庭往往难以承受大学的高消费,1945年近一半拥有 18 岁以下孩子的家庭其年收入不足 2530 美元,而1939—1947 年大学学费却增长了近 30%。(2)课程阻碍,传统教育一般以表达技能和智力兴趣作为衡量标准,而忽视了学生其他领域的发展;艺术才能、社会感知力以及机械操作能力等都是社会所需要而且高教应重视的方面。(3)种族和宗教障碍,按照 20 岁以上有过高等教育经历者计算,白人和非白人的比例各为 11% 和3%,而且不少院校依然对黑人和犹太人设置定额来阻止他们大量入学。面对一系列问题,报告认为保卫民主社会的真正方法在于不断对其进行完善,所以应扫除一切阻碍教育机会均等的障碍进而推动整个社会的进步。其坚信美国至少 49% 的人口具备完成14 年学校教育的能力,而至少 32% 的人具备接受高层次文理或专业教育的资格。[23] 为了完成上述目标,委员会建议到 1960 年将入学率增加一倍,免除公立大学前两年的学费,增加奖学金和助学金等资助并加强法律建设防止入学歧视。《美国民主社会中的高等教育》之后的诸多报告也纷纷对教育民主化表示赞同。1957 年艾森豪威尔任命的总统中学后教育委员会继续倡导扩大教育机会;1958 年《国防教育法》规定设立专门奖学金,以确保有能力的学生不因经济困难而丧失高等教育机会;1965 年总统约翰逊又在致国会教育咨文中强调充分的教育机会是国家的目标。总之,民主主义成为指导美国高等教育改革的重要思想,各类高校开始向更广大的人群敞开大门,进入了数量的快速增长时期。此阶段的民主虽打破了经济条件和社会地位的束缚,强调以学习成绩作为入学主要标准,使有才能者不再因家境、身份或背景等因素而被高校拒绝;然而,同时也忽视了学业不良的传统弱势群体的受教育机会,仍属一种英才主义的民主。

科学主义思潮产生于19世纪中叶发展于20世纪。作为一种科学理性主义,其强调科学技术的巨大力量并试图通过科技发展来解决人类的困境和问题。[24]深受达尔文生物进化论以及斯宾塞科学知识观的影响,科学主义虽然二战前就已在美国萌发,但直到二战后才作为影响社会变革的重要思潮开始发挥作用。这主要缘于三方面力量的推动:(1)二战期间欧洲纷繁的战火和动荡的政局,迫使不少知名科学家和一般学者来美国避难,为战后美国成为国际研究中心奠定了坚实的基础;(2)核物理和固态物理等科学知识在二战中体现出直接、即时和关键性的效用,促使联邦政府认识到学术科研的重大意义;(3)战后生产生活的发展日益需要高新科技作为支撑,科学信念科技思维成为支配社会进步的重要指南。学者戴维·S.萨克森(David S. Saxon)指出现代社会的技术特征要求任何人都必须了解科学的本质和局限。科学是人类伟大的智力冒险,美国社会和整个世界正走上一个不断加速而且无法逆转的轨道变得越来越科技化,这不仅对大学科研,就是对大学自身都将产生复杂的影响。[25]特别是在1958年《国防教育法》对科学研究和科技教育的强调之下,科学主义方法论和价值观成为认识教育现象解决教育问题的基础,大学教育的各个方面都呈现出新的趋向:在教育目的上,科技人才成为高等教育的指向所在,社会迫切呼唤高校培养出更多的科学家和工程师来满足现实需要;在教育内容上,课程重点放在基础科学知识与能力方面,根据学科自身结构组织教育材料,存在重自然科学而轻人文学科的倾向;在教育过程中,主张按照客观规律安排教学活动,视学生为被动接受者,重认知发展而忽视了情感培养人性陶冶的一面。以科学主义为指引,联邦政府将大学视为发展科技的重要阵地,开始大力资助高校的科研活动和研究生教育。这一方面激发了研究型大学的科学创造精神增强了它们的综合实力,另一方面却动摇了本科教育的基础地位并使人文素质的培养遭遇忽视。

二、通识教育运动的继续与结束

(一)理论界的呼唤

伴随二战的结束,学术界开始思考如何重振高等教育的问题,而通识教育作为本科学习中的一个重要组成部分再次受到关注。1945 年哈佛大学的红皮书和 1947 年总统委员会的报告都涉及这一方面的论述。

1.哈佛大学报告《自由社会中的通识教育》

哈佛大学校长科南特深感二战中极权政府对自由社会和自由教育的威胁并预见到战后的入学浪潮,因而在 1943 年任命了一个教师委员会以考虑本科课程如何坚持自由和人文传统的问题。委员会的主席由历史学教授保罗·H. 巴克(Paul H. Buck)担任,副主席为古典学者约翰·H. 芬利(John H. Finley),成员由来自生物、教育、语言、政治、历史和哲学等多学科的专家组成。委员会历时两年共花费 6 万美元形成了一份建议报告,又称红皮书。报告回顾了美国教育的历史发展,阐述了通识教育的理论并提出了在中学、哈佛本科生院和社区中实施通识教育的方案。其中与大学本科通识教育有关的内容主要包括如下方面。

第一,通识教育的含义。

在报告的前言部分科南特阐述了他对通识教育的独到理解。他指出通识教育的核心问题是继续自由和人文教育传统。[26]他认为无论是学习知识还是发展能力都不是社会文明保存的核心方面,教育计划应与学生个人情感及社会经历相联系,进行人生智慧和文化素养的熏陶,人生各阶段的各种教育经验中都应该涉及价值判断能力的发展。当今社会的显著特点是越来越多的人开始接受高等教育,通识教育不再只为有限的阶层服务而开始面向大众。与自由教育的用词相比,所谓通识教育就是不再面向少数精英而是服务于大众的自由教育。

第二,实施通识教育的必要性。

报告中指出美国教育的当务之急是形成一致的目标和理念。大约一个世纪以前,教育活动培养基督教公民的使命是确定无疑的。而培养途径也是共同的:数学、希腊语、拉丁语、修辞学和基督教伦理构成普遍科目。但伴随高校中新内容、新方法和新学生的增加,这一传统模式被瓦解的同时,教育的统一性也遭到破坏。但当前社会发展越来越依靠共同的训练基础,多样的教育实践应建立于一致的信念之上。构成教育活动的共同基础之一就是传统的自由教育理念,而自由教育注重对历史活动和现实社会的把握,既可以向学生全面介绍民主生活的特点,也有助于他们形成正确的价值观念。如学习美国历史就可以更好地认识当代社会的发展根源并反思现状;而学习当代西方文明则能够帮助人们更好地理解今天的判断标准、生活方式和政治体制等各种社会现象。此外,通识教育与科学教育也并非对立关系。古代实行自由教育同时依靠抽象推理和实际经验来追求真理,直到中世纪现实体验和个人探究的理念遭到破坏才导致自由教育与科学发展的摩擦。人文价值和科学视野从根本上是能够达成和谐的。一方面价值观念的实现必须以物质条件和科学手段为基础；另一方面科技进步能够帮助人们摆脱饥饿、贫困和疾病，体现出人文关怀。值得一提的是，科学并不只是推动人文主义目标达成的工具，其自身还构成社会价值评判的来源。人文素养和科学知识相结合才能使学生避免武断的结论和肤浅的认识，成为真正自由的人。

第三，通识教育和专业教育。

完整的教育由通识教育和专业教育共同组成：前者要帮助学生成为负责任的人和公民，后者则致力于培养学生的职业能力。民主社会中真正获得解放的人应具备两个特点：一方面他应能对自身作出判断和规划进而掌控自己的发展，因此他要具备自我批评和自我反省的能力；另一方面他必须克服狭隘的地方主义，对他人和事物作出客观公正的评定。[27]这些目标的达成必须同时兼顾专业培训和通识教育。社会已经步入专业化时代，学生要想取得成功往往与他的专业生涯选择息息相关。尽管专业化在推动经济增长方面表现出色，但其特殊的局限性不容忽视。其一，一项工作在走向专业化的同时也日益使社会丧失了流动性；其二，一门职业往往并不只需要对专业知识的精通，还要求从业者必须灵活地适应各种情况并处理复杂的人际关系；其三，学生即使在学校中掌握了一技之长，但因科技的迅速发展并不能一劳永逸地解决所有问题；其四，专业化使每个人无法精通所有职业，他必须在非自己所擅长的领域中听取他人的意见，这就需要人人发展出一种理智的判断力，而通识教育正有助于形成这一批判性思维。专业教育不应仅限于职业能力的发展，同时通识教育也并不只是一种职前文化准备。作为有机整体的通识教育并无一致的模式可循，而应根据教育对象和专业教育情况来相应调整，但其所反映的自由社会所需的知识和价值观则是共同的。

　　总之,报告认为通识教育帮助人们有效思考问题、彼此交流思想、作出相关判断并辨别是非曲直,致力于培养智力和情感完善的人并协调个人需求和社会需要之间的关系。委员会由此建议根据学生的年龄、能力和视野不同,通识教育可以有所变化,但应将人文、自然和社会科学涵盖其中同时要尊重传统。

2. 总统高等教育委员会的报告《美国民主社会中的高等教育》

　　总统高等教育委员会报告如同哈佛报告一样呼吁大力发展通识教育,但所持的视角却有所差异,哈佛报告认为通识教育就是将自由教育的内容和方法从面向贵族转为服务大众,强调自由教育和通识教育的差异表现在程度而不是类型上。委员会则指出通识教育涉及受教育者的非专业和非职业学习的那部分共同经验,应向学生提供他们在自由社会中正确生存的价值、态度、知识和技能。但通识教育本身只是手段而非目的,要为更丰富的个人生活和更有力的自由社会秩序来服务。报告中对通识教育的阐述涉及如下方面。

　　第一,通识教育的必要性。

　　知识扩张促使高等院校不断增加课程数量,以致学生难以在求学期间完成全部或者大部分科目,教育的专业化渐渐成为一种必然。学生往往花费一半或者以上的时间来学习一个专业系里的课程,而将另一半的时间用于相关学系中的教育。而当学生毕业时他们往往既不能对一门学科形成完整认识,又缺乏人类社会的共同经验和知识,进而导致整个社会都不具备核心的文化价值和强大的凝聚力。因此,当今美国高等教育的关键性任务就是要向年轻人提供统一的通识教育。高校必须在提供职业教育的专业训练和培养共同公民素质的文化传统传递之间形成正确的关系。[28]通识教育和自由教育是密切相关的,前者根据人类目前面临的社会问题重新界定后者,给后者注入更多的人性因素和社会方向,促使其内容更直接地和当代社会需求相关。寻求让所有的人享受自由教育的益处。

第二,通识教育的目标与方法。

建立一致的通识教育课程体系是不现实的,然而共同的目标却是必不可少的。目标应依据良好的表现和行为而不是特定的知识来确定,具体包括 11 个方面:(1)在个人生活和公共领域中,发展出基于伦理原则和民主理念的行为规范;(2)作为一个有知识和有责任的公民,积极参与解决自己所在社区、州和国家中的社会、经济和政治问题;(3)认识到世界各国人民之间相互依存的关系,并明确个人在其中的职责以推动国际理解与和平;(4)了解自然环境中的普遍现象,运用科学思想解决个人和社会中的问题并领悟到科学发现对人类福利的意义;(5)理解他人的观点并有效表达自己的认识;(6)实现令人满意的情感和社会方面的适应;(7)维持并改善自身的健康状况,并主动而明智地参与解决公共卫生问题;(8)能够独自并和他人一起来了解并欣赏文学、艺术、音乐和其他文化活动,并参与一定的创造性活动;(9)具备美满家庭生活所需的基本知识和伦理;(10)选择一份对社会有益并且为自己所喜爱的职业,将个人的志趣和能力尽可能地发挥出来;(11)养成并运用批判性和建设性的思维和习惯。[29]

实施通识教育的方法并不统一,因学生特点而异,不同渠道都可以达成上述目标。根据学生能力和需要的差异来对具体方法进行修订和创造才能真正达到目标。通识教育计划的效果在很大程度上依赖于高校管理者和教师的素质与态度。只有当校方切实认识此类活动的重要性,并积极投身到相应的方法改革和配套设施之中,才能取得整个计划的成功。同时要注意的是正式课堂教学并非通识教育的唯一途径,课外资源也十分重要。

第三,通识教育和职业教育的关系。

通识教育和职业教育之间是一种互补关系。通识教育要通过提供宽广的视野帮助个体成为高效的劳动者和有智慧的公民,生活教育和谋生教育之间并没有严格的界限。在大学教育中宽度和深度应该相互结合在一起,本科课程应在过分泛化和过分专业化之间达成平衡。当前的大学教育中,原本作为纠正选修制弊端的专业主修制却存在过度发展乃至危害自由教育价值的问题。研究生阶段的专业教育模式被应用到本科学习之中,但这两种专业化却有根本区别:前者针对少数有志于成为专家学者的学生而设,教学内容注重精深;后者以广大抱有普通从业需求的本科生为对象,教育范围比较宽泛。而即使对希望接受更高层次教育的本科生来说,相对广博的专业知识和素养也有助于其成才。专业教育是必要而且有益的,关键问题在于一方面主修领域不能过于狭窄,要将其拓宽到适当的范围,从多学科的视角进行专门学习;另一方面职业训练和通识教育必须有机结合在一起。高等教育不应将二者分开在不同阶段进行,而要彼此融合贯穿于本科教育的始终。当然依据不同时期的不同需要,两者的比例可以相应有所变化。

总之,哈佛红皮书和总统高等教育委员会的报告都十分重视通识教育的作用,从其含义、实施的必要性以及与专业教育的关系等方面进行了比较详细的阐述,成为呼吁通识教育发展的重要先锋。但二者的侧重点又有所不同:(1)前者以通识教育为唯一主题,是对这一问题的专门论述,其中既涉及中学的情况也包括高教领域;后者关注战后整个美国高等教育的变化状况,通识教育只是其研究的焦点之一且限于本科阶段;(2)前者更为关注个人的成长过程,强调依靠通识教育实现个人的完善达到自由人的目标;后者更加重视通识教育对民主社会的意义,着力描述教育活动促进社会平等的作用;(3)前者指出通识教育要通过阅读经典著述来学习传统西方文明,而对非西方文化着墨不多;后者更关心当代问题和实践经验,因为致力于培养世界公民而认为对别国的了解也十分必要。

(二)实践中的落差

两份报告引起了各界的广泛关注,通识教育再次成为热议焦点。但也出现了一些关于报告本身的批评。如关于哈佛红皮书,有的学者认为其对当前社会需要关注不足、过分强调历史传统、较少涉及自然科学和社会科学的学习、忽视非西方文明的传递以及过于保守和狭隘。而总统高等教育委员会的报告也遭到不少质疑:(1)以赫钦斯为代表的学人指出报告内容过于含糊泛化、缺乏明确的哲学支撑甚至有前后矛盾之处而令人迷惑;(2)私立院校的教育者认为委员会重视发展公立高校的建议将使非州立大学陷入困境;(3)有的学者对于报告中扩大招生人数的目标持怀疑态度,担心各方投入难以维持这一庞大的高等教育体系,也忧虑未来大学毕业生的就业问题;(4)有的专家认为报告将教育对社会的作用置于对个人发展的意义之上,高等教育的大众化会影响到质量的提高。在理论界对通识教育争论不休的同时,其在实践中的落实情况也不容乐观:不管是试图在这一方面有所加强的大学如哈佛大学,还是一直坚持通识教育理念的高校如哥伦比亚和芝加哥大学,在 20 世纪 50 年代的改革成果都不十分突出。

1. 哈佛大学

1945 年 10 月,哈佛大学教师表决原则上通过了红皮书的建议,开始进行为期四年的教育实验。哈佛大学现存的通识教育课程采用分布制形式,学生分别从人文、社科和科学三大学科的 8 个子领域中选择 4 门各为期一年的课程。而根据新要求,本科生需从 16 门各时长一年的科目中选择 6 门。通识教育不仅在数量上有所增加,而且具体规定也发生了变化。人文领域中"文学经典名著"为必选课,以帮助学生获得对文学作品、写作技巧以及演化历史的完整理解,而不再局限于某个人物或时期。大学要求阅读作品的同时必须进行反思,因时间有限所以建议学生集中于一些具有代表性的经典著述进行通读。一般每门课程选择 8 本左右的书籍作为教材,往往从荷马、柏拉图、维吉尔、但丁、莎士比亚、米尔顿和托尔斯泰等人的名著中进行选择。[30] 社科领域中"西方思想与制度"为必修科目,覆盖从古希腊至今欧洲制度发展和社会思想演进的综合状况。该课一般选取经典著述作为阅读材料。这些作品不仅是了解当时经济、政治和社会问题的重要来源,同时也能给读者以思想认识方面的启迪。自然科学领域中学生可从物理和生物两科中选择一门,课程不强调知识通论而注重原则方法。学生在完成上述三种必修通识课之外,可以分别从三大学科中再各选择一科以达到 6 门的总要求。可供学生选择的科目往往是高层次的通论课或跨学科课程,如人文领域有哲学传统、音乐和美术等,社科领域有美国民主和社会关系课,科学领域有科学史。所有的通识课程都不能作为集中要求的补充,否则将归入主修领域。整个通识教育活动由新成立的通识教育委员会负责,任课教师由各系推选出来的声名卓著的教授担任,校长科南特也承担部分课程。

　　总之,哈佛大学的通识教育计划以西方文明的历史传统学习为中心,这不仅体现在人文和社科领域,就是在自然科学中也希望学生关注物理和生物学科的早期发展。同时,整个教育活动十分重视学生对经典原著的研习,并从阅读原文中掌握认识问题的原则和方法。

结束四年实验阶段,当1949年4月哈佛大学决定将通识教育计划作为一项强制规定在全校普遍推广时,因为各种阻力不得不作出一系列相应调整,而事实上向所有学生提供共同经验的理想从未实现过。要求本科生学习三门共同通识课程的规定演变为学生可从三大学科领域自选四到五门科目;由一些知名教授担纲的导论课伴随他们的离开或销声匿迹或水平下降;通识计划丧失了共同基础而成为零散片断的组合;教育活动从依靠教师的全力指导转为借助于学生之间的相互学习。相比之下自然科学领域的变动最大。1949年由杰罗姆·布鲁纳(Jerome Bruner)组成的教师委员会认为自然科学不能以科学史或案例方法进行教授,强调应向学生传授有关特定科学的基本原则以及具体科学活动的方法。该委员会也不赞同对科学通识教育强加必修的规定。结果当年学生被允许用三门学系中的相关科目来代替一门科学通识课。后来布鲁纳教师委员会又提议将三科的要求减少为两门中等水平的课程或一门高等难度的课程,这些意见也最终被采纳。[31]通识教育原来规定在三门必修的基础性科目之外,学生还要学习三门更高层次的通识课,虽然哈佛大学在学系内外都提供了不少属于这一水平的课程,而学生们出于职业的考虑或者不选择此类科目或者仅选修一门敷衍了事。此外,通识计划最初侧重于经典著述和历史主题的做法也日益遭到削弱,在人文和社科领域大量的分析性课程逐渐取代了历史性科目,而在科学教育上除了物理学以外对历史的关注几乎消失。

2. 哥伦比亚大学

1946年哥伦比亚大学任命了学院规划委员会,试图对本科阶段的通识教育进行全面检查与反思。委员会重申了对自由教育的倡导,指出其处于整个本科生教育的核心地位。委员会认为所谓自由教育是与谋生准备相区分的生活艺术教育,强调前两年的教育已经通过当代文明、人文和科学课程而实现,但是更高年级的教学活动还有待规划。因为大学规定本科生在第四年可接受专业学院的教育并在毕业时获得文学士学位,所以最后一年的职业训练和专业意识往往在很大程度上削弱了前三年的博雅学习和宽广视角。由此,1953 年末本科生院的教师投票废止了高年级除工程教育之外对学生职业选择的要求以及相应的学分制度,代之以集中于一个学系的至少 24 学分的主修规定以及相关领域 12 学分的课程要求。[32]教师们的原意是希望提供一个以严格的自由教育为基础的完整的四年制本科计划。但是主修制的实施以及社会需求带来的早期专业化压力,却促使学生在二年级甚至一年级就开始职业考虑,影响了低年级教育的整体性。主修和非主修的双轨并行试图同时满足期望尽快开始专业入门教育和只想对各主要学科有所了解的两类学生的需求,但也意味着共同核心课程时代的结束。1959 年本科生院取消了贯穿于整个第二学年的 B 部分当代文明课(CCB)的统一要求,而开始允许学生分别在两个不同的学期中学习该课程或者接受一年的人类学、经济学、地理学、政治学、社会学或东方文明教育作为代替。这一做法主要缘于三方面的压力:(1)诸多教师认为 CCB 的教育内容本身存在问题,不能反映各领域最新的知识和动态,同时因为过于浓缩而忽略了许多关键性的问题,由此学生也未受到相关学科的必要训练;(2)一些社科系期望学生能够在二年级接受入门教育,三年级时学习专业基础课,从而在最后一年获得本领域集中性的强化训练,但二年级的 CCB 却成为这一系列通往高级专业化的绊脚石;(3)课程的师资方面也出现了困难,面临拓展本学科主修课程任务的各系,都不愿使自己的教师特别是资深学者投入当代文明的教学活动之中。综上所述，为期两年连续的当代文明课程和人文教育曾经是哥伦比亚大学通识计划的核心部分，而连续性的打破标志着大学原本将通识教育视为一个整体的观念已经发生了变化。到了 20 世纪 60 年代，连一贯为哥伦比亚大学传统的 A 部分当代文明课（CCA）也遭到了威胁，开始出现了要求废除该课程的呼声。几经努力，虽然 CCA 得以保留，但内容和形式已经发生了重要变化：不再采取统一向所有学生传授共同知识的方式，而是将学生分配到一些小型班级中进行学习，各部分课程之间也越来越缺乏有机联系。

3. 芝加哥大学

二战后初期，延续前一阶段风格的芝加哥大学的本科计划，可谓当时美国通识教育方面最综合性的实验。芝加哥大学本科生院起初规定，学士学位的全部要求为修满至少 14 门各为期一年的通识教育课程。但由于学院日渐缺乏财力维持该计划、外界专业化的诉求以及入学方面的困境，1953 年赫钦斯的继任者劳伦斯·金普顿（Lawrence Kimpton）将通识教育和传统专业教育都纳入本科计划。在 1953 年至 1957 年期间，本科生院开始和研究生系合作发展联合的主修——通识教育计划。1957—1958 年大学本科生教育的主修制度正式确定下来，学生必须从社科、人文、生物和物理四大学部中选择其一作为主攻方向。由此，形成了低级学院两年核心课程、高级学院一年专业教育和一年选修科目共同组成的本科体系。[33]但该体制的各种问题也逐渐暴露：（1）本科生院规定所有学生都必须选择 10 门通识课程，但又提出前两年的核心课总数不得超过 8 科，这一相互矛盾的要求在无形中使所有学生都少修了 2 门共同课程；（2）通识计划的年限大大缩短但教师们又不愿相应裁剪内容，因而将大量知识进行压缩而留给每门具体学科的时间相对减少,本科生如走马观花般地接受通识教育;(3)由于本科生院和研究生院的师资相互独立,当那些传统上擅长讲授综合概论课的教师要承担本科主修课教学时就显得力不从心,这就要求必须动用研究生院的师资而其往往拒绝贡献人力资源。这一体系在芝加哥大学并未良好运行,于是到了 60 年代中期一项新制度取而代之。在大学教务长爱德华·李维(Edward Levi)的主持下,本科生院被重新划分为社科、人文、生物、物理和文明研究五大高度自治的学部并相应提供本领域的综合教育计划。本科生要学习四门通识课:第一、二学年各为两门和一门,第四学年一门整合科目。这些课程是通识计划的核心。此外,在专业学习方面也要促使学生将一系列专门化的主修领域课程和更加泛化的相关学科教育结合起来。虽然 60 年代的新举措与赫钦斯时代的通识教育相去甚远,但毕竟是一种在普通教育和专业训练间寻求平衡的努力。

　　总之,二战后初期和 50 年代通识教育再次引起学术界的重视并受到提倡,然而其整体发展却难保战前势头,各主要研究型大学的实施情况也并不尽如人意,到了 60 年代,该运动已经全面退潮。通识教育运动的结束是内外部条件共同作用的结果:一方面在大学内部,任课教师多数都接受的是系统的专业教育而缺乏将相关知识整合起来进行跨学科教学的能力,而训练专门的通识课程教师对于大部分高校来说往往又是一笔难以承受的开销,特别是 60 年代教师的短缺使学校不得不尊重他们对于专业化的偏好;此外,很多院校的通识计划一般以西方传统文明为基础,而从 50 年代起东方文明日渐成为美国学术界关注的领域,但其又难以结合到传统核心课程之中由此引发人们对通识教育的质疑;另一方面校外社会力量的冲击也影响到了通识教育,1957 年苏联人造地球卫星上天之后,科学技术教育成为优先领域而以人文传统为中心的通识教育相应受到忽视;60年代初肯尼迪政府也继续倡导高校应致力于培养学生的专业知识和职业技能,以发展有能力的公民应对苏联的扩张并维持美国的世界领导权。

三、大学发展重点和教育重心的变化

(一)大学发展重点从教学转向科研

虽然19世纪研究活动已经在大学中萌发,但一直采取独立组织独立预算的形式,这种安排实际上是对教学任务首要地位的认可。二战后,联邦政府和私人基金会对科研活动的大力资助给研究型大学的发展带来了根本性的变化。高校传统上从事的是完全基于学术兴趣的纯研究,追求的是知识自身的正确性而非应用价值。而外来资助的项目则要求大学必须承担一定责任,而且研究成果即使不能立刻也至少要从远期给赞助者带来利益。要在这两个极端之间寻求一种平衡就不能只依靠大学的学系,而必须创建一系列新型研究单位。一方面学系同时兼顾教学和科研职能,教师不可能将全部精力投入研究之中;一方面许多科研计划需要多领域的学者共同合作,单一学系难以满足跨学科的要求;另一方面联邦政府科研资助力度的加大也超出了系的承受范围,额外机构的设立成为一种必然。由此,中心、研究所和实验室等校内组织应运而生。二战后,各大学普遍认识到研究活动不仅可以带来丰厚的物质利益,而且有助于提升在学术领域的知名度,因而不论是传统的精英院校还是研究型大学中的新秀,都开始将发展科研而不再是教育活动作为推动大学进步的重要途径,纷纷依托新型研究机构而非传统学系从事研究任务。

1. 麻省理工学院

凭借技术能力、首创精神和管理经验,麻省理工学院成为了主要的战时研究中心之一。[34]第二次世界大战后,麻省理工学院不仅保留了最大数量的科研项目,并且在继续开展研究活动方面也雄心勃勃。战后十年,麻省理工学院物理系在评估自身需要时指出健康和充满活力的研究计划是关键所在。物理系的目标实际上反映了整个大学的重心所向。麻省理工学院的战后哲学即科学研究是至高无上的,在优先发展领域中居于首位;相对于这一中心任务,培养科学家和工程师以及服务于工业界和政府等职能都处于从属地位。麻省理工学院坚信科研回报能够促进教育和服务,所以与其他大学相比该校更加充分地发挥出战后科研经济的潜能。

电子学研究实验室、国际研究中心和仪器实验室是麻省理工学院众多研究组织中的佼佼者。电子学研究实验室不但使大学中的语言学系、物理系和电子工程系因相关研究而受益,而且吸纳了大批的科研资金,其自身的预算再加上一些研究合同使麻省理工学院的科研资金达到了830万美元,远超最初设想的470万美元。此外,部分学生对实验室工作的参与还推动了教学工作,在最初10年中共有近600篇学生论文发表。国际研究中心虽然在发展早期主要依赖于中央情报局的资金而在一定程度上成为联邦政府外国政策的宣传者,但60年代福特基金会800万美元的投入使其能够转而从事更多的学术研究。中心除了不断壮大自身的实力之外还发展出一个繁荣的政治学系,填补了大学在政治科学领域研究的空白。战前已经建立的仪器实验室在新的和平时期继续发挥着重要作用,由于实验室和航空工程系由一人共同主管,因而前者的大型合约也相应使学系的财政预算、物质设备和教学资源受益。特别是在实验室承担了阿波罗登月计划的主要任务后其总预算飞速增长,到了 60 年代末已经超过了 5000 万美元。总之,麻省理工学院在确定科研为首要发展任务的同时,也使研究活动成为大学开支的重要承担者。早在 1947—1948 年,麻省理工学院 380 万学术薪酬支出中科研合同就贡献了 100 万的资金;同年超过 1300 万的科研合约资助中有 200 多万用于大学的日常花费。显而易见的是合同研究赞助在满足自身运作的同时还能产生很大的盈余,从而推动了大学中其他部门的发展。如 1946—1956 年期间物理系的常规教职从 34 个增长到 48 个,而大部分新增的职位都是正教授,他们一般又可以花 70% 的时间在课堂教学方面。正是借助于科研带来的利益,麻省理工学院在减轻自身财政负担的同时还能够建立起全国规模最大又声名显赫的物理系。

　　然而赞助科研在帮助大学赢得令人羡慕的财政状况的同时也带来了影响院校整体发展的问题。早在 40 年代末,沃伦·K. 刘易斯(Warren K. Lewis)主持下的教育调查委员会在肯定赞助研究活动巨大贡献的同时,指出在资助项目和其他学术计划之间应该达成一种合理的平衡关系。[35] 委员会的报告总结了此类科研行为的三大弊端:(1)一般历时较短,当大学过分依赖外来计划时会在一定程度上影响财政的稳定性;(2)往往与解决问题的应用科学相关,虽也是大学发展所需的部分,但如果过于强调则有忽视基础研究的可能;(3)多数属于军事项目,不利于大学树立自身作为学术单位的形象。而事实证明一系列赞助研究在取得技术上的突破性进展之后,麻省理工学院所从事的多是发展性的现状维持工作而非创造性的基础科学建设,大学内各科研组织的学术活力在逐渐丧失。这些组织在独立科研的保护伞之下承担得更多是分散的自我维持的任务。随着这一模式的确立,军事赞助科研带给大学在智力和教育上的回报会越来越少。

2. 耶鲁大学

当 1950 年惠特尼·格里斯伍德(Whitney Griswold)就任耶鲁大学校长时,他面临着两种不同的声音:一方认为研究生院是大学的核心所在;另一方则指出与研究生院和专业学院相比,耶鲁的本科生不仅为母校提供了巨额的捐赠校友还活跃在政府、工业和商业各界。此外,第二次世界大战后初期财政上的困扰也迫使大学必须重新思考发展道路问题。由于购买力的问题,1940—1947 年间大学失去了 28% 的捐赠收入,甚至到了 1954 年以时价计算仍比 1940 年低 9 个百分点。这对于像耶鲁大学这种高度依赖捐助的私立院校来说十分不利。虽然退伍军人的入学在一定程度上缓解了财政困境,但伴随这一浪潮的消退,大学不得不面临预算赤字的问题。经济上的紧张已经影响到整个学校的进步,除了历史和生物系之外,其他在全国名列前茅的学系如德语、东方研究、语言和哲学等大多规模较小且并不引人注目。而物理、经济、化学以及社会学等一些关键性的学科全国排名都不突出。

战争中科研成就并不显著的耶鲁大学在此时仍然未能将自身调整到适应战后科研经济的状态。直到 1947 年原子物理学家格雷戈里·布雷特(Gregory Breit)受聘于物理系才给耶鲁大学的研究活动带来重大改观。布雷特带来了海军科研办公室的 5 份订单,而整个物理系在那一年的研究课题也只有 6 项,不久原子能委员会的合同又进一步增加了学系的研究任务。可以说布雷特的到来标志着有组织的科研活动在耶鲁各学系开始大规模地开展。尽管物理系主任威廉·W. 沃森(William W. Watson)已经察觉到联邦赞助科研所带来的一些问题,但也不得不承认联邦资助是绝对必要的。[36] 为了不断提升自身的地位,物理系 50 年代又和原子能委员会签订了线性电子加速器的合约,同时去争取重离子加速器的合同。到了 50 年代中期,伴随新的物理大楼的建成和两个加速器项目的正式运行,物理系情况渐渐扭转。

虽然为了谋求传统上相对较弱的物理系的发展,校长惠特尼·格里斯伍德开始接纳赞助科研,但他仍然坚持人文传统的重要价值,认为基础学科领域的学术科研活动只是作为大学文理教育的一种补充,而耶鲁大学一般并无特殊需要去从事应用研究或服务于外部机构。当其他大学积极争取外界应用科研时,格里斯伍德则通过反对建立研究所的方式来追求纯学术。在他任期不少有应用性质的机构都遭到削弱甚至被取消。只有与学系密切联系在一起的一些科研单位才得以保留。虽然在格里斯伍德对纯学术研究质量的关注下,耶鲁大学产生了不少优秀的专业系,特别是在人文学科方面,然而与当时赞助研究经济的长期分离必然会给大学发展带来不少问题。到了 50 年代末,不仅许多科学家离开耶鲁去另谋高就,大学自己在招募新人上也遭遇到了困难。由此,耶鲁大学开始逐渐放弃原有的狭隘观念,并日益有意识地参与到整个科研经济的洪流之中。

总之,虽同为传统精英院校,麻省理工学院和耶鲁大学在依托科研实现战后发展方面却表现出了不同特点。麻省理工学院浓厚的工科背景以及在战时的科研服务使其在战后非常自然地继续承担各类赞助研究项目,并明确将科研活动作为大学建设的关键。耶鲁大学以人文学科见长也并没有积极参与到战时科研计划之中,因此当和平时期到来后并未敏锐地把握住时代脉搏,在发展研究活动方面并不主动。但是面对全国性科研浪潮,在大学如果不努力顺应就有落后危险的情况下,其也不得不开始投身其中。

3. 斯坦福大学

虽然斯坦福大学在二战前就已经被划归为研究型大学之列,

但一直处于此类高校的底层,而战后借助于科研活动则一跃成为顶尖高校。

战后的斯坦福大学雄心勃勃,试图效仿哈佛大学招募知名学者和自订研究计划的方式将自己建成西部强校。大学的战后科研活动始于1945年微波实验室的建立。实验室最初是设想从工业界寻求支持,但是1946年海军科研办公室就开始同实验室签订研究合同。下一年其他军事赞助科研订单和海军科研办公室的一些合同又共同构成了电子科研实验室的核心任务。到了1950年,大学为国防部承担着50万元的电子学领域的科研任务,这笔资金约为大学科研总经费的四分之一。接下来的朝鲜战争进一步推动了这类科研活动,军方对斯坦福大学电子学科的资助在1950—1952年间增加了三倍。[37]大学获得了一个仅次于麻省理工学院的电子学科研项目,一个崭新的应用电子学实验室应运而生。斯坦福大学的电子学研究不仅在基础科研的研究路径上有所突破,而且依托工程学维持了科学和技术之间的联结。因而大学的电子学不仅与国防部而且同工业界建立了密切联系。实验室开发的样本最终要投入生产之中,这必然要求大学和工业界之间的密切互动。到了1950年,斯坦福的电子工程学、国防部以及电子工业之间已经形成了稳固的三角关系。而这一综合体的成功也为大学后来的应用研究指明了方向,其他领域开始如法炮制这种学术、军事和公司利益的结合。[38]斯坦福还一直与福特基金会保持亲密关系,大学行为科学和商学院的发展都得益于基金会的捐助,在整个60年代共争取到2.78亿美元的捐赠。

总之,斯坦福大学充分利用了从私立机构获得的资源来建设自身的研究能力,这些能力转而又吸引了大量的联邦政府赞助。到了1966年,斯坦福大学成为第三大接受联邦研发资金的高校。

其既是国家科学基金会纯理论研究资助的主要受惠人之一，又仅次于麻省理工学院是国防部和国家航空航天局科研项目的第二大承担者。这表明斯坦福大学并没有因技术应用科研而忽视基础研究。在两类研究活动的共同作用下斯坦福逐渐跻身一流大学之列，并一直坚持为政府研究、替工业服务和从私立部门争取资助的努力方向。

4. 加州大学洛杉矶分校

加州大学洛杉矶分校也充分把握住了各种发展良机，成为战后继 16 所传统研究型大学之外最先进入这一梯队的院校。它的前身是一所师范学校，1919 年才正式被加州大学接收。1923 年升为学院，有资格提供四年文理教育。30 年代其成为加州大学南部分支的中心，并开办了研究生教育。从战前一直到 50 年代末的 20 年中洛杉矶分校的学生总数虽然只增加了一倍，但固定教师却从 220 人攀升到 900 人，同时研究生所占比例也从 1940 年的八分之一变为 1960 年的三分之一。这表明该校正从教学机构逐渐演化为研究型大学。

洛杉矶分校在赞助科研方面的重大成就始自医学院的建立。斯塔福德·沃伦（Stafford Warren）一开始就希望将学院建成一个活跃的研究中心。很快他就和原子能委员会签订了一份大型研究合同。到了 50 年代中期，医学院成为洛杉矶分校最主要的科研中心之一。在 1958—1959 年期间，学院 300 万美元的赞助科研资金占据全校研究预算的 60%。[39]全国知名医学院的建立进而引起了整个大学氛围的变化。商学院早在 30 年代就已经成立，二战后其深刻认识到要提升质量离不开对科研活动的追求。从 50 年代后半期起商学院的研究开始走向制度化，通过建立自己的研究部门使本院教师不用再委曲求全于其他科研机构。商学院接受了 IBM

的资助成立了西部数据处理中心,成为将计算机应用于商业研究的先行者。学院的科研成就吸引了福特基金会的目光,并协助其筹办了另一个有组织的科研单位即西部管理科学研究所。这一系列活动在 60 年代中期达到高潮,学院不再培养本科生而开始集中于研究生教育。

1958 年,加州大学对洛杉矶分校的政策也发生了变化,董事会开始从官方角度承认洛杉矶分校享有和伯克利分校同样的精英地位,指出两校各项工作均应以科学研究和知识学科为基础,强调以追求研究和教学的优秀为首要任务,教学上把侧重点放在高年级学生和研究生教育方面。由此,洛杉矶分校获得了更加丰富的资源基础,同时尽可能充分发挥自身在联邦科研经济中的作用并大力依托洛杉矶的地域优势,终于进入了主要研究型大学的行列。尽管依然存在着诸多不足之处:如虽拥有不少优秀的学系但其中少有全国领先者,更多定向于本地区内的发展而不是瞄准国际市场等。然而,加州大学洛杉矶分校毕竟凭借赞助研究活动在研究型大学第二层级中获得了一个稳固的位置,这一点毋庸置疑。

总之,在二战后全国研究氛围的影响下,各研究型大学或出于增强竞争力的主动诉求或由于不希望落后于他校的被动目的都着手于科研建设。大学日益坚信它们越努力地投身到赞助科研之中也就能相应取得更高的科学地位。但大学发展重点从教学转向科研也不可避免地引发了一系列问题,学者们也开始呼吁要对这些弊端加以重视:(1)大学科研自然状态的扭曲,一方面体现在应用科研对基础研究的排挤,一方面表现为自然科学强势与社科和人文研究劣势的鲜明对比,同时还反映在保密科研行为限制了知识的分享与传播;(2)科研和教学间平衡关系的打破,二战前研究多是从事教学活动的教师的自发行为,也多与教学任务相联系;而二战后有组织的赞助科研任务不仅与教学领域关联不大,甚至挤占了教师在教育领域投入的时间和精力;(3)对外部资助的过分依赖,以联邦政府为首的各类机构在大学科研投资中的比重日益扩大,这虽然给高校带来了大量发展资金,但也会导致院校过于依靠甚至夸大外界力量而过度扩张超过了自身实力的承受范围,当外来资金减少或中断时将给大学带来难以估计的损失;(4)大学可能受到外部力量的左右,外部机构在赞助科研活动的同时也会相应提出一些附带要求,一旦这些条件与大学发展方向出现矛盾而高校又难以放弃这笔资金时,大学自治和学术自由就可能遭受威胁。虽然存在上述种种担忧,但在二战后初期的二十多年中,各研究型大学对研究活动特别是赞助科研主要持的还是一种积极乐观的态度,认为即使存在上述问题自己也能有效化解,仍然坚定地走上依托科研来争取资源获得声望进而再带动校内其他领域发展的道路。

(三)大学教育重心从本科生转向研究生

1.规模上的扩张

第一,数量增长。

二战前美国大学的研究生教育已经有了一定程度的发展,而新的和平时期的到来特别是1958年《国防教育法》颁布之后,则进入了一个飞速增长阶段。1940年全美总共约有10万学生就读于研究生院,同年授予的博士学位数为3088个。1950年获得博士学位的人数已经攀升至6633人,1960年又激增到9000多人,1965年博士学位授予数已经突破了15000的大关。仅50年代培养的博士生数量就超过了之前各年的总和。战后二十多年,硕士学位也沿着与博士相似的模式不断扩张,与1940年25000人的授予总数相比,硕士学位 1950 年戏剧性地增长到大约 60000 个,1960 年又跃升至近 75000 个。[40]总之,在高等教育的黄金时代大学开始有能力造就更多的研究生人才,同时还有不少人投身到博士后学习之中。下图反映了 1955—1969 年期间授予的硕士和博士学位总数。

表 3.14　1955—1969 年颁发的硕士和博士学位总量变化[41]

年份	硕士学位			博士学位		
	男	女	总数	男	女	总数
1955	38739	19461	58200	8014	826	8840
1956	39393	19888	59281	8018	885	8903
1957	41329	20611	61940	7817	939	8756
1958	44229	21357	65586	7978	964	8942
1959	47389	22170	69559	8371	989	9360
1960	50898	23537	74435	8801	1028	9829
1961	54129	24099	78228	9463	1112	10575
1962	58686	26169	84855	10377	1245	11622
1963	62911	28455	91366	11448	1374	12822
1964	68969	32081	101050	12955	1535	14490
1965	76161	35963	112124	14692	1775	16467
1966	93063	47492	140555	16121	2116	18237
1967	103090	54616	157706	18163	2454	20617
1968	113519	63230	176749	20183	2906	23089
1969	121531	72225	193756	22752	3436	26188

与研究生数量迅猛增长相伴而生的是更多的院校开始有资格

开展更高层次的教育特别是博士生的培养。第二次世界大战前，美国主要依靠部分高校来从事研究生教育活动，但从 50 年代开始更多的院校开始承担这一任务：20 年代中期，哥伦比亚、芝加哥、哈佛、约翰·霍普金斯和耶鲁这五所授予研究生学位最多的大学培养了全国近一半的博士；30 年代哥伦比亚、芝加哥、哈佛、威斯康星和康乃尔五所招生最活跃的高校博士学位授予数为全美的三分之一；50 年代培养学生数量前五位的高校，哥伦比亚、威斯康星、加利福尼亚、哈佛和伊利诺伊的博士总数则不足全国的四分之一。[42] 1949 年有博士学位授予资格的大学刚刚超过 100 所，1970 年此类高校数量已经翻倍，而有能力颁发研究生学位的院校也相应提高到 800 多所。至少 35 所高校在 50 年代首次颁授博士学位，而超过 45 所的大学在 60 年代也开始了此项活动。许多战后新兴的研究型高校如犹他大学、佛罗里达州立大学等都在博士学位颁授量上超过了 200 人。各主要大学培养的博士生平均在上百人不等。虽然研究生特别是硕士培养工作扩散到了更多的高校之中，然而从事博士生教育的院校比例一直保持着比较稳定的状态：四分之一的大学颁发了四分之三的博士学位。至于更高层次的博士后教育也仍然为个别大学所垄断：1967 年全国 13000 名博士后人员的 50% 集中于 9% 的著名大学之中；关键学科领域也几乎为它们所包揽，10 所顶尖高校培育了物理化学领域中博士后人员的 95%，工程领域的 72%，生物科学方面的 86%，社会科学的 91% 和人文学科的 30%。[43] 少数精英研究型大学仍是高级人才培训方面的主力，如 1970 年哥伦比亚、伊利诺伊和威斯康星大学以及加州大学伯克利分校都培养出了 800 名以上的博士生，接近各校总学生数的 3%。但这同时也反映出私立和公立大学在授予博士学位总数上的变化，早期私立高校在博士教育领域占据绝对优势，而二战后博士培养数量位列前茅的大学则逐渐以公立院校为主。这并不代表私立研究型大学在研究生训练方面的衰落,其仍然维持着高水平的博士生质量,只标志着它们走上了不同于公立高校的发展模式。

第二,领域拓宽。

二战后,不仅更多的学生有机会接受更高层次的培训,而且与以往相比,教育内容也大大拓展。各学科领域授予的硕、博学位开始全面增加,特别是在自然科学和专业领域方面,这也是学科知识增长的必然结果。60 年代的调查显示博士教育已经增至 550 个领域,一所高校很难将所有专业都收入囊中,覆盖面最全的大学也只包容了其中的 400 个。除了传统的文理研究生教育外,其他专业也在更多的大学中发展起来。如开展各主要学科博士教育的高校数量依次为:化学 110 所,物理学 90 所,心理学、数学、历史和英语各 75—85 所不等,经济学 65 所,哲学 50 所。各校平均提供的博士学习领域也从 25—30 个增长到 55—60 个。[44]

同时,研究生教育的专业化趋势也日益明显,专业学位获得了更快速的发展。1947—1948 年间文理硕士仍高居硕士总数的 38%,10 年后这一比例却已经下降至 28%,而教育学硕士这种实用性较强的专业学位则从 30% 上升到总量的一半左右。特别是 1965 年之后,适应市场需求的专业方向日益明显,约 85% 的硕士学位是实用专业的体现,教育、商业、工程和健康等领域占据了优势,而偏重学术发展的硕士专业仅为 16%。博士学位虽然表现得不这么极端,但也显示出类似的趋势:60 年代中期自然科学、生命科学和工程学博士接近半数,包括心理学在内的社会学保持在 20% 左右,人文学科则从 20% 下降到 10%,教育从 15% 上升到 25%。[45]可以发现专业学位占据了三分之一强,而且有继续增长的趋向。在传统的哲学博士之外，还发展起 47 类博士，教育博士、社会工作博士、工商管理博士、神学博士和艺术博士等不一而足。

2. 资源上的倾斜

在努力提高研究生数量的同时，二战后的美国也十分关注教育质量的改善。社会各界一方面担心大量出色的本科毕业生未被吸引到研究生队伍中来；另一方面又忧虑由于研究生教育计划的激增，从优势项目中脱颖而出的博士生比例相应下降的问题。因此，联邦政府、基金会和大学都一致认为必须加大对研究生教育的投入、向这一领域倾斜资源才能保障培养出更多优秀的高水平人才。

联邦政府的资助最初是基于提升国际科学竞争力和增强研究生学术实力的考虑。苏联人造卫星上天之后，《国防教育法》开始重视高层次人才的培养，规定为研究生提供无息贷款，向攻读国家急需外语专业的研究生发放奖学金，为致力于从事大学教学或国际研究的学生提供了为期三年共计 4500 美元的慷慨资助。国家科学基金会也开始尽其所能向更多学科的研究生提供帮助。但是在 60 年代早期除了生物医学领域之外联邦政府赞助仍然有限。直到 1962 年总统科学咨询委员会的报告《满足科学技术的人力需要》的出台，才为政府投身研究生教育注入了新动力。该报告指出国家航空航天局等机构的联邦项目需要大批高素质的工程师和物理科学家，而政府有责任通过增加奖学金、改善教育设施和培养高质量的研究生来为这些工作提供人才支持。虽然具体步骤在 1963 年就已经形成了，但直到约翰逊执政时才正式得以实施：《国防教育法》的资助范围获得拓展，国家科学基金会增添了一个大型实习生计划，国家航空航天局开始了定向于 1000 名博士生的奖学金计划。总之，联邦政府在研究生教育上的投入迅速增加并于

1966—1967 年间达到峰值,直到 1970 年都保持了很高的水平。受益于联邦政府的学生数量十分可观,如国家科学基金会在 1956 年、1962 年和 1967 年资助的博士候选人数目大幅递增,分别为 845 人、2749 人和 8156 人。接受联邦政府奖学金和各类培训计划支持的学生从 60 年代初期的 15000 人迅速上升到 1966—1967 学年的 60000 人。[46]

　　基金会也在推动研究生教育方面发挥着重要作用。在一些基金会的协助下,伍德罗·威尔逊奖学金计划一直保持着发展势头,主要面向一年级研究生提供资助。1957 年,依靠福特基金会的一笔资金,该计划的覆盖范围从 200 人增加到 1000 人。伍德罗·威尔逊奖学金集中关注最出色的学生,通过全国提名和筛选机制来确定资助对象。由于联邦政府投入主要针对自然科学领域的研究生教育,因而该奖学金更加侧重于人文和社会学科。奖学金人均金额为 2200 美元,学生就读的大学可额外获得 2000 美元,其中四分之三要专门用做后续的奖励。60 年代后期,福特基金会又实施了一项重要的研究生赞助计划。以建立规范的四年制博士教育为目的。面对当时美国博士教育缺乏统一标准和学生延期现象严重的情况,基金会设想将博士教育划分为三大阶段:学士毕业后集中学习两年课程,之后承担一年助教任务,最后一年完成学位论文。基金会为保证计划的顺利开展,向 10 所顶尖研究型大学各投入了 400 万美元的援助,同时大学要提供一些相应的匹配资金。各校具有很大的灵活性,因而运作方式也各异:耶鲁、斯坦福和普林斯顿大学采取向所有新生提供 4 年一揽子资助计划的做法;威斯康星大学减少了四分之三学生对助教职位的依赖;密歇根大学只在三、四年级资助相关领域 40% 的研究生。虽然资金为各大学发展注入了活力,但福特基金会的预期目标并未实现。

　　各大学在接受外部支持方面并不平衡,如 1959 年近 75% 的
国家科学基金会研究生资助和 60% 的伍德罗·威尔逊奖学金流
向了顶尖的 12 所大学,而这些大学的博士入学率仅占全国总量的
35%。[47]基于竞争鼓励优秀的体制使对研究生的赞助集中于少数
院校,而且即使在名校间也存在较大差距,更不要说顶尖大学和普
通院校之间了。如 1957 年哈佛大学接受国家科学基金会奖金的
人数是伯克利和麻省理工学院的 2 倍,加州理工学院和芝加哥大
学的 2.5 倍,普林斯顿、威斯康星和斯坦福大学的 3 倍,伊利诺伊、
哥伦比亚、密歇根、康乃尔和耶鲁大学的 4 倍。为了改善这种状
况,一些措施开始出台,如《国防教育法》就说明了各校接受人数
的上限,联邦资助机构也开始以大学而不是学生作为计算单位。
这确实在一定程度上保障了更多高校有机会获得联邦政府的研究
生教育赞助。同时,高校也逐渐注重争取各类配套资金,为了维持
教育质量,它们要求联邦机构还应追加 2500 美元的教学费用,并
努力争取政府在相关的仪器设备方面的投资。这些外部资源不仅
确保了院校已有研究生计划的顺利实施,而且激励它们去不断开
发新的项目。除了依靠政府和基金会的帮助,大学自身还日益在
研究生培养方面作出更大投入。大学一方面不断扩充图书资源、
加强实验室建设以为研究生提供更好的学习条件,另一方面又广
泛设立科研助手和兼职教师等职位使几乎每名学生都能获得资
助。大学中研究生的补助主要来源于三种渠道:奖学金、助研津贴
和助教收入,在 50 年代末每一项都可以帮助将近 25000 名学生,
覆盖了大多数的研究生。在 60 年代后期,即使大学里比较弱小的
学系一般也能够满足 70% 的学生资助需求。在第一个方面,全国
性的资助项目和大学自己的计划大约各使 11000 名研究生受益,
此外种类繁多的小型公共和私人奖学金也发挥了一臂之力;科研

助手的报酬主要来自于大学的科研基金,特别是接受联邦赞助的研究机构往往能为学生提供大量的职位和丰厚的回报,60年代联邦研发资金的持续增长成为这一渠道的保障;作为兼职教师的助教的数量和待遇,则主要取决于其所在高校本科生的注册总数,而从50年代末到60年代中期公、私立大学的助教增幅都超过了入学人数,其在大学中的作用日益重要。

3. 教育上的导向

研究生教育出现之前,本科生是大学里唯一的教育对象,自然也是教学重点所在。19世纪末至二战前虽然硕士和博士培养活动有所发展,但本科教育的主导地位仍然得以保留。战后,各界对更高层次人才的关注则使本科教育黯然失色。

本科阶段和研究生阶段双层体制的构建改变了高校原有的格局,特别是后一层次的不断膨胀扩张也影响了大学教育的方向。对于本科教育和研究生教育的布局,美国大学主要有两种做法:一是建立两套教师队伍,各自面向基础阶段和高级阶段,二者都要包括广泛的学科领域;二是只形成一套教师班子,划分成系,同时在两个阶段任教。前者认识到本科教育和研究生训练的不同规律,重视保护本科生的独特性,防止教师对基础阶段的忽视,有利于学生跨学科的学习,还能将主要志趣在于科研活动的教授从本科教学中解放出来。但是这种选择也存在不少问题,本科生院的教师往往不能受到应有的尊重,同时也会对大学的整个学科建设造成一定影响,因而并不为广大高校所接受。由此,更多的院校开始采用第二种方法,而同时涵盖两个阶段的学系也确实存在不少优点。学系能够在各个大学和诸多学科之间灵活地分配包括师资在内的各类资源,能够利用根据本科生人数分配的经费来补助研究生的发展,还可以指定研究生担任本科助教减轻教师负担并不断从底层吸纳新生力量充实高级人才的队伍。[48]但是这种布局实质上是从研究生、教授和学科的角度出发而作出的安排,主要以更高层次的教育活动为导向,很可能导致对基础阶段和高级阶段关注的失衡,从而使本科生成为这一体制的牺牲品。具体而言,消极作用表现在三个方面:(1)本科教育目的发生了变化,在培养人才之外还新增了一项职能,即为研究生阶段输送生源;为高层次教育培养后备力量本身无可厚非,但如果过于夸大该功能乃至作为本科学习的主要任务则将湮没基础阶段的独特作用,尤其会影响到文理通才这一重要使命的完成;(2)本科教育内容受到影响,研究生教育的强势地位使本科学习不得不去迎合前者的需要,不仅在基础阶段设置了不少过于细化的学科课程,使学生提早接触大量专业知识,而且对唯一体现本科传统博雅精神的通识教育也并未给予应有的重视,研究生教育内容的过早下放很大程度上破坏了本科学习的整体性;(3)本科教育在大学地位评估中遭受忽视,科研活动和研究生教育成为高校获取资源和提高声望的重要渠道,而本科教育在这两个方面则相形见绌;到了60年代,社会公认的衡量研究型大学实力的三个维度,即研究经费的水平、同行评定的教师质量以及博士生计划的声望与规模,都忽视了本科教育在大学评估中的地位。

　　总之,二战后研究生教育的发展势不可挡,在主要的私立研究型大学中研究生数目已接近学生总量的50%;在州立大学里该比例也超过了30%。研究生院的价值和前景首次比本科生院受到大学更多的关注。[49]这一现象实际上是多种因素综合作用的结果:(1)战后经济发展的需求,社会各界尤其是教育系统需要更多高级专门人员,人们开始普遍认为中学教师必须具备硕士学位而在大学工作则应是博士出身;出于对包括师资在内的各种合格人才的恐慌,研究生教育在黄金时代一直处于扩张之中;(2)大学科学研究活动的推动,从即时需要的角度,研究生是教授从事科研项目的得力助手,大量的学生助研有利于提高学术工作的效率;从长远发展的角度,今日的硕士博士可能就是明天的专家学者,大学丰富的研究活动不断需要新人的加入;(3)大学争取更多资金的考虑,联邦政府和各类基金会为了鼓励研究生的发展而设置了不少奖学金,大学通过招收研究生不仅有机会获取此类资源而且能够以配套资金为借口争得更多的资助,而本科教育却享受不到此类优惠;(4)高校追逐更高声望的驱使,研究生特别是博士生的规模和质量往往能够从一个侧面反映出一所大学的学科建设、师资力量和全国声誉,因而各校也期望能凭借研究生建设来证明自身的地位和实力。

四、本章小结

在高等教育的黄金时代,研究型大学的本科教育又出现了有别于上一阶段的重大变化。本科教育的入学人数和整体规模虽然一直保持着大幅增长,却也面临着前所未有的冲击,表现出附庸化倾向:通识教育遭到削弱,教育内容相互隔离的局面并未引起各校的普遍重视也没有获得妥善解决;本科教育的独立性和特殊性受到忽视,地位逐渐退居科研活动和研究生教育之后,越来越以重视学术人才培养的研究生教育为导向。总之,该阶段的发展特征主要表现在两个方面。

首先,本科改革缺乏亮点与成效。

纵观该阶段,本科教育改革依然小范围地进行着。对通识教育的呼唤从未完全中断过,哈佛、哥伦比亚和芝加哥大学也在实践通识课程。但是这些举措并未坚持多久就遭遇到反对、修订甚至废止的命运,即使有过短暂的辉煌但大多难逃失败的结局。二战后本科教育虽然在数量和规模上有了突飞猛进,但在质量和成效上却表现平庸,缺乏上一时代那种突破性和创造性的成就。究其原因主要有三个方面:(1)缺少资源上的投入,本时期政府、基金会和大学的目光主要集中在科研发展和研究生教育方面,对于本科生的投入相对较少,而运作资金不足使诸多措施往往只能停留在设想阶段而难以付诸实践;(2)缺乏人力上的支持,教师的取向往往是学校改革成败与否的关键,而该阶段整个高教界都开始倾向于以学术成果而非教学成绩作为评定教师优劣的标准,不论是知名学者还是普通教师都无心于费时而又不被重视的本科教育,而更倾向于将时间精力投入科研创新之中以此来谋求个人的发展;同时教师在各自学科领域中研究得越深入,也就发现自己离研究生的专门学习越近而与本科生的通识教育越远,他们也不愿去努力针对不同层次学生开发不同教学模式,而更喜欢直接将本科教育专门化,这也造成本科改革难以深入;(3)欠缺政策上的保障,大学管理者对于本科教育这一非重点领域也不愿去额外关注,并未主动地进行制度上的改革来为本科创新提供条件,从而使整个高校也缺少本科教育改革的动力和支持。

其次,本科教育首度遭遇忽视。

一直作为高校规划重点和发展核心的本科教育,在 20 世纪50 和 60 年代面临着全新的挑战。虽然在上一阶段,研究型大学的科研活动和研究生教育已经开始崭露头角,但本科教学作为大学教师的首要职责和高校声誉的主要体现的地位并未发生改变。二战后,在私人投资之外,联邦政府开始更多地介入高教事务,利用政策法规和资金预算来发挥自己的影响。本科教育并未被政府列为优先领域,《退伍军人重新适应法》虽然暂时为大学提供了大量生源,但很快退潮;而科学研究和研究生教育则被联邦视为增强国家竞争力提升国际社会地位的重要途径。在政府的引导下,大学为了更好地争得资源谋求声望,也相应地将战略重点从教学活动转向科研领域,将教育重心从本科生转向研究生。大学的主要任务演变为不断争取更多经济资助、招募更多专家学者,开发更多科研项目和培养更多高层次尤其是博士生人才。这一链条中作为基础和底层的本科教育沦为其他活动的附属:高校决策者不是去充分发挥本科工作培养基础人才的独特作用,而是试图以本科教育资源去补充其他方面资金和人员上的不足。虽然已有学者对于这种失衡问题提出了警告,如1949年麻省理工学院的刘易斯报告指出本科教育应作为大学第一位的使命,其领先地位会有助于其他工作的顺利开展;1955年斯坦福大学霍普斯和马歇尔的调查也指出大学不仅对本科教学的地位重视不够,而且教学质量也处于危险之中。但在黄金时代各大学通过科研活动和研究生培养而使自身取得前所未有进步的情况下,这些问题被忽略了,各校依然坚信自己所选择的发展策略的正确性和有效性。

注　释

1　何维保:《美国的非常年代》,河南人民出版社,2002年版,第255—256页。

2　Graham, H. D. & Diamond, N. *The Rise of American Research Universities——Elites and Challengers in the Postwar Era.* Baltimore: The Johns Hopkins Unversity Press, 1997, p. 32.

3　Graham, H. D. & Diamond, N. *The Rise of American Research Universities——Elites and Challengers in the Postwar Era.* Baltimore: The Johns Hopkins University Press, 1997, p. 34.

4　Geiger, R. L. *Research & Relevant Knowledge: American Research Universities Since World War II.* New York: Oxford University Press, 1993, p. 174.

5　Geiger, R. L. *Research & Relevant Knowledge*：*American Research Universities Since World War II*. New York：Oxford University Press, 1993, p. 105.

6　Henry, D. D. *Challenges Past, Challenges Present*：*An Analysis of American Higher Education Since 1930*. San Francisco：Jossey-Bass Publishers, 1975, p. 57.

7　陈学飞：《美国高等教育发展史》，四川大学出版社，1989 年版，第 150 页。

8　Henry, D. D. *Challenges Past, Challenges Present*：*An Analysis of American Higher Education Since 1930*. San Francisco：Jossey-Bass Publishers, 1975, p. 63.

9　Pusey, N. M. *American Higher Education*, 1945—1970：*A Personal Report*. Cambridge：Harvard University Press, 1978, p. 58.

10　据 Henry, D. D. *Challenges Past, Challenges Present*：*An Analysis of American Higher Education Since 1930*. San Francisco：Jossey-Bass Publishers, 1975, p. 101. 数据整理而成。

11　Graham, H. D. & Diamond, N. *The Rise of American Research Universities—— Elites and Challengers in the Postwar Era*. Baltimore：The Johns Hopkins University Press, 1997, p. 39.

12　Graham, H. D. & Diamond, N. *The Rise of American Research Universities—— Elites and Challengers in the Postwar Era*. Baltimore：The Johns Hopkins University Press, 1997, p. 38.

13　Graham, H. D. & Diamond, N. *The Rise of American Research Universities—— Elites and Challengers in the Postwar Era*. Baltimore：The Johns Hopkins University Press, 1997, p. 40.

14　Graham, H. D. & Diamond, N. *The Rise of American Research Universities—— Elites and Challengers in the Postwar Era*. Baltimore：The Johns Hopkins University Press, 1997, p. 265.

15　Graham, H. D. & Diamond, N. *The Rise of American Research Universities—— Elites and Challengers in the Postwar Era*. Baltimore：The Johns Hopkins University Press, 1997, p. 54.

16　据 Graham, H. D. & Diamond, N. *The Rise of American Research Universities—— Elites and Challengers in the Postwar Era*. Baltimore：The Johns Hopkins University Press, 1997, pp. 64—65. 数据整理而成。

17　Graham, H. D. & Diamond, N. *The Rise of American Research Universities—— Elites and Challengers in the Postwar Era*. Baltimore: The Johns Hopkins University Press, 1997, p. 67.

18　Geiger, R. L. *Research & Relevant Knowledge: American Research Universities Since World War II*. New York: Oxford University Press, 1993, p. 214.

19　Geiger, R. L. *Research & Relevant Knowledge: American Research Universities Since World War II*. New York: Oxford University Press, 1993, p. 214.

20　Geiger, R. L. *Research & Relevant Knowledge: American Research Universities Since World War II*. New York: Oxford University Press, 1993, p. 215.

21　Geiger, R. L. *Research & Relevant Knowledge: American Research Universities Since World War II*. New York: Oxford University Press, 1993, p. 215.

22　Hofstadter, R. & Smith, W. *American Higher Education: A Documentary History Volume* II. Chicago: The University of Chicago Press, 1961, p. 972.

23　Henry, D. D. *Challenges Past, Challenges Present: An Analysis of American Higher Education Since 1930*. San Francisco: Jossey-Bass Publishers, 1975, p. 71.

24　施晓光:《美国大学思想论纲》,北京师范大学出版社,2001 年版,第 130 页。

25　Blits, J. H. *The American University: Problems, Prospects and Trends*. Buffalo: Prometheus Books, 1985, pp. 11—12.

·26　Hofstadter, R. & Smith, W. *American Higher Education: A Documentary History Volume* II. Chicago: The University of Chicago Press, 1961, p. 955.

27　Levine, A. *Handbook on Undergraduate Curriculum*. San Francisco: Jossey-Bass Publishers, 1978, p. 604.

28　Smith, W. & Bender, T. *American Higher Education Transformed, 1945—2005: Documenting the National Discourse*. Baltimore: The Johns Hopkins University Press, 2008, p. 88.

29　Levine, A. *Handbook on Undergraduate Curriculum*. San Francisco: Jossey-Bass Publishers, 1978, p. 619.

30　Bell, D. *The Reforming of General Education*. New York: Cloumbia University Press, 1966, p. 46.

31　Levine, A. *Handbook on Undergraduate Curriculum*. San Francisco: Jossey-Bass Publishers,1978,p. 361.

32　Bell, D. *The Reforming of General Education.* New York：Cloumbia University Press, 1966,p. 24.

33　Bell, D. *The Reforming of General Education.* New York：Cloumbia University Press, 1966,p. 194.

34　亨利·埃兹科维茨:《麻省理工学院与创业科学的兴起》,王孙禺、袁本涛译,清华大学出版社,2007 年版,第 66 页。

35　Massachusetts Institute of Technology. *Report of the Committee on Educational Survey.* Cambridge：The Technology Press,1949,p. 60.

36　Geiger,R. L. *Research & Relevant Knowledge：American Research Universities Since World War II.* New York：Oxford University Press,1993,p. 85.

37　[美]丽贝卡·S. 洛温:《创建冷战大学:斯坦福大学的转型》,叶赋桂、罗燕译,清华大学出版社,2007 年版,第 147 页。

38　Geiger,R. L. *Research & Relevant Knowledge：American Research Universities Since World War II.* New York：Oxford University Press,1993,p. 122.

39　Geiger,R. L. *Research & Relevant Knowledge：American Research Universities Since World War II.* New York：Oxford University Press,1993,p. 139.

40　[美]伯顿·克拉克:《研究生教育的科学研究基础》,王承绪译,浙江教育出版社, 2001 年版,第 274 页。

41　Haggstrom,G. W. *The Growth of Graduate Education in the Post-Sputnik Era.* Berkeley：Carnegie Commission on Higher Education,1971,p. 51.

42　Smith,W. & Bender,T. *American Higher Education Transformed*,1945—2005：*Documenting the National Discourse.* Baltimore：The Johns Hopkins University Press,2008, p. 206.

43　马骥雄主编:《战后美国教育研究》,江西教育出版社,1991 年版,第 154、156 页。

44　Smith,W. & Bender,T. *American Higher Education Transformed*,1945—2005：*Documenting the National Discourse.* Baltimore：The Johns Hopkins University Press,2008, p. 206.

45　[美]伯顿·克拉克:《研究生教育的科学研究基础》,王承绪译,浙江教育出版社, 2001 年版,第 274 页。

46 Geiger, R. L. *Research & Relevant Knowledge : American Research Universities Since World War II*. New York : Oxford University Press, 1993, p. 220.

47 Smith, W. & Bender, T. *American Higher Education Transformed*, 1945—2005 : *Documenting the National Discourse*. Baltimore : The Johns Hopkins University Press, 2008, p. 207.

48 [美] 伯顿·克拉克:《探究的场所——现代大学的科研和研究生教育》,王承绪译,浙江教育出版社,2001 年版,第 142 页。

49 Nerad, M. , June, R. & Miller, D. S. *Graduate Education in the United States*. New York : Garland Publishing, Inc, 1997, p. 27.

第 四 章

研究型大学本科教育改革的初兴
（60 年代后期至 80 年代初期）

　　虽然在第二次世界大战后的二十多年里，美国经济实力有了巨大提升，但从 20 世纪 60 年代末开始，其不仅增长速度放缓，而且历史上第一次出现经济停滞与通货膨胀两症并发的"滞胀"现象。[1] 到了 70 年代中期，一方面，1975 年工业生产年度总指数下降幅度创战后新高，同年失业率也高达 8.9％，为 1941 年以来的最高记录；另一方面，1974 和 1975 年的消费物价指数却飙升至 11％和 9.1％。与此同时，石油价格暴涨供应短缺带来的能源危机则导致经济情势进一步恶化。美国的国际经济地位也严重恶化，收支逆差增大，美元危机频发。不同于前一时期国内政治形势相对安定的状况，60 年代中期以后美国出现了社会运动高涨的局面：黑人运动、新左派运动、妇女运动、工人运动和反正统文化运动等严重动摇了美国的对内自由主义和对外扩张主义政策。从 60 年代末起，美国军事地位也受到重大冲击，国际影响力大为削弱，国内出现了普遍要求收缩海外军事态势的倾向。其开始推行多极均势外交，试图以退为进：对苏联实行缓和外交，加强与西欧及日本的伙伴关系，在拉丁美洲奉行"低调方针"，并致力于中美关系的改善。在各种社会力量的综合作用下,包括研究型大学在内的高等教育机构难保前一阶段发展势头,不得不重新调整战略以适应新环境。

一、高等教育进入调适阶段

(一)研究型大学陷入财政危机

1968 年左右,高等院校财政入不敷出的倾向已经明显起来。在经历了近 10 年的新建、扩张和发展之后,各校开始转入重组、削减和调整阶段。[2] 到了 1973—1974 学年,美国几乎所有的高校都在努力通过缩减机构、裁减人员、暂停聘任晋升工作以及中止部分教育计划来控制支出。一些院校甚至被迫廉价出卖资产、推迟提高教师工资以及大幅度提高学杂费用来增加收入。[3] 在全美经济危机的影响下,研究型大学也必然因外来资助减少和内部耗费过多两方面的原因而面临严重的财政困境。

1.外来资助减少

不利的经济条件本来就使研究型大学不能像黄金时代那样获得巨额拨款,而政府战略重点的转移更加剧了这一情况。反弹道导弹条约的签订、冷战逐渐趋向缓和、美国从越南撤军以及阿波罗计划后空间项目的减少,都造成曾是高校科研预算重要组成部分的联邦军事空间费用的大幅下滑。1969—1975 年国防部至少减少了 2 千万美元的大学科研投入。国家科学基金会也因政府对应用科学的强调,而减少了对大学研究设施和基础建设的资助。如,对计算机设备的投资从预期的每年 6900 万美元很快就调整为 3900 万美元。虽然联邦政府在生物医学和能源研发领域的投入有所增加,但并未能改变其对大学研发资助力度减弱的趋势。联邦政府对大学的科研资助在 1967—1968 年期间达到顶点之后,就

伴随不利的经济条件和关注重点的转移而开始不断递减,直到 70
年代中期。1968—1971 年,联邦研究预算实际下降幅度超过了
10%。1968—1974 的 7 年时间中,研究型大学教师人均所获联邦
赞助从 1.12 万美元降至 8400 美元;同时获取资助教师的覆盖面
也从 65% 减少至 57%。[4] 与此同时,联邦决策者开始更加注重利用
高等教育解决弱势群体问题,逐渐将精力集中到消除入学障碍和
发展机会均等的教育方面,相应的,资助重心从大学转向学生,关
注对象从研究生转为本科生。由于学术劳动力市场的饱和和招生
人数的减少,联邦政府为研究生提供的奖学金总额从 1967 年的
4.47 亿美元下降至 10 年后的 1.85 亿美元。[5] 虽然政府加强了对
本科生的奖励力度,但 1972 年的《高等教育法修正案》规定学生
而不是大学将是联邦政府资助优先考虑的对象。这一举措尽管有
助于帮助中低收入家庭的学生接受高等教育,但也进一步减少了
大学实际可支配的收入。

　　州政府限制对大学的拨款也日益成为司空见惯的行为,大学
所获经费并未伴随州税收的增长而相应增加。政府开始更愿意将
资金投向其他类型的院校或另外的公共部门。1968—1977 年,州
政府资助占大学预算的比例从 54% 降至 46%,而其占社区学院的
份额却从 10% 上升到 17%。[6] 最具影响力的州立研究型大学都受
到不同程度的削弱。特别是美国中部 10 所规模最大的高校,在这
一阶段丧失了最大份额的州拨款。1970 年,加利福尼亚州立法机
关通过投票表决:为包括非学术类大学职员在内的所有政府雇员
增加 5% 的生活费,但拒绝提高加利福尼亚州立学院和大学系统
中教师的工资。1971 年,在总预算与前一年度持平的状况下,伊
利诺伊州各减少了对伊利诺伊大学和南伊利诺伊大学的 700 万美
元拨款,对其他 8 所州立大学的资助也下调了 1000 万美元;相应

地,州政府把这些款项分别用于补贴医疗卫生、社区学院和学生学费领域。同年,华盛顿大学从特区所获得的补贴也减少了 1000 万美元,下降比例高达 14%;这笔资金被转而投向试验性的常青州立学院和社区学院。1968—1978 年的调查表明:这一时期伊利诺伊州、印第安纳州、密歇根州和华盛顿特区对研究型大学资助额度最小,而这也深深影响到其州立大学的质量,它们在 80 年代初的等级评定中,名次全都有所下降。下图对比了 1960—1980 年期间不同渠道提供给大学的研发经费比例。

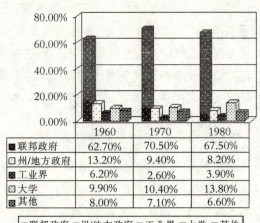

	1960	1970	1980
■ 联邦政府	62.70%	70.50%	67.50%
□ 州/地方政府	13.20%	9.40%	8.20%
▨ 工业界	6.20%	2.60%	3.90%
▧ 大学	9.90%	10.40%	13.80%
▩ 其他	8.00%	7.10%	6.60%

■联邦政府 □州/地方政府 ▨工业界 ▧大学 ▩其他

图 4.1　1960—1980 年不同部门提供给研究型大学的研发经费比例(％)[7]

　　观察上图可以发现:在经济不景气的 1970—1980 年期间,虽然联邦、州和地方政府仍是大学研究活动最有力的支持者,然而其所占份额却处于下降状态;而工业界则和高校有了更密切的合作,但因资本市场的不断波动,所以对院校的赞助却相当有限;大学自身的投入则开始发挥日益重要的作用。

2. 内部耗费过高

虽然面临经济危机的不利形势,各大学已日渐重视开源节流,但前一阶段大举发展所带来的惯性和研究型大学高消耗性的特点,都使其难以在短期内将开支控制在一个合理的范围之内。

在高等教育发展的黄金时代,研究型大学通过不断加大资金投入来增强自身的竞争力,在设施和项目方面难免存在过度建设问题,伴随经济危机的到来,各校的财政日益显得力不从心,难以应付一贯庞大的开支。在 60 年代末,最主要的私立研究型大学,如哥伦比亚、康奈尔、哈佛、普林斯顿、斯坦福和耶鲁大学等都面临着超过 100 万美元的预算赤字。[8] 公立研究型大学发生财政困难的时间虽然稍晚一些,但也受到了同私立院校一样的重创。在二战后公、私部门的巨额资助下,研究型大学的支出因有了保障而开始迅猛增加。1958—1966 年,教育和日常费用在华盛顿、康奈尔、密歇根和宾夕法尼亚大学各上涨了 119%、130%、140% 和172%。[9] 教师工资是大学预算中增加最明显的部分。入学人数和研究计划的增加,都要求必须聘请更多的师资人员来完成教学和科研任务;同时,大学为了增强综合实力,也会在招聘和晋升上提出尽可能优厚的条件以吸引优秀教师。管理成本的攀升是引发大学财务负担过重的第二个原因,而其增幅实际上远快于教师薪水的调整速度。大学职能的多样化、活动的丰富性以及结构的复杂化都要求设立相应的行政单位和办事人员,在内部组织不断完善的过程中却也带来了机构臃肿效率低下的问题。除此之外,高校的日常运作费用也是一笔不菲的开销。建筑、设施和仪器的维护、修缮和更新都需要大学持续的投入,大学必须与时俱进地不断增添新的技术设备。最后,为了应对政府的新要求,大学也要增加配套资金,如援助少数族裔和低收入学生的各类行动都需要高校的财政支持。

总之,研究型大学为了培养高素质的文理人才、从事高水平的研究活动并维持较高的声望值和影响力,从本质上就需要比其他类型院校投入更多的人财物力资源。在各界资助充足的情况下,大学的高耗费性并不会带来太大问题;然而一旦外部经济形势恶化,高校的固有运作模式难以适应新情境时,大学即使作出一定调整,但很多积习往往不可能在短时间内完全改变。它们常常由于扩张的惯性而使成本继续处于上升状态。综上所述,外来资助的减少、内部消耗的过高以及通货膨胀的作用,促使大学财政面临前所未有的不利状态。

(二)学生方面的变化

1. 学生运动兴起

从 60 年代中后期起,一场席卷全美的学生运动打破了上一时期相对沉闷的校园氛围。加州大学伯克利分校的自由言论运动成为开端的标志性事件。1964 年秋,该大学开始明文禁止学生在校内从事与学校无关的政治活动,这引发了学生声势浩大的静坐和罢课等示威行动。最后,在教师的斡旋下校方和学生通过谈判,以重新允许学生进行公开演讲和集会而收场。伯克利分校的自由言论运动,也很快激起了以常春藤联校为代表的一批知名院校学生的共鸣,他们也纷纷对大学的僵化管理表示不满。1965 年春,虽然这股风潮渐渐趋于平静,但随之而来的反战运动又掀起了一个校园反叛活动的新高潮。1965 年 2 月,约翰逊总统决定扩大征兵,引发了大学的反战浪潮。同年 3 月 26 日,密歇根大学组织了反战宣讲会,当晚到会者多达 3000 人,该活动形式很快为威斯康星大学、加州大学伯克利分校、芝加哥大学、哥伦比亚大学、亚利桑那大学等 100 多所高校所效仿。4 月 17 日,在华盛顿举行的大规模反战抗议中,至少有 50 所高校派来了代表,"争取民主社会学生组织"的主席保罗·波特还发表了演说。[10]在接下来的三年时间里,反战运动从辩论发展到直接行动。1966 年,大学生反对选征兵役制的示威和静坐广泛发生。1968 年哥伦比亚大学的激进运动标志着学生反抗活动进入了一个新阶段。学生一方面反对大学为修建体育馆而迫使哈莱姆区的 7000 名黑人和波多黎各人迁居,另一方面还指责学校参与防务分析涉足国防研究活动。抗议很快发展为校园暴动,校方招来警察引发流血冲突。在不断的斗争中,整个事变最后以 66 名学生被开除、校长辞职和学校允许更多师生参与管理而告终。这之后,学生政治暴力行动不断发生,1968 年秋季的爆炸和纵火事件比春天增加了 3 倍。1969 年上半年,学生新左派运动进入全盛时期,300 多所高等院校发生抗议示威,卷入人数占全国学生总数的三分之一,华盛顿、麦迪逊和伯克利等大学驻地甚至发生了街头战斗。[11]进入 70 年代之后,伴随内部成员分歧的增大、运动内容逐渐脱离美国现实以及政府的强力镇压,学生运动逐步走向衰落。1971 年,全美大学约发生了 1000 件抗议和破坏事件,一年后该数目减少了一半。而到了 70 年代中期,随着越战的结束和经济的持续低迷,学生的注意力也发生了转变,动乱基本上已经停止。

纵观整个学生运动,虽然波及各类高校,但研究型大学因其对本科生的忽视和与外部机构的密切关系而受到最多攻击,也相应成为运动的主阵地。学生们批评的矛头主要指向三个方面:(1)与战争有关的各种活动,如高校根据成绩选拔学生入伍和进行有关战争领域的研究都饱受诟病;(2)一般性的社会问题,种族歧视、贫富差距和人权保障都是学生关注的焦点;(3)大学的各项规章制度,如课程难以满足本科生的兴趣需要、大学过多干预学生的活动自由都成为不满的来源。以青年学生为代表的新左派运动主张通过变革,将人从非人性的压抑中解放出来。这不仅促使人们重新反思美国社会的价值标准和现行制度,也对社会的方方面面特别是大学发展带来了重要影响。然而,校园的动乱也导致高等教育的公信力大大降低,而一些州因为大学平息学生动乱不力而开始减少对它们的补助并增强了干预。

2. 非传统学生的出现

传统本科生一般指年龄在 18~22 岁之间全日制住宿的白人男学生。而从 60 年代中后期起,少数族裔学生、女学生、走读生以及更年长的人都开始有更多的机会接受高等教育。这主要归结于两大原因:一方面,政府更加注重保障弱势群体的受教育权利,颁布了一系列反歧视的法案命令;另一方面,高校试图通过招收更多的学生来增加收入,以缓解经济危机的压力,因而更多的非传统学生开始出现在大学校园之中。

在黑人民权运动的不断冲击下,1965 年约翰逊总统签署了第11246 号行政命令,正式实施肯定性行动计划。其规定美国雇主不得以肤色为原则来挑选雇员;同时,联邦政府的承包商和接受联邦援助的各类机构尤其要致力于帮助妇女和非白人。[12]根据这一命令的精神,高校开始通过配额制,即给予少数族裔与他们在人口中所占比例相一致的名额等措施来增加他们的招生人数。1972年《高等教育法修正案》第九章明文禁止教育活动中的性别歧视,使女性也成为教育民主化进程中的受益者。该法案规定:传统的男性为主的教育领域如工程学、建筑学和自动化等不得将女性排斥在外。[13]残疾人就学也受到了政府更多的重视。1973 年《康复法》中的第 504 条款指出:在包括高等院校录取工作在内的各类联邦资助的计划中,严禁任何歧视个体残疾和缺陷的情况发生,不能拒绝任何在学术和技术方面满足招生标准的残疾学生,同时呼吁大学为此类学生的学习和生活创设尽可能方便的环境。1975年《年龄歧视法案》出台,开始明确禁止联邦赞助的活动和计划中出现有关年龄歧视的问题,进一步扫除了高等教育入学障碍。在联邦政府法案的推动下,同时为了解决财政问题,各校向更广泛的人群敞开了大门。特别是对于私立高校来说,在经济困顿的形势下学费成为他们可依靠的主要财源之一。如耶鲁大学和普林斯顿大学于60年代后期都开始接受女学生。1968—1975年期间两校各招收了1000名女性本科生。[14]总之,在这一阶段,非传统学生在高校所占比例都有了不同程度的增长,而其中以黑人和女性学生的发展最为显著。1965年至1970年间,传统白人院校中黑人学生入学总数增加了三倍,而同期黑人高校中他们的注册率则从82%下降到60%,1978年又跌至40%。在全国范围,自60年代中期之后黑人的大学入学率就表现出了攀升趋势:从1971年的8.4%一跃增至1977年的10.8%。[15]在女生招收方面,《高等教育法修正案》确实起到了重要作用,自此之后,许多专业中女生比例都有了明显提升。如1972—1975年之间医学学位中女性比例从9%增至13%;法学学位中她们所占的份额也从7%变为15%。70年代中期,本科层次的女性入学人数已和男性持平,之后继续保持增长态势。

3. 大学入学增幅下降

在这一阶段,高等教育的招生人数虽继续保持增长势头,但增幅已明显下降。高校注册学生的年增长率已从1960—1965高峰年间的10.6%,逐渐减少为1965—1970年间的7.7%、1970—1975年间的5.4%和1975—1980年间的1.6%。[16]从60年代末至

80 年代初,大学生在 18—24 岁群体中的比重一直徘徊在 24%—27% 左右。各类院校的注册总数变化也有所区别:综合性大学和两年制学院的招生人数持续增加,但授予博士学位的大学的录取总量则在 1973 年时基本稳定下来。当年,公立和私立博士型大学的入学数分别为 250 万和 70 万人。[17]该数据实际上也反映出公、私高校在招生份额上的变化,自 50 年代两者比例持平之后,从 60 年代后期开始公立大学已超过私立院校,在总量上开始占据绝对优势。

高校入学人数增幅放缓主要受三方面因素的影响:(1)高中毕业率下降,60 年代末期中学毕业率在达到 77% 的峰值之后,在接下来的十年则下跌至 71%,直到进入 80 年代之后才又有所上升;(2)就业形势严峻,劳动力市场供大于求,美国经济整体形势的不利状况使毕业生难以获得满意的工作,大学文凭普遍贬值,公众对高等教育的信心下降;(3)义务兵役制取消,二战后美国在 1948—1973 年间实行了义务兵役制,由于在大学就读期间可以免服兵役,因而导致许多年轻人选择以在高校就读的方式来推迟服役,而这一制度的废止也自然减弱了部分高中生继续求学的热情。

(三)政府调控增强

虽然不论是联邦政府还是州政府对大学的资助都有所下降,但它们对高等教育领域的调控却不断增强。主要途径包括法律手段、行政干预和经济杠杆。

60 年代中期以前,联邦政府几乎对大学免除了包括社会安全和失业保险在内的所有计划和命令。然而伴随 1964 年《公民权利法》的实施,到了 70 年代末联邦法律已经覆盖招生、课程、科研、资金筹集、工资管理、设备的购置和保管以及大学教职员工的录用、晋升和解雇等各个方面。而对高校影响最深的当属肯定性行动计划，其迫使大学不但在新生录取就是教师选聘方面也要为弱势群体划出固定配额。如 1975 年加州大学伯克利分校在教师招聘方面：75 个学系有 31 个为女性定出总量目标，2 个为亚洲人划出份额，1 个为黑人留出名额。其他大学也纷纷实行类似的举措，普林斯顿大学开始在系中任命额外的少数族裔教师，密歇根大学则为弱势群体设置了过高的招聘数量目标。在联邦法律的调节下，高校教师成分确实发生了一定的变化：在整个 70 年代，高校女教师的比重从 23% 上升至 29%；1969—1983 年期间黑人教师的比例也从 2% 增至 4%。[18]

　　70 年代，外部行政干预多表现为州政府下属的高等教育委员会对大学的规划管理。虽然早在 60 年代初州政府对高校的协调就已经开始，然而在当时资源充足的情况下这种干预并不会给大学发展带来太多危害。但在这一阶段中，不仅控制的程度增强了，而且调控的方向也是尽可能多地节省高教领域的开支。因此院校的自主性和灵活性必然受到抑制。如伊利诺伊州高等教育委员会建立之后，同伊利诺伊大学的矛盾很快就凸显出来。其很快在削减经费和提高效率的名义下，开始更多地插手大学内部活动。1971年，在州政府的敦促下，威斯康星大学的四个校园不得不与拥有九个校区的威斯康星州立大学系统合并。但是，两个水平差异巨大的高校很难和谐共处，原有的矛盾加上新生的问题一起爆发了出来。威斯康星大学的麦迪逊主校无疑因此而声望受损。总之，自此之后州政府对大学各方面的规定、限制和问责不断增多起来。

　　经济杠杆也是联邦和州政府经常使用的调控大学活动的手段。他们不但利用资金赞助来影响大学科研的方向和重点，还会借此来对高校的教育教学提出要求。如 1971 年，联邦政府决定为扩大健康学专业招生规模的高校提供直接资助,这有效帮助高校进行更高水平的医疗训练。但同时,政府提出接受该笔补助的大学必须在本科生三年级时将他们送到国外学习。联邦的这一做法实际上已经涉及高校的课程制定教学设计等核心问题,以至于一些知名大学宁可放弃这项经费,也不愿让外界操控自己的内部事务。而州政府对于自己拨款的去向和用途等情况也越来越关注,并日益要求大学提供相应的详细信息。

(四)存在主义与人本主义教育哲学的影响

存在主义与人本主义是两种相互影响相互作用的思潮:存在主义是现代人本主义的变种,又为人本主义心理学开辟了一条新道路。起源于德法的存在主义从 50 年代开始在美国流行并于 60年代末达到鼎盛状态。存在主义既反对唯物主义和唯心主义等以主客二分为特征的传统哲学,也批驳拒斥形而上学的实证主义思潮。[19]其主张从先于和超越于主客、心物等二分的人的存在本身出发,只有凭借"揭示"和"澄明"来描绘和解释人的一系列存在;哲学研究的出发点是人的存在而非本质,存在指作为主体的个人生成和变化的过程,真知要依靠人的直觉而获得;强调自由、选择与责任,人应拥有充分的自由选择权并对自身行为负责,因而绝对真理是不存在的;重视对人生问题的研究,一方面提倡让人们感悟人生的痛苦,另一方面又希望人类感悟向死而生的价值从而珍惜短暂的生命。[20]存在主义哲学观点反映在教育领域体现为:(1)教育不是对学生的塑造,而应帮助个体成为对本身负责的人;(2)知识只有对个体发生影响时才能体现出重要性,课程应超越传统学科之间的界限并照顾个体差异;(3)关注个体和其所处境遇,重视学生的体验和情感,认为教学活动就是师生通过交流帮助学生认识自我存在实现潜能的过程;(4)教师要创设出有助于学生自由选择的环境,激励学生最大程度上发挥出主体性,师生之间要缔造出民主平等的关系。[21]伴随60年代末美国高等教育危机时代的到来,特别是反主流文化的兴起与学生运动的高涨,一些哲学家开始尝试运用存在主义的观点来解释和应对高校的各种困境,存在主义教育哲学流派也相应成为该阶段传播最广影响最大的思潮之一。如罗伯特·保罗.沃尔夫(Robert Paul Wolff)就指出不能从单一的视角去理解大学的教育活动,高等院校既承载着社会发展的责任又是满足个体需求和求知欲的场所。简言之,存在主义教育针对传统教育偏重社会功能忽视个体发展的问题,提出了关注个体的自由、价值和选择的全新理念,具有重大的进步意义;然而,却也存在对个体的社会性重视不足以及放任主义的倾向。

人本主义是一种主张以人为主,视宇宙万物皆为"人"而存在的学说。[22]人本主义教育思潮则以人本主义心理学和存在主义哲学为基础,重视人的尊严、价值和潜能的实现。人本化教育思想具有四大特点:以整体性和创造性的自我实现为教育目标;着眼于纠正理智与情感、高级需求与低级需求之间互相对立的问题;从学科逻辑转向个体中心的课程内容;注重创设有利于激发内部潜能的自由心理氛围。[23]其于20世纪60和70年代在西方盛行,代表人物有亚伯拉罕·哈罗德·马斯洛(Abraham Harald Maslow)和卡尔·兰塞姆·罗杰斯(Carl Ransom Rogers)。马斯洛视完满人性和丰富潜能的实现为教育目的,倡导通过创造性学习来挖掘学生的潜力,指出自我实现者要成为自主富于创造性的个体。他提出了需要层次理论,认为人类在饥渴衣住等生理需要和避免事业财产遭受威胁等安全需要之外,还具有友爱归属的感情需要、受到他人信赖认可的尊重需要以及理想抱负最大程度发挥的自我实现需要。

他还将自我实现区分为虚假的和真实的两类：前者是冲动的随心所欲行为，后者则在关注自身需要的同时也会尊重他人的感受。罗杰斯认为通过教育要将学生培养成为学会学习的人，提出意义学习的概念呼吁个体最大程度地发挥主动性与参与性，并推荐非指导性教学模式以建构理想的学习环境。人本主义教育思潮同存在主义教育哲学一样把人自身作为教育的起点和归宿，是对传统教学活动中学生个体地位缺失个性难以伸展的有力冲击；但它把人与自然、社会以及科技分离开来的观点又将教育引向了另一个极端。

二、本科教育面临多重挑战

政府资助重点的变化、学生运动的冲击以及外部问责的强化都向大学教育活动提出了新要求，本科教育面临着一系列新挑战。

（一）专业化倾向严重

自研究型大学诞生起，如何在本科教育中实现宽度和深度的有机结合一直是困扰其的一个重要问题。而二战之后，大学在内外力量的共同作用之下，日益趋向了专业化的一端。一方面，学术界在科学理性精神的指引下，日渐将专业化视作知识创新的手段和学科成熟的标志，从内在逻辑上瓦解了教育的整体性。另一方面，西方产业结构调整、社会职业结构的细化以及劳动力市场严密的分工，又构成了一种来自外部的强大侵蚀力。内外两股势力相互结合，由此奠定了相对稳定的大学教育的定向型专业教育格局。[24]与其他类型高校相比，研究型大学尤其倾向于让有前途的学生接受专业化教育，以为他们之后的深造奠定基础。除此之外，本阶段更多非传统学生的入学也成为了一个重要的影响因素。传统学生大多来自经济条件比较优越社会地位相对较高的家庭，他们主要希望通过大学教育来扩充知识、涵养兴趣和广交朋友,所以文理专业对于他们来说仍有一定的吸引力。而非传统学生大多属于社会中的弱势群体,强烈希望借助高等教育来实现经济、社会和文化地位的提升,因此他们往往更为务实,偏向丁选择实用性较强的学科专业。这也导致本科教育在专业化的道路上越走越远,研究型大学不但继续降低通识教育的比重,而且设置了更多具有较强职业色彩的主修科目。卡内基高等教育政策委员会,对比了1967年和1974年部分博士学位授予高校中本科教育各组成部分所占比例的变化情况,结果显示通识教育份额下降明显。

表4.1　1967—1974年授予博士学位院校通识教育比例(%)变化[25]

高校类型	通识教育比例(%)	
	1967年	1974年
Ⅰ类公立研究型大学	42	41
Ⅰ类私立研究型大学	42	33
Ⅱ类公立研究型大学	41	35
Ⅱ类私立研究型大学	44	33
Ⅰ类公立博士学位授予大学	40	36
Ⅰ类私立博士学位授予大学	45	37
Ⅱ类公立博士学位授予大学	40	30
Ⅱ类私立博士学位授予大学	44	37

　　通识教育除了在比例上受到主修科目和选修课程的排挤之外,其形式和内容与上一时期相比也有显著变化。通识课程一般采用必修、分布与自选相结合的形式,卡内基高等教育政策委员会的调查数据表明:以均值计算,1967年四年制院校中这三种方法

的比重为 50%、46% 和 4%,而到了 1974 年三者各自的份额已变为 28%、54% 和 18%。[26] 在研究型大学中,83.5% 的院校减少了必修规定,74.1% 和 95.6% 的高校增加或保持了分布和自选方面的要求。曾经以必修为主的院校增加了分布领域的要求,而一直强调分布制的大学则开始赋予学生更多选课自由。由此表明各大学并未将通识教育列为本科学习的重点,对其更多采用一种放任的态度和做法。同时,通识教育的内容也在不断缩减,如在被调查的高校中,1967 年将作文、外语、数学和物理列为通识要求的博士学位授予大学的百分比为 94.5%、90.0%、32.6% 和 86.1%,1974 年则各降为 71.1%、69.0%、15.4% 和 47.8%。与通识教育形成鲜明对比的则是主修专业比重的逐渐上升。而且,在深度选修和宽度主修之间许多本科生更愿意学习前者。这使选修课程也变成为未来职业作准备的途径,在很大程度上失去了丰富知识开拓视野的作用。特别是与其他类型的院校相比,研究型大学对主修领域尤其重视,1975 年卡内基高等教育政策委员会对 270 所有代表性的高校的调查研究就证实了这一情况。下文两表各从不同类型院校本科教育中主修计划所占比重和主修课开办数量方面进行了考察。

表 4.2　1975 年卡内基分类高校本科教育中主修课程比例(%)[27]

学位计划中主修课程所占比例(%)	研究型大学	博士学位授予大学	综合性大学	文理学院	社区学院
1—10					
11—20	2	5	7	7	5
21—30	28	44	36	37	23
31—40	29	27	33	35	23
41—50	23	16	18	17	22

学位计划中主修课程所占比例(%)	研究型大学	博士学位授予大学	综合性大学	文理学院	社区学院
51—60	8	6	5	4	14
61—70	7	29	2		7
71—80	3				6
81—90					
91—100					

表4.3 1975年卡内基分类高校本科教育中主修课程数量[28]

主修课程数量（门）	研究型大学	博士学位授予大学	综合性大学	文理学院	社区学院
0	1.3	0.8	2.0	2.7	0.9
1—5		0.8	2.0	0.5	8.9
6—10	1.3	2.3	3.0	5.0	18.8
11—15	0.8	1.6	7.9	18.3	15.6
16—20	2.9	4.3	7.9	16.9	16.1
21—30	5.4	9.8	22.8	29.7	10.3
31—40	10.4	14.1	16.8	15.1	12.1
41—50	11.7	12.9	14.9	7.3	8.0
51—60	12.9	11.7	6.2	1.8	4.5
61—70	9.6	8.6	4.2	0.9	1.8
71—80	5.8	8.2	2.5	1.4	1.3
81—90	9.2	5.1	2.7	0.5	0.4

续表

主修课程数量 （门）	研究型 大学	博士学位 授予大学	综合性 大学	文理 学院	社区 学院
91—100	5.8	4.3	1.0		
101—125	5.4	4.1	2.0		0.9
126—150	4.6	3.9	2.0		0.4
151—175	1.7	1.9	0.5		
176—200	1.3	1.6	0.5		
201—225	1.7	0.8	0.5		
226—250	0.8	0.8	0.5		
250 以上	7.5	1.6	0.2		

通过分析表 4.2 的数据可以发现：不同类别高校本科教育计划中主修要求的差异还是比较明显的。各校的均值在 31%—40% 之间。以此为分界线，研究型大学、博士学位授予大学、综合性大学、文理学院和社区学院中达到或超过这一范围的高校比例分别是：70%、78%、58%、56% 和 72%。可见在所有四年制院校中博士学位授予大学和研究型大学对主修科目最为重视，也投入最多。表 4.3 中的开课情况也进一步证明了这一论断。以均值计算，各类院校每种主修专业的课程数量为：研究型大学 61—70、博士学位授予大学 51—60、综合性大学 31—40、文理学院 21—30 和社区学院 16—20。

主修计划不仅在比重上日益占优，而且在时间安排上逐渐下移，所设专业也日趋职业化。传统上本科生一般是在二年级末或三年级初时确定主修，但包括哈佛大学在内的一些高校则开始规定新生在一年级快结束时就应选定专业。而且许多院校一般在录取时就要求学生对未来的主攻方向作出一个初步选择,甚至同时允许他们从入学起就可开始一些尝试性的主修学习。上述做法一方面促使本科生过于看重专业教育,而认为其余课程都应作为主修科目的补充,因此并不愿浪费过多时间和精力在通识教育领域;另一方面在本科教育的早期,学生对未来工作方向和所学学科概况往往还没有形成准确把握,此时他们常常会出于一时兴趣或他人的意见而作出选择,导致高年级时很可能再次选择或重新调换主修科目,影响到本科教育的连贯性和整体性。与此同时,大学主修还日益显示出职业性和实用性的特点。L·A. 格伦尼(L A. Glenny)等学者通过分析1968—1974年1227所高等院校的数据指出:在这段时间里至少一半以上的高校,其参与健康科学、生物科学、农学和商学等职业性教育计划的本科数量出现明显增长;而四分之一的高校其外语、物理学和人文科学等传统专业注册人数有所下降。[29]以6个文理专业和7个职业主修为调查对象,1227所院校中52%表示一半以上的职业计划就读人数呈现增长趋势,而只有27%表明3个以上的文理专业招生总数有所增加。有的学生甚至宁愿再等一年也不选择文理学科。

总之,通识教育比重的下降、主修课程的不断加强以及自选科目的日渐增多都表明三者相互制衡的机制被进一步打破,显示出本科教育日益走向专业化,学生在本科阶段所获取的知识面临彼此分裂的挑战。

(二)本科生不满增多

这一阶段,一方面在社会运动的广泛影响下,学生逐渐以批判性的态度审视包括本科教育在内的高校各项活动;另一方面联邦政府资助对象从大学转向学生,也导致他们日益以消费者自居,期望更多的要求得以满足;此外,1971 年国会批准了宪法第六条修正案,降低了选举年龄从而使全国 98% 的大学生有了合法选举权,促使在校生开始肩负起更多的社会责任。由此,本科生长期积累起来的对大学的不满爆发出来,在研究型大学中尤为明显。1975 年卡内基高等教育政策委员会的调查也证实了这一情况。

表 4.4　1975 年卡内基分类高校学生和教师满意人数比例(%)[30]

	研究型大学	博士学位授予大学	综合性大学	文理学院	社区学院
学生满意度[1]					
高校总体状况	69	71	68	72	71
高校教学情况	65	67	69	79	76
高校评分情况	46	52	53	62	62
教师满意度[2]					
高校总体状况	93	91	91	91	93
本科生对高校比较满意	61	63	65	70	75

通过观察以上数据可以发现:与其他三类高校相比,研究型大学和博士学位授予大学的本科生对院校、教学及评分的满意程度明显较低,甚至后两种大学的教师也深刻意识到这一问题。而学生的不满主要源于两个方面:一是大学教师在教学特别是本科教育领域投入过少;二是本科生的主动性和重要作用并未在课程制定和课堂教学等活动中充分体现出来。在授予博士学位的高等教育机构中,由于教师的教育对象并不仅限于本科生,还有研究生,他们的职责也并不只涉及教书育人,还有科研和服务的重任,所以

人均花费在教学上的时间以及教授课程的数量自然难与综合性大学、文理学院以及社区学院相匹敌。

表 4.5　1975 年卡内基分类高校教师每周本科教学时间[31]　（小时）

院校类型	0	1—2	3—4	5—6	7—8	9—10	11—12	13—16	17—20	21 +
Ⅰ类研究型大学	26	7	26	16	8	7	4	4	2	1
Ⅱ类研究型大学	19	5	21	18	9	11	7	4	3	2
Ⅰ类博士学位授予大学	10	4	21	18	12	16	9	6	3	2
Ⅱ类博士学位授予大学	9	3	19	18	11	15	11	6	5	4
Ⅰ类综合性大学	6	2	11	13	7	17	21	14	6	4
Ⅱ类综合性大学	4	1	7	12	6	18	28	15	5	4
Ⅰ类文理学院	3	1	10	11	13	26	18	12	4	3
Ⅱ类文理学院	3	1	10	8	9	16	22	20	7	5
社区学院	2	1	8	8	3	6	13	31	16	12

表 4.6　1977 年卡内基分类高校教师人均授课数量[32]

院校类型	全日制教师当量	课程数量			课程/教师比		
		本科生	研究生	总量	本科生	研究生	总量
Ⅰ类研究型大学	1605	2385	2132	4517	1.5	1.3	2.8
Ⅱ类研究型大学	992	2285	1754	4039	2.3	1.8	4.1
Ⅰ类博士学位授予大学	678	1835	1043	2878	2.7	1.5	4.2
Ⅱ类博士学位授予大学	623	1767	916	2683	2.8	1.5	4.3
Ⅰ类综合性大学	297	1226	298	1524	4.1	1.0	5.1
Ⅱ类综合性大学	236	874	108	982	3.7	0.4	4.1
Ⅰ类文理学院	76	579	12	591	7.6	0.2	7.8
Ⅱ类文理学院	64	501	3	504	7.8	0.1	7.9
社区学院	141	463	0	463	3.3	0	3.3
平均值	432	1160	536	1699	4.0	0.7	4.7

　　表 4.5 对比了各类高校中教师投入在本科教育教学活动上的时间,该指标是检验他们对本科生重视程度的重要维度。由于一半教师投入时间少于 7—8 小时,因而将 9 小时定为分界线,不足此值者说明其在本科教学领域用时偏少。83% 的Ⅰ类研究型大学、72% 的Ⅱ类研究型大学、65% 的Ⅰ类博士学位授予大学、60% 的Ⅱ类博士学位授予大学教师人均每周授课时间不到 9 小时;而 61% 的Ⅰ类综合性大学、70% 的Ⅱ类综合性大学、62% 的Ⅰ类文理学院、69% 的Ⅱ类文理学院和 78% 的社区学院教师每人一周上课总时数在 9 小时之上。表 4.6 以全日制教师人均授课量为考察标准,对比本科教育领域的课程/教师比率,研究型大学和博士学位

授予大学比率最低,而且都处于平均值之下。总之,授予博士学位的高等教育机构不仅教师授课时间较少,讲课总量也偏低,确实与其他几种高校存在着明显差距,学生不满于全日制教师将许多教学工作分配给助教或兼职人员,将本科教育视为次要工作。如布朗大学 1969—1970 年大约 10% 的教师为研究生助教,而到了1972—1973 年该数字已经上升到33%。[33]

　　研究型高校的教师,不仅在上课时数和授课总量这两个量性指标上差强人意,在教学态度和教学效果等质性维度方面也表现平平。许多学生认为教师不但不重视本科教学工作,而且在教育实践中也没有充分调动学生的积极性,未能体现本科生的主体地位,教师的教学态度和教学效果同样有待改善。特别是在学生群体日趋多样的情况下,本科生尤其希望教师能够关注到他们的个性特点和彼此差异,做到因人而异、因材施教。

表 4.7　1975 年卡内基分类高校本科生对教学活动的评价[34]

	研究型大学		博士学位授予大学		综合性大学		文理学院		社区学院
	Ⅰ类	Ⅱ类	Ⅰ类	Ⅱ类	Ⅰ类	Ⅱ类	Ⅰ类	Ⅱ类	
认为本校教师对本科教育兴趣浓厚的本科生比例(%)	38	44	52	44	53	57	81	70	65
认为部分教育内容与高中学习重复的本科生比例(%)	37	40	38	42	40	41	22	37	36
认为本科教育中学生只被视做无生命数字的本科生比例(%)	65	60	50	59	45	36	9	18	33

　　观察上表可以得出结论:在研究型大学和博士学位授予大学

中,本科教育并不是多数教师的主要兴趣所在,由此他们在这一领域也普遍缺乏创新的动力。教学内容多与高中课程有重复之处,并未将最新的学科知识呈现给学生,也少有更高理论水平的提升;教学方法上也没有尊重本科生的个体差异性和学习主动性,而只把他们视做被动的接受者,多采用机械灌输的形式。因而,虽然这两类高校中获得博士学位的教师比例是最高的,但本科生的不满情绪却也是最多的。他们纷纷要求参与到课程的制定和实施过程中,期望教师将自己看做有感知的人而不是待加工的零部件,希望学术委员会能够为本科生留出固定位置,并提出要在教师的评估和晋升方面发挥更大的作用。虽然来自本科生的批评多种多样,有的并未经过深思熟虑,有的甚至相互矛盾,但确实反映出了当时教育活动中的诸多弊病,也促使研究型大学必须进行改革以解决这些焦点问题。

三、本科教育改革的措施

(一)谋求知识之间的联系

大学对知识整合的追求从未停止过,特别在 20 世纪 60 年代之后,教育内容不断增长与学生视野日渐狭隘之间的矛盾成为关注焦点时更是如此。过分专业化将本科学习领域限定在狭小的范围之中,人为地切断了知识之间的自然关系,导致本科生只能获得对学科和世界的片面认识,由此跳出单一学科的局限重新谋求教育领域之间的有机联系势在必行。

1. 核心课程

第一,概况。

为了改变通识教育中规定课程减少,而分布和自选部分增加的倾向,更多高校开始将核心课程视为解决之道,认为教育内容应由拥有共有本质的不可还原的要素构成,即具有共享、稳固以及序列等特质的核心知识。[35]该形式既可能只涉及一门课程,也可能是多种科目的组合;也并不仅限于一学期或学年,有的往往会持续四年时间。

核心课程主要有四种实施形式。单人主讲要求一位教师个人独自承担某门跨学科课程的教学任务。以西方和世界文明课为例,其中荷马史诗时期的希腊、帝国时代的罗马、中世纪阶段以及文艺复兴运动等各部分不再要求多位教师分章授课,而是由一位资深学者全程担纲,各阶段社会、政治、经济和文化的发展与特点都在他的讲解范围之列。该形式的优点在于教学内容相对连贯系统,同时也比较经济节省人力资源。然而在教师日益专业化的形势下,大学往往很难选出合适的主讲人,而且将课程质量完全维系于某位教师的个人素质也有很大的风险性。所以运用此模式的高校在逐渐减少。集体授课中,教师以分工合作的方式讲授核心课程,每人负责一部分教育内容,进而共同构成系列讲座。作为比较普遍的核心课程模式,其可以在最小程度触动现行体制的基础上,加强知识间的联系。但由于参与人数众多,在教师之间常常难以形成共同意见,有些人甚至从未谋面,因此导致课程之间缺乏内聚力而只是松散知识的联合;此外,就每门或每堂课来说,因该课程并非专人讲解,而是从各学系抽调教师,所以有些人只是把专业内容照搬到了通识课堂上,并未起到传授广博知识的作用。讲授讨论相结合的形式在教师授课之外增加了讨论环节,二者交叉进行。讨论主要作为讲授内容的补充,一般由研究生助教主持。此举旨在调动本科生的参与性,尽可能兼顾个体需求。然而,各讨论议题的设定随机性很强,普遍存在与课堂讲授相脱节的问题。为了应对这些问题,有的大学已经开始定期召开教师会议,以确保整个核心课程相对连贯统一。话题讨论模式则完全抛弃了教师讲课的部分,以师生和生生间研讨取而代之,全课围绕共同的主题和材料展开。每位教师从指定阅读资料中选取一或两本著述作为讨论的参考用书,并可适当辅之以其他文献。该类型较好地实现了教育内容的衔接与整合,保证学生能获得相对完整的知识并形成比较系统的认识。但由于采用讨论形式,要达到预期效果就必须降低生师比,因而需投入更多的师资力量,也相应增加了教育成本。

到 70 年代中期,全美约 10% 的院校开设了核心课程,包括 7% 的大学文理学院和 14% 的专业学院。虽然并未成为主流,但 47% 的高校教师支持将共同核心作为通识教育的要求,一些大学也开始提供选择性的核心课程计划以为正式实施奠基。[36]1975—1976 学年,麻省理工学院在传统通识教育之外开设了一门核心课程,共有 51 名新生参加,每周授课时间总计 15 小时。该课内容涉及三大学科领域,由两部分组成:第一部分主要帮助本科生掌握基本的知识技能,第二部分侧重于将前一阶段所学应用于实践并进一步扩充。总之,核心课程的优势主要体现在两个方面:一是有助于大学反思现存本科教育中的不足,纠正过分重视课程深度的倾向,逐渐以帮助学生形成完整的教育经验为教学指导思想;二是有利于高校形成正确评估教育活动和学生表现的清晰标准,作为一种理想状态的核心课程在很大程度上指明了本科教育的发展方向,其广博性、综合性和跨学科的特点实际上为其他课程计划提供了参照系。然而,核心课程也面临着来自不同学者的质疑:(1)个性化学习的支持者认为其过于强调形成本科教育的共同基础,而在很大程度上忽视了学生的个体差异性,并没有充分考虑到这些必修知识技能的普适性问题,不利于本科生个人兴趣特长的发挥;

（2）核心课程是否代表教育改革的新方向也是多方争论的焦点，不少教师认为该课程不过是在传统通识教育科目之外增添了必修要求，并没有发展出新的课程整合原则和途径，只是扩大了学习的范围并未打破学科间的壁垒，缺乏实质性创新导致各种尝试无法收到预期效果。

第二，个案。

纵观 70 年代，最为知名的核心课程计划当属亨利·罗索夫斯基（Henry Rosovsky）领导下的哈佛学院教育改革。1973 年，博克校长任命罗索夫斯基为文理学院院长，负责教育的全盘规划。经过深入调查和不断讨论，1978 年《核心课程报告》正式出台，拉开了哈佛大学本科教育又一次变革的序幕。在报告中，罗索夫斯基提出了培养有教养的人的教育目标，这也指导着核心课程的制定与实施。他认为有教养的人应具备五方面的素质：（1）清晰有效地思考和写作，本科生应具备精准有力的表达能力和富于批判性的思维能力；（2）对某一领域的知识有深入了解，累积性学习是发展推理和分析能力的有效途径，对于本科生来说这也应成为主修学习的原则；（3）对于获取和应用知识的途径以及关于世界、社会和自身的理解，都能形成完整的认识；掌握了文学艺术、社会科学、历史学、数学以及物理学等学科的基本知识；（4）在道德和伦理问题上具有一定的理解能力和实践经验，其中最重要的品质在于能帮助他们作出明智的判断和恰当的道德选择；（5）打破地方的狭隘性，必须对世界各个国家和地区的文明以及历史上其他时代的文化都有所涉猎，是否受过教育的人的最大区别就在于能否以广阔的视角来思考各种经验。[37]

以上述素质为目标，哈佛大学的核心课程由五部分构成：（1）文学与艺术，熟悉重要的文学艺术领域的重要成就，具备艺创造和表达的能力,包括三方面内容:文学类型、艺术类别以及艺术和社会之间的关系;(2)历史研究,以历史维度考察人类社会进程并分析其发展趋势;包含两组科目,一是探寻当代问题的历史背景和演化历程,如"开发与低度开发:国际不平等的历史起源",二是讨论某一时期有关特定问题的各种解说,如"有关俄国革命爆发的研讨";(3)社会与哲学分析,同时掌握文献分析和数量统计两种研究方法,以探索现代社会的各类问题,发展出系统思考现代社会及其内部人员和组织特性的能力;如经济学原理和人性概念等都可以帮助学生认识人类的各种行为;(4)科学和数学,了解自然科学的基本原则并能够以此作为观察和了解人类世界的一种途径,学习重点并不在于掌握某一学科的专门知识,而是要通过研究科学概念和发现的产生过程来形成科学的思维方式,并探索科学活动与人类发展之间的联系;两组科目为必修,一是运用数理手段解释和预测自然现象,如"空间、时间和运动",二是分析复杂的科学系统,如"地球和生命的历史";(5)外国语言与文化,打破地域偏见,扩大学生的文化经验并进而对本国的文明与传统形成新的认识和理解,有三类课程供本科生选择:用英语教授非西欧文化,用外语教授西欧文化和用外语研讨外国文化。[38]哈佛大学新生在第一学年必须学习以上五个领域中的1—2门课程,并达到8科的总量要求,其中五分之四的课程由资深教授担纲。

哈佛大学的核心课程具有两方面的优势:(1)知识和方法相结合,各个领域中的课程都致力于帮助学生获得知识、发展智力和提高思维水平,因而在介绍事实性内容之外,教师还会阐明获得知识的路径、分析方法的差异以及它们的价值取向和适用情境,以分析事物解决问题的科目取代了罗列现象的课程;(2)强制性和选择性相结合,将学习范围规定在五大领域之中,同时要求各部分都必须有所涉及,可以有效防止学生因偏好某一学科而对其他知识的忽视,确保了广博性的实现;同时在各领域内部留出自选空间,又可以确保学生自主性的发挥。然而在实践中,该计划并未达到预期目标,这实际上还要归结为核心课程自身的缺陷:其实际上仍以学科逻辑为组织原则,并未在分门别类的学科知识之间建立起发挥贯通作用的桥梁,更没有将孤立的概念原理综合为一个有机系统。总之,哈佛大学的核心课程只注意到课程的广博而忽视了联系性,没有开发出创造性的方法来解决本科教育缺乏内在联系的问题,学生从不同领域选修科目虽有积极意义,但伴随课程数量从几十种增加到上百种,其更像分布必修的变体,失去了整合多学科知识的作用。

2. 实验学院

一些学者认为在大学现行体制内部进行本科教育改革,很难实现知识整合的目的,于是不少大学希望延续 20 世纪 20 年代和 30 年代亚历山大·米克尔约翰建设实验学院的传统,借以此作为教育创新的基地。这一时期采用此举措的高校主要包括加州大学伯克利分校、塔夫斯大学以及阿拉巴马大学。

第一,加州大学伯克利分校实验学院。

1965 年,因不满当时校内学生任意选课的情况,加州大学伯克利分校的哲学教授约瑟夫·杜斯曼(Joseph Tussman)开办了一所弘扬博雅教育精神的实验学院。杜斯曼和其他 5 名来自语言学、哲学和政治学的教师共同规划了学院的发展战略,并作为全日制教师承担了主要的教学任务。同年秋,学院向 4000 名新生发出了邀请信,325 人提出申请,其中 150 人被随机挑选入学。课程计划为时两年,致力于为本科生提供宽厚的知识基础,学生每学期要学习其他院系的一门课程,约 2/3 至 3/4 的学业在实验学院完成。

实验学院的学生并不集中住宿,而是分散住在校内外。本科生第一年共同学习古希腊文明和 17 世纪的英格兰文明;第二年转为研究美国宪法的确立以及当代社会等内容。[39]虽然对不同时代会有所涉猎,但整个教育计划是以主题而非历史作为制定原则的。通过对以上四个不同时期事件的研究,学生真正要思考的是战争与和平、自由与权威、个体与社会、接纳与反抗以及法律与良心等人生重大问题。学院教学采取讲座、研讨班、会议和阅读等相互结合的形式。讲座一周两次,每次历时 1 个半小时,既有个人独讲也有共同演示。研讨班的容量在 8—30 名学生之间,最初每周一次后增至两次,后一次仅学生参加。会议隔周举行,教师借此帮助学生完成每学期固定的 5 份论文。在第一批本科生完成两年学业之后,因为教师缺乏对本科教育的一致认识难以共同合作,而且对杜斯曼的理念也缺乏回应,所以杜斯曼开始从外校招募师资。新任的 5 人全部是来自其他高校的访问学者。新教师虽然仍难以克服以上问题,但确实逐渐有了较多共识,然而这并未挽救实验学院的颓势,其在完成了第二个两年计划之后停办。

伯克利实验学院实际上是时代变化的牺牲品。60 年代中后期,正是美国学生运动风起云涌的阶段,包括加州大学在内的诸多高校的学生都渴望改变长期以来管理者和教师对自己的过多约束,迫切要求在校园学习和生活的各个方面获得更多的自由。然而,实验学院在一个选修已成为课程不可或缺的组成部分的时代,仍然规定全部内容均在必修之列;面对日益关注学生情感和个性发展的趋势,依旧强调严格的学术导向;并且将本科生排斥在课程制定过程之外,没有充分尊重他们的意愿。这些都导致其难以对新生构成吸引力,自然造成生源很难得到充足保障。师资力量不足也是一个重要因素。由于实验学院的工作量很大,教师不可能

同时兼顾所属院系和实验学院的双重任务,因此他们一旦选择在
学院任教就必须暂停原有部门的教学和科研活动。这对于很多教
师来说是一个巨大损失,所以并没有太多人愿意留在学院长期任
职。而且多数教师对学院的办学理念和教育方式都持怀疑态度,
因此即使有能力投身实验学院的工作仍选择拒绝。虽然实验学院
仅维持了四年,但参与其中的教师和学生均持肯定态度。教师指
出这是一次宝贵的跨学科工作机会,是对自身教学经验的极大丰
富。很多本科生在升入三年级时发现传统学科学习缺乏实验学院
教育的连贯性,认为学院确实对个人整合知识起了推动作用。他
们在高年级普遍表现突出,平均成绩在中等水平之上,并且按期毕
业的学生百分比明显高于大学中未参与此计划的本科生。

第二,塔夫斯大学实验学院。

塔夫斯大学的本科生可以同时在所属院系和实验学院中选择
课程进行学习。该学院成立于 1964 年,由教师和学生组成的委员
会共同管理。最初仅限于提供 2 门研讨课,参加人数也只有 26 名
本科生。至 1971 年课程数量已增至 105 门,注册学生也升到 1566
人。[40] 到 70 年代中期,其已发展成为校内规模第四位的学术单位。

教师、本科生、访问学者以及研究生联手执教研讨课。前三者
各占师资队伍的 30%,其余 10% 的教职则属于硕士和博士生。所
有教师都同时在其他院系授课,因而他们的薪水并不由实验学院
承担。首次承担教学任务的本科生将获得相当于两门课程的学
分,学生主持的研讨课都配有指导教师以随时解决各类问题。外
请教师并不仅限于学者,律师、作家、建筑师、医院主管、企业执行
官、政策分析师和电影制片人等各界精英均可在学院一展身手。
访问学者是实验学院唯一支付薪水的对象,有时学院还会邀请其
他院系的学生来听课从而分摊开支。班级规模限定为新生 12 人

和高年级学生 20 人以促进师生互动。由于研究生助教并不能从实验学院获得学分和报酬,所以参与人数不多,学院正考虑将他们也纳入支付范围以吸引更多高水平的学生来任教。学院的课程处于不断创新之中,很少有研讨课被重复开设。有意执教的教师必须首先在开课前 2—6 个月上交自己的教育提案。然后,学院内的本科生志愿者会对他们进行访问,从而也加入课程制定过程中。1 名学院教师和 2 名学生结成小组,共同完成 3 或 4 次访谈任务,每次时间控制在 20—30 分钟以内。最后,组员集体撰写反馈意见并递交给实验学院委员会审核。不少新课都是先在实验学院获得成功后才正式引入大学本科教育体系的,每年其他院系都从学院引入 2 到 3 门课程,覆盖希伯来语、摄影艺术、电影评论、舞蹈、妇女研究以及政治关系等各个领域。

多样的活动也是学院教育的一大特色。与其他院系相比,实验学院的实践更加强调学生的自主性、参与性和创造性。课程审查活动要求本科生在四年里选择大学中任意的三门学分课程去进行评判考察,这一方面有助于他们接触到更多的学习领域,另一方面也利于现有课程的不断改进。该计划始于 1965 年,至 1971 年末已经吸引了 200 名本科生。1970 年春的调查显示 151 名学生已经评审了来自 25 个系的 130 门课程。[41] 参与发现计划于 1969 年启动,向学生提供与高级研究者一起从事科研活动的机会。通过完成一学期研究任务的学生可获得相当于一门课程的学分。此计划从实施起就吸引了五十多名学生,但当前的科研项目主要集中在自然科学领域。自我成就计划面向需要额外辅导的本科生。如果学生认为自己难以跟上课程进度,感觉还要在某些方面加强训练,那么学院会为学生配备一名教授来对他进行重点指导,同时要通过专门考试。实验学院的不少活动也如课程一样开始逐渐为其他院系所接纳,如实验应用物理计划已成为工程和物理系教学的常规组成部分,而同时授予学生学士和硕士学位的协调计划也从实验学院走向了研究生院。

总之,学院因三个特点而获得普遍认可:(1)创新性,学院的教育内容每年都在拓展与加深,不断推陈出新,真正体现出了"实验"特色,成为其活力的不竭之源;(2)适用性,学院课程和活动的设置并非教师单方构想的结晶,而是师生双方协商的产物,是在充分考虑各界需要的基础上构建起来的;(3)开放性,学院并未成为固步自封的孤岛,而是与大学其他部分以及外部社会环境都保持着密切联系,在互动中吸收外界有益元素的同时也推广自己的成果。然而作为变革中心的实验学院也依然面临着师资方面的问题。虽然教师认为在学院任教对个人提升有一定帮助,但其对于晋升或获得终身教职并无直接作用,所以就某种意义而言是一种时间和精力的浪费。

第三,阿拉巴马大学新学院。

1968年,阿拉巴马大学常务副校长F·马修(F Mathews)和学术副校长雷蒙德·麦克莱恩(Raymond McLain)成立了一个委员会,考虑筹建一个致力于提高学习质量和摆脱现行管理体制约束的本科教育单位。历经两年的研讨,共计走访五所院校,在委员会主席雷蒙德·麦克莱恩的大力领导下,新学院终于得以诞生,院长由尼尔·贝特(Neal Berte)担任。但是新学院从建立之初就遭到了教师们的反对,他们担心其会影响到现有文理学院的地位并且可能花费过大;公众也因之前学生领导的实验学院效果不佳而多持不支持态度。为了赢得各方的认可,贝特及学院工作人员开始充分利用报纸、广播和电视等大众媒体来宣传新学院;他还与教师中的反对者会面,阐述新学院的优势,听取他们的意见,并邀请他们以顾问、访问学者以及督查委员会成员的身份来参与或考察学院的活动。为了表明新学院只是大学实验新成果的场所而不是要与现存本科生院争夺市场，贝特将入学人数限定在200人以内，而非计划的500人，而且学院学生2/3至3/4的课业要在大学其他院系中完成。他还鼓励教师不要仅把新举措应用于实验学院，在他们个人所属的院系中也要有所实施。在取得各界认可的同时，贝特还积极为学院筹集资金；他成立了专项基金，并从福特基金会获得了25万美元的大学赞助。

从1971年新学院创办开始，招生人数从20人逐渐增至200人，以动机而非成绩作为录取标准。因而学生多样化特征明显，年龄、能力和兴趣差异明显。其中约10%的本科生并不具有被大学其他院系录取的学术资格。学院主要聘请具备跨学科教学能力的教师，他们或在新学院全职任教，或是来自大学其他学系的兼职人员。前者用来维持学院教育的连贯性，后者用以加强学院和大学间的联系。学院课程采用契约学习的方式。各学期初，每名学生在由新学院师生、大学教师和管理者以及校外专家共同组成的咨询委员会的帮助下，确定为自己量身定做的教育计划。要达到毕业要求，本科生需参加6门跨学科问题导向的研讨课，其中人文、社科和科学领域各2门；要完成自己设计的主修学习或深度研究；并最好参与包括实习在内的课外学习活动，总计128个学分。从1971年起，新学院有了进一步的发展，更多的教学创新被引入其中，同时新增了校外学位计划。虽然并不是每名接受学院教育的本科生都感到如鱼得水，但不少人的学习成绩确实获得了提高，几乎所有申请进入研究生院的学院毕业生都被录取。总之，作为文理学院中的一个独立组织，其地位得到了更多师生的认同。如物理系和商贸学院的个别化计划就源于新学院，文理学院也开始引入学生自设主修机制。新学院在克服保守主义和激发实验精神方面发挥着重要作用。

综上所述,虽然上述实验学院的存在时间、师资来源和招生对象以及课程安排等均有所差异,但它们作为大型院校中重要的革新基地,都普遍重视小班教学、强调发挥本科生的主动性并关注综合素质的培养,因而不仅在当时是大学内部新理念新方法的试验场所,而且对后世教育都产生了深远影响。

3.跨系教育

在教育改革过程中,学者们日益认识到专业化的加剧和课程间的不连贯在很大程度上缘于学系的存在,因而,他们开始一方面寻求建立超越专业系的新型学术组织,另一方面则努力开展多样的跨系计划,双管齐下来加强知识间的沟通。

第一,建立新型组织。

纵观70年代的本科教育变革,各校主要采取了三种途径来打破学系的阻隔,促进各学科间的互动和联系。

一是在原有专业系的基础上增设学部。学部是相关学科的联合,由其统一负责内部所属各系的经费预算、人事任免和课程规划等事宜,大学希望以此来增进教师间的合作与交流。学部能否发挥出有效作用,很大程度上与其所辖学系的规模和学科的性质关系密切。规模较小的专业系因实力较弱,所以更愿意借助外力来壮大自己,因而多倾向于听从学部在课程制定等方面的意见,同时内部互动也比较频繁;规模较大的系往往声望较高、组织关系更为复杂,自主性较强,不愿外界过多插手自身事务,而且由于组成人员众多,所以不易形成较强的聚合力。学部中各领域共通之处越多,则整合性就越强,学系对学部的认可度也就越高。相较而言,人文类学部中各系最易达成共识,这主要缘于文学、艺术和语言等学科之间存在天然的逻辑性;而自然科学学部则最难令人满意,教师普遍将学系视为最重要的学术单位,认为学部中本系之外的其他组织与自己关系不大。总之,增加学部对于克服专业系所带来的问题功效有限。即使影响力较大的学部,通过定期召开会议等方法推动了教师间的沟通与交流,但少有富于成效的跨学科课程或合作教学计划发展出来。学部实际上处于两难境地:如果所辖学系过多,则形同虚设,实际上无法增进学科交流;如果负责的专业系过少,则成为扩大化的学系,仍难以解决教育专业化的问题。

二是废除专业学系,代之以学院和委员会的组合。各学院的划分标准并非依据学科,它们在覆盖的专业领域、拥有的师资数量以及录取学生的规模等方面都大体相当。实际上等于将全校资源均分为几个部分,每个学院都拥有很大的自主权。委员会也和学系一样发挥着基本学术单位的作用,但不同之处在于其不具备完全独立的财政预算权和教师聘任权,必须与学院协商处理,它所涉及的专业学科也较学系宽泛。某些高校还会额外设立几个单位以负责若干委员会的统筹。纵向的学院和横向的委员会共同构成了大学的组织结构,教师同时隶属于两者。该模式特别适合新建大学,因为其所招收的师生在入校前就了解到自己将与不同专业方向的人共同工作学习,从而减少了不适应情况的发生。如1965年创立的加州大学圣克鲁兹分校就由众多小型寄宿学院组成。它们拥有各自的学生宿舍、教学楼、图书馆、活动场地以及餐厅等设施,为不同教育背景的师生创造了良好的互动机会。与此同时,大学又设有跨学院的学习委员会,将专业旨趣相近的教师集中起来,共同确定学术标准、课程大纲和教学计划。[42]这种双重管理体制有助于改变学系间相互阻隔和恶性竞争的状况,利于师生开拓视野增加对其他学科的了解。然而,学院和委员会的关注方面不可能总保持一致,二者间的摩擦在所难免,而当两者兴趣点共同指向某一领域时又可能会造成重复建设问题。

三是建设跨学科的教学研究中心或学院,不论是垂直体制还是平行体制,在大学层级之下都要设立两种或以上的单位部门,而跨学科中心则是集多种功能于一身的单一组织。各校的划分标准并不一致,但都普遍采用学科与问题相结合的方式,代表着本科生的主修方向,如有的分为当代文明、文学艺术、人类与环境、人性研究以及系统与科学中心;有的则分成生物研究、环境科学以及社区问题等学院。各中心教学内容围绕主题展开,并一般随时势发展而相应改动。虽然跨学科中心或学院开设的很多课程确实融合了多领域的知识,然而其往往过于零散庞杂,在彼此之间难以建立起有机联系。各跨学科单位也很容易走向自我封闭,从而导致彼此之间也缺乏高校互动。这使其在知识整合方面与传统院系相比并没有太突出的表现,本科生往往感到此模式不管是在教育宽度还是深度上都不能令人满意。而且,划定各中心时如果缺乏对各学科特点的准确把握和认真分析,则所谓跨学科实际上可能会名不副实,最后在实际运行中与专业学院或学系无异。

可以说至今为止,各校虽不断革新,但仍未设计出一种可以成为主流模式的跨系组织,如何突破专业的局限仍处于摸索阶段。

第二,开展跨系计划。

对于不想变动现有学系机构的高校来说,开展跨系计划是它们更经常性的选择。布朗大学早在60年代末全校改革之前就设置了一些跨系科目,1969年课程委员会决定将其从6门增加到14门,共有9位教师负责。然而,它们并不相互衔接形成一个整体,而是各自为政分散组织,无论是内容还是形式上都缺乏共性。因而到了1972—1973学年,跨系课程总量已下降至10门,授课人数也减少为 8 人。截至 1971 年,耶鲁大学已开设了 150 多门跨系的问题中心课程。这些科目形式统一,一周三小时,辅以一到两次讨论会,作业为论文报告或项目方案,许多还伴有田野工作。虽然仍然受到一些学系的质疑,但在相对统一哲学指导下的耶鲁大学,问题课程已获得了师生的普遍好评。而这一阶段在跨系教育计划方面最为突出的则当属斯坦福大学。

斯坦福大学共开展了三种计划供本科生选择。1964 年本科生特殊课程计划启动,包括三类科目:传统课程、试验性跨学科创新课程以及学生发起但由教授执教的课程。本科生最多可从中选出 12 门课程获得 36 个学分。1972—1973 年的开课内容有:通过旅行文学观察欧洲、美国印第安人教育的历史、犹太神秘主义、风险与保险、舞蹈及其与社会的关系等。[43] 虽然此计划属自愿参加性质,但不论是课程数量还是注册人数都呈逐年上升趋势:5 年时间从 208 人学习 14 门课程已经发展为 3503 名学生和 124 门科目,班容量也从 15 人增至 28 人。政治和社会问题研讨计划创设于 1969 年,致力于促使本科课程指向紧迫的社会问题,进而提高参与者、大学以及周围社区居民的政治意识。首批主题涉及海湾地区污染、加州伐木政策、健康服务的多样化、大学科研政策以及裁军谈判,可以说不仅覆盖了众多学科而且触及现实社会的方方面面。课程采用共同讨论与个人自学相结合的形式,评价并不给出具体分数,而是只分为及格和不及格两个等级。有些课程还整理出专题报告,并为地方和州的决策机关所认可。至 1973 年该计划共发行了 13 份公开出版物。研究与教育创新计划始自 1970 年,主要由学生负责。有课程设计意愿的学生向由 6 名学生和 5 名教授组成的管理委员会提交建议报告,委员会提出修改意见并确定是否通过该提案,一旦获得批准学生就要去寻找一位可以合作的教师咨询者。在该计划实施最初的 3 个学期中,委员会共收到 47 份提议并通过了其中的 34 份,包括 12 份个人提案和 22 份小组报告。前者如 FM 调频研究、环境法与水法;后者如自杀问题、社区发展中的调查法。13 份被拒绝的课程方案中 6 个被其他计划所吸纳,2 个在经过修改后获得审批。评估采用数字评分与通过/不通过相结合的方法。

总之,跨系教育计划可以将多学科知识融于一体,又能触及多领域的历史和现实问题。然而在实际运作中,如果教师不能得到大学的有力支持,他们将难以冲破学系的阻碍。此外,选择与编写适宜的跨学科学习材料也是一个需要进一步研究的议题。最后,如何使来自众多专业领域的教师形成一致的教育理念,进而确保所有课程具有共同的基础则是计划能否成功的关键问题。

(二)重视学生个体的发展

主体性是人的基本存在形式与自我表达和更新途径,而自主性、选择性和创造性尤其是高校学生主体性的重要表现。[44]自主性,即大学生应成为自己学习的主人,拥有合理安排个体教育活动的权利、意识及能力。选择性指学生应能在高校的帮助下选出适合自己兴趣、需要及水平的教育目标、内容与手段。创造性是主体性最高层次的体现,创新素质的养成是主体性最大程度得到发挥的标志。而面对长期以来单一讲授法导致个体遭遇忽视,主体性受到压抑的状况,大学开始认识到加强对个性的重视激发个人的潜能已迫在眉睫。

1. 新生研讨课

虽然新生研讨课早在 19 世纪末就已经出现,但并未引起研究型大学的重视。直到进入 60 年代,为了改变大学一直以来对低年级教育的忽视,同时在更大程度上调动起更多学生的积极性和参与性,新生研讨课才再次成为高校关注的焦点,并逐渐成为这一时期最流行发展最为迅速的教学形式。[45]哈佛大学 1963 年开办的历时一学期的研讨班,为学业成绩突出的新生提供了一个与校内知名教授交流的机会。很快,该课程就不再限于部分精英学生,而逐渐波及更广泛的学生群体,大学开始致力于促使每位新生都能以小组形式与教师就某一感兴趣的话题进行探究讨论。新生研讨课具备普通研讨课的基本特点,但会更加强调知识的广博而非精深、关注新生特别感兴趣的学术领域同时注重将课业负担控制在一年级学生可承受的范围内。

在组织方面,新生研讨课一般由明确学习目标和主要内容、界定各阶段讨论主题和阅读材料以及评估学生总体表现三个方面构成。教师首先要确定课程所涵盖的学科知识以及学生通过学习在认知、情感及态度等方面要达到的水平。接着,教师会向学生布置工作,本科生每周都要阅读指定教材并总结心得,若轮到主题发言时还必须撰写出书面报告,同时也鼓励学生根据研讨内容和个人兴趣进行更广泛的阅读。总课时量确保在 12—15 周之间。授课一般每周一次集中进行或一周数次分散完成。除起初教师导论性介绍和最后学生总结性汇报的几周外,师生每次都会探讨一个特定的议题。讨论内容以每次三四名同学合作完成的报告为主,同时也包括指定作业之外学生个人意见的分享。除按部就班的课堂讨论之外,教师还会不时为有困惑的学生提供个别咨询,他们有时也会为一些非预订的开放性话题留出研究时间。评估学生的主要形式有:(1)个人论文,撰写数份 3—4 页阐释本人观点的论文;(2)小组报告,各组选定某一主题合作完成一份研究论文并公开报告,具体包括阐明问题现状、评价各种已有解决方案和指出进一步的努力方向等内容;(3)命题短论,以随堂小测或期末考试形式要求学生完成对某一论题的点评。

在招生方面,研讨课主要采取强制性、建议性和选择性三种途径。强制性研讨课即规定所有一年级学生都必须参与课程学习,此类型一般以其作为通识教育的核心计划,而不再单独设置其他活动。建议性研讨课虽不作为学位的必备要求,但推荐本科生都能加入。如布朗大学就通过大力宣传其益处和作用来尽可能争取更多的生源。但由此也存在言过其实之嫌,以致某些学生感到预期与现实存在较大差距从而影响了课程的声望。选择性研讨课的教育对象则只限于部分学生,哈佛和斯坦福大学均属此列。但两校近年来都努力在更大范围内推广新生研讨课,哈佛大学45%的新生可申请到此机会,虽然学生具体选择何类课程不受任何限制,但最终决定权在授课教师手中。一般成绩优异者更易受到青睐,而有时教授感到难于取舍时就会扩充上课人数,以致会超过15人的限额;1970--1971学年斯坦福大学的课程容量已增加至300人,然而仍无法满足新生需要。高校允许他们作出三个选择,但有时校方可能连其中的一个都无法满足,三分之一未参加研讨班的新生表示主要原因就在于自己感兴趣的课程人数已满。由于开学初就要确定学习哪些研讨课,而大多数新生常常对于讨论内容、运作过程以及教师专长等方面了解很少,所以他们挑选出适合自己的课程一般比较困难。因而,有的大学研讨班会推迟一两周开课,先给予学生一段试听和熟悉的时间;有的则在暑期就召开专门会议发放手册资料向学生和家长介绍课程概况。

在师资方面,授课教师一般以本科生院为主,但高级教师人数偏少。有些高校如布朗大学因而开始通过聘请研究生助教来作为补充力量,约占总师资的三分之一。研究生的加入使大学能够提供更多的研讨班,同时对于他们自身来说也将是一次很好的教育经历。但是,如果研究生学术素养不高或对于大学环境缺乏了解,则他们很难有效指导本科生,所以教学前的专门培训是必不可少的。[46]本科生助教也是师资的另一个途径。本科生的参与有效拉近了教师和新生之间的距离,充分起到活跃气氛调动学生积极性的作用,远比研究生助教成功。此外,一些通常不承担本科教育任务但教学负担较轻的教师,也成为研讨课师资的组成部分。来自研究生院和专业学院的教师不但为课程注入了新内容和新视野;而且将师资来源引入更广泛的渠道,退休教师乃至社会人士都可以成为研讨课的主持者。当前,师资中存在的最重要问题在于教师普遍缺乏对新生研讨课的兴趣。如布朗大学每年收到的教师开课提案寥寥无几,而且很难劝说最优秀的教授投身其中。因为新生研讨课对于教师的收入和声望都不会带来巨大影响,各系也尽可能将最好的师资保留在本单位从事教育科研活动。

在资助方面,有的高校并没有为新生研讨课留出专门预算。这往往给课程安排带来许多问题:一方面各学科难以达成平衡,如布朗大学 1969—1970 学年科学、人文和社科领域新生研讨课的数量分别为 21、22 和 4,一年后不均衡状况进一步加剧,三者各为24、41 和 10;另一方面,缺乏足够资金支持使研讨课数量严重不足,根本无法充分满足新生需求,质量上也因难以聘请到优秀师资而得不到保证。因缺乏高校补助,所以大学教师不仅要白白投入时间精力,而且要自己承担课程所需的场地和用具开销,这自然降低了他们的参与热情。有的高校如哈佛和斯坦福则为新生研讨课的运作提供了资金保障。哈佛大学虽不为参与计划的高级教师支付酬劳,但对于初级教师则会减轻他们的课程负担,并负责补偿由此给学系带来的损失,大学共投入了约 10 万美元的经费。斯坦福

大学则从 1968 年起提供了 79000 美元的资金用以支付研讨课的
师资费用。但大学资助新生研讨课的做法同样也存在问题,导致
越来越多的教师不想再义务开设此类课程,学系也不愿在无补偿
的情况下让课时量少的教师参与新生教育计划。而在大学财力有
限的情况下,研讨课也自然只能面向部分本科生。

　　总之,新生研讨课在关注学生个体和激发他们创造精神上确
实具有重要作用,但在招生、师资和资助方面仍有不少有待完善之
处;就是课程本身也有一些需要改进的地方,如课程要求与新生水
平之间存在不适应的方面、教师教学中更多采用讲授而非讨论的
方法、教育内容空洞缺乏实际启迪意义以及新生不愿发言参与课
堂研讨等都是亟待解决的问题。

　　2. 学生主导的教育活动

　　为了使本科生真正成为学习的主动参与者,各校纷纷通过允
许学生自设主修、聘请本科生任教以及发展独立学习等途径来建
设学生中心课程。

　　第一,自设主修。

　　截至 70 年代中期,约三分之一大学的本科生院允许学生自己
创设主修方向,即在传统集中领域课程之外赋予本科生更多的自
主性,使他们自行设计的专业计划也能成为正式教育的组成部分。
一般来说,有意向的本科生会先与课程顾问、系主任以及任课教师
等人共同讨论自己的报告,其形式必须符合正规教育提案的要求,
包括申请原因、教育目标、课程清单、作业要求以及个人责任等内
容。经过反复研讨和不断修改之后该方案才会被正式提交。因为
准备过程比较充分,所以大多数提议都会被委员会接受。如当时
正处于扩大规模发展数量阶段的多校园大学系统纽约州立大学,
就十分重视本科教育改革工作。其宾汉姆顿分校成立了专门负责

审批学生申报工作的创新项目委员会。校内多数获得通过的主修方案，或是两三门临近学科的结合，如遗传学专业就涵盖生物学、心理学以及人类学；或是集中于特定时期、问题以及文化的研究，如"后工业社会的价值转变与危机"就属此类。[47]大学希望本科生能借此发挥主动性拓展学习范围，而不再囿于预设好的狭窄领域内。因此对于不能融会贯通现有学科知识的申请，大学会要求学生进行修改或选择某一现成专业，如提议开设伦理学主修的本科生将被建议选择哲学作为研究领域。有的大学为了使学生的宽度学习能够与专业要求相匹配，则将本科生设计的范围从主修专业进一步拓展到整个学位计划，以最大程度上保证本科教育的个体适切性与自我创造性。

总之，学生中心主修使长期以来面向多数的专业教育也可以表现出个体化的特色，激发了本科生的主动性，充分满足了个人的需要与能力，增强了教育活动的灵活性与适应性。然而，就全校范围而言，学生设置的主修影响力相当有限，如1969年布朗大学课改后只有4%的学生响应了这一倡议；而据1971—1972学年的调查显示，不足6%的本科生会选择此类教育计划。最主要的原因在于本科生必须一方面付出巨大的努力，他们不得不全盘考虑整个计划的部署运作，撰写课程大纲并寻求教师的合作；另一方面则面临着难以预测的压力，他们必须顶住来自外界的质疑，不断证明计划的可行性和有效性。部分高校也担心有的研究生院会不承认学生自设主修的合法地位，从而影响到参与者未来的发展，因此并不积极鼓励本科生利用这一途径。此外，个别学生设计主修科目并不在于创造出自己感兴趣的探究方向，而只是用以逃避学校主修课程中的强制要求，这也损害了原创性的声誉。最后，偶尔也存在学生要求超出大学承受能力的情况。如有的本科生想将东方研究作为自己的主攻方向,但高校却缺乏相应的师资力量和学术资源。虽然在这一阶段学生自设主修很难成为主流,但并不代表其是一种失败的模式,只是尚处于探索阶段,学生、教师以及管理者仍需一段适应时期;同时,相应的管理、资金等配套措施还不完善,也处于建设之中。

第二,同伴教学。

一些高校还赋予本科生从事教学活动的权力,以此作为激发他们主动学习的途径。本科生在其课程规划获得通过后即可开课,一般仅限于高年级学生。为了防止教学负担超出本科生的承受能力,各校的班容量多控制在 10—20 人之间,整个教学过程要接受专家评估,不论授课者还是听课者在达到要求后都会获得正式学分。虽然大学不断鼓励学生去进行尝试,然而真正有所行动者寥寥无几。1970—1971 学年,即使最为积极的加州大学圣克鲁兹分校也仅有 18 门科目完全由本科生担纲,而有的高校则只有 1到 2 名学生响应该倡议。与之相比,大多数人更愿意以学习者而非教育者的身份参与计划,在一些不限制人数的课程中每学期的选课者会维持在 250 名左右,个别学生甚至会选择两门以上的科目。

尽管独立完成教学任务是一个巨大的挑战,但完成者往往感到自己从中受益匪浅:(1)更为系统地掌握学科知识,作为主讲人,本科生必须了解通盘内容并精通重点部分,才能将其呈现给教育对象;因而学生不能再为了应付作业和考试而只是临时突击学习某些内容,而必须对课程的整体架构、主要内容和发展线索都了然于心;(2)激发出更多的创造精神,本科生授课时要自己选定阅读材料、教学方法和考核形式,如何通过课程实现教育目标、传递出预设的内容并引发听课者的兴趣,都要求学生教师根据自己的知识、特长以及风格,并结合课程要求以及学习者特点来制定出适合的教育方案;(3)促进了交流能力的发展,学生完成教学任务的过程实际上也是不断与各方沟通的活动,他们需向课程委员会阐明自己议案的可行性以获得批准,他们要和资深教师交流以获取必备的教学经验,最为重要的是他们必须在课堂上与任教对象互动才能保证知识的有效传递。而选课学生虽然对于课程组织的灵活、授课教师的热情以及活跃的课堂氛围表示认可,但普遍指出整个教育活动存在课程安排缺乏逻辑性,讲课人知识相对贫乏以及质量明显低于教师授课水平等问题。而从未接触过此类课程的学生则充满了质疑,认为选择高年级本科生开设的科目是一种时间和精力的浪费。总之,研究显示即使运作最为出色的学生任教课程也更有益于主讲者而非教育对象,因而部分大学开始考虑将听课人群从校内本科生拓展到校内职员、本地中小学生和社区成人。大学生专为后三类人开设的课程并不属于正规教育性质,只是致力于帮助他们丰富知识,因此讲课者可以更充分地发挥自己的创造性,而听课者也只将其视做拓宽视野的一种途径而不会过分苛求,如暴力与非暴力、20世纪的雕塑艺术、德国法西斯主义的兴起等都是深受好评的科目。

　　第三,独立学习。

　　独立学习指课堂之外在教师指导或监督下学生自主的学习活动,既可以是个体行为也可能是小组形式,但以前者居多。学者 J·W.布朗(J·W.Brown)和小 J·W.桑顿(J·W.Thornton,Jr.)将独立学习总结为六种形式:(1)学生自学教学大纲中指定的材料,除了在开学见面会和期末总评等个别时刻外,很少与教师有密切接触;(2)学生在专门导师全程辅助下学习自己感兴趣的领域,而不是规定的文献;(3)学生以独立学习取代而不是补充正式课程,但必须覆盖所替代课程的全部内容;(4)学生利用程序化教材、视听工具以及计算机辅助教学设备等手段,来模拟课堂教育环境进行个别化学习;(5)学生通过参加校内外的学术活动以增进个体经验;(6)学生在一位或以上的教师帮助下,完成为自己量身定制的学习计划,该计划既可能包括上述五种活动,也可能涵盖正式课程。[48]1975 年卡内基高等教育政策委员会的调查表明:全美高校中 94% 的文理本科生院和 68% 的专业技术学院都开展了独立学习活动,而 25 年前该教育形式的覆盖面仅为 26%。高校希望借助此形式,一方面引导本科生能对主修专业中的某些领域有更深入的研究,另一方面则作为扩充现有课程数量的重要途径。虽然独立学习有了长足发展,但在高校内部并非所有学生都具有参与资格,根据 P·L. 德莱塞(P·L. Dressel)和 M·M. 汤普森(M·M. Thompson)1973 年的研究,受访的 360 所四年制院校中有 76% 的大学依能力限制参加人数,此外个体需求、平均成绩、创造力水平以及教师推荐力度等也都是常见的衡量标准。只有密歇根州立大学、南佛罗里达大学和普林斯顿大学等少数院校将独立学习作为硬性规定普及所有学生,多数高校如耶鲁大学和哥伦比亚大学等只面向部分精英本科生或高年级学生。因而虽然从院校层次考察,独立学习已经得以广泛推行,但具体到学生个体涉及面仍显不足。卡内基高等教育政策委员会 1975 年的研究指出全国仅 38% 的本科生有过独立学习经历,即使对此有迫切需求的高年级学生参与过的比例也只有 48%。[49]研究型大学和博士学位授予大学的比值虽分别只有 32% 和 33%,但其中不乏成功案例。

加州大学圣克鲁兹分校鼓励学生用独立学习取代常规课程,本科生可以选择多个独立学习计划甚至完全由其组成主修要求,每学期参与人数达 3000 名,活动总量为 800 项左右。布朗大学发起了小组独立学习项目,专设两个委员会以确保计划质量并避免重复设置,一位教师负责数名本科生,学生合作完成学习任务。该模式在社会科学和人文学科中尤其受到欢迎,至 1970 年已有 685 名学生结成了 75 个小组。麻省理工学院在联合科学学习计划中增加了独立学习的环节,主要面向一、二年级本科生。1969 年,参与计划的学生仅有几十人,与之相比指导教师的队伍却十分庞大,包括 12 名全职教师、6 名助教和近 10 名职员,可以说几乎每名学生都可以得到个别化指导,同时他们被赋予自我评估的权利。耶鲁大学则为不同阶段的本科生设置了重点各异的独立学习计划。自我导向学习面向一、二年级学生,只有学术表现突出的本科生才有参加资格。每年有不足 20% 的新生即 220 人左右提出申请,其中 70%—95% 的学生会获得批准,指导教师共有 24 名。第一学年结束后,约三分之二的学生会继续参与独立学习。所有课程都为参与者特别定制,第一年为文学、哲学、艺术史、历史与政治、数学和生物学。打算主修人文学科的学生要学习前四门课程,并可以语言课和数学或生物学作为选修课;意图以自然科学为专业的学生选择前三门为必修科目,并任选独立学习计划或常规大学课程中的两门科学课为补充。第二年的教育集中于经济学、法学和宗教研究等社会科学。全计划采用学生自学、课堂讨论和教师讲解相结合的方法。住宿学者计划则致力于为少数四年级学生提供设计和从事两学期独立学习活动的机会,他们必须在三年级期末完成所有的分布课程。每年有 10% 的高年级学生提交规划,10 至 15 人会被选出,他们由此可以自己选择合作教师并不再学习常规本科课程。学生每三周与指导委员会成员聚会讨论个人进展,并在 12 月和 5 月递交进度报告,学生在计划结束时要完成论文或项目,并参与口试考核。

R·杜宾(R Dubin)等学者通过对比独立学习和传统教学方法发现,两者之间的效果并不存在明显差异。他们指出,不但独立学习中是否有教师监督并不对学生的学习成绩构成明显影响,而且有人和无人指导的独立学习与面对面的课堂教学在教育效果上也不具有显著差异。可以说该研究为独立学习的进一步发展提供了重要论据。而事实也不断证明,独立学习鼓励学生去追求最能激发自身创造性的学术兴趣,支持他们自己确定学习的进度、深度和广度,并为今后的终身学习奠定坚实基础。但是,在实践中独立学习仍有诸多要进一步理顺的问题:参与计划的本科生往往在之前并未接受过如何开展自我管理自我学习的训练,因而往往在开始时有无所适从之感从而影响整个计划的进度;多数本科生选择个人自学形式,减少了与同伴以及名师交流沟通的机会;当前计划的受众面仍局限于高年级荣誉学生,大多数学习更为被动的普通本科生却无法享有其益处。

总之,综合考察自设主修、承担教职以及独立学习三种学生主导的教育模式可以发现,三者在帮助学生发挥主动性上均具有一定的积极作用,但到目前为止又都未达到理想效果,特别是本科生主持的教学活动尤其难以受到广大学生的认可。这并不意味着高教界就此应放弃开发学生自主性的努力,而是要根据本科生的特点更多利用同伴群体相互合作这一渠道。与研究生以及教师相比,本科生的知识储备、实践经验以及思维能力确实有待提高,让他们从长期以来的被动接受者立即转化为积极的主持者是不现实的,而依靠小组合作共同努力则可以既激发出他们的创造力保证他们的学习主体地位,又能在一定程度上弥补个体能力水平的缺陷。三种形式相比,独立学习可谓是比较理想的类型,因其将学习任务控制在一个相对合理的范围之内,自设主修与教授课程对于多数本科生来说要求过高,反而压制了他们参与的积极性,无法达到应有的效果。所以各校在进一步将独立学习的覆盖面拓展到更广泛的学生群体同时,应有意识地减少前两类计划将要求调整到适度水平并主要面向少数学术能力较强的本科生。与此同时,大学还要在如下方面努力:推动计划与学生的兴趣相符合,以调动更多学生踊跃参与自主教育活动;在确保教育质量的前提下,为尽可能减少不必要的行政手续扫平程序上的障碍;重新核算教师工作量,将其对本科生的指导和咨询活动也纳入薪酬体制中,避免造成增加他们额外的负担。

3. 经验学习

经验学习指围绕特定教育目标组织、发生在课堂环境之外由专人规划、指导与评估,并作为整个正规学习计划组成部分的教育活动。与传统教育相比,不同之处在于:(1)充分利用教室或实验室之外乃至校外的各种活动场所,如企业、政府、社区、野外甚至外国都可以成为学习的地点;(2)重视将理论知识应用于实践解决问题的能力;(3)强调学生在独立环境中的创造精神和应变能力;(4)关注学习目标的个体适切性以及教育活动的个别化体验;(5)认为大学的责任在于确保多样学生群体的成功;(6)倡导学生通过个体承诺和参与实践学习来获得发展;(7)指出在学习计划的制订与评估过程中,必须为学生意见的发表留出空间。戴维·科尔比(David Kolb)将经验学习划分为四个步骤:首先,学生投身活动获取具体经验;然后,在此基础上他们进行观察和反思;其次,学生整合概念并将其归纳入理论体系,以将经验和观察结构化并为未来应用作准备;最后,他们在新情境下检验观察所得并将理论运用到实践之中。[50]

经验学习虽然早在 19 世纪初就已经萌发,但直到《莫雷尔赠地法》颁布后才引起高教界更为广泛的重视。约翰·霍普金斯大学是第一所将尸体解剖作为医学院教育手段的高校,由此开启了医学院、法学院、师范学院以及赠地学院实践教学的先河。20世纪初,整合工作经验和学习活动的合作计划发展起来,1906年辛辛那提大学允许工程学专业的本科生在工作和学习间进行交换。杜威也在《学校与社会》一书中指明了经验在学习中的重要作用,认为虽然数学和科学等学科具有一定培养推理能力的作用,但其效果与通过实践而获得的注意力和判断力的提升相比,仍显模糊和不足。可以说一个多世纪以来经验学习一直是教育活动的组成部分之一,但直到20世纪60年代中期以来,其合法地位才逐渐得到更多大学的承认。致力于提升经验学习意识,增强其认可度的团体日益发展起来。如1972年成立的田野工作教育协会、1973年建立的实验学习项目合作评估会等。具体到高校实践,主要有个体成长发展经验计划、工作—学习计划以及跨文化经验计划三种类型。

个体成长发展经验计划致力于以学生亟待提高的某项能力为对象,专门展开训练,同时激发出他们的个体发展与自我反省能力,属于最具个别化教育色彩的经验学习活动。凭借学习瑜珈获得内心平静、通过在农场工作分析有机耕作技术或依靠记录乡村生活来体验纪实摄影都属此类。正如研究者亚瑟·查克林(Arthur Chickering)所言,个体以经验学习的方式去获得生态学学士学位,就应亲身完成从修剪树木到加工木材的各项活动。借助于经验,学生不仅可以改进或学习某一方面具体的技能,而且对于个体全面的完善也有积极意义。然而其涉及内容的丰富性与具体形式的多样化也为评估工作增加了难度。如何有效比较本科生所从事的性质各异的活动,衡量标准是依据任务的难易程度、学生的个人成果还是他们能力的提升水平,而这些维度又如何转化为类似课程学分的量化指标,都是挑战性的课题。所以对此类活动的评价,时常要结合学生的日志、报告、作品以及阅读物等来辅助材料来完成。即使如此,仍可能忽略情感和态度等非认知领域的考察。

工作—学习计划因实施方式不同可分为三类形式:(1)合作教育,学生在本科教育阶段依据系统的指导框架,不断在课堂学习与工作实践之间进行转换,二者既可以是同步的也可能是交替的;(2)工作实习,一般在高年级集中进行,学生去实际工作环境中从事与专业相关的活动;(3)社会实践,其与工作实习的区别在于,学生只以观察者和学习者的身份进入职业领域,而并不承担重要责任。实施这三类计划的高校已经从 1970 年的 125 所上升至1977 年的 1000 所。合作教育是最典型的工作—学习计划,其中东北大学是比较成功的案例之一。其为二年级及以上的学生提供 3 段各为期 4—6 个月与主修专业相关的工作机会,由此整个本科教育时间将一般延长至五年。如果学生缩短实践时间并学习加速课程则也可以四年毕业。大学全年分为四个学期,其中五年制计划的课程、工作和休假所占学期数各为 9、6 和 3,四年制中三者分布为 9、2 和 3。这些职位遍布全美的四十多个州和世界上将近 50 个国家,本科生在协调人员的指导下从中选择或自己寻找合适的岗位。该计划涉及商学、健康医疗、教育、工程技术、视觉与行为艺术以及公共政策等众多学科领域。总之,工作—学习计划使高校、学生和单位都成为受益者,高校加强了资金筹集能力并增进了与社会各界的联系,同时扩大了学生容量;学生全面提高了学术、职业以及交往能力,获得了经济方面的补助,并为毕业后踏入社会做了更为充分的准备;单位借此拥有源源不断的劳动力,也获得了培训、选拔和试用未来雇员的机会。当然,该计划也存在用时过长、学生比较疲劳、过早职业化以及难以找到合适工作岗位等问题。

　　跨文化经验计划包括海外学习和文化内部学习两类。在海外学习中，学生可以有如下几种选择：参与国外大学专为美国学生开设的计划，加入就读大学和海外高校签订的交换学生项目，成为多所外国院校联合教育计划的参加者，进入美国大学在其他国家的分校学习，或者自行设计留学教育方案。这几种形式可谓是各有利弊：第一种由于专门针对美国本科生，所以会特别注意到他们在语言、文化和教育领域的特点，从而也相应减少了他们在异域所遇到的各类障碍与不便。然而在这种人工设计的环境下，学生也在很大程度上丧失了切身感受世界多样性的机会。而交换计划则赋予学生充分了解外国文化和对比本土经验的机会。外国高校联合组织的教育计划为学生提供了在多校甚至多国学习的经历，丰富了他们的教育资源与人生阅历。将学生送到外国分校学习对高校来说具有重要的经济意义，而且能确保整个教育活动的相对系统以及学术标准的比较一致；但其却存在与专设计划同样的问题，即学生将缺乏真实的教育体验。目前，本科生个人自主设计的留学计划仍为少数。虽然此类型最能反映出经验性学习与个体主动性的特点，但由于大多数学生不想去冒险尝试未经他人验证过的活动，而且不愿付出过多额外的时间精力去进行预先调研，所以尚未发展为最普遍的形式。截至 1978 年，美国大学在海外学习领域已经发起了 763 项学年计划和 826 项暑期计划，涉及西欧、非洲、南美、近东和远东等多个国家和地区。[51]国外学习经验带给本科生语言表达、文化视角以及自主能力等各领域的全面提升，但也需解决好学分互认、质量标准以及课程衔接的问题，否则将无法达到最佳教育效果。文化内部学习也要求在一个不同的文化环境中去获得新体验。但其不是去探寻其他国家或地域的独特之处，而是关注本文化内部各种亚类型间的区别与联系。它与海外学习的不同点还体现为：前者更多要求学生作为参与性观察者，以在异地的生活和工作经验为主，本科生依靠编辑期刊、撰写报告或参与讨论完成任务；将切身体验以及由此促进个体成长视为重要目标，多与信息获取、文化理解以及个体交流相关。后者更强调学习者的角色，以别国大学课堂活动为主，本科生通过修读正规课程获得学分，把语言技能和学科知识置于首位。密歇根州立大学则通过跨文化选修课将这两种形式结合在了一起，大学向本科生提供一学期的离校经验学习机会。近60%的参与者会选择赴国外学习，其余40%的学生则去感受本土不同文化的特色。[52]学生在计划启动前会参与5—6周的集训课。教师除了向他们讲解一些必备的知识技巧外，还会让他们在完全陌生的环境中自主生活一天。在该天，他们必须了解尽可能多的新环境的情况，活动结束后他们还要共同分享各种经验反思得失。在学生正式的海外或异地学习过程中，他们要详细记录九件经历过的重要事件，并尽量去观察、感知、描绘、体验、理解和交流文化间的异同。学习结束后，本科生将选取一件感触最深的事件向教师及同学公开汇报，并就各方提问作出解答。

综上所述，作为一种仍处于探索阶段的教育形式，经验学习为大学本科教育指出了一条新道路，充分利用娱乐、工作以及旅行等多种生活方式开展教育活动。它不但确保本科生在求学期间就能广泛接触真实世界并获得第一手感知资料，而且充分调动起学生的参与性，最大程度上尊重了他们的个性偏好。然而，如何从具体经验实践上升到抽象原则理论，成为其能否取得成功的关键。要创造条件促使现实经验体现出教育价值，防止流于表面肤浅。

（三）开展学生评教活动

长期以来外界对大学的教学活动一直缺乏有效的了解与监督，同行互评常常只流于形式，管理者的直接介入则会影响到学术自由的发挥。而学生评教虽最初也遭受教师冷遇，但由于在推动课堂教学透明化、帮助教师自我反思改进教学以及发挥学生主体性方面的作用，从60年代起其逐渐为各校所接受并成为一项常规活动。

学生评教的形式可划分为三种类型：一是要求本科生对所学课程作出总体评价。高校首先规定出若干等级及标准，如1—5级或优良中差等分段，然后再由学生为各门科目评出具体级别。这利于大学从整体上把握并相互比较各位任课人员的执教水平，但缺乏对细节方面的认识，如对教师在知识传授的系统性、语言表达的清晰性以及教授方法的创新性等问题不一定都能兼顾。二是专门机构研制出的规范量表。它们由于经过广泛的调查与严密的论证而具有较强的可行性与广泛的适用性。如普渡大学教学服务中心开发的自助评估问卷允许教师从200多个测评项目中任选40个作为接受评价的对象；华盛顿大学教育评估中心的教学评估表格涉及学生学术背景、教学总体水平以及诊断性反馈等方面。三是各大学自行设计综合问卷。仿照专门量表制定同时更具校本特色，注重将整体评估和局部评价结合在一起，主要由划分为若干级的多维度问题组成。如"该课程整体质量较高"和"教材组织得当易于理解"等都会成为问卷的内容。在一些规定项目之外，有时还会留有一些需学生回答的开放性问题。这些问卷在出发点上有的强调了解学生的学习效果，如威斯康星大学系1971年的课程评估问卷；有的则更为重视教师的教学表现，如南加利福尼亚大学

1976 年的教学调查问卷。二者在本质上实际有异曲同工之妙,虽都涉及教学风格、课堂组织和师生互动等基本问题,但分别从学生发展和教师表现两个侧面对课程教学进行了考察。

表 4.8 威斯康星大学系统 1971 年的课程评估问卷[53]

请认真阅读问题,选择出你认为最相符的分数,从低到高依次排列为 1—5 分。

Ⅰ总体等级

(1)教师组织材料引人入胜　　　　　　　　　1　2　3　4　5
(2)再次选择该教师的其他课程　　　　　　　　1　2　3　4　5
(3)教师教学水平的综合得分　　　　　　　　　1　2　3　4　5
(4)主动向其他同学推荐该课程　　　　　　　　1　2　3　4　5
(5)课程的综合得分　　　　　　　　　　　　　1　2　3　4　5

Ⅱ教学态度

(6)教师积极帮助学习困难学生　　　　　　　　1　2　3　4　5
(7)教师对学生的情感表现反应敏感　　　　　　1　2　3　4　5
(8)教师公平对待所有学生　　　　　　　　　　1　2　3　4　5
(9)学生可以自由提问、质疑及表达观点　　　　1　2　3　4　5
(10)学生表现突出时教师予以认可　　　　　　1　2　3　4　5

Ⅲ教学适切性

(11)教师帮助学生丰富学科知识　　　　　　　1　2　3　4　5
(12)学生为满足课程要付出较多努力　　　　　1　2　3　4　5
(13)教学为学生设置高层次智力标准　　　　　1　2　3　4　5
(14)学习工作量与所获学分相符　　　　　　　1　2　3　4　5
(15)教材作业与学生水平相符　　　　　　　　1　2　3　4　5

Ⅳ教学组织

(16)教师充分借助实例讲解教材　　　　　　　1　2　3　4　5
(17)教师组织教学内容完善　　　　　　　　　1　2　3　4　5
(18)教师评价学生所用方法得当　　　　　　　1　2　3　4　5
(19)课程目标清晰　　　　　　　　　　　　　1　2　3　4　5
(20)成绩评分标准明确告知学生　　　　　　　1　2　3　4　5

续表

Ⅴ认知整体发展					
(21)我通过明晰主要观点和中心问题提高了能力	1	2	3	4	5
(22)我现在分析影响因素并得出结论变得容易了	1	2	3	4	5
(23)我发展起了综合论点获得结论的能力	1	2	3	4	5
(24)我获得了在该学科领域的重要技能	1	2	3	4	5
(25)我具备了创造性活动的能力	1	2	3	4	5
Ⅵ特殊认知发展					
(26)我能辨识出该领域的基本观点	1	2	3	4	5
(27)我能在对话中回忆起该领域的重要内容	1	2	3	4	5
(28)我能理解该学科更高层次的知识	1	2	3	4	5
(29)我能辨明该领域的基本价值观念	1	2	3	4	5
(30)我能分析该领域全新和复杂的材料	1	2	3	4	5
Ⅶ相关问题					
(31)我在该领域发展起了继续探索的兴趣	1	2	3	4	5
(32)我在课堂之外与他人讨论过该领域的相关话题	1	2	3	4	5
(33)我认识到该学科的方法已融入我自身的生活之中	1	2	3	4	5
(34)我增加了对与该课程相关活动的关注度	1	2	3	4	5
(35)我开始重视以前未曾关注过的事物	1	2	3	4	5

表 4.9　南加利福尼亚大学 1976 年的教学调查问卷[54]

请选择出与以下陈述最相符合的答案,由低向高分为 5 个等级					
学习:					
(1)课程具有智力方面的挑战性与激励性	1	2	3	4	5
(2)你学到了有价值的内容	1	2	3	4	5
(3)通过课程学习你对该学科的兴趣有所增长	1	2	3	4	5
(4)你已经掌握并理解了课程内容	1	2	3	4	5
热情:					
(5)教师热心于教学活动	1	2	3	4	5
(6)教师在授课中充满活力	1	2	3	4	5
(7)教师讲解富于幽默感	1	2	3	4	5
(8)教师讲课方式能激发求知欲	1	2	3	4	5

组织：
(9) 教师讲解清晰明白　　　　　　　　　　　1　2　3　4　5
(10) 课程材料安排得当　　　　　　　　　　　1　2　3　4　5
(11) 预期目标与课程进度相符合　　　　　　　1　2　3　4　5
(12) 教师授课方式便于记录笔记　　　　　　　1　2　3　4　5
小组互动：
(13) 教师鼓励学生参与讨论　　　　　　　　　1　2　3　4　5
(14) 教师鼓励学生分享观点与知识　　　　　　1　2　3　4　5
(15) 教师鼓励学生提问并给出有意义的解答　　1　2　3　4　5
(16) 教师鼓励学生表达观点提出疑问　　　　　1　2　3　4　5
关注个体：
(17) 教师对学生友善　　　　　　　　　　　　1　2　3　4　5
(18) 教师当学生寻求帮助和咨询时表现出欢迎态度　1　2　3　4　5
(19) 教师对每位学生表现出关心　　　　　　　1　2　3　4　5
(20) 不论在办公时间还是课堂之外都易与教师取得联系　1　2　3　4　5
宽度：
(21) 教师会对比各类理论观点的异同　　　　　1　2　3　4　5
(22) 教师会提供概念观点的背景与起源　　　　1　2　3　4　5
(23) 教师在适当的时候会阐述个人观点之外的其他看法　1　2　3　4　5
(24) 教师会充分论述该领域的现状　　　　　　1　2　3　4　5
考试：
(25) 教师在考试评分之外会给出具体反馈　　　1　2　3　4　5
(26) 教师评估学生的方式公平而适当　　　　　1　2　3　4　5
(27) 考试内容是教师授课时所着重强调的部分　1　2　3　4　5
作业：
(28) 规定的阅读材料和教科书富有价值　　　　1　2　3　4　5
(29) 教材作业有助于学生理解课程　　　　　　1　2　3　4　5
总评：
(30) 与大学其他科目相比,该课程的等级为　　1　2　3　4　5
总评：
(31) 与大学其他教师相比,该教师的水平为　　1　2　3　4　5
学生和课程特性：
(32) 与其他课程相比,该课的难度为　　　　　1　2　3　4　5
(1:很简单,3:中等,5:很难)

续表

(33)与其他课程相比,该课的工作量为 (1:很少,3:中等,5:很多)	1 2 3 4 5
(34)课程整体进度 (1:太缓,3:合适,5:过快)	1 2 3 4 5
(35)规定的课外学习时间(以小时为单位) (1:0—2,2:2—5,3:5—7,4:8—12,5:12 以上)	1 2 3 4 5
(36)课前对该学科的兴趣程度 (1:很低,3:中等,5:很高)	1 2 3 4 5
(37)学生在大学的平均绩点 (1:不足 2.5,2:2.5—3.0,3:3.0—3.4 4:3.4—3.7,5:3.7 以上)	1 2 3 4 5
(38)期望课程得分 (1:F,2:D,3:C,4:B,5:A)	1 2 3 4 5
(39)选课原因 (1:主修必修,2:主修选修,3:通识教育必修, 4:辅修领域,5:个人兴趣)	1 2 3 4 5
(40)所属年级 (1:一年级,2:二年级,3:三年级,4:四年级, 5:研究生)	1 2 3 4 5
(41)主修学系 (1:社科,2:自然科学/数学,3:人文学科,4:商学, 5:教育学,6:工程学,7:艺术,8:公共事务,9:其他, 10:未确定)	1 2 3 4 5
补充性问题: (42)是否为外国学生 (1:是,2:否)	1 2
(43)是否为转校生(1:是,2:否)	1 2

为了确保学生评教的公正性与准确性,该过程需任课者回避,而由助教或行政人员指导学生填写各项内容。整个活动的步骤包括:(1)准备好问卷量表及纸笔等辅助工具;(2)向学生简要阐释评教的意义、规则以及注意事项,对于某些重点问题如等级 1 代表

最高或最低水平要加以说明;(3)留给学生充分时间完成问卷表格,在他们需要时提供及时帮助;(4)回收问卷并密封交予专门机构审核。[55]对于学生评教结果如何使用的问题可谓是最受争议的。这些结果经专门人员分析后会呈现给教师,促使他们对于自己在教学领域的优势与不足形成更为清醒的认识,并会同教学咨询人员或同行教师制定出具体的行动纲领以改进现存问题。作为评价者的学生,不仅在评估过程中获得审视自己学习活动的机会;而且当他们发现大学确实利用这一途径推动教师不断提升教学水平时,也会因自身意见受到重视而对学校产生更为积极的印象。在读生的评价会被高校用于吸引报考者,大学会选取部分内容将其刊登在宣传材料中,以此来增加课程或教师的魅力。不过由于并非所有评语都是正面的,所以在大学的挑选过程中必然对某些专业学科有所忽略。管理者对评课材料的处理最易引起教师的不满,特别是当他们将该活动与工资、晋升或终身教职等问题联系起来的时候。管理者往往只重视学生对课程或教师的总体评估或排名,更多以此作为奖惩的依据而不是改善的建议,而且缺少对评价结果的科学运用。如他们往往会将小班研讨课教师与大班任教者的得分相互比较,而两者的班容量可能会相差近百人。

综上所述,学生评估确实是一种比较有效地获得教学过程详细信息的活动,但并非唯一适合的方法,也并不够全面,在操作中最好还辅以其他形式。对学生直接访谈可以获取更为丰富立体的数据,如系主任可以召开专门的研讨会,请高年级学生就整个本科教育过程中课程、教学、考试以及师资等各领域的情况做一个总结性评价,在探讨预定问题之外还可就现场学生特别关心的问题予以重点研究。但该形式费时较长,所以需要妥善安排好整个进程,而且覆盖面一定要相对广泛,否则很容易以偏概全。教师自评也可以作为学生评教的参照物。虽然两者相符程度较低,前者比后者得分往往高出 30 个百分点,然而二者对于课程的优点和劣势仍有不少共识,可以相互印证。跟踪校友的反映也是方法之一。部分教师认为踏入社会的校友比学生更为成熟理智,也更能作出正确的评价,所以结果也更为可信。但由于与校友取得联系需要投入更多花费,毕业生对于课堂教学印象也随时间而模糊,所以该形式并不经常使用。

四、本章小结

自 60 年代中后期起,一些研究型大学已经逐渐意识到本科教育的种种问题,并发展出不少创新之举,个性化成为该时期的重要特点:部分院校为了平息学生的不满情绪满足他们的特殊需求,开始邀请本科生参与到教育内容的制定过程中,如实验学院和跨系计划中都不乏其例,就是强调共同经验的哈佛大学核心课程也坚持赋予学生较大的自由选择权;同时,新生研讨课、自设主修、同伴教学、独立学习和经验学习等尊重个体差异凸显个性发展的形式也涌现出来;此外,学生评教还使本科生掌握了更大的主导权和更多的表达渠道。虽然零星措施取得了一定成效,但是全校性的战略规划并未形成,全国性的改革风潮也尚未出现。

首先,覆盖面小,限于部分研究型大学。

本阶段虽然不少研究型大学已经意识到自身存在忽视本科教育的问题,但真正有所行动的高校却寥寥无几,而造成一定影响者更屈指可数,可以说全国性的本科教育改革浪潮在 60 年代和 70 年代尚未形成。这一方面缘于研究型大学在高等教育黄金时代依托科研活动与研究生教育寻求发展所带来的惯性,大学的战略重点和教育重心一时难以迅速转移回本科教育领域;一方面在于高等教育理论界也缺少对教育改革迫切性的呼唤以及对变革原则与方向的宏观指导,众多大学的积极性未被充分调动起来;另一方面则归结于大学财政状况的普遍困窘,在他们必须开源节流尽可能缩减日常开支的情况下,创新与变革这类具有一定风险性又需要额外投入的活动自然不会成为大学关注的焦点。所以,这一时期只有加州大学、哈佛大学、耶鲁大学、斯坦福大学和布朗大学等少数具有相对雄厚财力或锐意进取精神的院校构成了本科改革的主体;大多数院校则更愿意选择保守地维持现状的做法。就是在这少数几所高校内部,改革活动也未全面展开,多数措施只涉及部分师生。如加州大学伯克利分校的实验学院只有数百本科生参与;哈佛大学虽重视新生发展但没有提出高年级革新的有效策略,耶鲁大学的独立学习计划仅向个别精英学生敞开大门。只有布朗大学进行了全校性的本科教育创新。将改革限制在一定的范围,尽管可以在一定程度上减少失败所带来的负面效应,然而也使广大师生群体失去了体验机会,而且导致整个计划在适应性和有效性方面难以得到充分验证。

其次,措施零散,缺乏相互之间的联系。

大学在该时段的变革多属于局域性小规模的改动,往往是针对某一专项问题或特定人群,较少有全局性根本改革;即使有的院校同时推进多项举措,然而不但各类措施缺乏相关领域制度政策的支持,就是它们之间也没有形成有机的联系。虽然零散的本科教育革新因对既存体制威胁较小而容易获得成功并受到认可,但从全校维度和长远视角来说存在着难以克服的缺陷。一方面,其缺乏统一的教育哲学基础和总体指导思想,容易造成各自为政甚至相互矛盾的局面出现,而为了改善此问题,大学必然要不断进行协调与调整,从而使教育计划缺少基本的稳定性;另一方面,个别领域的变动较整体性改革易于取得一些表面化的成绩,也由此会使高校沉浸于假想的成功之中,认为不再需要从事进一步的改变,导致高校在诸多方面裹足不前。以加州大学圣克鲁兹分校聘请本科生承担教责的做法为例,这虽听起来颇富创新性,但由于在计划前缺少和学生充分沟通了解他们的兴趣意愿、实施过程中并未将教师的咨询服务纳入报酬体系之中,而且也没有处理好与整个本科教育计划以及未来研究生教育之间的关系,所以尽管大学一再大力提倡,但却少有问津者。虽然在现实中不可能强求大学的每次变革都属于全方位整体性的,但即使在局部调整中高校也需具备全局考量和总体视角。

再次,多数失败,缺少有力的行政领导。

纵观各校改革,综合而言成功案例少,而失败举措多。哈佛大学的核心课程并未从根本上实现拓展宽度的目标,加州大学伯克利分校的杜斯曼实验学院仅运转四年,布朗大学 1969 年开始的课程改革也很快就落幕了,高校内部的跨系教育计划多形同虚设,学生主导的课程活动参与者凤毛麟角,经验教育与学生评教仍处于争议和探索之中。明确的改革理念、充足的教育经费、各方的积极配合、创造性的教改措施以及强有力的行政领导这些改革成功的必要条件,是该阶段各大学所普遍匮乏的。在高等教育危机频发的时期,高校常常未经深思熟虑就为了应对学生运动冲击等即时性问题而出台政策,却不去考虑变革与学校发展定位和现实运作的适切性问题。如布朗大学 1969 年的教育改革就是充分吸纳学生意见而制定出来的,其以综合性课程取代了分科设系的科目,同时又大力减少必修增加选修,但由于过于偏重本科生的要求而相对忽略了教师的实际情况和文化传统,所以遭到教师的抵制未能按原计划推行。当然,需要特别指出的是一些改革活动虽然并未收到应有的效果,但其精神理念与广泛影响却具有深远意义。

注　释

1　刘绪贻主编:《战后美国史:1945—2000》,人民出版社,2002 年版,第 352 页。

2　Henry, D. D. *Challenges Past, Challenges Present: An Analysis of American Higher Education Since 1930*. San Francisco: Jossey-Bass Publishers, 1975, p. 135.

3　陈学飞:《美国高等教育发展史》,四川大学出版社,1989 年版,第 173 页。

4　Graham, H. D. & Diamond, N. *The Rise of American Research Universities——Elites and Challengers in the Postwar Era*. Baltimore: The Johns Hopkins University Press, 1997, p. 88.

5　Graham, H. D. & Diamond, N. *The Rise of American Research Universities——Elites and Challengers in the Postwar Era*. Baltimore: The Johns Hopkins University Press, 1997, p. 88.

6　Geiger, R. L. *Research & Relevant Knowledge: American Research Universities Since World War II*. New York: Oxford University Press, 1993, p. 266.

7　据 Graham, H. D. & Diamond, N. *The Rise of American Research Universities——Elites and Challengers in the Postwar Era*. Baltimore: The Johns Hopkins University Press, 1997, p. 91. 数据整理而成。

8　Geiger, R. L. *Research & Relevant Knowledge: American Research Universities Since World War II*. New York: Oxford University Press, 1993, p. 243.

9　Geiger, R. L. *Research & Relevant Knowledge: American Research Universities Since World War II*. New York: Oxford University Press, 1993, p. 243.

10　沈汉,黄凤祝编著:《反叛的一代:20 世纪 60 年代西方学生运动》,甘肃人民出版社,2002 年版,第 45 页。

11　刘绪贻主编:《战后美国史:1945—2000》,人民出版社,2002 年版,第 332 页。

12　王波:《当代美国社会热点聚焦》,安徽大学出版社,1998 年版,第 98 页。

13　Cohen, A. M. *The Shaping of American Higher Education: Emergence and Growth of the Contemporary System*. San Francisco: John Wiley & Sons, Inc., 1998, p. 199.

14　Geiger, R. L. *Research & Relevant Knowledge: American Research Universities Since World War II*. New York: Oxford University Press, 1993, p. 249.

15　Lucas, C. J. *American Higher Education：A History*. New York：ST. Martin's Press, 1994, p. 242.

16　陈学飞:《美国高等教育发展史》,四川大学出版社,1989 年版,第 176 页。

17　Graham, H. D. & Diamond, N. *The Rise of American Research Universities——Elites and Challengers in the Postwar Era.* Baltimore：The Johns Hopkins University Press, 1997, p. 86.

18　Geiger, R. L. *Research & Relevant Knowledge：American Research Universities Since World War II.* New York：Oxford University Press, 1993, p. 263.

19　刘放桐等编著:《新编现代西方哲学》,人民出版社,2000 年版,第 332 页。

20　陈晓端、郝文武主编:《西方教育哲学流派课程与教学思想》,中国轻工业出版社,2008 年版,第 112 页。

21　陈晓端、郝文武主编:《西方教育哲学流派课程与教学思想》,中国轻工业出版社,2008 年版,第 113—114 页。

22　中央教育科学研究所比较教育研究室:《世界教育思想发展探略》,贵州人民出版社,1989 年版,第 139 页。

23　单中惠主编:《西方教育思想史》,教育科学出版社,2007 年版,第 709 页。

24　阎光才:《大学的人文之旅:大学本科教育中人文社会科学的价值重估》,教育科学出版社,2005 年版,第 48 页。

25　据 Blackburn, R., Armstrong, E. & Conrad, C. *et al. Changing Practices in Undergraduate Education.* Berkeley：Carnegie Council on Policy Studies in Higher Education, 1976, p. 11. 数据整理而成。

26　Blackburn, R., Armstrong, E. & Conrad, C. *et al. Changing Practices in Undergraduate Education.* Berkeley：Carnegie Council on Policy Studies in Higher Education, 1976, pp. 12—13.

27　Levine, A. *Handbook on Undergraduate Curriculum.* San Francisco：Jossey-Bass Publishers, 1978, p. 34.

28　Levine, A. *Handbook on Undergraduate Curriculum.* San Francisco：Jossey-Bass Publishers, 1978, p. 40.

29　Levine, A. *Handbook on Undergraduate Curriculum.* San Francisco：Jossey-Bass Publishers, 1978, p. 44.

30　The Carnegie Foundation for the Advancement of Teaching. *Missions of the College Curriculum*: *A Contemporary Review with Suggestions*. San Francisco : Jossey-Bass Publishers,1977,p. 82.

31　The Carnegie Foundation for the Advancement of Teaching. *Missions of the College Curriculum*: *A Contemporary Review with Suggestions*. San Francisco : Jossey-Bass Publishers,1977,p. 81.

32　The Carnegie Foundation for the Advancement of Teaching. *Missions of the College Curriculum*: *A Contemporary Review with Suggestions*. San Francisco : Jossey-Bass Publishers,1977,p. 72.

33　Levine, A. & Weingart, J. *Reform of Undergraduate Education*. San Francisco: Jossey-Bass Publishers,1973,p. 33.

34　据 Levine, A. *Handbook on Undergraduate Curriculum*. San Francisco: Jossey-Bass Publishers,1978,p. xxvii,p. xxxxi. 数据整理而成。

35　杨颉:《大学通识教育课程:借鉴与启示》,上海交通大学出版社,2009 年版,第25 页。

36　Levine, A. *Handbook on Undergraduate Curriculum*. San Francisco: Jossey-Bass Publishers,1978,p. 10.

37　Spanos, W. V. *The End of Education*: "*The Harvard Core Curriculum Report*" and the Pedagogy of Reformation. boundary 2,1982,10(2),p. 9.

38　黄坤锦:《美国大学的通识教育:美国心灵的攀登》,北京大学出版社,2006 年版,第94—96 页。

39　Katherine, T. *A Study of the Long Term Effects of an Experimental Program of Freshman-Sophomore Studies at Berkeley in the 60's*. Berkeley: Center for Studies in Higher Education,University of California,Berkeley,1991, p. 33.

40　Levine, A. & Weingart, J. *Reform of Undergraduate Education*. San Francisco: Jossey-Bass Publishers,1973,p. 89.

41　Levine, A. & Weingart, J. *Reform of Undergraduate Education*. San Francisco: Jossey-Bass Publishers,1973,p. 91.

42　Berte, N. R. *Innovations in Undergraduate Education*: *Selected Institutional Profiles and Thoughts About Experimentalism*. Tuscaloosa: University of Alabama,1972,p. 45.

43　Levine, A. & Weingart, J. *Reform of Undergraduate Education*. San Francisco： Jossey-Bass Publishers, 1973, p. 86.

44　李福华:《高等学校学生主体性研究》,博士学位论文,华东师范大学,2003 年版,第 19 页。

45　Conrad, C. F. *The Undergraduate Curriculum： A Guide to Innovation and Reform*. Boulder： Westview Press, Inc, 1978, p. 82.

46　Cohen, R. D. & Jody, R. *Freshman Seminar： A New Orientation*. Boulder： Westview Press, Inc. , 1978, p. 22.

47　Conrad, C. F. *The Undergraduate Curriculum： A Guide to Innovation and Reform*. Boulder： Westview Press, Inc, 1978, p. 106.

48　Levine, A. *Handbook on Undergraduate Curriculum*. San Francisco： Jossey-Bass Publishers, 1978, p. 198.

49　Levine, A. *Handbook on Undergraduate Curriculum*. San Francisco： Jossey-Bass Publishers, 1978, p. 199.

50　Conrad, C. F. *The Undergraduate Curriculum： A Guide to Innovation and Reform*. Boulder： Westview Press, Inc, 1978, p. 126.

51　Conrad, C. F. *The Undergraduate Curriculum： A Guide to Innovation and Reform*. Boulder： Westview Press, Inc, 1978, p. 148.

52　Conrad, C. F. *The Undergraduate Curriculum： A Guide to Innovation and Reform*. Boulder： Westview Press, Inc, 1978, p. 155.

53　Richard, J. S. *Discrepancies in Student Evaluation of University Teaching Quality*. The American Biology Teacher, 1978, 40(9), p. 536.

54　Aigner, D. J. & Thum, F. D. *On Student Evaluation of Teaching Ability*. The Journal of Economic Education, 1986, 17(4), pp. 259—261.

55　Wankat, P. C. & Oreovicz, F. S. *Teaching Engineering*. New York： McGraw-Hill Book Company, 1993, p. 311.

第 五 章

研究型大学本科教育改革的拓展
（80 年代初期至 90 年代初期）

面对 20 世纪 70 年代末 80 年代初经济危机与滞胀进一步深化、美苏战略形势对比继续朝不利于美国的方向发展的局面，联邦政府开始在政策上背离新政传统转而趋于保守。在内政方面，美国开始推行大规模减税增加军费、削减社会福利开支以及放松政府管制增加企业自主性等措施。这一系列举措虽然造成了1981—1982 年严重的经济危机，但也使通货膨胀率由 1981 年的10.4% 下降至 1982 年的 3.9%，并一直到 1988 年都始终徘徊在3%—4% 之间。至 1982 年底，美国经济开始回升，同时伴随新技术革命的兴起，出现了企业合并与创业浪潮，截至 1988 年企业开工率达到 84.2%，为 70 年代末以来最高水平。1983—1988 年国民生产总值年平均增长率也达到了 4.2%，失业率也从 1982 年的9.6% 下降为 1988 年的 5.6%。[1] 然而，这些成就的参照物都是 70年代经济危机时的数据，而且与之相伴的是巨额财政赤字、高额国债负担、高贸易逆差以及贫富悬殊扩大等负面效应。借助于经济领域的复苏，为了重振国际影响力，美国的外交政策也相应调整：一方面，在节制的基础上日益对苏持强硬立场，以遏制苏联的扩张重新夺取世界霸权,将冷战中苏攻美守的形势逐渐扭转为美攻多于守苏守多于攻的态势;另一方面则继续加强同西欧日本的联盟关系,并积极促进与发展中国家的联系。这一阶段内政外交上的变动也使高等教育发展处于新境地:一方面,保守主义的政治倾向导致联邦政府有意缩减高等教育中与国防无关的领域的资助,迫使高等院校特别是开支巨大的研究型大学必须努力寻找新财源;另一方面,政府则凭借经济方面的短暂繁荣开始有意加强了军事等领域的程序性科研投入,并日渐期望通过高等教育在社会改革发展中发挥出更大的作用,以增强国际竞争力。

一、高等教育转入复苏时期

(一)研究型大学财政回暖

1.联邦政府重新重视科研资助

早在卡特总统执政的 1978 年,联邦科研资助就出现了回升迹象,这一趋势在罗纳德·里根(Ronald Reagan)和乔治·布什(George Bush)任职期间得以继续。尽管里根政府废除了卡特任期的工业政策规划、联邦资助的大学—工业合作方案以及能源替代开发计划等项目,然而增加学术科研投入的主张在 80 年代共和党领导人推动下得到进一步贯彻,在国防技术领域表现尤为突出。1982 年经济复苏之时,国会通过数个拨款法案决定将联邦学术科研经费从 1981 年的 45 亿美元增至 1991 年的 102 亿美元,增长近 127%。[2] 大学也相应成为受益者之一。

卡特政府在保护基础科研地位的同时也注重发展应用研究。1978 年,一项向 300 多所院校提供自由支配资金的赞助计划正式启动。卡特不断敦促各类联邦使命机构加强对大学防务、空间、能源、环保、农业以及医药等研究项目的投入。1977—1980 年期间，以定值美元计算联邦面向大学学术科研的赞助增长了 16 个百分点，国防领域则增加了 51% 。里根执政期间，尽管酸雨、MX 导弹基地以及星球大战计划等科学政策饱受争议，然而争论所涉及的问题却与大学科研基本无关。因而，大量的研发经费通过国防部、国家科学基金会和全国健康研究所流入到高等教育领域。1981—1986 年期间，国防部在大学研发资助中所占的比重从 12.8% 增长至 16.7% ；全国健康研究所的份额也在 5 年中从 44.4% 上升到 46.6% 。同时研究经费与科研活动也在向更广泛的研究型大学扩散：获得赞助最多的十所顶尖高校所占的费用比例从 1952 年的 43.4% 下降为 1968 年的 27.7% ，并在 1990 年跌至 20.1% 。[3] 在里根的 8 年任期中，联邦政府在学术科研领域的实际投入增长了 45% 。虽然联邦重新表现出对研究型大学的兴趣，但关注点已经从基础领域转向了应用研究，计划性科研活动日渐增多起来。到了 80 年代末，连一贯重视基础研究的国家科学基金会也开始通过计划性项目来拓展自己在大学科研领域的影响，主要依靠建设工程科研中心来实现该目标。截至 1987 年，已有 14 个中心在运作之中，其致力于鼓励大学和工业界的合作关系并强调跨学科活动的开展。值得一提的是，联邦政府对大学科研兴趣的增长也推动了州政府对高校投入的增加。从 80 年代中期起，伴随全国经济形势的好转和增税措施的采用，州政府也开始有余力为高等教育提供更多资助。从 1984 至 1986 年州政府对高校的投入连续三年呈增长态势，直到 1987 年才稳定下来。

　　2. 大学与工业界关系日渐密切

　　大学科研经济中增长最快的部分是来自工业界的援助。在 80 年代前半期其伴随工业科研的兴盛而发展，在后半期高校又开始主动采取多样措施来吸引工商业的投资。设置专门的科研机构、发展工业园区与商业孵化器以及申请专利成为 80 年代两者加强互动的重要途径。

大学通过建立有组织的科研单位以表明他们与工业合作的决心,而且微电子、生物技术、制造加工、材料科学以及人工智能等最发达的领域都属于计划科研的范畴。各大学均在积极加强同工业界的联系:加州大学伯克利分校为了缓解财政紧张的局面而于 1979 年启动了首个工程学加盟计划,而佐治亚理工学院和斯坦福大学等工学突出的院校更是不断强化与多边的合作,如斯坦福大学在 80 年代初就拥有 14 个工业加盟计划,十年之后又新增了 27 个相关项目。截至 1990 年,与工业界联系密切的大学科研中心总数已达到 1058 个。[4] 伴随大学与工业相互依赖关系的深化,高校感到单独的科研中心或个别的研究计划已经不能再满足双方的需要,由此大学工业研究园区以及商业孵化器在 80 年代获得了长足的发展,而在 1978 年之前此类做法仍是十分罕见的。1975 年前全美只有 10 所大学科研园区,而到了 80 年代中期已在 40 多所高校中得到推广。80 年代大学在对待专利领域的态度发生了最大的转变,它们纷纷重新评估知识产权政策,并建立程序以提高专利的流动性。1980 年以前,大学申请专利的方式普遍是消极和保守的,但伴随联邦法律允许高校在联邦赞助科研中保留专利权,他们逐步在鼓励教师公开发明、申报专利以及推销许可证等方面变得更为积极。1980 年以前,绝大部分大学依靠外部的专利管理公司,此时 10 项发明中大约只有一项可以申请专利;而到了 80 年代末,很多院校已通过内部管理将大约三分之一的发明转化为专利。总之,在 80 年代,大学开始借助于与工商业的广泛协作来通过科学技术获取收益。如密歇根州立大学动用大学基金建立了公司以

开发和商业化农产品,麻省理工学院依靠专利许可回报从新公司
获取资产净值,伦斯勒理工学院则从每家被获准进入商业孵化器
的企业中不断获得小额回报。下图提供了 1980—1990 年期间研
发经费的来源渠道。

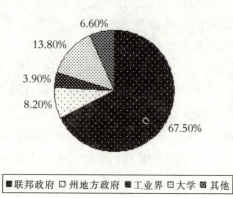

图 5.1　1980 年各部门赞助研究型大学科研经费比例(%)分布[5]

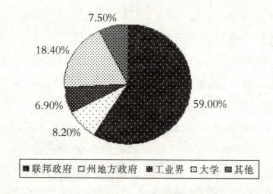

图 5.2　1990 年各部门赞助研究型大学科研经费比例(%)分布[6]

综上所述,一方面,计划性科研帮助大学获得大量资助,为他们提供了有效解决财政困境的途径,同时使他们有余力开展高质量的高等教育活动;另一方面,外部资助特别是与工业界过于密切的互动,也带来了诸多矛盾,增加了大学发展中的离心力:研究中心与学系之间的关系如何调和、教师怎样兼顾教学与科研的双重任务等问题都日益凸显。

(二)学生群体构成日趋多样化

虽然不少专家学者根据18岁青年在人口中总量将显著减少的趋势,而推断出80年代高校会面临生源困难的情况,如卡内基高等教育政策研究委员会就估计70年代中期至90年代中期本科生入学率将下降5—15个百分点。然而,由于高中毕业率的提高以及同龄人中接受高等教育人数比例的增加,本科招生总数依然在该时期呈现出稳步增长的态势,与此同时构成群体也伴随非传统学生的逐渐增多而日渐多样化。相应地,多样性问题也成为整个80年代最富挑战性也最易引起争议的内容。[7] 下表显示了1980—1990年期间各类学生入学比例的变化。

表5.1　1980—1990年不同类型学生入学变化[8]

不同类型学生群体	1980年(千人)	1990年(千人)	10年变化(%)
白人学生	9833	10675	+8.6
非裔学生	1107	1223	+10.5
西班牙裔学生	472	758	+60.6
亚裔学生	286	555	+94.1
印第安学生	84	103	+22.6
外国学生	305	397	+30.2
总计	12087	13710	+13.4

本科生群体的构成因黑人学生的加入而改变,之后开始逐步包括更广泛的受众,传统上在种族、宗教以及性别等方面处于不利境地的人群都开始有机会进入高等学府学习,并且他们渐渐从数量的绝对提高发展到比例的相对增大。随着不同类型学生入学总量的增加,高校转而关注他们的保留率和教育质量问题,力图通过金融资助、课业辅导以及专项服务等途径来帮助他们实现学业成功。而从70年代末起特别是进入80年代以来,大学的工作重点进一步转向到促使代表性不足的各类学生融合到主流学生群体之中。大学主要依靠开展专门的适应计划、增加课程中的多样性因素以及借助课外活动普及各类文化等途径来增进传统学生对他们的理解和支持,并最终实现多元文化在高校的教学、研究以及服务活动中地位平等共同发展的目的。然而,不同文化背景和教育传统的学生往往很难在较短时间里建立和谐关系,代表性不足的本科生在初进以传统白人为主的精英院校时常常感到与异质同学缺少亲密感,难以将自己纳为团体中的一员。而传统学生则表现为积极地与弱势学生互动、愿意与异质学生交往但感觉彼此缺乏共同语言、不愿与代表性不足的学生沟通以及冷漠对待其他群体等多种态度。一些极力主张维护弱势群体权益的激进主义学生不但自己身体力行,而且也严禁其他人有歧视性言论行动,而持保守观点的学生则反对不顾个体差异强加统一标准。于是有关政治正确性的问题成为该时期争论的焦点。早在1977年,一些校园就发生了有关南非问题的学生静坐和抗议集会,参与者谴责大学在白人至上种族歧视严重的南非进行投资活动。1985年,一场全国范围的以剥夺为主题的演说纷纷在各大校园进行。与此同时,不少高校为了凸显对代表性不足学生的接纳,开始出台师生在教室、宿舍以及餐厅等场所的言行规范,以禁止任何贬低民族、种族、出身、性别以及性取向等现象的发生。而最积极的倡导者甚至提出违背者应被解聘或开除。1992 年针对公立大学的调查显示，其中 108 所高校已经拟定规章制度以严禁冒犯性言论。[9]1989 年 8 所院校的女学生还和全国妇女团体共同组织了一次大型集会。耶鲁大学学习法语课的女生就抱怨教材中的男性至上主义阻碍了学习，校方很快答应了她们的要求；加州大学伯克利分校也因女学生指出教师举止不当而暂停了当事人的工作。但这也引发了诸多师生对于言论自由受到限制的不满情绪。哈佛大学持保守主义倾向的学生创办了《半岛》杂志，以表达与政治正确性针锋相对的观点；1990 年佛罗里达大学一个自称"白人权利"的校园团体获得合法地位。1989 年一名研究生起诉密歇根大学的禁令违反了美国宪法第一修正案赋予他的权利，而大学最终不得不剔除有关令人不快言论方面的规定。威斯康星大学也曾要求在校生不得贬低他人的种族背景、身体状况以及宗教信仰，然而不久大法官罗伯特·W. 沃伦（Robert W. Warren）就在联邦地方法院中宣布该规章无效。

　　总之，在非传统学生日益增多，校园文化逐渐多样化的 80 年代，如何既保护弱势群体的合法权益又尊重大众学生的言行自由，如何既尊重非西方文明又继承传统文化，并最终实现各方及其所代表文化的共生发展，成为一个紧迫的课题。

（三）新保守主义教育观的作用

　　1981 年，里根政府的教育部长特雷尔·贝尔（Terrell Bell）上任不久即任命了全国高质量教育委员会，负责调查研究全美中小学教育的状况，并于 1983 年 4 月正式发布了《国家在危险中，教育改革势在必行》的报告。该报告在痛陈教育种种弊病的同时，也反映了国家希望借助教育来应对危机增强实力的决心。报告指出美国的领先地位正被其他国家所追赶,这在很大程度上要归结于大中小学的碌碌无为,因而必须在各层次上重新强调基础知识基本技能建立高质量的标准才能够改变这一局面。可以说自20世纪80年代以来,美国在政治、经济和教育方面经历着一场强大的保守主义复兴运动。[10]面对高等教育中种种不尽如人意之处,各界的指责声此起彼伏,甚至本体论危机与合法性危机都成为学者探讨的话题。在对各种问题的反思与批判中,新保守主义成为一支引人注目的力量。新保守主义观点反映在文化教育领域,即:尊重传统文化,倾向于从过去寻求权威;认为美国文化主要源自欧洲文明,重视通过教育来保存发扬文化;主张严格要求提高学业标准,重视传统学科的作用。总之,新保守主义在危机时代又再次强调文化传统在形成知识、性格和价值观方面的力量,呼唤教育在文化传递和保存中的作用。[11]

艾伦·布鲁姆(Allan Bloom)的思想就充分体现出新保守主义的倾向,他在对价值相对主义的分析与批判中形成了自己的大学观。他认为理想的大学应该是理性的王国,对民主政体中的公民进行理智训练就变得尤为迫切,大学应承担起支持探究包容异见的职责,鼓励人们以理性自身为目的。布鲁姆强调大学用不着费力向学生们提供可以从民主社会中得到的经验,因为这是他们早晚会获得的体验,而应提供民主社会中没有的经验。大学必须弥补个人在民主政体中所缺乏的东西,要按照自然去追寻真理,必须把注意力集中在哲学、神学、文学经典以及牛顿、笛卡尔和莱布尼茨等科学家身上。[12]他批评无论是核心课程还是问题中心科目都不是理想的教育模式,只能使学生获得一些肤浅知识或只关注部分即时性议题,唯一真正的解决方案在于阅览经典名著丛书,通过阅读关注人类的重大问题并进行感悟反思。尽管布鲁姆的呼吁并未在教育实践中广为推行,但他思想背后所蕴涵的重视本科教育活动、加强高层次智力要求以及促进学科之间的联系等精神,却是为高教界所普遍认可的。虽然新保守主义只是部分地影响到高等教育领域,却无可争议地成为 80 年代不可小觑的社会思潮。

二、本科教育饱受批评

(一)教育质量普遍下降

60 和 70 年代以来的广泛入学、英语数学和外语等基本要求的普遍下降,以及兼职教师逐渐增多等因素综合作用在一起,严重影响到了美国高等教育的质量,即使一向以盛产优秀人才而著称的研究型大学也难免受到波及,成为各方指责的对象。高校日常评定中学生分数通货膨胀现象严重,如 1950 年本科生平均模拟成绩为 C,而 1980 年对全国有代表性的公立大学的调查显示学生的平均得分已提高到 B。据《美国世界与新闻报道》的调查显示,在斯坦福大学仅有不足 6% 的学生成绩为 C 等,而普林斯顿大学四年时间里获取 A 等的学生比例已从 33% 升至 40%。[13]然而与之相对,学生在学术性向测验、大学入学考试以及研究生入学考试中的成绩却一直呈现下滑趋势。人才培养方面的欠缺正不断威胁着美国作为世界工业领袖的地位,影响着国际强国的地位。由此,美国高等教育的发展重点已经从前一阶段的规模与数量转入了内涵与质量的新时期,各界关注教育质量的报告论著也前所未有地涌现出来。

1983 年的报告《国家在危险中,教育改革势在必行》列举了美国各级教育所面临的种种危机:很多 17 岁的青年没有掌握“较高层次”的智能、1975—1980 年期间在公立四年制高等学校补习数学课程的学生增加了 72%、高校毕业生的平均考试成绩低于往年等均被提及,同时指出高质量教育是出路所在。高质量意味着每个学习者无论在学校或工作岗位都应尽可能将个人能力发挥出来。学校或学院需为全体学生规定高标准和目标,然后想方设法协助学生达到这些目标。社会则需通过教育和本国人民的能力对迅速变化中的世界的挑战作出响应。[14] 报告呼吁全国的各级各类学校必须切实努力达到高质量的目标,共同为建立学习的社会而努力。虽然具体建议主要针对中小学校,但也在很大程度上引发了各界对高等教育的关注。

1983 年,贝尔部长又任命了"美国高质量高等教育研究小组"来评估本科教育的发展状况。历经一年的调研,1984 年《投身学习——发挥美国高等教育的潜力》报告正式出台,成为 15 年来联邦政府首度资助的中学后教育领域研究。其在肯定高等教育就学人数众多、功能日益多样等优点的同时,也指出了诸多令人担忧的倾向:如每 8 个有才干的中学生中就有 1 人不准备继续求学、为获取学位而进入高校的学生中只有一半人实现了目标、1964—1982 年毕业考试的 15 门主修课测验中学生有 11 门课程成绩下降、越来越多的本科生主修面过于狭窄以及许多研究型大学并不能合理使用数百万元的维修费。该报告在最后总结了学生投身学习、严格要求以及评价和反馈三大条件及具体 27 条建议,作为本科教育质量的重要保障。

1984 年,全国人文基金会在《改造遗产:高等教育人文学科报告》中指出很少有大学毕业生掌握了足够的本民族文化知识,这是各级教师集体忽视的结果,并倡导回归传统文明呼吁发展核心课程。[15]1985—1986 年美国前教育部长贝尔担任州立大学责任与未来全国委员会主席,他主持下的《捍卫自由》一书指出:高等教育中的任何问题都不曾像本科教育质量一样引起各界的广泛讨论。而诸方关注焦点普遍集中在大学毕业生表达技能、解决问题能力、世界知识以及批判思维的不足等领域。1985 年南部地区教育协会质量委员会的《通向高质量本科教育》也是该时期代表作之一。其总结出课程的不连贯、学位要求的低水平、评估方法的低效性以及知识技能间的断裂都是本科教育有待改善的方面。[16]同年,美国大学委员会也通过《学院课程整合:面向学术界的报告》发出了挽救教育质量的呼声,认为本科课程缺少逻辑结构和有机组织,指出应在教育中构建一个包括过程、方法和模式的框架以发展本科生的理解力和判断力。

与各类委员会的集体成果相对应,许多学者个人也纷纷著书立说阐述对本科教育质量问题的看法。亚历山大·W. 奥斯汀(Alexander W. Astin)在专著《实现教育优秀:对高等教育重点和实践的关键性评估》中指出,传统上从声望、资源、结果以及内容等维度去考察教育质量的方法并不能如实反映学生知识能力的提升程度,反而促使大学过于重视上述外部条件而忽略了本科生自身的投入与进步。前哈佛大学校长德里克·博克也在《美国高等教育》中表达了对本科教育的关注,他认为大量入学、电视普及、家庭分裂、中学质量下降等因素都影响了新生的总体水平。此外,大学为了获取更多生源也开始逐步放宽学术标准,增加实用性课程减少文理基础教育。[17]以哈佛大学为例,他指出许多自然科学专业学生的写作水平在不断倒退,选修经济学课程的本科生对专业术语的掌握程度也有待提高。卡内基教学促进基金会主席欧内斯特·博耶在《美国大学教育:现状·经验·问题及对策》中也认为作为高等教育中枢的本科教育正面临着重重困难,许多院校并未提供与证书相符的优质教育。他同时指出了 8 个威胁教育质量的领域:中学与高等教育之间的脱节、教育目标混乱诸多院校丧失了使命感、大学教师精力日益分散为职业利害而竞争、课堂教学墨守成规缺乏有效交流、校园学术生活与社会生活脱节、各方对于如何治理高校分歧较大、缺乏有效的教育效果衡量体系以及大学与外部世界之间存在鸿沟。艾伦·布鲁姆的著述《走向封闭的美国精神》是这一时期对本科教育抨击最为猛烈的作品,他批评现在的大学虽然开设了数量众多种类各异的课程,但各科目之间缺乏联系,各授课教师也不曾主动去弥补这一缺陷。他指责课程相互竞争彼此矛盾互不沟通的现状,认为大多数大学课程都只是各种专业课程的一部分,它们不是为探寻人类面临的重大问题而设置的。这种所谓专业知识的爆炸性发展以及不断分化增长的专业设置,并没有以丰富的内容去充实大学的学习,相反倒是使它更加空泛。这些学年成了限制学生求知的障碍物,人们不得不力图超越它们。[18]有些学者则将教育质量下降与教师联系在一起,如经济学家马丁·安德森(Martin Anderson)认为高校特别是研究型大学的教师具有较高收入、终身教职以及同行内部评定等诸多保障,这导致他们缺乏进取动力。历史学家佩奇·史密斯(Page Smith)也强调精英大学的传统文化会造成教师们将教学的地位置于科研之后。

总之,对本科教育质量的深切关注成为 80 年代最重要的主题,到 80 年代末,全国大约 95% 的高校成立了专门委员会以解决质量问题提升教育水平。

(二)科研教学比例失衡

科研与教学如何平衡一直以来都是困扰研究型大学的重要问题,特别是二战后联邦政府对研究活动的大力资助、工业界与高校的频繁合作,都促使教师和管理者将天平日益偏向前者。虽然不断有学者呼吁正确处理二者的关系但并未引起广泛重视,然而直到进入 80 年代,伴随各界对本科教育质量下滑的担忧,该问题才引起全国范围的关注。因为除博士学位授予高校之外,研究时间在其他类型院校的教师工作中所占比例都不高,所以各方批评的矛头都直指承担最多科研任务的研究型大学。而卡内基教学促进基金会的调查也显示,研究型大学对科研活动过于偏重。下列数据分别考察了各类高校中教师用于研究和教学领域的时间以及他们对待教学和科研的态度。

表5.2　1984 年教师每周研究工作平均用时的比例(%)分布[19]

院校类型	无	1—4	5—10	11—20	20 +（小时）
所有院校	17	25	26	17	15
研究型大学	8	13	24	26	29
博士学位授予大学	11	27	29	18	15
综合性大学	23	32	27	12	6
文理学院	33	36	19	10	2

表5.3　1984 年教师每周本科教学工作平均用时的比例(%)分布[20]

院校类型	无	1—4	5—10	11—20	20 +（小时）
所有院校	14	21	38	25	2
研究型大学	26	35	30	8	1
博士学位授予大学	14	24	41	19	2
综合性大学	8	13	41	36	2
文理学院	3	13	43	38	3

表 5.4　1975 和 1984 年教师对待教学与科研态度的比例(%)分布[21]

	全部院校 1975	全部院校 1984	研究型大学	博士学位授予大学	综合性大学	文理学院
我的兴趣在教学而不在科研	70	63	39	63	75	85
教学效果而非出版物应成为晋升首要标准	70	58	34	53	72	83
学系中无专著论文很难获得终身教职	54	69	92	85	54	35

　　通过分析表 5.2 的数据可以发现:以 10 小时为界,80 年代中期研究型大学、博士学位授予大学、综合性大学和文理学院中教师每周用于科研工作的平均时间高于该值的人数比分别为 55%、33%、18% 和 12%。而在本科教学时间的投入方面,前两类高校不仅继续落后于其他类型院校,而且就是与 70 年代中期相比也呈继续下降趋势。对比卡内基基金会 1975 和 1984 年的调查,以 10 小时为界,1975 年高于该值的Ⅰ类和Ⅱ类研究型大学所占比例分别为 11% 和 16%,均值为 13.5%;Ⅰ类和Ⅱ类博士学位授予大学的比重各是 20% 和 26%,均值为 23%。1984 年,研究型大学和博士学位授予大学中,每周将 10 小时以上时间用作本科教育活动的教师百分比各降至 9% 和 21%。表 5.4 也从教师的个人旨趣和大学的政策导向方面进一步反映了研究型和博士学位授予高校重科研轻教学的倾向。各类院校相对比,这两种大学以教学为兴趣的教师比例最低,而赞同无出版物很难获得晋升的人数却最多。

　　伯顿·克拉克指出科研活动中,某些一般的冲力倾向于把科研从教学和学系赶走;另一方面,大规模运作中的教学的某些推力,要求教学撤离科研。这些起分解作用的倾向,在政府和工业的可以辨认的利益中得到鼓励。科学—教学—学习连结体这个统一的原则限制沉没得没有踪迹。[22]研究型大学教师在科研和教学活动方面顾此失彼的做法主要是四方面的因素共同作用而成。一是研究型大学固有的文化传统。美国研究型大学深受德国教授制度的影响,认为教师职业的根基在于科研活动。19世纪开始的知识爆炸,导致学术上的专业化。科学的经验价值被认为对于学科的研究探索是必不可少的,博士学位获得者以学科为单位隶属于学系组织之中。[23]可以说美国研究型大学重视科研又不放弃教学的传统使其必然面临二者的协调与兼顾问题。二是多渠道巨额的科研赞助。仅以1977—1987年为例,联邦政府向大学研究拨款73亿美元、高校自身投资20多亿美元、州和地方政府提供约10亿美元、工业界赞助约7.5亿美元,而包括私人基金会在内的其他部门则投入8亿多美元。[24]大量赞助使大学教师出于声望和功利的考虑开始日渐将工作重心转移到研究活动之中。三是大学奖励制度对科研成果的偏重。由于发表出版物、主持科研项目以及参与学术会议易于以量化的形式加以统计并相互比较,而且又能为大学带来一定的声誉和经济利益,所以教师选聘、晋升和争取终身教职都更多与科研成果挂钩。四是对于优质教学活动的标准以及组成要素则难以达成共识并进行有效衡量。由此科研定位的奖励机制进一步使大学教师偏离了课堂活动特别是本科教学。

(三)文化共处问题凸显

多样化入学群体必然带来多种文化的共处问题。长期处于弱势地位的非西方文明如何与研究型大学的传统西方文化相协调,成为高校迫切需要关注的问题。

美国研究型大学在百年的发展历程中形成了独特的文化特性:(1)精英性,研究型大学位于美国高等院校层级中的顶尖地位,它们拥有巨大的声望、高水平的师资、高度选择性的学生以及卓著的学术成果。一旦进入此类院校,学生往往也就获得了高品质生活及地位的保障。(2)竞争性,对高质量的追求必然与高强度的竞争联系在一起。讲求卓越、英才教育以及能人治理成为它们的普适价值。各大学相互激烈地争夺优秀教师和学生,将能力标准作为衡量的根本依据,并以此作为确保自身精英地位的重要条件。(3)自由性,研究型大学往往将大学自治和学术自由视为发展的生命线。其坚决捍卫师生自由探究知识以及表达见解的权利,以兼容并包百家争鸣的态度对待各种学术纷争和不同观点。

而非传统学生的加入则给研究型大学带来前所未有的挑战,表现为:(1)他们一直属于高校中代表性严重不足的群体,大学对他们的接纳并非主动选择的结果,而是在联邦政府以及社会公众等外力的推动下而完成的,由此他们的活动也往往与校园的主流文化保持一定距离。(2)他们一方面希望进入知名院校加深对主导文化的认识;另一方面又质疑传统文化的霸权地位,指责课程内容的欧洲中心、教学用语和方法的种族主义以及男性至上,批判异性恋、年长者以及白人男性共同构成了非法的特权堡垒。[25](3)虽然其受歧视地位体现在不同方面,但倾向于采取集体行动,不仅致力于改善个人的不利境遇,而且试图提升整个弱势群体的社会地位。由此,学生往往会联合与自身面临共同问题的教师和管理者甚至校外的广大公民,来一起提出要求争取权利。

如何处理与非传统学生相伴的平等主义、异域文明以及边缘文化同研究型大学的精英主义、西方中心以及主流文化之间的关系,高校内部成员形成了不同的见解。一方是持保守主义观点的师生及管理者,虽然赞同多样性的存在,但认为必须以达到一定的精英标准为前提。他们强调保护学术界的传统理念价值同时反对政治、法律以及经济等社会外部力量对大学的过多干预,认为教育的基石都反映在西方文化之中,由于整个当代美国社会都是西方智力和文化传统的产物,所以这也相应成为所有学生共同学习的核心内容。如学者迪尼斯·戴索沙(Dinesh D'Souza)认为任何社区都不应建立在特殊对待和双重标准的基础之上。任何人也不应将价值观和文化强加给他人。[26]罗杰·金博尔(Roger Kimball)则指出多元文化的空想是对西方文明成就敌意的表现。另一方则是持激进主义态度的代表性不足群体及他们的支持者,其追求社会公平正义,认为高校有责任弥补过去对个别群体不公正待遇所造成的过失。他们指出所谓西方文明的发展对内是压迫妇女和少数族裔的过程,对外则是帝国主义和殖民主义的历史,因而必须建构出一个不同以往的全新知识秩序。在80年代,高教界对于如何对待代表性不足的群体以及多元文化等问题表现出两极分化的态度。然而伴随时间的推移,两派在辩论中正逐渐走向和解,右翼对于在课程中融入少数群体的观点变得更为宽容开放,左翼则对于可能侵犯言论和学术自由的政策主张变得更为谨慎。

(四)本科生全球思维缺乏

进入80年代,在政治上国际关系变得日渐复杂,中东问题、南非局势以及中美洲事务等将各国紧密联系在一起,正如亨利·基辛格(Henry Kissinger)所言:国家利益的构想与获取不能与全球兴趣相分离。我们缠绕得如此紧密以至于一个小小的短路就可能波及全体成员。[27]美国政府也开始将国际活动的一系列失败归咎为对他国缺乏了解,如驻莫斯科大使亚瑟·A.哈特曼(Arthur A.

Hartman)就指出历史知识的贫乏以及理论研究的间断是美国对苏外交政策的重要失误之一。[28]在经济领域,国际贸易中相互依赖的实用主义日渐盛行。80 年代初美国八分之一的工作依赖出口,77% 的小麦、48% 的大豆以及 40% 的玉米都远销国外,510 亿美元的出口总额中 10 个发展中国家占据了 58% 的份额。[29]因而,进入劳动力市场的大学毕业生不但要掌握必备的专业知识技能,而且需对在国际市场上相互竞争的同行有所认识。在文化领域,留学生的大量涌入迫使美国放眼全球逐渐加深对各国风土人情的了解,每年大约有 40 万名外国学生赴美求学。[30]他们主要来自亚洲、加拿大、拉丁美洲以及欧洲等国家地区。波士顿大学、南加州大学、威斯康星大学麦迪逊分校、德克萨斯大学以及纽约大学拥有最多的外籍学生注册人数。伴随数量的增加,留学生也越来越多地追求更高层次的教育,截至 1990 年他们中有近一半人正在攻读研究生学位。特别是波士顿地区为了弥补本地生源减少的状况,各校更为积极地招收外国求学者。

　　然而,面对政治、经济以及文化上全球依存性和整合性加强的趋势,美国高校并未做好相应的准备。在 80 年代全美仅有 1% 的本科生以外语为主修专业。1982 年美国地理学家协会面向 185 所院校的 3000 名学生的调查显示:美国人的地理知识惊人地贫乏,如在基础测试中四年级学生的答题正确率仅为 50%。以对苏联的了解为例,据 1983 年《消息报》的报道:美国指向苏联的核弹头数量远超国内学习俄语的学生总数;而仅在列宁格勒一市学习英语的人数就超过了全美修学俄语的人数。伊利诺伊州参议员保罗·西蒙(Paul Simon)在 80 年代初指出:自 1965 年以来,政府和高校在苏联和东欧事务研究上的资助已经下降了 70%;1975—1979 年 52 所院校不再提供俄语课程。[31]总之,美国长期以来一直期望和要求他国学习美国的语言、习惯和观点,却缺乏全球视野和国际眼光。社会生活的各个领域都迫切需要美国本土学生增强国际交流与理解能力,而作为高水平院校代表的研究型大学必须责无旁贷地承担起培养此类人才的重任。

三、本科教育改革的途径

(一)多渠道提高本科教育质量

不同学者对于质量的界定各有其独到认识。菲利普·克罗斯比(Philip Crosby)在《质量是自由的》一书中指出:虽然每个人都需要并声称理解质量,但是很少有人愿意对外解释该议题,在实际运作中也多依靠自然倾向而非科学规律;一旦发生问题,人们又往往将错误归咎于他人,在本科教育中尤其如此。[32]戴维·加尔文(David Garvin)总结了5种由工业界引入教育活动的界定质量的方法,分别是来自产品性、适用性、需求性、价值性以及超越性的维度。亚历山大·W.奥斯汀认为卓越和质量是80年代最流行的概念,卓越指高校能够为师生提供积极影响,促进他们智力和学术方面的发展并对其整体成长产生重要意义。[33]因而,他支持能力发展的观念,强调最优秀的大学要为成员带来最多的价值。总之,各方界定的侧重点虽有所不同,但也反映出质量问题的普遍性特点,即高质量的本科教育要求有准备的学习者借助于语言、数字以及抽象概念去理解、应对并影响他们所处的环境。总结该时期高教界的呼吁与行动,提高本科教育质量的渠道主要体现在如下方面。

1. 促进学生投身学习

学生积极投入学习是高质量教育的关键性保障因素。所谓投身学习即学生不仅将大量的时间精力用于学习活动,而且在课堂内外也注意与同伴及教师频繁互动。大量的研究也显示学生在学习过程中投入的时间、作出的努力越多，对他们自己的学习安排得越紧，他们的成长就越快，收获就越大，对他们的学习生活就越满意，他们的合格率就越高，他们也就越有可能继续学习下去。[34] 投身学习理论更加注重学生自身的行动，认为如果教育者过于强调课程内容、教学技巧、物质设备以及其他声望资源而忽视了个体本身的成长，则无法实现质量的根本改善。

美国高质量高等教育研究小组的报告《投身学习：发挥美国高等教育的潜力》提出了促进本科生投入学习的七项建议：(1) 高校行政管理者要重新分配教师和其他的学校资源，以加强对一、二年级本科生的服务工作，此举旨在提高学生的巩固率和保持率以确保他们掌握更多的知识；一方面各州要修改财政计划，保证高校用于低年级学生的经费与高年级一样多，另一方面大学需安排最优秀的教师、研究生助教以及行政人员负责一二年级的工作；(2) 教师应更多地使用积极的教学方法，要求学生为自己的学习承担更多的责任，以尽可能解决被动学习的问题；教师可以通过吸收本科生参与研究项目、发展多形式的实习开展实践性教学、增加学生小组讨论和课堂发言的机会、适当运用模拟教学、邀请社会人士担任客座教授以及为个人自学创造条件等途径，来促使学生亲身参与到与学科相关的活动中；(3) 运用教学技术设备的目的应该是增加而非减少师生间在学业问题上的个人接触，防止先进的教育技术成为师生交流的障碍；因而需要创造机会促使本科生参与到教师编写程序和应用软件的活动中来、并增加师生以及生生之间依靠互联网络沟通的机会；(4) 高校需制定从学生录取到毕业都能积极投身学习的辅导计划，各方人士都要自始至终参与到该项活动中来；可采用的措施包括聘请行政管理者担任指导教师、利用电话访谈指导对象、开展咨询人员的专门培训以及加强辅导活动的连续性和针对性;(5)大学应围绕特定学习课题或任务,努力创建学习社团;学习社团往往规模较小、目标一致而且成员互动频繁,不但有助于培养本科生的合作能力与团队精神,而且也能随时为他们提供有力的资源支持;(6)高校要为课外活动提供充足的财政资助和场地环境,赋予它们合法的地位,并尽可能将在校生和走读生都吸纳进来;在鼓励辩论社、合唱团、语言俱乐部以及国际交流小组等校内团体发展的同时,也要注意为非在校生提供便利的参与机会,并给予付出贡献的教师一定奖励;(7)管理者要尽可能多地利用全职教师;教师对学校强烈的认同感以及由此而生的责任感在很大程度上会影响到学生的发展,业余教学应用来吸引具备特殊才能的人而非获取廉价劳动力的手段,高校同时要创造机会鼓励兼课者加强与学校的联系以及同学生的接触。[35]

学者亚历山大·W.奥斯汀(Alexander W. Astin)在《实现教育优秀》一书中也与《投身学习》的报告一样,总结了有助于本科生投身学习的各种具体措施,包括课堂教学和课外活动两个方面。前者如更充分地利用资源、积极开发主动教学模式、实行个别化教学、加强课程创新、促进教师发展以及关注弱势学生群体;后者涉及强化学术咨询、发展定向活动以及引导学生参加校内兼职等活动。他尤其强调了三种常用的促使学生投入学习的途径:(1)挖掘宿舍生活的教育潜力,居住在校园中增加了本科生与教师互动以及参与各种学生组织的机会,住宿生在人文修养、个性自主以及人际互动等方面都明显好于走读生,而且也更容易对本科经历、就读高校以及社会生活抱有积极态度;(2)利用荣誉计划的激励作用,荣誉计划的学生拥有更多与教师交流、参与学术活动以及获得额外指导的机会,因而往往具有更强烈的进入研究生院和专业学院的倾向,他们也更易形成对高校较强的归属感和认同感;(3)借助学生组织的促进功能,学生社团特别是学术性的社会组织能够进一步开拓本科生的视野、激发他们的学习兴趣与热情并增加彼此交流学术思想观点的机会。此外,奥斯汀也提出了适度性问题,如尽管学生在学习活动中投入的时间越多,也就越可能获得最大程度的进步;但是,如果他们过于关注学术性任务而忽视了其他活动以及同他人的沟通,则反而会影响到他们对大学生活的满意度,进而减弱了他们投身学习的效果。

2. 加强学习结果测评

为了更加准确地把握本科生的学习情况,高教界开始日益关注对学习结果的测评,用评价信息来更正努力的方向。虽然学生投身学习和要求不能被直接控制,但评价和反馈却可成为间接了解的途径。[36]高校有责任说明其要求和标准并对学生的完成程度进行考察。

《投身学习:发挥美国高等教育的潜力》的报告总结了有关评价与反馈的实施途径:(1)大学管理者和教师应设计并实施系统的规划来评价学生在学习和课外活动中所获得的知识和能力;高校可通过测验、作文、访谈、档案以及考试等多种方法来考核课程教学对学生语言、分析、综合以及组织能力的影响,进而判断他们的总体进步状况;(2)改变现行评价制度时,大学需确保所用的工具和方法能够与本科教育的既定目标相契合,高校可向外部的考试服务机构寻求帮助;如果所选择的技术手段既不同学术活动的性质相关,又不与教育目标相一致,则只能是无效的信息系统;(3)教师需参与到测验工具和评价程序的选用、管理和记录中,并以此作为改进教学活动的手段;当教师亲自参与到评价学生的各个环节之中时,他们会更有针对性地确定各学科专业的要求并在更明确目标的指导下从事教学。[37]学者玛丽莲·哈德利（Marilyn Hadley）和帕特里克·维塔尔（Patrick Vitale）将80年代测评学习结果的发展趋势归纳为三个方面：（1）标准化考试越来越多地运用于评价学生的活动中；（2）干预力量已经从大学层面转移到州政府一级；（3）标准化考试的重点从入学水平测量转移到学生成就评估。[38]二人进而探讨了从入学到毕业考查学生水平的各种常用方法。一是入学评价，所涉及的内容包括大学入学考试成绩、高中平均成绩或班级排名以及某些专门的高中课程。高校在咨询和安置工作中也开始更多地利用标准化测验，而不少州的法律在进一步强化这些措施。如佛罗里达州立法机关就要求以入学考试中的计算和交流能力作为筛选机制，达不到标准的学生将接受补习教育；而新泽西州所有的新生和转学生，都需参加阅读理解、语句表达、计算能力以及初级代数的测试，考试结果将用作选课依据；在俄亥俄州，学生早在初中时就接受了来自大学的写作、科学以及数学等领域能力的考查，他们会根据大学的反馈意见即时调整自己在高中阶段的学习以确保进入理想的高校。二是形成性评价，虽然饱受分数通货膨胀名不副实的质疑，但任课教师评分依然是本科教育中最普遍的评估方式；不少标准化测试也发展起来，如密西西比州规定参加教师教育计划的学生必须通过 ACT – COMP 的测试，佛罗里达鼓励本科生参加最低水平能力考试以提高后两年的学习质量。三是终结性评价，长期以来对学生毕业表现的考查一直是个空白，70年代末的调查显示只有大约三分之一的院校搜集过有关学生成长和学习的数据。另一项研究也表明仅有23%的院校测量过学生主修知识的发展情况。但是进入80年代以来，州政府日益强调运用标准化考试来检验学生的学习成就提升质量规格。有的州已经开始采用增值法，有的州则引入了资格考试制度。

美国教育理事会(American Council on Education) 在 1986 年的《高等教育专门报告》中指出:91%的被调查院校支持将新的评估程序纳入教学改善活动之中,管理者也赞同测量学习结果是评估院校总体表现的有效途径之一。理事会 1988 年进一步的研究表明,367 所被访高校中近半数开展了某种形式的学生表现评估活动,包括 42%的硕士学位授予大学、42%的博士学位授予大学以及 61%的综合性大学。[39]截至调查时为止,全美已有 20 个州对高校发出了评估倡议。1988 年的研究总结了七个发展中的评估领域:(1)入学前定位,样本中 59%的公立四年制院校会考查新生数学和语言领域的基本能力,其中各科目高校的比例为数学69%、语言 70%和写作 61%;(2)通识教育,只有 21%的综合性大学、19%的硕士学位授予大学以及 12%的博士学位授予高校设有测试环节;(3)学习态度,ACT 意见测量、ACT 咨询调查以及开放式问卷都是常用方法,是大学关注较少的领域之一;(4)主修专业,面向四年级毕业生,主要由各学系承担,通常采用综合性考试或公开报告等形式,与综合性大学 29%的实施比例相比,博士型大学仅为 16%;(5)校友满意度,大学依靠校友调查、雇主反馈以及研究生院访谈等渠道获取数据;(6)院校层面的信息搜集,包括学生、教师和管理者的一般性信息和院校对特殊群体如不同性别、种族以及背景的学生的影响;(7)长效追踪,涉及从入学前到毕业后数年中学生的学习风格、学术成绩以及学术旨趣的总体变化。通过与其他类型大学的对比,博士学位授予院校在质量监控方面仍有待加强。

总之进入 80 年代,州立法机关和教育委员会开始广泛插手大学内部事务,这也是它们对院校能否维持高水平教育信心下降的表现。如《通向高质量本科教育：南部地区教育协会教育质量委员会的报告》就提出了建立全州范围的学位课程标准、开展高年级前的基本能力水平测试以及强化各校核心课程的统一性等建议。[40]不但公立大学，就连私立院校也受到波及。然而，这些测验是否可以真正检验出学生的实际进步并引导他们改善学习，各方并未达成一致意见。加州大学洛杉矶分校的教授 C. 罗伯特·佩斯（C. Robert Pace）就认为许多测量工具并不适用于高等教育评估，部分由于所测试的内容并不同教育目标明确相关，部分源于一些人格特征在学生入学前就已经形成而大学生活并不能有效改变它们。与此同时，不少院校因政府拨款日益与教育成就相联系，开始担心政客而非教育家将左右评估过程，并对结果测定持抵制态度。

3. 重视人文素养教育

在 80 年代，美国大学生人文素养的缺失也被高校视为影响教育质量的重要原因之一。大多数院校毕业生都缺乏对美国以及世界各国的历史、文学、艺术以及哲学的认识与了解，人文学科特别是西方文明教育已经丧失了在本科课程中的核心地位。美国教育理事会 1984—1985 年的调查显示：在学士学位的规定中，75% 的美国高校不包括欧洲史课程，72% 的大学不要求美国文学或历史教育，86% 的院校未开设古代希腊罗马文明科目，50% 以上的学校未将外语学习列为必修项目。[41]

人文学科即利用语言、思想以及写作等多种途径来呈现、阐释和分析人类经验，其有助于学生形成共同的知识基础和价值观念，主要包括现代和古典语的语言、语言学、文学、历史、法学、哲学、考古学、比较宗教学、伦理学、艺术史、文艺批评和艺术理论以及社会科学中涉及人文内容并运用人文方法的部分。人文学科的作用可归结为如下方面:(1)促进个体成长,保存和阐释文明是其最基本的功能之一,个体在获得知识和反思观点中走向成熟;(2)提高生活品质,戏剧、诗歌以及音乐等作品的创造者、表演者和欣赏者都得到了精神上的升华;(3)引导社会舆论,人文学科一直以社会思想观点为研究对象,民主、人权以及正义等问题长久以来都是其讨论的领域,个体对历史、文化以及宗教的认识在很大程度上左右着社会舆论的导向;(4)沟通社会领域,人文学科具有强大的协调能力,如各学科都离不开对自身发展历史的反思、哲学思想对职业道德起着规范作用,因而,个体所拥有的人文知识和素养在很大程度上影响着他们对其他领域的学习。总之,人文学科在个体发展和社会进步中发挥着不可或缺的作用。

高等教育人文学科学习状况研究小组在 1984 年的报告中概括出了本科生应掌握的知识范围,指出由于美国社会及公民都是西方文明的产物和继承者,所以学生必须理解西方文明的起源和进程,既包括社会、政治、宗教以及艺术等领域的主要趋势,也涉及它们发展历程中的重要事件。此外,本科生最好对某一国家或地区的非西方文明形成较为深入的了解而不是泛泛地浅尝辄止。而且,科学技术史也应成为每名学生的必修课程。报告建议以原始文献而非二手材料作为学习内容,像《独立宣言》、《林肯葛底斯堡演说》和《我有一个梦想》等名篇都在推荐之列。总之,报告倡导各方共同努力为学生创造一个良好的人文教育环境:(1)大学应确保本科学位计划对人文学习提出明确的要求,课程安排也要体现出对完整人生教育的追求;(2)教师的教学活动要向本科生提供与伟大的著作、头脑以及思想交流的机会;(3)院系间要加强合作打破藩篱,横向上谋划本科生学习的共同基础,纵向上将人文素养教育贯彻到整个本科阶段。

欧内斯特·博耶也呼吁以人类的普遍经验而非学科或学系来组织教育内容。他将人类的共同经历归纳为七个方面:生命体验、人际交流、艺术活动、回忆过去预测未来、参与社会、接触自然以及寻求意义。由此他总结出大学教育的基本内容,而人文学科在其中占据了最重要的位置。(1)对生命活动的认知,涉及认识自我、维持幸福以及面对死亡等议题;课程应从多学科的视角帮助学生审视生命,只有越深入地了解自身才能更虔诚地对待我们身处的世界。(2)语言表达能力,人类利用语言符号来加强联系分享感知,本科生需要探讨语言起源、分析交流的本质、研究语言文化的差异并且精通一门或数种语言。如康奈尔大学的"符号与交流"课程就包括身体语言、社会礼仪、文学研究、计算机语言以及建筑标识等内容,致力于探讨语言和特定文化符号之间的关系;布朗大学的本科生则通过"语言与人类"课程探究语言理论、语言演化史、语言的生物学基础以及语言伦理学。(3)艺术体验也是人类生活的一部分,学生应懂得欣赏并学会利用多种渠道来表达自己的感情与思想,认识这些活动是如何表达人类的意愿并体现社会文明的发达程度。东北大学面向低年级学生的"艺术和社会"科目集中阐释绘画和建筑等视觉艺术如何反映社会力量和政治哲学;维克森林大学人文学部的课程"1800年以来的艺术在讲述着什么"试图发展出对绘画、文学和艺术的解释性评价和领悟,话题包括自我感知、上帝的失察以及艺术中的危险问题等。(4)时间和空间知识,过去、现在和未来是人类认识世界的重要维度,研究历史可以增进对传统、渊源和超现实意义的理解;历史视角应同时关注西方和非西方文明、男性和女性研究、多数群体以及代表性不足人群的状况。(5)社会组织与结构,人类总是隶属于从家庭到国家的一系列团体之中,不同文明的组织原则、构成形态以及运作模式等都应在探讨之列。芝加哥大学的本科课程"美国总统制政府"涵盖政府行政部门的背景、起源以及演变,历届总统的品格、思想和领导以及他们如何协调与国会、法院、公众、政党和利益集团等政治和制度环境的关系。(6)自然科学素养,作为自然界一部分的人类必须了解自己的周边环境,学生不仅应具备基本的科学知识、形成环保意识,还要了解宇宙万物相互联系共生的原理并学会正确认识科学背后的伦理社会问题。哈佛大学的"地球与生命的历史"同时探讨行星和生物的发展进程:前者涉及地球物理史,后者如达尔文理论在生命进化中的作用。(7)价值与信仰,学生必须认识到人类不断在寻找生活的意义,本科生应检视各类信仰体系、反思它们背后的价值并探讨宗教在人类发展史中的作用。[42]普林斯顿大学"心理学和宗教"就依靠研究斯金纳行为主义理论及其与詹姆士、荣格和埃里克森等学者观点之间的关系,来讨论认同和意义问题。总之,以人文学科来充实学生的头脑、开阔他们的视野并提升他们的素质在 80 年代得到了重申,以作为提高本科教育质量的途径之一。

(二)呼吁合理安排教学与科研

学术界一直以来就教学和科研的关系形成了两类针锋相对的认识。一方认为二者是和谐共处的,这源于 19 世纪德国学者洪堡的教育理念。洪堡指出大学兼有双重任务,一是对科学的探求,二是个性与道德的修养,这同时适用于教师和学生,由此体现出"研究和教学统一"的原则。[43]不少学者持有类似看法,如斯坦福大学校长戴维·乔丹(David Jordan)指出大学是通过研究来实现教学的机构,科研对于高校教师来说就像呼吸一样不可或缺。托斯泰恩·凡勃伦(Thorstein Veblen)认为将教学归属为大学活动的唯一原因就在于其有助于促进人类的探究行为。另一方则认为教学和科研活动存在内在的冲突性，两者共存必然导致教师时间、精力和资源的分散，特别是第二次世界大战后伴随计划性科研逐渐取代纯学术研究，双方相互分离的倾向日益明显。

实际上两者既非绝对对立也不是完全统一，而是同时存在相互促进和彼此矛盾的一面。发现和分享知识二者缺一不可，是定义同一经验的两种不同途径。[44]虽然在大学资源和教师精力相对有限的情况下教学和科研构成一种零和游戏，但两类任务并非毫不相关而是具有一定的互补性。教师通过科学研究开阔视野接触到前沿领域，相应地使大学课堂摆脱了陈旧知识循环的局限；教学活动中教师之间以及师生之间的互动交流，则有利于他们打开思路活跃思维。现代大学职能的日渐多元化还带来教师责任的复杂化，而研究型大学在发挥科研生力军作用的同时也不应忽视本科教育的基本职责。关键性问题在于如何最大程度上增进二者的协同性并尽可能减少彼此的摩擦力，而在当前天平明显倾向于研究行为的情况下，呼吁合理安排教学科研活动实现双方的平衡，日渐成为 80 年代本科教育改革的心声。

康奈尔大学前校长弗兰克·罗德斯认为要改变重科研轻教学的状况，必须从四方面入手：（1）形成全校关注本科教育的整体氛围，决策层要将教学工作、师生关系等问题作为大学的中心使命之一；（2）增强教师奖励体制中的教学因素，高校要致力于改变以学术科研作为唯一衡量教师水平的做法，不是要否定或减少研究活动的价值与重要性，而是要将其与高质量的教学更密切地结合起来；（3）加大教师研究学习过程以及教学行为的力度，学习风格、班级规模、教学模式以及评价系统对学生的影响作用如何，都应是大学教师思考和探讨的方面；（4）鼓励教师从各方面关心学生发展,注重在个体和智力生活中与学生建立起融洽关系,为学生设置清晰的学习目标、高效的学习方法以及合理的评价标准。

学者乔纳森·科尔(Jonathan R. Cole)指出切实提高研究型大学教学生产力的关键在于重构以科研质量和声望为基础的教师激励机制。(1)大学须从观念上树立起对高质量教学的诉求,实现资源向教学领域的倾斜,将提高教学从个体的自愿行为转变为院校的集体活动;(2)应避免利用降低教学负担或慷慨的带薪休假等措施招揽教师,这种特殊优待只能加剧教学的不利境地;(3)建立完善的教学活动奖励体系,大学要认真记录教师的日常教学表现、及时为他们解决有关教学方面的困扰,制定科学的教学评估指标并将考核结果运用到岗位晋升和终身教职认定过程中;(4)更加强调科研活动的质量维度而非数量指标,以防过分要求科研任务的总量将导致教师更为变本加厉地压榨教学时间。

高等教育专家欧内斯特·博耶强调研究型大学在以学术成就为衡量教师业绩标准的同时,也必须支持优秀的教学活动,教师应同时做好这两项工作。大学教师在学术上要与同行并驾齐驱、掌握本领域的重要文献资料并能自如地将这些信息传授给学生。他指出大学要为教师更新知识提供机会,高校应改变现行休假体制赋予其更多的竞争性,使初级教师也可享受到其中的益处;创设鼓励教师开发新思想研究新教法的专项资助基金,由专门的教师委员会负责,并将资源向本科教育领域倾斜;加强教师专业发展计划,通过阅读、研究以及咨询等活动帮助教师丰富学科和教学知识,同时推动各校之间的教师交流以及客座教授的聘请活动;在全职教师和兼职教师之间达成平衡,特别是本科教育中兼职者的比重最好控制在20%以内,同时重视选拔工作建立严格的录用标准。

学者安特科扎克·弗雷德（Antczak Fred）也就缓解教学和科研之间的紧张状态提出了22条建议，他从学系和大学两个层面阐释了发展教学文化的问题。前者包括：（1）以文件形式赋予教学和科研同等的地位，对丁优秀教学行为予以制度层面的认可；（2）将教学成就与科研成绩一样列为晋职的必备条件之一，解除教师对管理者重视教学只是暂时性趋向的担心；（3）制定详细的教学评价等级，避免笼统的是否划分，对每一层级需达到的水平都应做出规范描述；（4）根据教学特点区别评价教师，如为担纲专业课程和通识教育、负责小班教学和大班授课的教师设置不同的评估项目；（5）多渠道进行教学评估，从各种角度对教师的授课情况进行综合评定，而不是仅依靠管理者、咨询人员、在读生或校友中的某一方；（6）像学术休假一样提供教学休假的机会，使教师有时间能在课程制定和教学创新领域有所提高；（7）抵制将教学作为放松时间的观念，以防传递出教学是次要任务的错误信息；（8）要求教师以文字形式报告教学领域的收获，同时鼓励他们找出教学活动与学术任务之间的联系，并将这些工作作为晋升必备条件之一；（9）重视课程的形成性评价，赋予学生更多在一学期中间评估教学活动的机会，但应更多采用描述性而非判断性的方法，为教师提供改进的空间；（10）鼓励学系内部和学系之间的跨学科教学，为教师提供多学科视角以及集体合作改善教学质量的机会；（11）充分发挥访问学者的作用，学系应广泛邀请校友、其他高校教师以及社会知名学者参与到教材修订和教法改进等活动中来；（12）成立专门的校友协会，教师定期向其汇报自己在科研和教学方面的进步与不足，双方共同研讨解决途径；（13）定期访谈毕业生，搭建信息平台探讨成功和失败教学间的差异，并研究具有影响力的课程和教育者的特点；（14）向博士生同时提出科研和教学要求，作为他们学位规定的一部分,并提供教育实践的机会;(15)在学系中为表现突出的教师设立教学主席一职,并给予物质奖励,每隔几年评选一次。后者涉及:(1)创办校级教学期刊,不应是对现有教学成就的歌功颂德,而需成为有价值的教学创新的展示舞台;(2)防止无限度地利用教师时间,必要时为科研活动设置上限,以尽量避免研究过分挤占教学用时;(3)向本科生提供共同分享智力经验的机会,并缩小班级规模增加他们与教师互动的频率;(4)正确认识大学教学中心的地位作用,专门的教学研究机构确实对提升教育能力有所帮助,但由于各学科差异巨大,不能过分依赖个别单位而需全校教师的共同努力;(5)避免将教学中心建成大学问题的急救站,这会影响学系自主性的发挥;学系也不应借口教学中心的存在而忽视自身提高教育质量的责任;(6)教学中心应会聚校内各学科的教学能手和学术专家,提供一个各专业相互交流的平台,也可以吸纳外校的同行加入;(7)投入专项的教学经费,以吸引教学领域明星教师的广泛加入。[45]总之,弗雷德的阐释相当详细,几乎覆盖了协调教学科研关系以及提高教学水平的各个方面。

综上所述,呼吁合理安排教学和科研活动成为80年代的主题之一,其不仅成为学者论述的重点,就是在各大委员会的报告中也都占据重要的一席之地,如《投身学习》和《改造遗产》提倡教师任免中教学表现应获得和科研成绩同等的地位;《整合学院课程》和《通往本科教育质量》指出大学应对成功教学实践予以应有关注和奖励。与此同时,一些高校也在行动中,80年代末加州大学完成了对低年级本科教育的调研工作,并建议在评定终身教职时增加教学的分量;宾夕法尼亚大学也规定不论教师职称或资历如何,均应肩负起承担教责的使命。然而,就整体而言,研究型大学虽有所改进,但普遍没有形成协调教学科研关系的强烈意识,也尚未从战略、制度以及预算方面建立强有力的支持系统。正如雪城大学教学发展中心在《研究型大学科研和本科教学平衡关系的全国性研究》中指出的,虽然大学管理者、院长、系主任以及教师均持鼓励教学的态度,但高校雇佣条件、资源分配以及绩效工资等方面的政策依然明显偏向学术研究。[46]

（三）实施多元文化教育

多元文化教育的理念基础可追溯至贺拉斯·凯伦（Horace Meyer Kallen）1924 年提出的文化多元主义思想。凯伦认为完全吸收并不是多元化社会中非主流群体最合意的选择,由此对传统的熔炉理论提出了挑战。然而该概念的真正提出和实践的实质发展则迟至 60 和 70 年代,而且与中小学教育相比高等教育的行动尤其缓慢。直到进入 80 年代以来,多元文化教育的界定才日趋完善,在高教领域的实践也表现出不同以往的鲜明特征。C·E. 斯莱特（C E. Sleeter）和 C·A. 格兰特（C A. Grant）挖掘出了多元文化教育的五种含义：（1）强调以社会同化主义的方法教授文化的相异性；（2）重视人际关系,努力帮助来自不同背景的学生和谐共处；（3）关注多群体的生存发展状态而不是仅限于某一特定人群；（4）承认文化、种族和宗教等差异性的同时,又肯定它们彼此沟通联系的可行性；（5）利用教育的社会改造作用来采取实际行动反抗不公正的压迫。[47]克里斯汀·I. 班尼特（Christine I. Bennett）从四个维度规定了多元文化教育：（1）趋向公平的教育运动,致力于在现存各群体间建立平等关系和尊重氛围；（2）从多元视角反思课程的教育改革,而非以同化或熔炼的方式强迫少数群体放弃传统接受主流文化观点；（3）以培养多元文化能力为宗旨的教育过程,帮助学生认识、理解和发扬文化的多样性与共生性；（4）以社会正义为指向的教育活动,以消除各类偏见和歧视为导向。[48]全美多元文化教育协会提倡以学生的生活历史和文化经验作为多元文化教育的中心内容,认为其不但是基于自由、正义、平等、公平和人类尊严的哲学理念,而且是保证所有学生取得高水平学业成就的教育过程。[49]综合各家观点,多元文化教育的目标实际体现在三个方面:(1)致力于帮助学生获取多元文化的知识基础、了解不同群体对社会进步的贡献并提升对多样性以及多类型文明的理解力;(2)引导学生尊重多元文化、改变对弱势群体的态度以及增加对代表性不足人群的认同;(3)提高学生在复杂文化环境中的适应力、增强与各类文化群体的交往互动、改善代表性不足人群的学业成绩并尽可能减少歧视事件的发生。在这些即时影响之外,有的学者还考查了多元文化教育的长期效应,唐纳·高尼克(Donna M. Gollnick)指出伴随时间的累积,其可以缩短美国多数群体和少数群体儿童在教育和成就方面的差距,并进而推动社会民主与公平。

在实践方面,高校多元文化教育在 80 年代的特点表现为:(1)内容日益充实,多元文化教育最初只集中于研究少数族裔特别是黑人群体,后来才逐渐将不同种族、性别、宗教以及性取向等人群所代表的独特文化都纳入分析范畴;(2)视角逐渐多样,在多元文化教育的起步阶段,更注重对某一弱势群体的历史、传统以及文化进行专门的描述介绍,而发展至今则更强调从各群体的角度共同审视主导和边缘文明,向学生提供文化选择的机会;(3)各方通力合作,多元文化教育不再只限于传统课程,而是在正式和非正式教育中均有体现,要求教师、职员和管理者共同协作。在该阶段,学生和高校表现出巨大的决心和热情:1988 年春斯坦福大学学生自发组织集会,抗议该校人文学科以西方文明著述为基础的课程设置。校方由此以新课文化—观念—价值取代了西方文化，教育内容也相应从古希腊罗马至 19 世纪欧洲的古典文明转变为第三世界发展、少数族裔文化以及女性研究等领域。哥伦比亚和芝加哥大学的教材也受到了类似指责，威斯康星大学的本科生必须学习种族研究的科目，达特茅斯学院规定毕业生必须修学过至少一门非西方文化课程，克利夫兰州立大学则要求学生至少要选修两门黑人文化以及一门非欧洲地区文化课程。[50]总之，正如学者詹姆斯·林奇（James Lynch）所言，多元文化教育既要重视培养多数群体在多样化社会中的适应能力，又应关心少数群体和他们的教育需求。[51]而要使整个教育体系都体现出多样化的特征，则大学教师教育也不能仅局限于单一文明的视角。

1. 将多元文化内容融入本科课程

高校可以采用多种渠道将多元文化内容注入本科教育之中。一是采用菜单选择的方式，高校列出一系列与特定民族、阶层或性别所属文化相关的课程，学生可选择其一进行学习，如威斯康星大学、佛罗里达州立大学和宾夕法尼亚州立大学等校都采用了这种方法；二是实施以多元文化为主题的专门课程，如开办"美国社会变革中的种族主义和性别主义"；三是将多元文化视角引进现有大多数课程之中，使不论通识教育还是专业学习都能体现对不同文明的尊重。综上所述，三类途径中第一种最广为各校接受，第二种可作为重要补充，而最后一种则是比较理想的模式。第一种以妇女和黑人研究最为普遍。截至 1984 年，全美已有 42% 和 35%的院校提供了妇女研究和黑人研究方面的课程，至 90 年代初美国大学已开设了约 620 个妇女研究系。[52]但是一些大学已越来越不满足于这种单一群体文化课程，而试图将多元文化教育的范围推行到更广泛的学习之中，努力以第三种途径为目标。以 80 年代末南伊利诺依大学卡本代尔分校为例,其就希望以整合妇女研究和黑人研究为契机,在丰富本科生关于某一种族、阶层或性别特殊知识的同时,进而改革课程内容和结构使其满足不同学生群体的多样学习需求,并最终使课程和环境都体现出普遍接纳性的特点。

南伊利诺依大学卡本代尔分校大约有 24000 名在校生,女生占本科生的 36%,黑人学生占 10%。妇女研究不设专任教师,主要依靠各院系师资合作完成 6—10 门课程的讲授和指导任务。黑人研究有 3 名专职教师,6 名兼职人员,一学期开设 7 门课程。1989 年秋学期,两项教育计划正式开始了整合行动。妇女研究和黑人研究负责协调工作的两名教师通过发放传单和媒体广播等形式,来招募有志于有色人种妇女研究的教师。整合计划要求参与教师要以全新角度规划课程:(1)在教学大纲和阅读材料中突出有色人种妇女的地位;(2)课程纲要中需体现多样群体普遍性与特殊性的关系;(3)对种族、阶层以及性别等问题都应有分门别类的阐述;(4)多角度综合性地评价各类群体,而不是只关注他们处境不利的一面;(5)防止武断地仅将有色人种妇女视为受害者,而忽视了她们作为社会变革推动力量的作用;(6)关注有色人种妇女自身的衡量标准,而不应以主流群体的观点为唯一判断依据;(7)尽可能完整呈现有色人种妇女的真实经验,不应完全将社会学观念和理论作为取舍材料的参照;(8)课程应防止出现贬低有色人种妇女地位的情况发生;(9)以有色人种妇女自身为参考标准来确定中心组织材料。[53]课程整合主要遵循两项原则:一是多学科性,充分利用各学科的分析视角和学术资料来推动课程变革;二是渐进性,视整合活动为一个长期过程,教师应从为一两堂课增加多元文化因素做起,而不是从开始阶段就谋求将所有新内容都注入进去。在整合计划的影响下,截至 1990 年春,社会学、教育学、人文学科、写作交流以及自然科学等领域都开始引入种族、阶层和性别分析观念，像法律中的性别歧视、计算机运用对有色人种女性的影响等课程也纷纷推出。计划负责人在拓展正式教育内容的同时，还通过发放宣传手册、召开研讨会以及与全国妇女研究协会等校外团体合作来扩大影响，以交流分享多元文化课程的经验、鼓励有志于此的教师展开行动为他们提供帮助并探讨多元文化教育的新途径。大学里的其他单位也予以积极配合，如图书馆购买了《种族主义101》以及《美国民权之路》等图书音像资料；校园定期开展相关活动，如将2月定为黑人历史月，3月设为女性历史月，电影节摄影展演讲会等注重反映"他者的声音"。总之，南伊利诺依大学卡本代尔分校的多元文化教育已经从为数不多的几门课程拓展到覆盖多个领域，并且从正式课堂走进了学生和教师生活。

2.为弱势群体提供补偿教育

高校在为各类学生提供多元文化教育引导他们学会相互尊重以及和谐共处之外，还应对代表性不足群体予以特别关照。这些在某一领域相对弱势的学生，在语言、文化以及教育等方面面临着重大挑战，如何使他们既充分接触到主流文化，又能尽量减少文化碰撞带来的困扰学会面对文化差异，是大学教育的重要使命之一。高教界研究发现代表性不足的学生特别需要加强三个领域的教育：（1）跨越语言和认知障碍去完成学习和其他相关学术任务；（2）形成对自身文化身份的全面认识；（3）解决文化冲突问题。[54]

大学入学成绩表明弱势学生将从提高语言的流利性方面受益，不管是阅读速度还是书面写作都反映了同样的情况。以印第安学生为例，他们的困难主要来自于印第安语言和学习风格与欧美学校系统的不适应性，其整体相关的认知风格与欧美人线性连续的思维特点存在明显区别。因此，语言表达和学习风格的不同要求大学必须为此类学生设计独特的教育活动,一方面帮助他们更顺利地运用英语,另一方面使他们将本族语言视为一种特色而不是异类。发展文化认同是非主流学生所要面临的第二项任务。学者理查德·A.希尔普斯(Richard A. Heaps)和斯坦利·G.莫雷尔(Stanley G. Morrill)指出少数或代表性不足群体需要解决的一个重要问题就是提升他们的自我概念和文化认同,这项指标在很大程度上将决定大学教育的成功与否。为了明晰文化身份,学生需要去认识、分析和加工各种价值,他们对不同类型文化越了解也就越有可能对其持接纳性态度,并使之内化为个人思想体系的一部分。一般来说,学生会将文化取向定位于从彻底融入盎格鲁—撒克逊文明至完全保留本民族传统文化这一坐标中的某一点,当他们面临在多大程度上取舍两种文化时必然会引起思维上的困惑混乱,而教师的作用在于帮助他们厘清思路引导他们自己寻求解答。在语言能力提高、文化认同形成之后,代表性不足学生还需超越文化冲突和狭隘视野与多数群体共同为社会发展贡献一己之力。非传统学生要在原有文化的基础上逐步获得新知识和新技能,并实现心理和行为上的改变,这种转型应以自觉自愿为前提,不能强迫他们接受主流文化取向,使他们切身感受到周围环境的尊重并形成回报社会的意识。

　　具体而言,有关代表性不足群体的大学教育必须关注如下领域的发展:(1)自我意识:学生应同时在本民族和欧美国家文化的框架下探索个体价值,确定人生意义、目标和方向并思考如何利用所学为多元文化社会做贡献;(2)自我探究:设置专门的研讨课以小组讨论的方式,一方面为学生解决学业困难,另一方面为他们提供生活指导;(3)职业意识:向学生介绍不同文化背景中的职业情况,鼓励他们探讨个人和环境因素在求职和工作中的作用;(4)表达能力:设计专门提高非传统本科生标准英语听说读写能力的课程,为他们创造出充分利用主流语言的环境;(5)专业写作,专为高年级学生而设,包括报告、信函、便笺以及其他常用书面文书。总之,高校要理解尊重少数群体带给校园的文化差异、满足他们多样的教育需要并进而提高全体学生的文化意识。

3.把多元文化视角纳入教师教育

在日益多元化的美国社会中,教师不但要面对来自不同群体的学生,而且需从小培养他们的多元文化意识。因而,开展师范教育的大学也必须将多元文化因素注入到课程和教学之中。

有志于成为教师的本科生必须具备多元文化教育的知识、技能和态度。知识领域包括:(1)美国传统公共教育的目的,以及种族、阶层、性别和健康等因素如何影响教育公平;(2)当前美国有关少数族裔以及妇女政治经济地位的政策;(3)种族主义、性别主义、阶级主义、宗教偏执和社会歧视以及由此带来的民族优越感、刻板印象、压迫和反抗等问题;(4)美国社会中导致不公平现象的各种作用因素;(5)有关公共生活、社会同化、种族隔离、废止歧视、社会整合、顺应主义、文化相对主义以及文化多元主义的理论学说;(6)家庭背景和教养方式对儿童价值、道德、态度以及动机的作用;(7)各类教学风格的特点和影响。技能领域涉及:(1)创设激发所有学生自我概念和自我尊重的无偏见环境;(2)根据多元文化理念评估学习环境和内容;(3)尽可能剔除儿童教育中有关种族主义和性别主义的内容,利用各种策略帮助他们养成平等观念;(4)修改课程材料将种族、阶层和性别等元素纳入其中;(5)充分利用大众媒体引导儿童形成对多样群体的正确认识;(6)采用多种途径帮助母语为非英语的儿童提高语言水平;(7)发展起面向多样学生群体的有效课堂管理策略;(8)与家庭及社区共同合作构建完整的学习环境;(9)辨明学生的特殊需求并实施个别化指导策略;(10)创造学生之间相互讨论的机会以增进理解化解危机。态度领域涵盖:(1)对自身所属文化背景和种族特点形成正确认识;(2)对不同群体的文化和贡献形成全面认识;(3)抛弃对其他群体的歧视性观点;(4)将文化多样性视为社会的财富而非负担。[55]总之,大学要从历史和现实、理论和实践等多重角度为未来的教师奠定坚实的多元文化知识基础;帮助本科生形成以最大程度激发所有儿童潜能为目标的教育理念;教会他们与多样群体共处的策略;引导他们认识平等态度的意义,既尊重本族文化又认同他族文明,并将这一价值理念传递给儿童。

(四)发展国际教育

作为一个移民国家,美国高等教育的发展一直离不开与他国的交流借鉴,其从殖民地时期起就形成了留学传统,并先后经历了学英、学法和学德三个高潮。而 19 世纪中叶特别是二战之后,伴随国力的日渐强盛,美国大学渐渐成为世界各地青年向往的机构。与此同时,联邦政府也不断通过 1946 年的《富布赖特法案》、1948年的《史密斯—蒙特法案》、1958 年的《国防教育法》、1961 年的《和平队法》、1966 年的《国际教育法》和 1991 年的《国家安全法案》等一系列法律来扩大学生和教师的国际交流规模。这些政策也确实对大学开展国际教育起到了促进作用,如 60 年代为了支持和平队培训计划 100 多所美国大学为志愿者开设了地区研究与世界事务课程,不少高校将国际教育纳入学位计划还与他国院校开展合作和交流项目。然而,高教界特别是一流大学并未将国际教育提高到应有的位置,往往认为只开设一两门课就可以完全满足学生的需求,仅通过学习外国材料就能开拓全球视野,而且把国际研究视为少数专家的职责。[56]而从 60 年代末起,联邦政府不再将国际教育作为发展的重点,民众也普遍对于美国介入国际活动持冷漠态度,各界对国内问题的关注超过了对国际事务的兴趣,舆论、政策和资金等方面支持力度的下降导致国际研究和国际课程也在大学受到冷遇,出现了衰退的迹象。直到 80 年代以后,面临国际竞争加剧、全球关系密切以及大学生国际知识和眼光匮乏等形势,大学才再次将国际教育提上议事日程。而对于已经是国际社会重要参与者而且肩负着未来领导者教育任务的研究型大学来说,必须将发展全球环境的适应力和竞争力作为本科教育的中心任务之一。大学通过国际教育,要增进师生对他国传统、现状以及特点的兴趣与了解,帮助他们养成比较和全球维度的思考方式,同时提高他们在国际社会的生存能力。课程国际化、海外留学以及师资培训成为这一时期的重点举措。

1. 课程国际化

国际化的课程应向学生呈现多样的文化知识,展示世界相互依存的一面,阐释未来变革趋向并发展起解决地方、全国以及国际问题的能力。美国大学日渐认识到国际教育不能仅局限于特定学科专业,而应面向全体学生利用多种途径渗透到整个本科课程之中。

一是提高外语水平。1983 年的全国调查显示仅有 64.2% 的新生在入学前曾有过 2 年以上的外语学习经历。即使在高中阶段学习过外语的学生其语言能力也往往处于起步水平,距离流利使用的标准相去甚远。为了改变这一状况,大部分高校开始提供外语教育课程,一般来说本科生只有大学入学考试成绩达到一定分数、高校高级语言测试达标或其就读高中采用外语教学,才能免于外语学习。波士顿大学的语言学习课就致力于帮助学生发展对第二外语的阅读理解力,提高他们在抽象环境下的语言分析能力并学会将外语灵活运用到现实情境之中。学生一方面在教师指导下学习有关语音、词法以及句式的专业知识,另一方面又在大量的互动环节中加强口语练习。通过课程学习,学生不但提高了语言运用的熟练程度而且也增强了对自身学习能力的信心。在设置专门的外语入门课之外,有的高校还通过运用外语讲授文化课程和增加非英语阅读材料等方法,来锻炼学生的语言能力开展国际教育。以布朗大学为例,其国际关系科目为法语授课,政治学与拉美研究为西班牙语课程,历史和黑人研究利用葡语教学,俄语则应用于苏联研究中。学生将学习与特定领域相关的词汇和概念。[57]

二是借助专业教育。本科专业课程也应引入国际知识和全球视角。政治学可以通过对比各国政策、研究国际关系以及探讨生存、战争、贫困和权力等普遍性问题来引导学生养成国际思维方式。心理学依靠描述文化对感觉、认知、动机以及人际关系的作用来借助文化视角解释个体和群体的行为,阐释社会系统的相互依存性。商学专业一方面修改现行课程,如会计课增加了分析他国财务报告和计算外币兑换等内容,金融课把研究国际市场走向纳入其中;另一方面则依靠向学生提供在跨国公司实习和赴海外企业调研等机会,帮助他们接触异域文化。即使对于较难引入国际视角的数学和自然科学专业来说,也可借助布置更多外语类作业或为学习国际课程的本科生颁发证书等方式来推动教育国际化。

三是利用跨学科课程。这打破了固有的学科界限,有助于学生更深入地认识国际问题。区域研究关注特定国家或地区的传统与现状发展,如纽约州立大学的意大利研究就融意大利的语言、艺术、经济、历史、政治和商业等多种内容于一体,使他们对该国形成更为全面的了解。北卡罗莱纳大学则集合工程学、教育学和商业管理领域的教师,共同开发了专注于日本研究的课程,从多角度考察日本的发展。全球性问题研究不以地域为界而将人类共同面临的重大议题作为探讨中心,健康、人口、环境和能源等都是各方普遍关注的话题。如和平研究就把暴力冲突的原因和结果、减少或解决危机的途径以及世界和平与秩序的价值标准和制度等作为讨论重点,覆盖到社会学、政治学、历史学以及人际交流等多领域知识。

有的高校还将课程改革与学位计划联系在一起,以确保学生接受的国际教育能以学历文凭的形式得到证明。如俄勒冈州立大学就为本科毕业生同时颁发双学位,各自代表他们的专业学科水平和国际教育经历。要获得国际学位,参与者必须在规定的主修课之外完成 32 个季度学分;为使外语达到精通水平,他们要在国外学习、研究或工作 10 周;在第四学年,学生的毕业设计也要与全球议题相关并反映出他们对本专业的国际理解。

2. 海外学习

海外留学能够全方位地提高学生的综合素质:增加他们对其他国家文化、历史、经济和社会背景的了解,获得有关留学国家的第一手资料,形成对不同国家的差异更为深入的认识,体验到国际关系的复杂性,锻炼外语交流表达能力并发展起文化批判和反思能力。[58]因此,从本科阶段起就为学生提供海外学习的机会日益成为各大学的共识。国际教育研究会 1987—1988 年的调查对比了不同学科美国学生的留学情况:文理专业 18%、语言学 16.7%、社会研究 13.7%、商业管理 10.9%、教育学 4.1%、物理和生命科学3.8%、健康科学 1.7%、工程学 1.6%、数学和计算机科学1.3%。[59]学生的留学时间长短不一,有的仅历时一个暑假,有的则长达一年;留学场所也存在差异,有的是高校等正规教育机构,有的则是社区或企事业单位。

南佛罗里达大学就与不少国外高校联合开展了学生交换计划。以其与巴黎第七大学的合作项目为例,双方会定期互换学生在异地求学一年并相互承认学分,教育计划几乎涵盖两校所有的学科领域。南佛罗里达大学的学生在满足一定的智力要求和语言水平的基础上,可以选择巴黎第七大学的任何科目,绝大多数课程为法语教学。但英美研究所的部分人文社科课程以英语为主,对于外语能力较弱的学生来说可先从该领域起步,当语言水平有所提高后再转入其他院系学习。南佛罗里达大学还设有大量的暑期访学活动,为期五周以上,目的地为一或多个法语国家。参与游学计划的本科生将获得国际研究和法国文化两课的学分,具体成绩依学生调研项目的完成质量而定。在法国,美国学生需参加规定讲座和小组讨论;他们可根据自己的时间表去参观指定的历史名胜;他们还需广泛接触法国的报纸、杂志、广播以及电视等媒体,使自己最大程度上浸染在法语文化之中;在留学结束时,学生要以书面形式记录他们的所见所闻所思所想。[60]暑假访学的成功促使南佛罗里达大学又发展起了面向各层次学生以学期为单位的留学计划。出发前,申请者要接受诊断性语言测试以确保将他们安置在与其法语水平相匹配的课程中。在法国大学的常规课程之外,学生第一个月每天早晨要学习 2 小时的法语课;第二个月他们每日接受三个半小时的语言集训;下一个月他们又回到一天 2 小时语言课的状态,同时开始参与与自己主修专业或辅修方向有关的研究项目,如国际研究、政治科学、大众传播和艺术史等,同行的美国教师将对他们进行指导。利用学年、暑期和学期留学的学生回到本校之后,又成为促进国际互动和传播异国文化的使者,不论是在正式课堂还是在课外活动中都创造着国际氛围并激发起更多同伴对国际教育的热情。

匹兹堡大学的留学地并非国外高校而是当地社区。它为有志于拉美区域研究的本科生开设了专门的教育计划，其中海外留学是获得证书的规定条件之一。匹兹堡大学同拉美的多个国家都建立了留学合作关系，包括哥伦比亚、巴西、墨西哥、多米尼加、委内瑞拉、厄瓜多尔、危地马拉以及哥斯达黎加。确定国家之后，大学一般会选择若干大都市附近的中小城镇作为学生的旅居地，在各地的平均居住时间维持在数月左右。1980 年本科生前往危地马拉的奇马尔特南戈市旅行。在市长的帮助下，他们访谈了多数当地家庭并获得了有关他们生存状况的完整及时的数据。1981 年的目的地是桑托斯，虽然未取得市长的官方帮助，但仍有不少市民自愿接受采访。1982 和 1983 年在圣克里斯托巴尔，师生们在一位多米尼加教授的引导下综合考察了当地的政治、经济与文化状况。1984 年的访问地瓜纳华托已形成了接待美国留学生的传统，此次旅行的联系人是一位曾在该地从事过调研工作的历史学教授。1985 年的留学地点之所以选择圣路易斯，原因在于西宾夕法尼亚和巴西马拉尼昂的东北部地区建立起了合作关系。总之，匹兹堡大学充分动用各种关系为学生创造一个相对理想的留学环境。通过留学活动，大学希望本科生能够获得全新的生活体验、提高外语能力并搜集到丰富的研究数据。学生在旅居异国中，一方面要逐渐学会尊重他国的文明和生活方式，另一方面也最好能在双方交流中丰富当地的文化并增进彼此的联系。高校希望本科生不仅能流利运用正式语言，而且对口语俗语等也要有一定了解以扩充词汇量。如学生的一项作业就是要尽可能找出所在社区的习语和俚语，并共同讨论其起源、用法及特点。完成在出国前设计的研究项目也是学生的任务之一，如一位人类学本科生就以饮食和家庭收入之间的关系为探讨主题,她亲自走访了社区中的每户家庭,不仅对食物的准备、加工和完成过程进行了记录和拍照,而且对各家一定时期内经济状况的变化也做了详细调查。并利用这些数据部分验证了自己的假设,即收入增多时家庭的饮食种类也会相应增加,但一些低廉的食物并未因此被抛弃。本科生的大多数研究项目都充分利用了社会科学的理念和方法,此类选题有基础教育领域学生的政治态度、宣传和推销本地生活消费品(与匹兹堡市对比)以及女性和男性的角色社会化等。[61]平时学生虽散住在当地家庭之中,但每周会共同集会一次讨论各自的进展、困惑和预想。

进入 80 年代以来,美国大学的留学地域日益广泛,既包括发达国家也涉及发展中地区;留学单位也逐渐多样,在传统的高校之外,国外的社区、公司和非营利组织等都成为学习的重要场所;留学方式进一步丰富起来,课堂学习、社会调查和体验教育等共同组成了学生增长见识的途径。

3. 师资培训

国际教育的推行离不开教师队伍的国际化,高校也相应采取了一系列策略来加强师资力量的建设。大学一方面通过午餐会、专门讲座以及研讨会等形式增强教师的全球意识丰富他们的国际知识;一方面借助联邦的富布赖特计划以及院校合作项目等渠道来为教师提供更多国外学习、任教以及交流的机会,短期访学、教师交换以及海外培训等都是常见形式;另一方面则更加重视招募有国际留学经验的学者或外籍教师,而伴随留学生的大量涌入,充分利用留学生助教这一资源加强对他们的专门指导也成为美国高校发展国际教育的新亮点。截至 1990 年,已有 40 多万外国学生来美就读,美国已成为最大的留学生接收国。[62]特别在研究型大学的科学和工程等领域,研究生中留学生比例不断攀升,更多的外国学生加入了助教行列。这些教学助手主要承担本科教学任务,对其进行专门培训可促使他们在保障本科教育质量的基础上将更多国际因素融入课程之中。

专业化、组织社会化以及转化理论是留学生助教专业发展的重要指导思想。学者思碧和奈奎斯特将研究生助教的专业发展划分为四个步骤:(1)向研究生提供众多可选择的教育内容,广泛照顾到各类学生的不同需要;(2)根据助教的能力特点和工作性质,制定并实施针对每个人的培训计划;(3)研究生助教将所学到的各种知识策略运用到实际教育活动之中,并不断反思个人的教学实践;(4)评估助教的课堂教学表现,进而分析专业发展计划是否达到了预期或在哪些方面还有待改进。[63]当留学生助教审视其在美国大学中的作用时,他们首先依赖于各自的教育背景,然后通过专业发展活动学习更多技巧、分享实践智慧并确定如何面对挑战。留学生助教的专业发展绝不能仅限于教学技能的提高,更为深远的意义还在于帮助他们在异国文化中找到自身的准确定位,减少因社会背景和教育经历不同而带来的摩擦和冲突。因此,组织社会化理论也相应成为指导他们专业发展的重要框架。该理论主要致力于帮助新成员学习组织生活的价值、标准、信仰和技能,使新来者尽快成为机构中合格的一员。R·L.法尔西恩和C·E.威尔森将个体组织社会化过程分为预测、经历和适应三个阶段。[64]以留学生助教为例:在入学前学生对高校形成的先有认识以及对于自己如何融入校园的各种思考都属于预测时期;而一旦学生开始正式的学校生活,就迈入了经历阶段,此时他们会消耗大量精力在认识预期和现实之间的差异上,专业训练则成为他们可以利用的有效手段;而当留学生感到自己真正属于组织一员时,则进入了适应阶段。学者 B·E.阿什福斯和 A·M.萨克斯进而指出机构的社会化策略能给个体带来较少的模糊和困惑，提高他们对工作的满意度，并使新来者更多从组织成员的角度进行自我定义。转化理论就是要考察影响学生发生转变的因素，研究显示个人和环境是决定学生变化程度的主要力量。该理论主要探讨了四组影响学生变化的因素：情境、自我、支持和策略。情境指转化发生的现实背景；自我包括个人的和统计学上的特征以及心理上的资源；支持涉及社会网络，包含亲密关系、家庭单位、朋友圈、公共团体和社区等方面；策略是处理变化时采取的技巧和模式。学习和工作在一个全新环境中的留学生助教，面临着和原有支持系统相分离的挑战。而专业发展计划能帮助他们熟悉陌生环境，获得应对技能和策略，建构校园关系网络重塑崭新自我并最终实现顺利转化。

在实践领域，留学生助教因自身的特殊性，尤其需要在语言、文化和教学方面给予着重训练。简言之，语言教育是前提，文化理解是媒介，而教学训练则作为核心。与其他语言训练计划相比，留学生助教语言教育的显著特点在于要将语言运用同研究生的学科背景以及课堂情境紧密联系起来，而不是泛泛培养一般性的口语能力。卡内基·梅隆大学在留学生助教语言发展方面已经形成了英语课程、研讨班、个别指导以及学生自学相互结合的完善机制。3 学分的"教学语言和文化"是专门为想成为助教的外国学生开设的语言课，涉及留学生可能面临的各种语言障碍并为他们提供自我表现的机会。研讨班每周举行一到两次，分别针对不同的语言问题："流利口语"帮助学生灵活运用学术语言；"高级语法指导"面向那些可以比较熟练使用学术用语但却时常出现语法错误的学生；"表达与倾听"则致力于实现从单向陈述到双方交流的飞跃。留学生每周还有一次接受教师单独辅导的机会，时间一般在 40 分钟以上。大学还提供了丰富的图书和音像资源以供学生自学之用:有的材料针对一般性英语技巧的提高,有的则关注特定学科领域语言能力的改善,几乎能满足留学生语言需求的各个方面。文化适应涉及四个方面:(1)加深留学生对美国高等教育发展概况,以及所就读大学文化传统的认识;(2)描述本高校的招生标准、在读本科生的人口构成和教育背景等情况;(3)介绍美国本科课堂中学生普遍性的行为方式以及师生相处之道;(4)表达本科生对留学生助教的期望促进双方的互动。针对不同要求大学也相应采取多样的举措来指导助教尽快进入角色。高校会开设专门的文化教育课程,向学生系统讲授高教的历史传统、价值取向和教育理念等问题。而给研究生播放有关美国高中生学习、大学生生活以及高校文化活动的录像,则是帮助他们了解自己任教对象和环境的主要途径。研究生助教手册也是提升文化认知的重要手段。美国大学还会组织由留学生助教和本科生代表共同参与的讨论会。在交流中,留学生能够对异国文化形成更加深入的了解;而本科生在熟悉留学生口音、态度和文化上差异的同时,也可以向助教提出许多改进意见。美国大学一般会从三个渠道提高研究生的教育技能:开设有关教学策略的讲座、实施微格教学和组织学生观摩示范课程。在讲座中教师往往会提供许多非常实用的教学技巧,如德克萨斯大学的培训计划就将教学建议归纳为 9 条:(1)尽可能多地使用实物道具以弥补发音差异造成的问题;(2)使教学过程富有条理性和逻辑性;(3)清楚展示课程纲要;(4)借助过渡语言促使学生顺利进入下一主题;(5)大量使用实例帮助学生理解抽象概念;(6)运用通俗易懂的语言解释专业术语;(7)在整堂课中不时向学生提出问题以把握他们的理解程度;(8)留出学生回答问题前的思考时间并在必要时给予提示;(9)鼓励学生指出自己的困惑所在并引导他们解决疑难。微格教学是在小范围可控制的环境下帮助助教提高教学水平的手段。留学生首先在教师指导下明确教学目标、划定教学内容、选择教学媒体并编写详细教案。接着,他们要以培训教师、其他助教和部分本科生为假想的教学对象实际演示教学过程,整个活动一般会被录制下来。最后,所有参与者共同观看录像并进行点评,主讲人先进行自我分析,其他人再随后补充改进意见,主讲助教在归纳各方看法后修改教案再次实践。如此循环数次直至掌握了教学要领。不管是课堂讲座还是微格教学,助教始终与课堂保持着一定的距离,由此观摩一些优秀教师的示范课程就成为重要的补充性环节。在课堂观察中,留学生可以切身感受到美国高校的班级气氛,学习师生如何开展互动并反思自己的不足之处。在观摩结束后,指导教师一般会要求学生总结示范课的特点、提出自己的感受并写下今后努力的方向。

综上所述,相较于上一阶段,至80年代末美国大学的国际教育已取得一定发展,特别是研究型大学表现更为突出。然而就整体而言,80年代的国际教育仍有诸多不尽如人意之处:缺乏长期稳定的财政支持,高校对国际教育难以进行实质性变革;与他国相比本科生的全球知识与意识仍处于落后状态,如1988年九国18—24岁青年地理测验中美国仅名列第六,略强于意大利和墨西哥;美国学生参加海外学习的热情明显不足,参与人数一直徘徊在全美大学生总数的1%左右。

四、本章小结

进入80年代之后,研究型大学在本科教育领域的变革迈入了横向拓展的新时代。虽然尚未在实践中获得根本性突破,但已为下一阶段的革新奠定了理论基础并营造了舆论氛围。优质化成为该阶段追求的主题,高等教育界不仅正面探讨了提高质量的多种途径,而且就是平衡教学科研关系、发展多元文化教育和加强国际教育等领域的变革实际上也与培养高品质本科人才息息相关。

首先,以关注质量为中心,对本科教育各方面的问题都在理论上有所探讨。

教育质量是该时期的焦点议题,许多学者围绕该议题提出了不少富有建设性的看法。有关质量下降的原因,学者总结出录取标准降低、教师忽视教学活动、课程缺乏实质创新以及实用教育比重过大等问题;在质量标准领域,对本科教育活动输入、过程以及输出等不同方面的强调也形成了各异的质量观,资源投入、教育内容、能力发展以及毕业成绩等都成为衡量质量的重要指标;在提高质量的渠道方面,促进学生投入学习、加强学习结果测评以及重视人文素养教育也成为倍受推崇的途径。以质量为中心,学术界对本科教育其他领域也进行了比较全面的探讨:打破教学科研失衡的状况合理安排二者之间的关系,认识非传统文化的地位并理解不同文明的异同,推动国际教育促进全球意识等新老问题都成为探讨的方向。

其次,波及范围扩大,更多的研究型大学意识到了本科教育的问题。

进入80年代以来,本科教育不再是少数高校关注的对象,而成为高教界共同讨论的话题。众多教育组织都阐释了它们对本科教育的见解,如教育部领导下的美国高质量高等教育研究小组的《投身学习——发挥美国高等教育的潜力》、全国人文基金会的《改造遗产:高等教育人文学科报告》、南部地区教育协会的《通向高质量本科教育》、州立大学责任与未来全国委员会的《捍卫自由》以及美国大学委员会的《学院课程整合:面向学术界的报告》

等都成为教育改革的重要指南。与此同时,卡内基教学促进基金会主席欧内斯特·博耶、前哈佛大学校长德里克·博克和芝加哥大学著名学者艾伦·布鲁姆等专家也疾呼高校应切实重视本科教育的发展。而各界批评的矛头又普遍指向了最具声望但在本科教育领域又存在诸多疏漏的研究型大学。在舆论界的强大影响下,越来越多的大学开始自我反思,并纷纷发布报告阐释改革战略,如这一时期加州大学伯克利分校先后成立了促进本科教育委员会、低年级教育行动小组以及本科教育校长咨询委员会来探讨本科教育教学问题;而明尼苏达大学的《提高大型高校的本科教育》则从应对变革、加强评估、扭转不利、实现优秀以及寻求连贯等角度综合阐述了大规模的州立大学应如何扬长避短地发展本科教育;麻省理工学院则试图以文理贯通为理念指导教育革新。

再次,呼吁多于实践,且现实中对本科教育关键性领域未进行实质性变革。

尽管这一阶段理论界的著述层出不穷,并对本科教育的主要方面都有所论述,许多研究型大学也以专题报告形式显示推行改革的决心,然而在实践中却缺少实质性突破。在众多理念的背后缺乏现实性措施的支持。即使正在酝酿或进行中的改革也距离预期有较大差距。虽然教学在研究型大学获得了更多关注,但教师奖励机制仍更多与科研学术成绩挂钩;多元文化教育和国际教育在为各类文化提供发展空间的同时,却也使本科课程更难构建共同核心;教育质量也未达到明显改善的目标,分数通货膨胀现象依然严重。多数院校在本科教育方面仍然处于实验、摸索和尝试阶段,尚未触动核心性问题,也没有发起根本性创新。

注　释

1　刘绪贻主编:《战后美国史:1945—2000》,人民出版社,2002 年版,第 502 页。

2　Graham, H. D. & Diamond, N. *The Rise of American Research Universities—Elites and Challengers in the Postwar Era*. Baltimore: The Johns Hopkins University Press, 1997, p. 117.

3　Graham, H. D. & Diamond, N. *The Rise of American Research Universities—Elites and Challengers in the Postwar Era*. Baltimore: The Johns Hopkins University Press, 1997, p. 140.

4　Cole, J. R. , Barber, E. G. & Graubard, S. R. *The Research University in a Time of Discontent*. Baltimore: The Johns Hopkins University Press, 1994, p. 237.

5　据 Graham, H. D. & Diamond, N. *The Rise of American Research Universities—Elites and Challengers in the Postwar Era*. Baltimore: The Johns Hopkins University Press, 1997, p. 121 数据整理而成。

6　据 Graham, H. D. & Diamond, N. *The Rise of American Research Universities—Elites and Challengers in the Postwar Era*. Baltimore: The Johns Hopkins University Press, 1997, p. 121 数据整理而成。

7　Levine, A. *Higher Learning in America 1980 – 2000*. Baltimore: The Johns Hopkins University Press, 1993, p. 324.

8　Simpon, R. D. & Frost, S. H. *Inside College: Undergraduate Education for the Futures*. New York: Plenum Press, 1993, p. 49.

9　Brubacher, J. S. & Rudy, W. *Higher Education in Transition: A History of American Colleges and Universities*. New Brunswick: Transaction Publishers, 1997, p. 409.

10　[美]杰拉尔德·古特克:《哲学与意识形态视野中的教育》,陈晓端主译,北京师范大学出版社,2008 年版,第 231 页。

11　[美]杰拉尔德·古特克:《哲学与意识形态视野中的教育》,陈晓端主译,北京师范大学出版社,2008 年版,第 235 页。

12　[美]艾伦·布鲁姆:《走向封闭的美国精神》,缪青、宋丽娜等译,中国社会科学出版社,1994 年版,第 275、273 页。

13　Lucas, C. J. *American Higher Education: A History*. New York: ST. Martin's Press,

1994,p. 292.

14 教育发展与政策研究中心:《发达国家教育改革的动向和趋势——美国、苏联、日本、法国、英国 1981—1986 年期间教育改革文件和报告选编》,人民教育出版社,1986 年版,第 8 页。

15 Simpon,R. D. & Frost,S. H. *Inside College：Undergraduate Education for the Futures.* New York：Plenum Press,1993,p. 14.

16 Southern Regional Education Board. *Access to Quality Undergraduate Education. A Report to the Southern Regional Education Board by Its Commission for Educational Quality.* Atlanta：Southern Regional Education Board,1985,p. 2.

17 [美]德里克·博克:《美国高等教育》,乔佳义译,北京师范学院出版社,1991 年版,第 28 页。

18 [美]艾伦·布鲁姆:《走向封闭的美国精神》,缪青,宋丽娜等译,中国社会科学出版社,1994 年版,第 361—362 页。

19 据 Boyer,E. L. *College：The Undergraduate Experience in America.* New York：Harper & Row,Publishers,1987,p. 128. 数据整理而成。

20 据 Boyer,E. L. *College：The Undergraduate Experience in America.* New York：Harper & Row,Publishers,1987,p. 121. 数据整理而成。

21 据 Boyer,E. L. *College：The Undergraduate Experience in America.* New York：Harper & Row,Publishers,1987,p. 130. 数据整理而成。

22 [美]伯顿·克拉克:《探究的场所——现代大学的科研和研究生教育》,王承绪译,浙江教育出版社,2001 年版,第 220 页。

23 [美]欧内斯特·L. 博耶:《美国大学教育——现状·经验·问题及对策》,复旦大学高等教育研究所译,复旦大学出版社,1988 年版,第 136 页。

24 [美]伯顿·克拉克:《探究的场所——现代大学的科研和研究生教育》,王承绪译,浙江教育出版社,2001 年版,第 153 页。

25 Cole,J. R. ,Barber,E. G. & Graubard,S. R. *The Research University in a Time of Discontent.* Baltimore：The Johns Hopkins University Press,1994,p. 39.

26 Lucas,C. J. *American Higher Education：A History.* New York：ST. Martin's Press,1994,pp. 273—274.

27 Emans,R. L. *Understanding Undergraduate Education.* Vermillion：University of South

Dakota Press,1989,p. 51.

28　Emans,R. L. *Understanding Undergraduate Education.* Vermillion: University of South Dakota Press,1989,p. 49.

29　Emans,R. L. *Understanding Undergraduate Education.* Vermillion: University of South Dakota Press,1989,p. 51.

30　Simpon,R. D. & Frost,S. H. *Inside College: Undergraduate Education for the Futures.* New York: Plenum Press,1993,p. 181.

31　Emans,R. L. *Understanding Undergraduate Education.* Vermillion: University of South Dakota Press,1989,p. 49.

32　Mayhew,L. B. ,Ford,P. J. & Hubbard,D. L. *The Quest for Quality: The Challenge for Undergraduate Education in the 1990s.* San Francisco: Jossey-Bass Publishers,1990,p. 25.

33　Astin, A. W. *Achieving Educational Excellence: A Critical Assessment of Priorities and Practices in Higher Education.* San Francisco: Jossey-Bass Inc. ,Publishers,1985,p. 61.

34　教育发展与政策研究中心:《发达国家教育改革的动向和趋势——美国、苏联、日本、法国、英国 1981—1986 年期间教育改革文件和报告选编》,人民教育出版社,1986 年版,第 44 页。

35　教育发展与政策研究中心:《发达国家教育改革的动向和趋势——美国、苏联、日本、法国、英国 1981—1986 年期间教育改革文件和报告选编》,人民教育出版社,1986 年版,第 50—57 页。

36　教育发展与政策研究中心:《发达国家教育改革的动向和趋势——美国、苏联、日本、法国、英国 1981—1986 年期间教育改革文件和报告选编》,人民教育出版社,1986 年版,第 47 页。

37　教育发展与政策研究中心:《发达国家教育改革的动向和趋势——美国、苏联、日本、法国、英国 1981—1986 年期间教育改革文件和报告选编》,人民教育出版社,1986 年版,第 70—72 页。

38　Emans,R. L. *Understanding Undergraduate Education.* Vermillion: University of South Dakota Press,1989,p. 322.

39　VanDyke,P. *Keeping the Promise: Achieving and Maintaining Quality in Undergraduate Education.* Washington,D. C. : American Association of State Colleges and Universities,

1991,p. 50.

40　Southern Regional Education Board. *Access to Quality Undergraduate Education. A Report to the Southern Regional Education Board by Its Commission for Educational Quality.* Atlanta: Southern Regional Education Board,1985,p. 10,p. 13,p. 15.

41　Bennett,W. J. *To Reclaim a Legacy*: *A Report on the Humanities in Higher Education.* Washington,D. C. : National Endowment for the Humanities,1984,p. 2.

42　Clark,M. E. & Wawrytko,S. A. *Rethinking the Curriculum*: *Toward an Integrated Interdisciplinary College Education.* New York: Greenwood Press,1990,p. 20.

43　陈洪捷:《德国古典大学观及其对中国的影响(修订版)》,北京大学出版社,2006年版,第29、31页。

44　Cole,J. R. ,Barber,E. G. & Graubard,S. R. *The Research University in a Time of Discontent.* Baltimore: The Johns Hopkins University Press,1994, p. 157.

45　Antczak,F. *Learning and the Public Research University*: *Twenty-Two Suggestions for Reducing the Tension Between Teaching and Research.* Iowa: University of Iowa,1994,p. 3.

46　Gray,P. J. & Others. *A National Study of Research Universities*: *On the Balance between Research and Undergraduate Teaching.* Syracuse: Center for Instructional Development, Syracuse University ,1992,p. 15.

47　Adams,J. Q. & Others. *Multicultural Education*: *Strategies for Implementation in Colleges and Universities.* Springfield: Illinois State Board of Higher Education,1991,p. 4.

48　Bennett,C. I. *Comprehensive Multicultural Education*: *Theory and Practice.* Boston: Allyn and Bacon,2003,p. 14.

49　*National Association for Multicultural Education.* http://www. nameorg. org/resolutions/definition. html. 2009. 12. 15.

50　朱世达主编:《当代美国文化与社会》,中国社会科学出版社,2000年版,第122—123页。

51　Lynch,J. *Multicultural Education*: *Principles and Practice.* London: Routledge & Kegan Paul plc,1986,p. 3.

52　Brubacher,J. S. & Rudy,W. *Higher Education in Transition*:*A History of American Colleges and Universities.* New Brunswick: Transaction Publishers,1997,p. 413.

53　Adams,J. Q. & Others. *Multicultural Education*: *Strategies for Implementation in Colleges and Universities.* Springfield：Illinois State Board of Higher Education，1991，p. 104.

54　Emans，R. L. *Understanding Undergraduate Education.* Vermillion：University of South Dakota Press，1989，p. 281.

55　Adams，J. Q. & Others. *Multicultural Education：Strategies for Implementation in Colleges and Universities.* Springfield：Illinois State Board of Higher Education，1991，pp. 73—74.

56　李爱萍：《美国国际教育：历史、理论与政策》，云南大学出版社，2005 年版，第 28—29 页。

57　Pickert，S. M. *Preparing for a Global Community：Achieving an International Perspective in Higher Education.* Washington，D. C. ：School of Education and Human Development，George Washington University，1992，p. 34.

58　Pickert，S. M. *Preparing for a Global Community：Achieving an International Perspective in Higher Education.* Washington，D. C. ：School of Education and Human Development，George Washington University，1992，p. 52.

59　Pickert，S. M. *Preparing for a Global Community：Achieving an International Perspective in Higher Education.* Washington，D. C. ：School of Education and Human Development，George Washington University，1992，p. 48.

60　Hill，D. J. *Study Abroad in the Eighties.* Columbus：Renaissance Publications，1986，p. 18.

61　Hill，D. J. *Study Abroad in the Eighties.* Columbus：Renaissance Publications，1986，pp. 82—83.

62　Pickert，S. M. *Preparing for a Global Community：Achieving an International Perspective in Higher Education.* Washington，D. C. ：School of Education and Human Development，George Washington University，1992，p. 56.

63　Nyqiust，R. D. ，Abbott，D. H. Wulff & Sprague，J. D. *Preparing the Professoriate of Tomorrow to Teach：Selected Readings in TA Training.* Dubuque：Kendall/Hunt Publishing Company，1991，p. 299.

64　Jablin，F. M. & Putnam，L. L. *The New Handbook of Organizational Communication.* Thousand Oaks：Sage Publications，2001，p. 53.

第 六 章

研究型大学本科教育改革的深化
（90 年代初期以来）

一、高等教育的新发展

20 世纪 80 年代末 90 年代初,东欧剧变苏联解体不仅改变了国际政治格局,也深刻影响到美国这个超级大国在社会各个领域的发展变化。在外交方面,美国的关注点不再是遏制"共产主义扩张",而是将控制地区冲突、防止核扩散和尖端武器扩散、反国际犯罪等问题摆在更重要的位置。[1] 特别是"9·11 事件"后反对恐怖主义更成为政策重点。虽然各界政府的对外方针并不完全一致,但维护美国世界领导地位的中心任务从未改变过。在政治方面,自由主义继续由盛转衰,保守主义思潮最终占据上风,但在具体施政过程中两党都出现了"向中间靠拢"的趋势,美国政局正在向保守偏中间的方向发展。在经济方面,90 年代以来的近二十年美国金融形势波动不断,该阶段初期美国虽遭遇短暂危机,但很快就以信息技术产业为依托进入了快速增长的新经济时代,但进入新千年之后网络经济泡沫的破裂又使经济状况陷入衰退之中,虽历经几年调整已有复苏,然而 2008 年次贷危机引发的金融风暴再次为经济前景蒙上了阴影。尽管经济发展起伏不断,但美国经济强国的地位仍不容置疑。在文化方面,如何平衡盎格鲁—撒克逊白人新教徒主流文化和多元文化之间的关系则成为各方关注的焦点。冷战结束、偏向保守主义的政治取向、不稳定的经济局面以及多元文化主义的盛行促使高等教育必须在各个方面主动寻求变革,以应对来自社会各方面的问题。

(一)金融环境的不确定

1.减少中的公共支持

90 年代以来,美国高等教育在财政方面的一个明显趋势即来自联邦和州政府的资金在总收入中的比重明显下降。虽然联邦政府一直为学生学费和大学科研提供重要支持,然而其力度却在不断减弱。联邦开始更多以贷款而不是奖、助学金的形式来帮助学生支付教育费用,而且这笔资金也并不直接针对院校的发展建设。传统上大学长期依赖的联邦研发资金也因冷战的结束和经济的波动而不复往昔的盛况。国家对大学研究的赞助将同州际高速公路、国家公园、环境保护以及各类民生项目一起分享不多的联邦经费。在 90 年代早期,公私院校约有 16% 的费用来自联邦政府,而据 2006—2007 年全国教育统计中心的数据显示以生均经费计算,联邦政府对公立和私立大学的拨款总数均仅占高校预算的 11% 左右。[2] 与此同时,联邦政府对于高校资金使用方面的监督与问责却在不断加强。联邦日益关注大学科研活动的效率,期望它们能充分利用较少的经费来创造更多的成果,如间接成本回收制度的日益完善就标志着联邦对大学投入会保持更加谨慎的态度。

大学在获得州政府资助方面也不容乐观,这不仅影响到公立高校的财政状况,而且私立大学也更加难以从紧缩的州开支中获得原本就不多的赞助。90 年代初期高等教育经费突然急速下降，因经济不景气而削减公立高等教育经费为第二次世界大战以来的首次。1992 年度各州不顾在公立大学注册学生数增加 5% 的事实，拨给高等教育的经费反而比前两年更低，这也是 50 年代末以来的第一次。90 年代中期伴随经济状况的好转，各州的高校拨款已经回到原有水平，但如果将通货膨胀率计算在内，则 1995 年资助总额比 1990 年还减少了 8%，而学生注册人数已经提高了 6%。[3]80 年代高等教育总经费的 45% 来源于州政府，至 1993 年该比例下降到 35%，而 2006—2007 年的调查显示，州拨款和科研合同赞助的总数占公立院校的 26% 左右，在私立大学中则不足 1%。[4]

总之，联邦政府的资助份额将保持在比较稳定甚至略有下降的水平，而且往往要求大学提供相应的配套资金并加强对赞助科研的管理。州政府从 90 年代开始减少对大学的拨款，这一趋势在相当长时间内将保持下去。虽然州政府预算依然是公立大学最重要的财源，但是整体上高校获得的公共财政支持处于下滑之中。在未来顶尖的研究型大学虽会因财政困难而使学术质量略受影响，但优势地位依然明显；而受冲击最大的将是那些位于研究型大学行列底层同时又缺少丰厚捐赠和富裕校友的院校，有些甚至可能退出这一梯队。

2. 更多依赖私有资源

公共支持的缩减将大学推向了市场，高校开始更加主动地利用市场力量来获取发展资金：提高某些高需求专业课程如法科或商科的教育费用，将宿舍管理、职员培训乃至补偿教育等部分学术职能外包给其他单位，以及建立大学医院与社会卫生机构的合作关系等都成为日益普遍的做法。在财政方面，无论是公立还是私立院校更加依赖于学费、工业赞助和捐赠等私人资源。

90 年代开始的州政府投入减少迫使公立大学不得不采取提高学费的办法来维持开支,到了 90 年代末期,虽然多数州对大学赞助有所提高,但高校学费并未因此而相应降低。整个 90 年代,州对大学的实际拨款增加了 12 亿美元,而高校学费增量是其四倍。[5]公立高校新的学费模式由此形成,即繁荣时代学费不会相应减少,而在萧条阶段其必然会增加。新千年的经济危机导致 2002 年公立院校学费出现了有史以来最大的绝对增长。各州因传统和政策不同而对州内本科生的收费各异,1980 年为 500—1500 美元,2001—2002 年则飚升至 2500—7500 美元。对于非本州学生,2001 年主要的公立研究型大学学费为 11000—15000 美元不等。私立高校在面对金融压力时更不吝惜提高作为主要经济来源的学费,东北部的精英院校成为这一潮流的领路者。至 2001 年,学费最高点已经达到 27000 美元,多数私立研究型大学都突破了 25000 美元的大关。90 年代,大学继续前一时期和工商界的密切联系,通过建立合作研究中心、开发专利产品和争取企业赞助等形式来不断吸纳资金。1990 年全国已经建立起上千个工业—大学研究中心,约 29 亿美元用于研发项目。从 80 年代中期到 90 年代中旬,前 100 所顶尖研究型大学的专利数量从 408 项增加至 1486 项。[6]进入 90 年代,在主要研究型大学中,工业赞助已经占据了全部科研资金的四分之一强。捐赠收入对于知名大学特别是私立高校来说意义重大。私人募捐一直在私立大学财政中占据关键性的地位;即使对于公立大学来说,面对反对学费增长的呼声,争取更多捐赠也成为更现实的选择。在私人捐献方面,至 1994 年,私立院校已获得 57 亿美元,公立高校也拥有了 45 亿美元。到 90 年代末,235 所高校的捐赠收入超过 1 亿美元,25 所大学则超过了 10

亿美元,公私立院校各为 6 所和 19 所。[7] 截至 2007 年,获得捐赠数额最多的哈佛大学基金已经增长至近 35 亿美元。其他精英院校也拥有相当庞大的捐助收益,该年共 76 所高校捐赠收入超过 10 亿美元。

总之,长期以来美国公立大学主要依靠州政府的拨款,私立大学一般凭借学费和捐赠来发展;但近年来一种新趋势日益明显,即无论公私院校都试图在公共资助(直接拨款、研究资金和学生补助)和私人资助(学费、捐赠和私有部门赞助)之间达成平衡。面对直接政府支持仅占公立研究型大学财政 10%—20% 的状况,两类高校都开始努力寻求多渠道的资源。

（二）大学负面新闻增加

研究型大学在实力不断壮大的同时,却也面临着不少前所未有的负面事件的困扰,进而影响到政府和公众对它们的信任。

1. 各类校园问题增多

校园犯罪、酗酒以及吸毒等事件日益令人担忧。1990 年,《纽约时代》宣称校园犯罪的大量增长已经促使学校管理层将其列为需要优先解决的重要问题之一。虽然部分暴力行为来自闯入者,但将近 80% 的犯罪却源于大学内部人员。90 年代中期的调查显示,三分之一的大学生都有成为受害者的可能。1993 年对全国 22% 的院校的研究显示:这 796 所高校共发生了 15 件谋杀、880 件性侵犯、1340 件抢劫、1425 起非法持有武器、3103 起恶性袭击、4837 起违法吸毒和 14876 起过度饮酒事件。[8] 由此也可以发现许多犯罪行为实际上是同饮酒和吸毒联系在一起的,特别是后两者在大学中变得逐渐流行的情况下,校园暴力更加难以遏制。1994 年哈佛大学对 140 所高校的 17000 名学生的调查表明:49% 的学生每两周至少豪饮一次。与 70 年代相比,90 年代以来妇女狂饮的次数已经增加了两倍。[9] 在毒品使用上,纽约州的专家指出一半以上的全日制学生至少尝试过一种非法药物,其中吸食大麻最为普遍。根据美国教育委员会和加州大学洛杉矶分校高等教育研究所 1997 年的报告显示:1996 年秋季入学的新生中有三分之一认为大麻使用应该合法化。

2. 道德不端事件频发

学生舞弊、教授抄袭和管理层受贿等道德不良行为是另一个严重影响大学声誉的方面。学生的欺骗行为正变为大学里的通病:不仅考试中的舞弊情况层出不穷,而且不少学生的课程作业和学业报告也会请人代笔,有些提供此类服务的组织和个人甚至会公开将广告刊登在大学的报纸上。作为大学中流砥柱的教授因各类繁忙的事务在学术道德领域也不断出现问题。为了获得更多资金和更高声望,有的学者不惜抄袭篡改他人的成果,如斯坦福大学的两位教授就利用假数据骗取全国精神健康研究所的资助;有的教师则试图从科研活动中为自身谋求利益,如加利福尼亚大学的一名研究者就通过伪造订单来向政府要求更多的经费并将家庭成员列入工资表中。个别大学管理者也往往经不住金钱利诱,导致贪污受贿事件的发生。1990 年,斯坦福大学间接费用案轰动一时,大学的政府报账项目甚至包括校长的居所装修和豪华游艇折旧费,虽然最后以校长辞职、大学向政府退还 100 万美元间接费用并缴纳 120 万美元罚款为结束,但已经严重影响了高等教育的学术名誉,引发了对其他大学科研经费分配的审计,而不少高校担心被贴上不当使用经费的标签而纷纷退还部分资助款项。如哈佛大学医学院撤回了 50 万美元研究资金的申请,麻省理工学院返还了 77.8 万美元的资助,而密歇根等公立大学也未能幸免而退回了部分受质疑的经费。

（三）招生领域新趋向

1. 对肯定性行动计划的争议

肯定性行动计划自 20 世纪 60 年代施行以来，试图在入学、就业和升职等方面赋予少数族裔以优先机会，但也引发了对其公平性的质疑，特别是近些年来在大学招生领域争议不断。90 年代中期，加利福尼亚州教育委员会开始调查本州平权法案的实施情况，州长同时宣布要更严格地控制肯定性计划。加利福尼亚大学董事会也相应采取行动，于 1995 年 7 月 20 日投票表决以 14:10 的优势废除了在入学政策、雇佣程序和合同签订方面依种族、性别和原属裔系而优先给予特定人群定额的规定。[10] 因遭到部分师生的强烈反对，大学董事会在重申其早期决定的同时作出了适当让步，同意在招生中增加一些特殊条款来保障少数族裔的利益。从此以后，50% 的大学申请者将根据学术成绩进行选拔，而招收其余 50% 的学生时则会考虑到他们在社会和教育领域的不利条件以及家庭方面的困难情况。1994 年，一名白人女生谢莉儿·霍普伍德和三名白人男生起诉德克萨斯大学法学院在招生时对他们进行反向歧视，指出大学招收了 93 名成绩低于他们的非裔和墨西哥裔美国学生。1996 年 3 月，第五巡回上诉法庭判定该校政策歧视原告，还指出不仅设置定额是违反宪法的，而且任何利用种族偏向来促进学生多样化的措施也都是不合法的，同年 7 月最高法院表态支持这一裁决。受此案例影响，德克萨斯州内其他公立高校在招生时开始无视种族问题，一项全州范围的针对少数族裔的奖学金计划被新的以学生阶层或需要为基础的资助方案所取代。两所大学中少数族裔学生由此大幅下降，加州大学伯克利和洛杉矶分校中此类学生分别下降了 44 和 36 个百分点；德克萨斯大学奥斯汀分校在 1997—1998 年注册的黑人新生则突降为零。[11]密歇根大学也曾因对少数族裔学生过分照顾而于 1997 年被一名高中毕业生告上法庭,2003 年,最高法院裁定认为大学在录取时可以考虑学生的种族,但只能是为促进高等教育多样化,而不应在录取比例或降低标准上作出硬性规定。2006 年 11 月 7 日,密歇根州在中期选举中对废除《平权法案》的"2 号提案"进行表决,结果以 58∶42 获得通过,意味着少数族裔和女性的入学和就业优待不再受法律保护。[12]如何对待《平权法案》的问题也影响到了私立高校,如赖斯大学最近也减少了对于学生多样性的偏爱。《平权法案》的支持者和反对者的斗争仍将继续下去,如何真正实现大学招生的公平性将成为美国大学需要不断思考的议题。

2. 争夺优秀生源竞争激烈

进入 90 年代,对于高度选择性的研究型大学来说,全国性的招生市场已经形成。高校日益认识到优秀的学生有助于维持和提高整个大学的教育质量,利于同伴之间的相互学习交流并能够培养出更多富有成就的校友。大学主要从录取工作、物质环境、课外活动和教育水平等方面努力来吸引优质生源。目前大部分最富有和最具选择性的高校都会向学生提供基于学业成绩的补助。许多大学向杰出的申请者颁发丰厚的奖学金而不考虑其具体经济状况,希望借此来争取到最高素质的学生防止被其他更有声望的院校抢走。学校的食宿等物质条件也逐渐成为他们竞争学生的重要手段。高校不仅要创造出令学生感到舒适愉悦的用餐和居住环境,而且还要营造出学习共同体的氛围来激发智力活动。高校还发展出了各类满足学生兴趣需要的文化社会活动来吸引他们的注意,中等规模的大学一般会为即将到来的新生准备 200 个左右的社团组织。校内和校际体育活动的兴盛也是不少高校的特色。学生和家长选择一所院校的决定因素还在于其教育质量。高校普遍对本科生表示出密切的关注,并着力向高中毕业生宣传一系列加强学习的做法,如西北大学对新生的许诺包括:创设学习共同体、学生掌握教育主动权、专为个人定制的作业、同教师的密切互动、集中的小组学习和令人兴奋的大班讲授、专门化跨学科计划、海外学习和校外实习机会、高年级论文和低年级个别指导,最终帮助本科生获得关键能力并发展出智力和艺术方面的爱好。[13]不论公私大学都担心在本科招生中处于落后地位或被挤出优质生源市场,因而纷纷表明以学生为中心的立场。以往学生要努力满足大学的需要,而现在则是大学主动去迎合学生的偏好。这种为了获取优质生源而不断投其所好的做法,一方面有助于大学不断反思和变革本科教育活动;另一方面又助长了学生的消费主义,甚至对他们的某些不合理要求也一同满足;此外还可能导致学校过于重视招生工作而对本科学习的其他方面有所忽视。

(四)后现代主义教育思想影响的加深

后现代主义有广义和狭义之分。广义界定泛指 19 世纪以来所有对现代理性进行批判和超越的哲学思潮,各流派普遍重视非理性的价值、强调完整地体现人的尺度,实现的是近代哲学思维方式向现代哲学思维方式的转变。20 世纪成为技术理性空前高涨的时代,社会趋于同质化个体也成为单向度的人,因而西方世界出现了以怀疑和否定为特征的新的文化动向,首先出现在文学艺术领域,进而拓展到哲学、社会学乃至自然科学之中。自 20 世纪 60 年代以来,一批哲学家又开始了对现代哲学思维的批判,他们认为用非理性取代理性只不过是以一种片面代替另一种片面而已。由此,狭义的后现代主义应运而生,它专指 20 世纪 60 年代以来所出现的对近代和现代哲学思维进行反思与超越的哲学思潮,涉及后结构主义以及新实用主义等多个派别。[14]尽管后现代主义从 20 世纪后半叶就开始影响西方思想界,但是其在教育领域的代表性著述直到 80 和 90 年代才得以出现并引起关注。主要著作包括:1975 年威廉·皮纳的《课程理论:概念重建主义者》、1979 年让弗朗索瓦·利奥塔的《后现代状况:关于知识的报告》、1991 年亨利·吉鲁的《后现代主义:政治、文化与社会批判主义》、1992 年小威廉·多尔的《后现代主义课程观》、1994 年罗宾·厄休和理查德·爱德华兹合著的《后现代主义与教育》以及 1995 年温迪·柯里主编的《教育哲学中的批判性会话》等。[15]

　　后现代主义教育崇尚差异、强调创造、主张平等,进而否定了绝对真理的合法性,认为真理具有多样性和不确定性,鼓励教育研究中包容一切方案与规则。后现代主义学者从多重角度对现代社会的“完人”教育目的进行质疑,提出了各自的认识:如亨利·吉鲁期望通过教育培养具有批判精神的公民;约翰·麦克拉伦从教育与权力的关系入手,视教育最重要的目标为加深学生对社会的了解形成社会责任感;柴特·包尔斯则以实施人与自然和谐共生的环境教育为己任。后现代主义课程观也因侧重点不同而形成了多种类型:迈克·阿普尔以社会权力关系中的政治经济以及种族、性别等问题为主题的民主平等课程观,大卫·格里芬等以全球性依存关系和生态调节为重点的课程观。将课程视作动态发展过程、注重师生共同探索知识、打破学科界限趋于综合化以及尊重价值多元化是各派共同的心声。在师生关系及教师作用方面,后现代主义者提出了作为学生的教师和作为教师的学生的新观点,希望借此建构师生间平等对话的关系。他们开始对教师重新定位,智慧转化者、平等中的首席以及生态圈的管理员等称谓反映了他们对教师影响方式的全新认识。

后现代主义理念折射在高等教育领域,也引发了大学理念的转变。一是多元的大学观,在内部结构复杂化和外部关系多样化的双重驱动之下,大学的职能已经跳出了传统的教学、科研和服务三分框架,如克拉克·克尔就提出了多元化巨型大学观;他认为大学职能是一个由多类功能组成的网络系统:涵盖选材、培训、研究和服务的生产性功能;包括普通教育、校园团体生活、学生管理和维持性平台的消费性功能;同时涉及社会化、评价和补偿教育的公民职能。此外大学职能具有动态性、复杂性和多样性等重要特征。[16]二是整体的课程观,越来越多的学者指出大学必须帮助学生获得完整的知识理念和多样的认识视角,如欧内斯特·博耶在1994年的一次演讲中就提出大学应致力于把各种力量联合在一起,能够将教学与科研、学生与教师、学校与社会以及不同学科相互联系起来。[17]他指出自助餐式的传统课程安排,导致学生难以实现学科间的跨越、只能获取片段的经验、无法理解各领域间的关联并最终在形成整体知识观时受挫。他强调大学生要想成为真正受过教育的人,就必须超越孤立的事实形成更加连贯的知识观和更加综合的生活观。[18]以人类普遍经验和共同活动为基础的综合性课程正是出路所在。三是对话的教学观,后现代主义教师被视为学习的同行者,学生处于学习活动的核心地位;教师要为学生探索知识提供支持,他们要引导或指出可能的方向,但必须由学生自己掌握教学路径并能认知和理解该路径。[19]因而,大学教师一方面要加强有关学习理论与规律的研究,充分把握学生的需要、个性与心理,这是双方平等交流的充分条件,另一方面则需着力创设民主化的课堂氛围,鼓励学生的探索精神与行动,这是双方有效沟通的必要条件。

二、本科教育的深层矛盾受到关注

(一)本科学习缺乏整体性

1.通识教育和专业教育缺少互动

长期以来,通识教育和专业教育的支持者各执一词,前者抨击后者导致受教育者过分专门化缺乏人文素养,引发本科教育的支离破碎;后者指责前者无视现实需要,培养出来的人才缺乏就业能力。而面对社会分工和职业流动日趋加剧的当今社会,越来越多的学者认识到当前本科教育的根本要务已经不再是通识还是专业教育应该更多一些的问题,而是如何同时发挥两者的最大作用并实现双方的有机整合。

通识教育的重要作用不可否认,而且至今高教界也未能很好地将其价值发挥到最大程度。然而由于通识教育长期被寄予厚望,而被附加了太多的内容,如道德问题、种族文化以及全球化社会等议题都逐渐被纳入其中。过分强调通识教育的意义不仅使通识课程承担了太多难以达成的责任,也造成大学忽视了专业学习的质量水平和教育意义。在实践中,通识课往往只占所有科目的三分之一或略多,而教育体系的最大部分乃是专业课程,许多学生的自选课也与专业学习密切相关,其比例为三分之一至二分之一之间。[20]专业学习的教育水平不容乐观,教师更多从自身学术偏好和知识专长,而非学生的兴趣要求以及维护整个课程体系有序性的需要出发来确立课程。而课程一旦开始讲授就很难再被废止,因而专业教育不断膨胀甚至压缩了通识课程和自由选修的时间。此外,各院系对专业课要求过于刻板,只关心如何完整地传授本领域的专业知识,以至于忽视了表达能力、批判性思维等重要目标。结果,专业教育或者过于肤浅,未能提升学生深入思考的能力;或者过于宽泛,本科生学习了一些无关紧要的内容,浪费了宝贵的时间。同时,专业教育评估一般交由各院系自行处理,而教授们往往只考虑学科自身发展的需要,而对如何借专业发展实现通识教育目标并不热衷。在教育意义方面,专业课程同样也应肩负引导学生发展思维判断力、培养公民素养和正确对待多元文化的任务,因为任何一种工作都离不开人性问题和价值抉择。由此,专业教育和通识教育也具有了更加稳固的统一基础,双方要共同致力于学生基本素养和能力的培养。在理想状态下,专业学习本应有助于学生写作和交流技能的改善,自然和社科领域的教育可为学生提供更多锻炼推理能力的机会,人文学科的教育能够增长学生对多元文化的理解进而强化全球意识。但在现实中这些目标却远未实现,亚历山大·W.奥斯汀的研究显示工程学专业的学生在写作能力、文化意识、政治参与意识和种族宽容等方面的表现反不如前。教育学专业的学生也承认自己在分析和问题解决技能、批判思维、公众演讲能力和知识面等均有所退步。[21]就是文理主修专业的学生也日益被用人单位批评不仅缺乏专业技能,而且在理解、沟通以及合作能力方面也表现不佳。

2. 各学科之间缺少结合

新生在入学时往往要在上千种科目间进行选择,同时学校又几乎没有完全针对学生个体的选课指导,大学本科教育计划中缺乏有机性和连贯性的问题至今依然十分突出。各门课程、各类专业和各种学术领域之间缺少有效的对话,它们拘泥于自己的独立王国,仅与相关学科有一些共性和交流。零散的课程学习不仅无助于学生解决重要的人生问题,而且也使他们难于正确认识诸多交叉学科和跨学科现象。

虽然研究型大学中不乏具有国际影响力和竞争力的重点学科，但是本科生并没有享受到多学科融合的体验，特别是当他们确定了主修方向之后，就被囿于某一专业之中，与其他学术领域少有接触。本科课程特别是专业科目一般都围绕特定学科制定，这确实在一定程度上有利于教育内容的系统传授和深入学习，同时也与以学系为基本单位的大学组织相协调。然而学生未来将面对的各类问题并不像学科课程一般泾渭分明，实际上是需要将多学科知识融会贯通才能得以解决的。本科生在求学期间如果不曾有过多学科、跨学科以及交叉学科的体验，学习经验将是不完整的，也无法完全胜任未来工作和生活的要求。研究型大学本科教育不仅在整合多学科优势方面有所欠缺，而且还存在因过分强调学科特点而忽视学生个体需要的问题。因在学术领域的突出成就，教师往往认为只需将学科的基本知识和先进经验传授给学生就能让他们受益，却忽略了再重要的学术知识如果缺少与学生经验兴趣的结合点，也很难为本科生所真正掌握和灵活运用。总之，正如1998年博耶报告所强调的：像研究活动变得日益具有跨学科性一样，本科教育也应努力探索各学科合作教学的方式。[22]报告还进一步指出可通过低年级的多学科学习、跨学科主修专业以及更多体现学生需要而非学系兴趣或方便的学术课程等手段来达成这一目标。由此大学教师必须改革长期以来固定于单一学科的弊病，不论是通识教育还是专业科目都要将多学科视角和学生经验需求纳入考虑范围。

3. 课外生活的教育价值遭到忽视

在大学教育中，课外生活和课堂学习具有同等重要的价值。丰富的课外活动、和谐的宿舍环境以及与教师和同伴的亲密互动，在提升学生的保持率和他们对大学的满意度方面具有积极作用，同时本科生也可以借此发展社会适应力、独立自主性、自我意识、自信心以及对人类多样性的理解。M·莫法特(M Moffatt)的研究表明对于40%的学生来说，自己亲身参与的课余活动成为最宝贵的教育经验。[23]与学术活动相比，课外实践中学到的知识虽然是非正式的，但各类经验往往更为生动有趣并贴近个人生活，由此能够对学生成长发挥更为长久和深刻的作用。要学会团队合作，最好是参与到社团活动之中，而不是简单地上课或去图书馆学习。要深刻理解不同的种族与宗教，最好是在一个多元化的学生群体中生活学习，而不是选修文化差异或种族关系方面的课程。要对贫困感同身受并形成扶贫信念，最好是参与帮助无家可归者的活动，而不是听有关贫困的课程。更为重要的是，课堂所学一般会影响到学生的课余活动，而后者反过来又能够促进对前者的理解消化。如学生若是学会了演奏，对音乐作品的认识会更为深刻；而学习了作曲课后，演奏水平则会更上一层楼。参与扶贫志愿活动的学生，如果之前选修过有关贫困的课程，将可以使自己的行动更具方向性和指导性；若是学生先参加了扶贫服务，再学习相关科目则会对所学内容形成更为深入的体会。[24]

　　虽然多数大学教师和管理者都表示肯定课外生活的价值与意义，但在实践中他们对这些活动的重视程度却远未达到应有的高度，体现在如下方面：(1)将课外学生事务委托给专门的行政管理人员，教师在这一领域涉足不多；教师一般认为自己的教育任务主要体现在教授课程方面，对于这之外本科生的发展不想过多涉及；(2)并未积极采取措施把课内外的学习活动整合起来，教师在制定教学计划和课程大纲时很少考虑过与学生的哪些业余生活具有相关性，以及能否利用一些课外活动来更好地实现这些教育目标之类的问题;(3)当学生成绩不尽如人意时,教师和管理者却并不愿反思自身教学质量和管理水平中的问题,而更倾向于将此归结为本科生的不学无术,指责他们在课外生活中浪费了过多时间,认为这是沉溺于肤浅爱好而忽视学习的结果;(4)对于课余活动缺乏有效的评估,多数评价只关注教师的课堂授课、向学生提供咨询以及为学生打分等正式教育内容,而面对属于行政人员职权范围的课外生活却并没有发展出一套行之有效的评估机制。

(二)本科生未能成为优质资源的分享者

研究型大学之所以能够吸引众多本科生前来就学的最重要原因,就在于具备其他类型高校所无法比拟的有利条件,主要表现在三个方面:(1)大量的学术活动,知识创造智力探索是研究型大学生存发展的生命线,正是有赖于此,各类重大发明和突破性发现才能层出不穷;(2)雄厚的师资力量,大学里知名学者教授云集,其中不乏各领域的带头人和诺贝尔奖得主;(3)丰富的文化资源,为了更好地满足学术发展的需要,大学一般都拥有大量的图书馆藏书、多样的网络资源和先进的仪器设备。大学在向本科生宣传自身成就时无一例外会提到上述特点,但在教育实践中本科生却往往并未能切身体验到上述优势。

研究型大学以对知识领域的不断探索为重要特征,然而与教师和研究生们积极参与各类创造性活动形成鲜明对比的是:作为高层次人才源泉的本科生却被阻隔在这些工作之外,他们多年来仍然在重复着古老的学习方式,聆听、抄写、理解和记忆构成了绝大部分本科生的生活。而这种教学方式只由于为教师所熟悉、使用方便以及不需太多创造性而一直延续下来,但其日益与大学强调探究追求创新的中心任务格格不入,传统的讲授法本不应在研究型大学的教学方法中占据主导地位。杜威早在近一百年前就指出学习应基于有指导的发现而不是信息的传递。[25] 本科生要从接受者转变为探索者,应和教师以及研究生共同参与发现之旅。虽然近年来研究型大学已经在努力提供给本科生更多探究活动的机会,但仍然相当有限还有很大改进的必要。2001 年对 91 所有代表性的研究型大学的调查表明:对于探究教学运用于哪些课程,回答为部分课程、某些关键课程、许多课程、不知道和没有课程的高校比例依次为 38.5%、20.9%、19.8%、17.6% 和 3.3%;对于本科生参与有指导的科研和创造活动的人数,回答为某些、近一半、大多数、个别专业的所有学生、不知道和全部的高校比例分别为:48.4%、17.6%、13.2%、8.8%、8.8% 和 3.3%。[26] 由此可见,当前知识探索仍未成为研究型大学本科教育中的普遍行为,各校必须加大推动本科生投身学术性活动的步伐。

研究型大学以拥有众多优良师资相标榜,但现实情况却令本科生大失所望:不仅知名教授与学生互动不多,就是普通教师在课堂外也少有渠道交流。1992—1994 年对全国 187 所四年制院校科研活动与本科教学间关系的调查显示:与其他类型院校相比,研究型大学教师投入到教学领域的时间明显不足。I 类研究型大学中 81% 的教师将 1%—50% 的时间用于本科教学和咨询;II 类研究型大学中 74% 的教师在本科教育领域所花时间不足或仅占大学活动的一半。而 53% 的 I 类硕士学位授予大学、68% 的 II 类硕士学位授予大学、76% 的 I 类本科学位授予大学和 82% 的 II 类本科学位授予大学将 51%—100% 的时间投入到指导教育本科生的工作中。[27] 近年来虽然更多的著名教授学术明星投身于本科教学活动,但他们往往开设的都是大型课程,学生常常达到百人以上,由此只能采用教师讲授学生记录等传统方法,师生直接互动几乎为零,学者智慧对本科生的启迪也因而相当有限。至于在课堂教学之外,当新生注册时,指导教师就经常缺席;教职人员并不能按规定一直坚持设有接待时间;一些教授又忙于自身的学术科研和社会服务活动,很难再留出专门时间与本科生深入交流,甚至无视学生的求助。[28]

因为本科生至今还未成为大量学术活动以及雄厚师资力量的真正分享者,所以大学内部丰富的文化资源对于他们来说也多是形同虚设。在缺少教育任务的外部激励以及专家学者的积极指导的情况下,很少有本科生会去主动利用图书馆、实验室以及多媒体网络来开展学习,即使个别学生有过试图通过这些物质条件来提高自身但往往程度也十分有限。总之,研究型大学中的本科生应该享有在多领域内部和之间从事学习活动的机会,同高级研究者共同工作的待遇以及利用一流物质设备参与知识发现的权利。

(三)教师缺乏教学领域创新

教学领域的研究和革新一直是本科教育中的一个盲点。教师们更愿意讨论学生应学习哪些方面的知识,大学应新增哪些学科的课程,而对于如何授课更为有效、怎样引入新的教学方法之类的问题则不想过多涉及。他们想当然地认为:通识课程能让学生形成持续的学术兴趣,说明文写作可促使学生的论文思路更清晰、语法错误更少,讲座课程能或多或少地提高学生的批判性思维能力。但这仅仅是教师的一厢情愿,他们很难为这些假设找到充分的证据。[29]在学习结束后学生能记住多少知识并形成何种思维习惯,并不取决于他们修读了哪些课程,而依赖于这些内容的教学方式和讲授质量水平如何。大学教师普遍缺乏学习理论以及教学方法领域的专门训练,也多不具备关注学生心理和革新教学策略的意愿。

约翰·S. 斯达克(John S. Stark)等人的研究显示仅有8%的教师在备课过程中关注过有关教与学的研究成果,而且即便在这些教师中,许多人也只是翻阅了一些过时的教学理论和研究成果而已。[30]一些大学虽然已经开展了有关学生学习过程和结果的测评,希望以此来考察教师的教学效果,但一般只限于学生个别能力的发展而缺少对他们的综合评价和对教学状况的整体把握,这些数据往往也很少被运用于教学领域的创新之中;此外,鲜有大学及教师利用各种评价手段来发现本科教育中的问题、寻求新的教学途径并在实践中检验这些方法。

教学活动长期以来的因循守旧、不求进取实际上是多方面原因造成的:(1)博士教育中教学训练的匮乏,作为大学后备教师的博士生在求学期间主要从事的是理论研究活动,而对于提高教学能力这类职业性发展却很少涉及;绝大多数研究型大学的教师往往认为作为一门艺术的教学是只可意会而不能言传的,正规系统培训的缺乏导致诸多博士生只能通过模仿自己所欣赏的教授的讲课方式来摸索教学方法,这一传统深刻影响着多代教师的行为,从而严重阻碍了教学实践的变革;(2)大学教师和管理者缺少教学革新的意愿,当博士生正式工作之后,他们发现使用何种教学方法更多属于个人的特权,并不需要由集体共同商定,教师们往往出于自我保护的本能而回避教学方法的讨论,多数人安于现状并满足于自己现有的教学水平;调整教学方法远比更新课程内容困难,需要教师付出更多的努力,改变他们长期以来的教学习惯,掌握一些并不熟悉的新技巧,甚至需要对传统教学体系进行全面改革,由此他们常常以维护学术自由为挡箭牌拒绝改变现状;而教学领域长期以来也不是管理者关注的重点,领导者普遍认为这属于教师个人职权范围之内,而不愿花过多时间精力来推动这一领域的发展;

(3)教学质量难于评估,大学的教育水平如何外界常常很难判定,当学生在学业等方面取得进步时,大学在其中的贡献如何难以确定,多校之间的比较则更不可能,人们不能准确得知两所高校在学生智慧和品格培养方面的差距,也无法了解某所大学在改善教学方面是否已经倾尽全力;学术界不仅对于有效教学的目标和组成要素仍未能达成一致意见,而且在测评教学质量和效用的手段方面也没有形成共识。

总之,虽然大学教育确实有助于促进学生发展,但本科生在各方面的进步仍远远不够,高校还没有充分将学生应有的潜能发挥出来。即使在美国最具选择性和吸引力的大学中,也只有不足一半的毕业生认为大学在帮助他们发展分析和写作能力或在获得专业知识方面贡献巨大。[31]在研究型大学积极吸引优质生源,着力改善教学设施和努力聘用知名教授的同时,不应该忽视整个本科教育中更核心的方面即教学领域的革新,他们必须不断去寻求更多更好的教育方法才能够从根本上解决本科学习中的诸多问题。否则只能造成一方面大学课程数量不断膨胀,另一方面学生真正所学却并未显著增加的尴尬局面。

三、本科教育改革新动向

(一)发展整合教育

所谓整合教育实质上是要实现与个体发展相关的各要素之间的系统化、协调化和综合化。具体而言,可分为三个层次和八个亚层:学科之间的综合,即相关学科的综合,人文、社会和自然学科的综合,学科与科学文化最新发展的综合;学科与社会之间的综合,即学科与社会职业要求的综合、学科与社会问题的综合以及学科与生活主题的综合;学科与学习者的综合,包括学科与认知的综合以及学科与情意的综合。[32]总之,整合教育是专门化与整体化的辩证结合、是课程结构与课程内容的共同综合化,也是一个各方力量相互作用的动态平衡过程。为了达到整合教育的目标,研究型大学不但坚持以培养基本能力素质为中心来确保本科教育更具凝聚力,而且日益重视从入学到毕业各个阶段的综合学习以推进育人过程的一体化,同时通过新生适应、宿舍学习以及社区生活等途径来加强课堂教学与课外活动之间的联系。

1. 重视发展学生的基本能力素养

本科生基础知识、基本能力的完善不但是通识教育和专业教育的共同目标,而且也是当今社会对合格人才的普遍要求。教育界逐渐认识到只有着眼于学生基本素质的提升,才能在日益分化的学科知识和复杂多变的现实环境间推动课程和教学朝共同的方向迈进,进而保持本科教育的相对完整与统一。具体而言,本科生的基本能力素养包括如下方面。

第一,娴熟的表达与沟通能力。

所有的本科生都必须提高各种形式的表达能力,其中最为重要的是准确而优美的书面写作能力和清晰又具有说服力的口语能力。善于表达既是生活和工作的必需,也与归纳能力、批判思维以及分析水平的发展息息相关。良好的表达能力为进一步畅通的交流提供平台。信息时代和全球化社会更加凸显了沟通能力的重要性,人们与不同背景、不同领域的人之间交换数据、交流认识的频率大大增强。如美国前参议员、劳工部部长威廉·布洛克(William Brock)曾预言:我们的竞争力将依赖于我们的认知和交流技能。[33]虽然早在中小学学生就接受了表达与交流方面的训练,但在他们步入高等教育殿堂后这些领域的表现仍然很难尽如人意。各大学也纷纷意识到了学生们的问题并开始行动,期望通过设置相关课程来弥补这些不足。2001 年博耶委员会对 91 所典型的研究型大学的调查显示:在写作教育方面,52% 的大学提供为时两个学期的写作课程,43% 的院校并设办时一学期的写作科目;在新生写作要求之外,38% 和 51% 的高校还分别为低年级和高年级本科生开办了相关课程,22% 的大学还将写作计划渗透到其他本科课程之中。[34]在交流领域,大学也通过增加导论课中交流技巧的介绍、向学生提供更多公开演讲报告的机会以及设立与口头交流相关的主修课程等方法,来改善本科生交流能力不佳的状况。专门的写作、口语以及交流课程是必不可少的,然而如果试图仅凭借短期教育来实现学生表达沟通能力质的飞跃则是不现实的。无论专门课程如何成功,学生要继续保持乃至提高已达到的水平还必须在四年教育中继续参与更多的练习,并不断接受及时具体的反馈意见。这要求大学的其他课程也必须着眼于本科生沟通表达技能的发展以形成一种共同的氛围。总之,一方面大学要着力提高现有表达交流课的质量,另一方面又不能完全依赖于此,而必须将改进学生听说读写能力的要求贯穿于全部本科学习之中。

第二,发达的思维能力。

大学教育实际上也是一个教师帮助学生学会思考的过程。本科生应能够准确掌握并灵活运用一些常见的思维方式和习惯。具体包括清晰地认识和界定问题,分辨出同一问题的不同论点与利益关系,搜集相关材料并分析不同材料间相互关系,围绕某一问题尽可能多地提出解决方案,研究证据并运用推理类比等方式考察各方案进而确定最佳计划。[35]1994 年一项全国性调查表明,几乎所有的教师都赞同学生高层次的智力和认知能力发展是高校最重要的教育使命,并特别强调批判性思维对于个体成功和国家利益都是至关重要的。[36]许多研究型大学的本科教育报告也表达了对思维能力的关注。如斯坦福大学在 1994 年本科教育委员会的总结性报告中指出,要通过提高讲授批判性思维课程教师的地位,来促进学生思考能力的发展;加州大学伯克利分校 2000 年对本科教育的建议中也反复提到,为学生的独立性、批判性以及创造性思维活动创造机会;约翰·霍普金斯大学在 2003 年的倡议中将批判性思维能力的培养置于各项教育任务之首。当前,大学采取了多种方式来提升学生的思维能力:在讲座中,学生可以了解到训练有素的学者如何解决疑难;在研讨课上学生有机会发表自己的看法,并与教师和其他同学交流意见;日常作业和课程考试给学生提供了认真思考问题的机会,同时还能接受教师的点评;在课余生活中,他们通过参与社团活动与更广泛的人群交往,不断在新观点新知识面前检验反省自己认识解决问题的方式。然而高校仍有巨大的改进空间,教师应进一步减少填鸭式讲课的比重而增加研讨式授课的数量,利用更多的课外时间和本科生交流以启迪他们的智慧,同时采用更多鼓励创新而非强调记忆的方式来评价学生。

第三,良好的道德素养。

大学在关注学生智力领域教育的同时,也决不能忽视他们道德水平的发展,高校必须承担起培养年轻人道德思考能力的重任,同时这一使命的达成也并不仅限于通识课程,专业学习中也要重视价值教育。在学生消费主义盛行、学术不端事件频发的当今校园,道德教育显得更为珍贵。各高校也纷纷表示出对学生道德品质的关注,如康乃尔大学在招生时就明确指出会对那些形成良好性格和有益人格的无形但重要的因素进行全面考虑。入学后,大学主要通过三条途径来影响学生的道德发展:应用伦理学课程、社区服务活动以及学校的道德榜样作用。历经几十年对道德教育的排斥之后,现在有关道德问题的课程又重新繁荣起来,并表现出新特点:教师们不再直接向学生传授道德和政治问题的标准答案,而是试图通过让学生讨论日常工作生活中的道德两难问题来帮助他们形成道德意识并更深刻地分析实际问题。道德教育课程毕竟只是一种纸上谈兵,学生品德的培养离不开实践活动,而高校组织学生参与社区服务则可以使他们了解弱势群体的生活疾苦,并切身体会如何关心照顾他人。此外,大学在处理道德问题时的以身作则也是对学生无形的教育,同时面对大学里存在的道德问题,领导者不应漠视或回避,而必须勇敢承认不足并积极改进。大学已经在培养学生品格方面做出了不少贡献:众多的应用伦理学和道德推理课出现在课程目录中,社区服务活动蓬勃发展让更多的本科生参与其中,不少高校还将课堂教学与社区实践结合在一起。但同时也仍有许多继续努力之处:如应用伦理学课程多以选修为主,班级容量较大缺乏课堂讨论,仍有偏重道德理论发展轻视实际问题解决的倾向;校方对社区服务缺乏有效监督和指导,学生之间也缺少交流和反思;高校在对待学生作弊、低龄饮酒以及体育活动等方面的示范作用仍需加强。

第四,有责任感的公民意识。

虽然各大学都将公民职责列为培养目标之一,但公民教育实际上是本科学习中的一个薄弱环节。尽管大学在实现交流能力、思维能力以及道德发展等本科教育其他目标时,都会涉及与公民素质培养有关的内容,同时校内的学生组织和社团活动也有助于本科生了解更多法律政策领域的问题,但大学所做的还远远不够:学习过美国政府、政治哲学或国际问题方面课程的学生比例均不足三分之一。在课外活动中,虽然各种民主党和共和党俱乐部广泛存在,但参加人数寥寥无几。大学至今仍没有帮助学生积极参与到政府和社区的活动之中,管理者和教师仍未将学生公民意识的养成放到与智力水平的提升同样的高度。大学应加强学生公民知识和公民素养方面的普遍性教育,不应将其视为本科教育中可有可无的选修课程,而应使所有学生都了解到有关美国的民主社会、政治组织、公民权利、经济发展以及对外政策等方面的基本知识。学校还应提倡各种学生组织的发展,大学要通过宣传使学生相信拥有自己选举产生的管理机构是一件令人自豪的事情,并鼓励他们承担起相应的责任并将民主程序运用到组织的运作之中。除了借助于学生社团,大学还可更主动地开展辩论赛、模拟集会以及与政府官员直接对话等活动来增加本科生对政治活动的了解,激发他们行使公民权利的热情并养成履行公民义务的习惯。

第五,多方面的兴趣。

大学教育有责任帮助学生认识自然、社会及人文领域中的众多现象,引导他们成为具有开阔视野、广博知识和多样爱好的人。高校一般通过开设通识课程的方式来致力于满足学生多方面的志趣;同时,合唱团、话剧社、文学社和政治俱乐部等多样的校园活动也激发了他们对多领域的热情;就是专业教育如果组织得当的话,也可以唤起学生对多学科的关注,丰富他们的知识体验。作为承担发展学生多样兴趣主要责任的通识课程,一般采用分布制、名著课、概论课以及探究模式等方法。这些形式确实在一定程度上为学生提供了多种兴趣发展的可能,但也都普遍存在着诸多不足之处。分布制可以确保本科生对三大学科领域都有所涉猎,但庞杂的课程往往更多体现的是授课教师的学术旨趣而不能引起学生对新知识的好奇心;名著课程试图让学生在阅读体会经典著述过程中接受更广泛知识的熏陶,但繁重陈旧的内容和枯燥无味的教学不但无法激起学生的求知欲反而令许多人望而生畏;由一系列导论科目组成的概论课程虽貌似内容丰富充满趣味,但在实际操作中却往往演变为浅尝辄止的泛泛而谈,只是向本科生灌输了大量事实性知识,很容易被学生所遗忘;探究教育重视展示各学科领域探索知识的独特方式与过程,确实在一定程度上能够调动学生的积极性,促使他们主动学习相关材料以获得全面认识,但又有过于重视方法训练之嫌。培养知识广博人才任重而道远,不仅需要高校不断创造更多灵活的形式,也需要多学科教师认真的投入。

第六,一定的职业能力。

面对高度分工的社会,大学有义务帮助学生实现更好的专业发展。专业课程应使学生满足四条标准:(1)掌握与某一重要问题或领域相关的一系列知识;(2)学会本领域学者获取相关信息时常用的研究方法;(3)掌握最有效的分析方法,利用所学知识解决本领域的常见问题;(4)完成不同难度的任务以检验他们深入探究的能力,最好采用毕业设计的形式以考察整个专业学习的成果。[37]专业学习并不是堆积某一特殊领域的知识,而是概括性的整体;不是获得一些关于事实的信息,而是消化和整合知识。[38]事实上,专业教育对学生思维和问题解决能力的训练是其他课程所无法比拟的:在学习特定领域知识的过程中,学生必须了解如何搜集信息,学会分析问题的各种技巧并最终找到解决之道。专业课程之外,大学还利用职业辅导来发展学生的就业能力。就业指导办公室不仅搜集公布各种岗位的就业信息,还负责学生兴趣能力倾向的测试,为其提供职业方面的辅导帮他们进行职业决策。同时,指导人员会定期邀请各行各业的代表来高校宣讲,并为学生安排兼职和实习工作。专门的职业指导课程也逐渐兴盛起来,该类课程能够通过讲述行业的发展历史、在美国社会中的地位以及面临的挑战等内容,来帮助尚无明确就业方向的学生重点了解某些领域工作的特点,进而缩小选择范围确定适合自身的职业。美国大学在培养本科生的职业能力方面已经取得了不小的成就,未来需要更加关注的问题在于如何将职业发展和心智训练更紧密地结合起来。

2. 关注各阶段的综合教育

要推动教育的一体化,各阶段的本科教育都必须体现综合性的特色,许多研究型大学的战略规划也体现了这一趋势。如加州大学伯克利分校在 2000 年本科教育报告中就把四年教育划分为三个阶段,并指明了各段的重点所在。第一阶段为一二年级的基础教育,主要任务在于探索新领域、为专业学习奠定基础并发展终身学习的需求和技能。大学要通过发现学习为本科生今后的教育做好准备,侧重于培养他们表达交流、数量分析和运用信息技术的能力。第二阶段是三年级的主修学习,着眼于帮助本科生掌握主攻领域及相关学科的基本框架、核心内容和研究方法。该时期以锻炼学生的批判性思维为主,通过提出问题、搜集分析证据以及给出答案或说明这一系列探究活动来提高他们的智力水平。第三阶段为四年级的顶峰体验。学生要独立完成更多高水平的学术任务,同时在教师引导下整合之前的广博课程和主修教育,实现将宽泛的自然、社科和人文领域知识同精通的专业内容有机融合起来的目标。[39]其他大学在细节上虽有所差别,如有的院校专业学习覆盖二三年级。但一般都遵循新生基础教育、跨学科学习和毕业班顶峰体验的发展阶段,并根据每个时期学生特点和教育任务的不同而采用各异的教育途径。

第一,建构新生基础。

一是推广新生研讨课。

进入 90 年代以来,在博耶委员会的倡导下,新生研讨课得到了更多研究型大学的重视,成为诸多高校发展综合教育的有效手段。下面的数据显示了 2001 年全美 91 所研究型大学实施新生研讨课的调查结果。

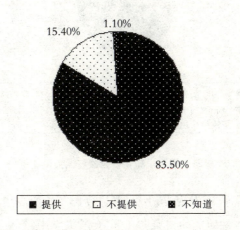

图 6.1 2001 年提供学术性新生研讨课的研究型大学比例(%)分布[40]

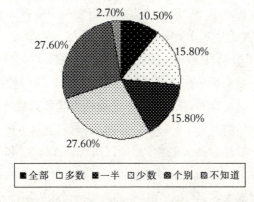

图 6.2 2001 年参与研究型大学学术性研讨课的新生人数比例(%)分布[41]

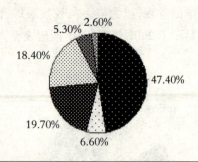

均为全职教师　　全职教师与研究生助教
全职教师与本科生/职员　　多数为全职教师
多数为兼职教师　　不知道

图 6.3　2001 年研究型大学新生研讨课任课人员比例(%)分布[42]

　　考察上图可以发现:76 所即占总数 83.5% 的高校为一年级学生提供了学术性质的研讨班。在这 76 所大学中,新生参与研讨课达一半以上的院校比例为 42.1%;而负责此类课程的也多为固定的全职教师,仅 5.3% 的学校会将大部分内容交由兼职人员讲授。据全国新生和转校生经验资源中心 2006 年一项 968 所高校参与的调查显示:在数量上,812 所即 84.8% 的院校为一年级学生开设了研讨课程,其中 370 所即 45.6% 的院校提出了必修要求;在种类上,除传统的学术性新生研讨课之外,职业性、技能性以及混合性等多样形式也得到了长足发展;在师资上,612 所即 74.5% 设置新生研讨课的高校为任课教师开展了专门培训。[43]总之,研究型大学在本科教育的起始阶段一般都会要求学生学习数门研讨课,以获得和教师以及同伴密切互动共同探究的机会,而其中往往都融合进了多学科的知识。以斯坦福大学 2009—2010 年的新生研讨课为例,56% 都具有跨学科性质:如"人与自然:利用空间技术应对灾难"就是电子工程学和地球物理学的结合;"观察 60 年代的美国"横跨人文和社科两大领域;"当代社会中的技术"则以社会学视角考察科技的发展。

二是建构新生学习共同体。

作为发展整合教育有效途径的学习共同体在 80 年代中期开始引起全国范围的重视,并于 90 年代中期出现了急速扩张之势,到 2004 年已有五百多所高校引入了这种教育模式。巴巴拉·L. 史密斯(Barbara L. Smith)等学者指出学习共同体致力于将两门以上的课程组合在一起,一般围绕跨学科的主题或问题并且一组学生自始至终共同参与和完成学习任务。这种教育方式通过对学生的时间、学分和经验的有意重组来建构团体,提高学习水平并推动学生、教师和学科之间的联系。[44]师生亲密接触并形成稳定的学习组织,打破单一课程局限实现多学科的交汇融合,以及超越教育内容的简单传递激发学生主动探索知识领域,构成了学习共同体的基本特征。心理学理论表明学生在学术生涯早期参与小型团体将有助于他们提高学业成绩、建立个人自信并更顺利地融入社会。由此,各校积极建设新生学习共同体,期望从入学起本科生就能和具有共同兴趣的伙伴一起学习相互关联的课程。比较各校实践,其中麻省理工学院新生学习共同体因其优质的计划和突出的成果尤其值得借鉴。大学共设置了实验学习小组(Experimental Study Group 简称 ESG)、课程总汇、Terrascope 计划与媒体艺术和科学计划四类活动,各容纳 25—100 名新生,均为期一年,每名参与其中的本科生都有机会和教师、工作人员以及高年级学生长期接触,从而与大学里接受常规教育的新生相比具有与众不同的体验。[45]

实验学习小组为新生提供有关核心科目的个别化教育计划,每年约有 50 名新生、12 名教师以及 25 名曾参与过学习小组的高年级学生作为指导者进入到这一共同体中。学习小组在数学、物理和化学领域利用小班授课(一般少于 10 人)、个别指导和自定步调学习取代传统的大班讲授。在自然科学教育之外,人文艺术、社会科学以及交流表达方面的课程也被纳入其中。在小组里,学生将有大量参与讨论和独立学习的机会。ESG 在覆盖了大学新生课程中所有核心科目之外,并设有众多根据教师个人专长所开办的讲座和研讨会。还会邀请高年级的学生和研究生来与新生交流并为他们授课。小组的活动地点是包括中央大厅和厨房在内的14 个房间,兼具学习和休闲之用,来宾演讲、午餐会和晚间学习都在此进行。师生还常常共同参加远足、滑雪等户外活动。近年来,学习小组特别着重于发展其独具特色的研讨课系列以丰富学生在常规课程之外的阅历。为了与教育实验的精神相符合,研讨话题十分广泛丰富,既包括基础学习领域中的重要内容,也涉及许多新颖的现实问题,如世界宗教、恐惧和希望中的心理学、美国摄影以及玩具和游戏中的数学等都在讨论之列。

　　课程总汇为 60 名新生同时提供自然科学和人文学科的基础教育。其强调多学科的融合,力图通过高度整合的有组织的教育方式使学生获得对知识本质的完整认识,并促进不同学习领域的创造性联系。秋季课程包括化学、物理学Ⅰ(力学)、心理学导论以及微积分;春季课程由记忆和文学、物理学Ⅱ(电磁学)以及微分方程组成。该学习共同体努力确保新生教育结束后能够胜任任何主修专业的学习,而不是将他们引入特定领域之中。例如化学实质上是固体化学和化学原理的综合,将两门课程中的精华集中起来,同时还涉及有机化学的内容并加入了有关化学学科在人类思想王国中地位的讨论。[46]该科目不但为工程学、生物学以及生物化学专业的学生做了充足的学术准备,而且对于医学教育来说也是必需的。物理课程不仅同时为主修物理学和工程学的本科生提供知识基础,还有助于加深对经济金融等领域的了解。数学教育试图同其他学科建立更密切的关联,如"三维空间中的形象和操作"就与立体化学的内容紧密相连,同时也是科学和工程领域常用的技巧。心理学导论通过对行为和精神的研究可以自然地在科学工程领域和人文艺术社科世界间形成联结。记忆和文学由两位资深教授共同担纲,分别从心理现象和作品文本的视角来解读记忆问题:心理学领域的话题包括清晰和模糊记忆间的区别、记忆与意识及行为的关系;文学世界的讨论则通过圣经和莎士比亚的作品来研究这些精神现象。

　　Terrascope 计划容量限定在 30—40 人之间,同时包括理论问题解答和工程设计建设两个方面。每年 Terrascope 计划都会围绕特定主题展开工作,该主题总是涉及科学、技术、社会、经济和政治等多领域的内容。学年开始时确定需解决的问题,秋季学期末全班学生以集成网站的形式提出对策,之后新生通过在线广播的方式向校外知名专家阐述构想并回答他们的质疑,整个过程会存档以备之后的检查。春季学期时,各组新生要公开展览他们的设计成果并向普通爱好者解说其研究领域。接着学生要将这些分散的小型展览汇聚成一个综合性展览,面对全校人员以及更大范围的公众开放,并接受来自波士顿博物馆和包括中小学生在内的大众评估。[47]Terrascope 计划另外包括两门选修课:在 1 月探讨人们如何在博物馆中学习的问题;在春季学期就全学年的研讨问题制作一期广播节目。此外,学生还可选择参加一次春假旅行,每周还有一次共同的社会活动。

　　参与媒体艺术和科学计划的新生可以利用媒体实验室学习课程。该计划是对主流课程的一种补充,在学生接受大班核心科目教育之外,他们同时还可以在实验室教师的帮助下参与化学和物理领域的评述和辅导活动,从而在主课学习和媒体实验室研究之间建构起联系。实验室学习包括两门课程,即属于人文、艺术和社科科目的"计算机设计基础"和"在媒体艺术和科学领域从事研究活动"。前者从工艺师的视角讲述 20 世纪艺术设计的历史并介绍视觉分析、口头评论以及数字表达中的方法;后者涵盖媒体实验室的研究领域、研究进度文档化和科研中的伦理问题等内容,并要求学生分别以口头、书面和在线形式呈现自己的研究成果。此外,本科生还可加入专为新生量身打造的咨询研讨课,从三门中选择其一。"游戏、谜题及其他与思维相关的事情"主要包括运用计算机语言编写游戏、依靠质量度量方法评估谜题以及借助算法和探索法解题等内容。"窃取智能传输服务"则畅谈数字媒体的创建和分配过程以及盗版和反盗版之间的斗争,同时也会涉及相关的法律和道德问题。Mp3 的工作原理、DVD 的加密技术以及如何正当使用等议题均在讨论范围之内。"设计家电产品"利用案例研究来探讨研制家用电器时技术、人的因素、美学以及营销学交汇碰撞的过程。课程结束时每位学生都要就设计新产品提出个人观点并说明原因。总之,该共同体力图通过先进的计算机技术,进一步巩固并拓展新生在人文、社科及科学领域的学习。

第二,开设跨学科专业。

各学科相互融合并不应仅限于基础阶段,高年级的本科教育同样离不开诸领域间的交流,跨学科主修和辅修也是多学科联合学习的重要形式之一。[48]跨学科专业通过淡化学术边界,期望不同学科在相互开放和频繁越轨中不断扩展与自主生长,甚至进而发展出具有无穷增值潜能的新的知识生态系统。[49]与美国其他院校相比,南加利福尼亚大学的显著特点就在于其文理学院和 17 所专业学院针对本科生共开设了 150 多种主修方向和 120 个左右辅修专业,而其中不乏跨学科计划,可谓全美高校之最。同时学生还能够比较自由地选择主修和辅修组合,如主修商学辅修生物伦理学、主修电影艺术辅修心理学等;或者双主修两门单一学科,如兼修生物医学工程和俄语。

一是跨学科主修方向。

南加利福尼亚大学的 150 个主修专业中有近 40 种属于交叉学科性质,约占总量的 27%,覆盖了主要的学科领域,此外入学成绩优异的本科生还可以自创跨学科主修方向。

表 6.1　授予文学士的跨学科主修专业[50]

主管学院	主修专业	主管学院	主修专业
文理学院	美国研究和种族	文理学院	语言学/东亚语言和文化
文理学院	美国研究和种族（非裔美国人研究）	文理学院	语言学/哲学文理学院
文理学院	美国研究和种族（亚裔美国人研究）	文理学院	语言学/心理学
文理学院	美国研究和种族（拉丁裔美国人研究）	文理学院	中东研究
文理学院	东亚研究	文理学院	叙事研究
文理学院	环境研究:商学	文理学院	神经科学
文理学院	环境研究:地理学	文理学院	哲学、政治学和法学
文理学院	环境研究:公共政策和管理	文理学院	宗教:犹太教研究
文理学院	环境研究:社会学	文理学院	社会科学:经济学
文理学院	性别研究	文理学院	社会科学:心理学
文理学院	健康与人类	文理学院	跨学科研究
文理学院	跨学科考古学	电影艺术学院	动画制作和数字艺术
文理学院	国际关系(国际商业)		

表 6.2　授予理学士的跨学科主修专业[51]

主管学院	主修专业	主管学院	主修专业
文理学院	生物化学	文理学院	物理学/计算机科学
文理学院	生物物理学	马歇尔商学院	企业管理(影视艺术)
文理学院	经济学/数学	马歇尔商学院	企业管理(东亚研究)
文理学院	环境研究:生物学	马歇尔商学院	企业管理(国际关系)
文理学院	环境研究:化学	马歇尔商学院	计算机科学/企业管理
文理学院	环境研究:地球科学	凯克医学院	全球健康
文理学院	自然科学		

　　虽然早在 70 年代美国一些大学就开设了跨学科专业,但一方面数量和种类相对较少,如常常只有环境研究、种族研究和妇女研究等若干种;另一方面跨度仍然较小,往往仅限于学院内部各系的合作,多学科背景仍显不足。在当代,一所研究型大学开设几十甚至上百种跨学科专业已不足为奇,而且往往包括主修、辅修以及自设专业等多样类型,同时实现了更广泛学科领域的沟通,如南加利福尼亚大学的环境研究就与商学、地理学、公共政策和管理以及社会学有了合作;种族研究也同整个美国社会的研究联系在一起;妇女研究则只是性别研究的一部分。纵观上述主修方向,或围绕特定问题,或融和多类领域,但都试图确保本科生能接触到一门以上的学科知识。以三种与企业管理相关的主修专业为例,它们就是马歇尔商学院分别与电影艺术学院、文理学院以及国际关系学院合作的产物。三个专业的学生都必须首先完成 48 个学分的商业核心课程和集中领域教育,然后根据各自研究方向的不同,再从主攻领域中学习 24 个学分的课程。

表6.3 三类企业管理专业共同学习的商业教育课程[52]

课程代码	课程名称	学分
BUAD 250ab	资料核算中的核心概念	4—4
BUAD 302	商业中的沟通策略	4
BUAD 304	组织管理	4
BUAD 306	企业财务	4
BUAD 307	营销基础	4
BUAD 310	应用商务统计	4
BUAD 311	运营管理	4
BUAD 350/BUAD 351	企业决策中的宏观经济分析/企业决策中的经济分析	4
BUAD 497	战略管理	4
集中领域	商业课程	4
集中领域	商业课程	4
总计		48

表6.4 企业管理(影视艺术)专业的主攻领域课程[53]

课程代码	课程名称	学分
CTCS 190	电影概论	4
CTCS 191	电视和食品概论	4
CTIN 456	商业中的游戏设计	2
CTIN 458	游戏中的商务和管理	2
CTPR 410	电影业:从故事构思到上映	2
CTPR 460	影片的生产和发行	2

课程代码	课程名称	学分
CTPR 461	电视台管理	2
CTPR 385	讨论会:电影制作技术	4
CTPR 495	在影院或电视台实习	2
总计		24

表 6.5 企业管理(东亚研究)专业的主攻领域课程[54]

课程代码	课程名称	学分
EALC 110	东亚人文:伟大的传统	4
EALC 340/ EALC 345/	日本文明/韩国文明/	
EALC 350	中国文明	4
ECON343	东亚经济发展	4
POSC 355	东亚政治	4
集中领域	东亚研究	4
集中领域	国际关系:泛太平洋地区的国际关系	4
总计		24

表 6.6 企业管理(国际关系)专业的主攻领域课程[55]

课程代码	课程名称	学分
IR 210	国际关系:导论分析	4
国际政治经济课程(从以下 4 门中选择 1 科)		
IR 324	跨国企业和世界政治	4

续表

课程代码	课程名称	学分
IR 325	世界政治经济中的富国和贫国	4
IR 326	美国的对外经济政策	4
IR 330	世界经济政治	4
地区国际关系课程(从以下 16 门中任选 2 科)		
IR 333	国际事务中的中国	4
IR 345	俄罗斯和苏联外国政策	4
IR 360	环太平洋地区国际关系	4
IR 361	东南亚国际事务	4
IR 362	当代中东国际关系	4
IR 363	中东政治经济	4
IR 364	中东国际关系:1914—1950	4
IR 365	美国对拉美和加勒比海地区革命性变化的反应	4
IR 367	国际事务中的非洲	4
IR 369	当代欧洲的国际关系	4
IR 383	第三世界谈判	4
IR 385	欧洲的对外政策和安全问题	4
IR 439	俄罗斯和欧亚大陆的政治经济	4
IR 442	日本的对外政策	4
IR 465	美国—拉美关系中的议题	4
IR 468	欧洲一体化	4
国际关系选修课(从以下 15 门中任选 2 科)		

续表

课程代码	课程名称	学分
IR 305	应对新的全球挑战	4
IR 306	国际组织	4
IR 310	和平和冲突研究导论	4
IR 315	世界政治中的种族和民族主义	4
IR 316	性别和全球问题	4
IR 323	全球环境政治学	4
IR 327	国际谈判	4
IR 341	外交政策分析	4
IR 344	世界政局中的发展中国家	4
IR 381	国际安全导论	4
IR 382	国际事务中的秩序和混乱	4
IR 402	战争理论	4
IR 427	经济和安全问题的研讨课	4
IR 444	国际社会中的议题和理论	4
IR 483	战争和外交:国际事务中的美国	4
总计		24

其他专业也普遍采用与企业管理各方向相类似的课程安排,而在众多主修领域中,文理学院开设的跨学科学习,因向学生提供自主设计原创性主修的机会最独具特色。其通过发展个别化计划来帮助本科生将专业教育和文理学习有机地联系起来。该主修主要面向成绩优异的学生,平均学分积点在 3.0 以上的本科生才具备申请资格。每位有兴趣的学生需撰写 3—4 页的计划,以描述出

意图探索的跨学科问题、需要结合在一起的学习领域和未来毕业论文的研究方向。专家委员会在综合考虑学生的水平和课程的可行性后会挑出合适的人选。开始正式学习后,参与者要签订一份学术合同,列出各学期需要完成的课程,其中4学分的科目总量最少为9门,所涉及的学科领域至少为2个。在课程学习的同时,本科生也开始在专门教师委员会的指导下构思毕业设计。到四年级时,他们要提交一份约30页长的报告,只有得到论文导师和指导委员会的认可后才能毕业。在过去几年中,诸多内容成为跨学科学习主修的主题:舞蹈中的艺术和科学、日本音乐和哲学、摄影的社会作用、国际关系中的语言理论模式、商业和哲学中的价值问题、儿童的观念、全球化和社会运动以及非暴力的作用等都成为探究的对象。

二是跨学科主修辅修组合。

如果学生没有选择跨学科主修计划,他们也不用担心所学内容会过于狭窄,因为高校还提供了广泛的主修辅修组合。由此,即使主攻专业和辅修方向都只限于单一学科,通过两者的结合学生仍然有机会接触到多方面的知识。大学为大部分跨学科和单学科主修专业都配备了一定数量的辅修计划,学生可根据实际需要从中自由选择。

以文理学院的政治学文学士为例,主修要求为9门总计36学分的政治科学课程。9门课程中至少2门必须要选自以下科目,即美国民主的理论和实践、意识形态和政治冲突、比较政治学以及法律、政治和公共政策;至少1门要从美国政治、政治思想、比较政治学以及法律和公共政策4个领域中进行选择。在主修之外,大学还向学生推荐了人权问题、法律和社会、民族种族和政治以及数字媒体中的政治组织等辅修方向以拓展他们的视野。

人权问题将涉及有关人类权利保障的各种议题,由文理学院和其他院系合作教学。该计划覆盖人权的理论基础、历史和现状以及案例研究等诸多方面,共计 18 学分。其中一门必修课是和平政治、两门与国际人权相关以及一门涉及到国内人权问题的科目总计 16 学分。另外 2 学分来自实习工作或社区宣讲等实践活动,大学还鼓励本科生加入到相关的学生组织中去实地学习。法律和社会辅修侧重于研究法律系统与社会力量如何相互作用的问题。学习内容既包含法官、陪审团、律师、警察、立法机关和司法机关等与法律相关的人员和机构介绍,也涉及辩诉交易、死刑判定、诉讼程序和同等保护等法律政策和宪法原则。全部课程共 7 门总计 28 学分:3 门必修课分别来自法律、政治和公共政策领域;3 门选修课源自宪法、国际法以及政治分析三个方向;最后一科则可从政治学、法学、社会学以及人文历史学科中进行选择。民族、种族和政治帮助学生批判性地分析和评价当代的种族关系并探讨民族种族问题如何在政治界发挥影响。该辅修由 5 门课程组成共 20 学分:(1)必修科目为种族政治学;(2)全球背景下的种族和性别研究,可从 11 门相关课程中进行选择;(3)比较种族政治学,从城市政治、亚裔政治、政治参与和美国的多样性、黑人政治、拉美裔政治、文化多样性和法律、人类差异政治以及民主、政治权利和自由中选出 1 门;(4)社会/历史研究,从以历史角度理解种族和性别、早期印第安人历史、美国社会史、美国城市化进程、新南部、美国移民、种族关系以及全球社会中的种族关系中选出 1 科;(5)种族的形成,从美国、边境和新西部,种族和公民的社会建构,社区中的领导力(实习)以及非裔美国人文化和社会 4 门中选取 1 种。[56]数字媒体中的政治组织专业主要探讨如何利用互联网络等新技术建设国内外的政治组织。该辅修要求 20 学分,本科生可以从国内政治组织、跨国社会运动、组织中的新技术、政治组织的背景以及顶峰课程 5 大领域中各选出 1 门课程构成教育计划。

虽然政治学专业并非跨学科主修,但通过提供辅修方向,本科生则可以选择从人权、法律、种族以及技术的角度去更多样地认识政治学科中的各种问题。其他专业的组合形式也与政治学类似:企业管理配以会计、广告、生物工程或商法等多种辅修,民用工程配以环境工程、建筑规划和管理或工程技术商品化等多类专业,数学专业伴以数理金融辅修,心理学主修则辅以心理学和法律、消费者行为或领导的关键性方法专业。

三是跨学科辅修专业。

南加利福尼亚大学的辅修领域也相当丰富,几乎覆盖到全校所有学科方向,其中跨学科专业将近 60%,本科生可以在 70 种左右的计划间进行自由选择。辅修专业的存在本身就是对教育内容的一种扩展,而多学科交叉的导向则进一步强化了本科学习的整和性。有些专业则既可作为主攻方向,又可当作补充性的辅修,如性别研究、美国研究和种族以及动画制作和数字艺术等属于此类,只是具体内容和课程安排上会有所差异。下表列出了一些有代表性的跨学科辅修专业。

表 6.7　跨学科辅修专业[57]

主管学院	辅修专业	主管学院	辅修专业
文理学院	艺术史	传媒学院	传播和娱乐业
文理学院	性别研究	传媒学院	传播法和媒介政策
文理学院	人权问题	马歇尔商学院	商法
文理学院	美学理论	桑顿音乐学院	音乐剧

续表

主管学院	辅修专业	主管学院	辅修专业
文理学院	法律和社会	罗西教育学院	多元社会中的教育
文理学院	心理学和法律	社会工作学院	美国城市中的儿童和家庭
文理学院	美国流行文化	电影艺术学院	有关健康专业的影视
文理学院	美国研究和种族	电影艺术学院	动画制作和数字艺术
文理学院	民族、种族和政治	维特比工学院	工程管理
文理学院	数字时代的政治组织	维特比工学院	交互式多媒体
文理学院	古代宗教和古典语言	维特比工学院	建设规划和管理
文理学院	民间传说和流行文化	维特比工学院	工程技术商品化
文理学院	阿拉伯语和中东语言研究	维特比工学院	视频游戏设计和管理
文理学院	计算学和生物信息学	罗斯基艺术学院	3D 游戏
文理学院	环境自然科学	罗斯基艺术学院	3D 动画
文理学院	环境社会科学	罗斯基艺术学院	通讯设计
牙科学院	颅面疾病和牙科技术	政策、规划和发展学院	非营利组织、慈善事业和志愿工作
戏剧学院	应用戏剧艺术/教育	政策、规划和发展学院	健康政策和管理
传媒学院	全球传播	政策、规划和发展学院	法律和公共政策

　　第三,发展顶峰体验。

　　顶峰体验致力于通过专门的课程或实践帮助学生将本科阶段所学的内容综合起来。西奥多·C. 瓦格纳(Theodore C. Wagenaar)将其界定为主修领域中的一种终极的学习经验,学生要借此做到整合、拓展、反思和应用专业知识。[58]与瓦格纳强调对某一分支学科的精通不同,博耶委员会则认为顶峰体验也应用于通识教育之中,而且必须日益重视跨学科的交流。委员会的报告指出该活动要围绕某个或一组重要问题展开,在创造性的探索过程中寻求解答、系统化之前的知识技能并通过向专家和公众演示成果来改善交流能力。[59]虽然顶峰体验在主修专业中的发展最为普遍,但其也越来越多地运用到联结文理学习和专业训练、沟通学术领域内部的子学科、联系抽象理论和实际经验以及衔接本科主修和研究生专业等各个方面。总之,其不仅需把以往各阶段的学习融会贯通,而且要在课堂知识和现实世界之间搭建桥梁,此外还必须为本科生毕业后的继续求学或投身工作奠定基础。顶峰体验因与具体专业联系密切,所以一般由各学系自己负责而不是全校统一规划。2001 年博耶委员会对 91 所研究型大学的调查比较了各校本科生的参加情况,其中选择全体本科生、某些专业或计划的全部学生、自愿参加的部分学生和不了解的高校比例依次为 5.5%、71.4%、13.2% 和 9.9%。[60]可以说绝大部分研究型大学已经认识到了毕业班整合教育的重要性,但基于专业学科和教育计划的不同,所以各领域的实施情况也存在差异,一般工程学和荣誉计划的本科生参与性最高。

　　特拉华大学早在 2000 年就指出顶峰体验应成为通识教育计划的主要组成部分,同时各专业系也有责任帮助本科生投身到这一活动之中。大学期望借助顶峰实践,学生能够巩固融和各类经验并在某一方向形成更为深入的认识,自省反思、自我评估、分享思想和批评分析都应在体验过程中有所体现。2003 年的研究显示:被访的 34 个专业系中除艺术史、生物学、经济学、食品和经济学、博物馆研究以及心理学以外都提供了顶峰体验教育,当年全校共开展了 48 种顶峰体验计划,其中专门课程、高级论文和工作实习等都是重要的教育途径,下表显示了各系所采用的形式及其比重。

表 6.8　2003 年特拉华大学各系顶峰体验计划采用的教育形式及比例(%)[61]

教育形式	比例(%)
高级研讨课	44
论文写作	44
职业准备	44
个人口头展示	37
小组口头展示	37
学习档案	34
团队项目	32
合作书面报告	29
工作实习	29
田野调查	27
期终考试	15
教育旅行	10
其他(如海外学习、社区服务等)	24

不同的学科所采用的体验方法也会有所区别,如医学专业普遍采用到医院现场实习的形式,社会学偏向于使用研讨课和研究项目相结合的手段,而音乐美术等艺术类学科则依靠个人表现等途径。相比之下,民用和环境工程系的"高年级设计"最为成功。整个计划的参加者除了工程专业的本科生和本系的 5 名教师之外,还包括 1 名英语系教师、1 位律师、1 名造价师、一些工程师以及部分曾参与过该活动的往届学生。各年的计划都围绕一个与多学科相关的现实工程项目展开,如 2002—2003 学年的选题为"特拉华州威明顿市北郊公共用地的发展"。开学初即确定主题并将本科生分为四组。每组分别负责场地、运输、结构和环境方面的问题。全部计划除 26 次工作会议和学术讨论之外,还包括校内教师的七次授课和外来专家的三次演讲。前者涵盖工程设计、项目管理、制图说明以及表达能力等方面的内容;后者主要涉及实践中的诸多问题。四位工程系的教师和部分已毕业的学生将作为导师分别指导四个学生小组完成规定任务。协调教师则与授课导师一起安排各项活动,并作为教师和学系管理者之间的联络人员,同时确保计划的方针和程序与整个大学的要求相协调。秋季学期课时各组要提出对工程的完整建议并进行口头演示,以争取项目管理者的认可。春季学期末时每组需提交正式的工程报告同时当众陈述,这为本科生提供了一个归纳、总结和分析一学年成果的机会。除了上述两份作业之外,学生在秋季学期还需完成一份环境场地评估论文和一次公开的进度报告。对学生的评估由三方面构成:(1)本科生参与小组工作和课堂讨论的表现占四分之一;(2)学生秋学期建议和春学期报告的质量占四分之一;(3)本科生在各自组内的贡献多少和参与程度占总成绩的二分之一,与前者两项由导师打分不同,最后一项来自组员互评。[62]两个学期的报告和建议完成得最好的小组还可以额外获得加分作为奖励。

总之,特拉华大学民用和环境工程系的顶峰体验"高年级设计"具有三个方面的显著特点:(1)以跨学科的现实问题为中心,拉近学生与实际生活的距离,帮助他们在毕业后更好地适应社会;(2)校内外人士联合教学,来自不同领域的理论学者和实践专家共同指导本科生,有助于他们从多角度更全面地认识问题;(3)结成小组集体寻求答案,实践中工程项目的设计运作不能仅靠一己之力,而在大学里就向学生提供合作解决问题的机会,则不仅有助于他们真实体验到工作场景而且也利于其沟通能力的改进。这三个特征实际上也代表了顶峰教育的未来发展方向,值得其他高校广为借鉴。

3. 加强正式教育和非正式教育的联系

第一,重视新生适应教育。

新生适应计划以大一学生为实施对象,时间贯穿于暑期和第一学年,场所覆盖及教室、宿舍乃至野外,并试图将正式教育和非正式教育结合起来以实现新生体验的规范化和系统化。[63]适应教育当前表现出五个方面的趋向:(1)参与人数不断攀升,高校将活动的定位从趣味性转移到学术性从而吸引了更多的新生;(2)花费有所增长,伴随活动内容的丰富和形式的多样收费也相应提高,从几十到上百美元不等;(3)绝大多数高校将学术咨询纳入适应过程,以加强新生学业辅导;(4)开设新生课程的院校比例大幅上升,其中新生研讨课成为最普遍的形式;(5)持续时间进一步延长,不再限于几天或一周而是增至一学期甚至整学年。正如学者贝琪·贝尔福特所言,当前高等院校正积极行动以创造一个连贯而有意义的新生年。[64]

90 年代南卡罗莱纳大学将新生适应教育的内容归纳为 7 个

部分,具体包括:(1)阐明自由教育的意义、价值和期望:促使学生明确通过四年教育所要实现的目标以及个人在其中所应承担的责任,指明高中和大学教育的根本区别,介绍高校所拥有的学术资源,激发他们对高等教育的热情;(2)帮助学生形成正确的自我认识:阐释自信在学术和个人成功中的重要性,介绍提高自尊的各种策略,提供减少负面情绪的方法;(3)给学生提供问题解决和决策制定的机会,协助他们选择主修专业并确定职业方向:分析大学主修和职业生涯之间的关系,阐明职业在人生发展中的意义,讲解成功职业选择包含的要素以及如何获得满意的工作;(4)讨论目标设定和自我激励的问题:探讨如何确定近期目标和远景规划,剖析内部动力和外部刺激的区别,讲解提高动机的方法如积极发展同伴关系网络;(5)教导学生如何学习:帮助新生了解自己的学习风格,讲授听课和做笔记中的注意事项,开展阅读和写作计划提高学生的综合能力,介绍如何充分利用学术资源;(6)指导学生自我管理:提高学生的注意力,帮助他们养成良好的工作习惯,传授增进效率的方法,如根据轻重缓急确定处理顺序,辨清压力的来源并学会控制自我情绪;(7)关注新生人际关系的发展:介绍表达和倾听技巧,阐述人际冲突的处理策略,引导学生逐步融入校园和团体生活之中。[65]总之,适应教育的内容依性质可分为三类:(1)程序性活动,包括描述院系信息、带领学生参观校园、指导新生注册等流程性内容;(2)学术性活动,涉及介绍学术顾问,帮助新生选课和讲解学习策略等与学生学业相关的各种服务;(3)社会性活动,有关学生以及师生之间互动的各类计划,茶会、野餐和联欢等都属此列。

新生适应教育的形式主要有暑期读书计划、专门课程和野外活动三类。暑期读书计划致力于新生阅读、思维和表达能力的发展,以为正式学习奠定基础。新生在暑假时会收到来自大学的书目,一般一或数本,有时还会注明需要他们着意思考的问题。开学后,师生会共同讨论作品内容和彼此心得,有时高校还会邀请原书作者演讲并与新生交流。专门课程可以更为系统地向学生讲解从中学向大学转变中应注意的诸多方面。2006 年的调查显示,57.9%的高校开设的研讨课属于新生适应教育的组成部分。[66]如南卡罗莱纳大学的 101 课程主要涉及学习技巧、职业规划、时间管理、自我调试以及人际沟通等与学生成功转变息息相关的方面。教师主讲的同时也会聘请高年级的本科生或研究生辅助教学。开课前,所有参与课程的教职员工以及担任助教的学生都要接受短期培训,以明确授课使命与流程。新生既可把 101 课程纳入自己正式学习计划的一部分也可只将其视为一门选修课,但不论何种情况只要完成规定作业就可获得学分。野外活动一般在开学前进行,通过让新生参加露营、攀岩、徒步旅行和绳网课程等一系列挑战项目来提高个体的身体、情感和认知能力,发展同伴间的亲密关系并学会与他人合作。依据野外教育的侧重点不同,可以划分为三种类型:模式Ⅰ,强调学生的自我组织,注重活动本身的乐趣以及建立有效的朋友圈;模式Ⅱ,重视教师的作用,关注师生互动,试图通过教师的指导帮助新生提高问题解决的能力;模式Ⅲ,着眼于发挥野外活动在提高学业成就中的作用,努力改善学生适应新环境的能力,磨炼新生的意志力并激励他们的创新精神以为之后的课程学习做准备。

第二,开展宿舍学习计划。

诸多高校通过主题寝室、宿舍共同体等形式来将学生的居所构筑成为一个教育中心,将志趣相投且至少修学 2 门以上共同课程的学生安排住在一起,以增加课外互动和彼此学习的机会。在具体安置上,有的以课程为依据,如将选择不同类型通识教育的学生分配至不同的住宅区;有的以学科为依据,如要专业相近的学生住在同一幢宿舍或同一层楼上;有的以学生的特殊需要为准则,如让有国际交流意愿的新生和留学生共同生活在一起。但住宿安排只是构建共同体的条件之一,要真正形成一个学习社区还必须做到以下三点:(1)提供完善的住宿设施,宿舍楼要保障学生拥有足够的休息、学习和休闲空间,寝室、教室、会客室、餐厅、咖啡屋以及娱乐室等场所一应俱全;(2)形成有力的支持体系,由行政人员、专业教师、学术顾问和宿舍管理人组成指导小组,共同对新生的学业和生活负责,此外还可聘请本科生担任宿舍协调人,随时提供咨询、调节和规划方面的服务;(3)定期组织各种活动以吸引学生广泛参加,专家演讲、主题讨论会和宿舍阅读计划等都是增进交流和提高学习的有效形式。

密歇根州立大学为本科生提供了多样的住宿安排:既有和专业学习密切联系的居住计划,如荣誉寄宿学院专门面向学业成绩优异的本科生,詹姆斯·麦迪逊寄宿学院面对政治、法律和社会领域的学生,李曼·布里格斯寄宿学院特为主修自然科学的新生开放,而艺术人文寄宿学院则专为人文学科的本科生而设;也有围绕特殊兴趣设置的宿舍共同体,覆盖手语、阿拉伯文化、商业、科技、交流、工程和环境等多个方面。每类计划都根据学科特点和学生爱好设置了共同的课程并开展了丰富的活动。如在荣誉寄宿学院中学生可以选择参加以下活动:(1)规划委员会,使本科生有机会投身到住宿学院的建设之中,会员每月聚集一次来共同讨论如何不断地改进现状;(2)荣誉学生招募活动,邀请在读生参与新生录取工作,本科生要去高中宣讲大学的情况、接待来访的中学生带领他们参观校园并解答家长和学生们的各类提问;(3)咨询委员会,作为管理者和学生沟通的桥梁,负责收集住宿生有关学习和生活方面的各种问题意见并积极寻求方法予以解决;(4)马赛克组织,致力于学院多元文化沟通,为不同背景学生建立起交往的桥梁。[67]通过各类活动,学生不仅在课外仍然可以就共同感兴趣的问题进行深入探讨,而且有机会将课堂所学应用到实际生活之中,进而巩固了知识,增进了感情,并提高了社会适应能力。

第三,鼓励社区服务。

大学生通过参与社会服务,可以在帮助他人的过程中增强自身的责任心和义务感,从而提高公民意识和素质。各大学普遍设立了社会服务管理机构,提供了多样的教育计划,积极引导本科生为中小学、当地社区、政府机关以及各类社会组织的发展作出贡献。

芝加哥大学长期以来一直将服务社会视为学生生活的重要组成部分。1992年,作为一个学生自治的大学社会服务中心成立,1996年,其转由专业人士负责并新增了资助项目,自此之后在中心的领导下学生的服务活动逐渐丰富多彩起来,发展至今可划分为三个阶段:1996—2001年,参与服务的学生数量从500人猛增至2000人,以社会服务为使命的学生组织增加了一倍,同时中心也日益发挥起信息平台的作用;2001—2006年,中心的管理机制更加完善,各领域分工更为明确,这段时期新增的活动包括领导力发展计划、参与社会公平实践以及服务于本地青年人的项目;2006年以来,中心在4名专业职员之外还聘请了25名学生作为助手,和更多的社会单位建立了合作关系,至今已开展了覆盖课程辅助、直接服务、领导力发展、组织发展和职业准备五个领域的14种计划。当今,芝加哥大学的大学社会服务中心正逐渐在引导学生参与公民活动、经验学习和社区服务方面,成为其他研究型院校借鉴的楷模。现以几种有特色的计划来概要说明本科生在芝加哥大学中参与服务的情况。芝加哥市研究项目提供了一个更全面地认识芝加哥市的机会。学生在学习"芝加哥黑人：1895—2005"、"芝加哥电影史"等课程的同时还可以进行实地参观，并从经济学、生态学和人类学等多重视角去审视这座城市，同时他们还会讨论城市进一步发展中急需考虑的问题。计划结束时，学生们将就个人所感撰写论文，优秀者还可入选文集并出版。2008 年秋学期的第一次活动，就是本科生、研究生及部分教职员工共同考察城市南部的一次自行车之旅。大家在旅途中参观重要景观、聆听教授讲解历史趣闻并一起研讨南部的政治、文化和建筑历史。[68]服务日要求学生利用每周六下午的时间进行社会服务，在实践中亲身体验芝加哥市的风貌，参与者在整个计划中投入的时间约 1500 个小时。本科生们通过整理花园、维修房屋、陪伴儿童游戏、为流浪者提供食物以及组织捐衣物等活动来帮助人们解决困难。领导力训练团致力于提高新生的组织管理能力，为期 2 年。第一年学生每周都围绕领导技能的发展召开讨论会，同时逐渐熟悉大学周边的社区，理解不同类型服务的差异，并每半月参加一次不同机构的公共服务进行亲身体验。第二年本科生会选定某一非营利单位全年无薪酬实习，同时每周依然有 1 小时的聚会来彼此交流并反思服务经验。待计划结束时，学生一般都能拥有社会服务领导者所需的知识能力。社会服务学生组织联合计划将与公共服务有关的 40 多个学生组织联系起来，如宣传科普知识的挽救科学活动、向小学生传授创造性写作方法的南区小文人协会、为弱势群体提供医疗资源的健康项目等都涵盖其中。联合计划统一向它们提供资金、管理和交流方面的便利，面对众多组织，学生可以从中选择出最适合自身的项目，而各类独立的学生组织之间也有了更为密切的互动。工作—学习结合计划特别针对即将踏入职场或寻求兼职的学生,他们可以在与公共社会服务有关的岗位进行见习同时获得报酬,由此本科生在提供服务的同时也可以为未来职业做准备。校内实习岗位包括图书馆、管理办公室、研究机构和实验室等;校外单位包括公园、基金会和看护中心等。

(二)建构以学生为中心的大学

研究型大学的真正使命在于通过教学、科研、学术和服务等途径去促进学习。也就是当校内师生和校外人士参与到以上活动时,各种计划都只是帮助他们提升学习质量的手段,评判各类实践的标准也以其在多大程度上推动他们的发展为据,教师、本科生、研究生以及公民自身的进步才是最终目标和衡量尺度。而学生作为正在成长中的初学者,则应成为研究型大学以学习为中心任务这一转变中最大的受益者。[69]这一变化将促使大学关注的重点从教师及其从事的各项活动转向作为学习者的师生双方。所谓以学生为中心的研究型大学,即在"促进学习"理念指导下将工作重心放到本科生和研究生身上。因而,大学教育必须同时考虑教和学两个方面,只有学生真正消化吸收所学知识才标志着这一过程的成功;在有学生参与的学术研究活动中,则不能仅仅考虑学科的发展,还必须注意到本科生和研究生在其中的收益;同样,当大学生以志愿者身份服务社会时,在贡献他人之外这也应成为他们重要的学习经验。[70]以学生为中心的研究型大学在教学、科研和服务领域都要为学生提供丰富的发展机会,最大程度上将其潜能发挥出来。90年代初期学生中心的大学理念首先在雪城大学生根发芽,之后不久加州大学伯克利分校、卡内基—梅隆大学、马萨诸塞大学的阿默斯特分校、密歇根大学、西北大学和俄亥俄州立大学等公私高校纷纷响应,虽然目前还没有一所研究型大学完全实现这一目标,但在大学的各类活动中越来越重视学生的学习过程已经成为各校的共识。

1.发展以本科生为中心的课堂学习

课程学习是本科生接受大学教育最基本和最重要的途径,因而大学必须首先转变传统教学中一些忽视学生主体地位的情况。在以学生为中心的课堂上:(1)教育内容应从完全以学科为中心转为关注到学生的现实经验;(2)教师要从单一的知识传递者转为多角色的促进者、指导者和共同学习者;(3)学生需从被动的接受者转为积极的参与者并具有一定的自主性;(4)课程结束后则从缺少反思转为认真评估学生实际进步的程度。学生中心的做法不能仅局限于新生研讨课、学习共同体和顶峰体验等特殊教育形式,还应贯穿于常规课堂学习之中。不少高校开始以此为指导改造传统大型导论课程,主要遵循三个原则:(1)创造出学生相互合作、质疑和学习的整体环境;(2)尽可能减少课堂讲授的部分,而更多开展基于个体的活动;(3)加强对学生的个别化指导,并注重引导他们主动寻求解答而不是简单给出答案。[71]以学生中心理念为指导,传统班级容量在百人左右的大型本科导论课开始了从课前预习到课后测评的全面改造。

课程学习范围确定之后,本科生需在课前阅读规定材料,并达到能够利用自己的语言说明教科书核心思想的水平。在课堂上,学生以小组为单位从事各种有助于他们理解教材的活动,发展各种思维和表达能力,并将所学的概念原理运用到实验和问题中去。接下来的家庭作业则将帮助他们进一步巩固内容加深认识。学生自学教材在很大程度上取代了以往教师个人对文本的介绍,同时,课前的在线小测验也使本科生可以更好地了解自己对知识的掌握程度。因此，学生在正式上课前就已经对要学习的内容有所熟悉，并且明确了自己的困惑之处和要着力加强的部分，教师的辅导也相应更具有针对性和指向性。课堂讲授并未被完全抛弃，只是时间和作用发生了变化：教师面向所有学生的讲课用时减少至每周不到 1 小时，每次约 10 至 15 分钟；讲解法将主要用于说明学习主题、激发学生探索和总结全课收获等方面。在集体听课之外，学生会结成小组共同讨论课本中的问题，教师则将更多采用半苏格拉底式的启发法对学生进行个别指导。在师生对话中，学生通过阐释思路、回答提问来化解认知冲突进而找到答案。学生小组一般由 3 人构成，教师往往根据课前小测验或以往课程成绩进行分组，力图保证各组成员的教育背景相异但总体水平相当，每组都包括能力处于高、中、低三级的学生。一学期中各组会彼此交换组员 3 到 4 次，一般在每次考试之后。

在学习课本之外，参与活动也是课程的重要组成部分。教师期望依靠一系列不同的实践来实现对某一主题的完整认识。以物理概论课为例，简单动手操作、趣味问题解答、实验室工作以及真实问题解决等都是常用策略。动手操作以现场观察和数据收集的形式来研究现象。如找出课本和桌子之间的动摩擦系数、测量旋转的回力球在书桌上停下来时的加速度等都是常见的课堂动手实验。借助这些活动，本科生既可以亲自体验问题解决的过程，又能够简化对抽象概念的理解，还能在分享数据相互讨论中深化对学习内容的认识。趣味问答则引导学生去考虑一些难以通过事实验证而更多需要抽象思维的题目。如横穿美国需要走多少步就先让每个人自己进行预计，然后再以小组形式集体探讨，这不但为学生提供了合作学习的机会，也帮助他们更加明确了标记法、科学估计和参考标准等问题，还激发了部分人利用相关软件去精确计量的好奇心。在实验室工作中,学生既要单独通过实验操作基本技能的测试,又要各司其职通力合作来完成任务或报告。正如艾伦·范·厚伦(Alan Van Heuvelen)所言,引导学生像物理学家一样思考是教学的重要目标之一。[72]所以现实问题解决也同样必不可少:这些选题或与娱乐有关,如计算棒球比赛中球的飞行速度;或与工作相联系,如在半导体制作中如何最小化地减少石英晶体的厚度同时保证数字显示器正常工作。面对这些真实情境,学生要遵循搜集信息、组织规划、分析解答和总结所学的步骤去回答问题,这不仅能够更便捷地找到答案,更为重要的是使他们逐渐掌握了正确认识、思考和解决疑难问题的方法策略。

学生的成绩评定包括课前小测验、家庭作业、考试、实验室报告和课堂笔记等多个方面。作业一般占20%—25%,以保证学生自始至终地关注课程学习。每次期中考试的比例为10%—15%,不少高校会允许学生放弃一次考试以防他们因某次的失误而不再努力。对实验室报告的考核则采用具体细致的写评语的形式,以帮助本科生明确未来的改进方向。以学生为中心的课程除了要关注对学生的成绩评定之外,更为重要的是还必须考察他们实际水平的改善情况。

重视激发本科生潜能的学生中心课程确实取得了较好的效果,如北卡罗莱纳州立大学经过对比发现,传统课程中学生的不及格率是改造课程的2.8倍。在性别和人种方面,比较结果为男生2.5倍,女生4.7倍,白人2.8倍,印第安人3.8倍,黑人3.5倍,亚洲人2.1倍。在各项能力方面,学生中心课程中本科生的概念理解水平有了普遍提高,特别是前30%的学生进步最为明显;学生的问题解决能力都达到了良或优的等级;学习态度变得更为积极主动;不及格率下降了50%,班级到课率平均在90%以上,明显高于其他课程。[73]总之,学生中心课程以学生自学和班级活动代替了传统的课堂讲授方法,同时注意对学生表现的综合考核和其进步的具体评估,其特征可归纳为:(1)注重学习小组的建立和维持;(2)主要通过各类活动完成教学;(3)活动时间控制在5—20分钟并伴以班级讨论;(4)活动过程强调每个个体的积极参与;(5)全课各部分内容密切衔接;(6)教师更多作为指导者而非传授者;(7)注重个别化的评价和反馈。这正体现了以学生为中心的大学要求学生自己主宰教育过程、强调学习的独立性和选择性以及重视反思和综合等高级能力发展的趋势。

2. 推动本科科研制度化

要引导本科生积极参与科研计划,最大程度地使他们享受到研究活动带来的益处,就不能再仅仅依靠教师一时的研究兴趣或资助机构偶尔的科研资金来吸引学生参与探究活动,而应把整个学校的本科科研行为规范化、体系化,[74]也就是将本科科研纳入正规教育之中,使其走上制度化的发展道路,而机构、资金、运作和评估则是四大保障。

第一,机构保障。

设置一定的组织机构,统一管理学生的研究活动,这是美国高校本科科研制度化的重要标志。管理机构的职能体现在四个方面:(1)联系政府、企业及基金会等科研资助单位,为本科学生争取更多的外部资金与研究机会,并向外界宣传本校的科研成果与特色;(2)沟通校内负责学生活动及科研服务的机构,减少各院系自主管理引起的资源浪费、效率低下问题,为本科科研活动营造支持性环境;(3)制定与科研活动相关的规章制度,开展包括跨学科项目在内的各种研究计划,帮助学生申请和参与研究项目;(4)管理学生参加研究活动的各类信息,建立完整的本科科研纪录,包括学生的数量、项目的类别以及取得的成果等内容。总之，本科科研机构兼具行政和教育使命，在完成管理科研计划分配研究资金等程序性任务的同时，还通过规范项目报告撰写要求、开办提高表达能力的讲座等活动来为学生提供全方位的科研服务。

《重振本科教育：博耶报告三年回顾》对美国100多所研究型大学进行的调查显示：近60%的高校已经建立了校级集中化的管理单位以推动本科科研的发展。其中21%的院校建立了强有力的行政机构，如管理资金、制定政策的办公室；38%的学校虽由各系具体负责资金政策事宜，但在全校范围内设立了松散的协调组织；约33%的高校设有系一级的科研管理单位；而只有7%的被访对象声称未建立任何管理机构。[75]许多本科科研成绩卓著的高校都建立了负责全校范围内大学生探究活动的行政机构：有的是独立设置的组织，如加州大学伯克利分校的本科科研办公室、佐治亚大学的本科科研机会中心，加州大学洛杉矶分校还分设了两个中心，各负责人文社会学科与自然科学领域内学生的研究活动；有的是附属于本科教育或管理机构之内，如麻省理工学院的本科学生咨询与学术管理办公室、加州理工学院的师生合作计划办公室，都在负责学术事务的同时兼顾本科科研工作。机构内由专人分别负责对外联络、计划开展、资金管理和学生评估等事宜。这些组织一般直接对主管高校学术事务的副校长或教务长负责，并在各院系内部设立协调人或联络员，以更好地实现决策层与基层单位的沟通，推动本科科研的发展。

第二，资金保障。

充足的资金是科研活动制度化的关键性因素，美国大学生从事科研项目的资金主要有三个来源，即校外力量、教师和高校。完全依靠个人努力争取校外资助独立完成科研课题的学生仅属于极少数成绩特别优异者。而单独凭借教师的项目基金不仅无法满足诸多学生的需要，也不利于开展大型的跨学科计划，还会因教师自身的变动而给科研实施带来影响。因此，美国院校为了实现本科科研的高效有序运行，在鼓励师生积极争取外部资金的同时，往往会设立专项科研资金，明确学生科研支出在年度预算中的位置。[76]高校本科科研基金主要由两部分构成：学校自身的投入和争取的外部资金。虽然各校因计划规模和管理结构不同而在本科科研资助方面有所差别，但预算一般都包括如下内容：管理人员的工资、学生的奖学金、仪器设备费用、开办讲座研讨会的支出以及通讯交通等杂费。

　　据《美国新闻与世界报道》的排名，密歇根大学在实施"本科科研机会计划"方面位列全美高校之首，这与其在科研方面的巨大投入密不可分。即使在全世界范围内，也少有高校可与密歇根大学的科研支出相匹敌。学校每年在本科科研领域大约投入100万美元，并期望通过筹款运动为大学生参与研究活动建立300万美元的发展基金。大学本科科研经费来源于校内外的共同资助。校内投入约占总资金的三分之二，由密歇根大学主管科研活动、学术事务和学生事宜的办公室直接提供给本科科研机会计划办公室。校外资助渠道主要为：（1）政府拨款，包括来自州政府和联邦政府的两级投入，前者如密歇根州平等办公室，为帮助少数族裔的本科生参加科研活动提供了为期5年的财政补贴；后者如教育部改善中学后教育基金的资助；（2）科研单位资助，如霍华休斯医学研究中心就致力于提供有关生物医学和健康科学方面的奖学金；（3）基金会投入，其中最具影响力的就是国家科学基金会，主要帮助科学、数学、工程和技术领域的本科生从事科研项目；（4）企业赞助，可口可乐、杜邦和摩托罗拉等跨国公司都是密歇根大学本科科研活动的重要资助者;(5)个人捐赠,个人的捐助行为在当今发挥着日益重要的作用,校友及学生父母都愿意为在校生研究能力的发展慷慨解囊。[77]密歇根大学的本科科研资助模式为美国众多高校树立了榜样,成为其他院校学习的目标。

第三,运作保障。

多样的科研计划是美国高校本科研究活动中一个重要特色,因有不同方面的侧重而更能满足各方需要:有的面向全校学生,有的指向某一群体;有的限于特定领域,有的则是跨学科的联合项目;有的要求在学期或暑假内完成,有的则可横跨一两年的时间。在各高校开展的众多计划中,麻省理工学院的本科科研机会计划因其较早的实施时间、广泛的覆盖面积和完善的运作程序而尤为引人注目。

1969 年,麻省理工学院已故物理学教授和本科教育主任玛格利特·L. A. 麦克维卡,在即时摄影术的发明人艾德温·H·兰德支持下创立了本科科研机会计划,以推动教师和本科生的科研合作,鼓励大学生作为初级同事参与教师的研究项目。由此,麻省理工学院成为最早实践本科科研活动的美国高校之一,也是其中声名最为卓著的一所。[78]本科科研机会计划由 3000 多个具体项目组成,涵盖全校所有院系,任何正式注册的学生都有参与资格,他们可不拘泥于主修专业的限制任意跨学科选择研究课题。在2005—2006 年度,有 2000 人即约占全校一半的学生参与了该计划,对 2006 届毕业生的调查显示,84% 的本科生曾经参加过其中的项目。[79]此计划巨大的吸引力正在于其完备的运作过程,参与项目的本科生依次要完成的步骤为:明确研究方向、确定指导教师、撰写研究提案、搜集整理数据与以口头和书面形式报告研究结果。为了保障计划的顺利进行,麻省理工学院在每一阶段都对学生提出明确规定并作出具体指导,主要采取手段有:(1)每年定期向全校公布本年度本科科研机会计划的主要项目、参与导师以及对研究助手的要求,以供学生参考;(2)为缺乏科研经验的本科生开设研究准备计划,提供他们与已经具备一年以上科研经历的高年级学生以及指导教师直接接触的机会,同时在院系广泛开设各学科的科研入门课程;(3)对学生递交的研究提案作出明确规定,严格把关,只有符合要求者才有资格正式开始科研活动,提议的内容必须阐述研究性质(背景和领域)、科研地点(校内或校外)、时间进度、工作规划、申请者本人在其中的作用以及期望从中获得的收益;(4)在科研道德和安全方面制定标准,严防学术和金融欺诈行为,禁止对数据的篡改、抄袭和不正当使用,确保导师为学生提供安全健康的工作学习环境;(5)依本科生的不同要求设置了4类参与模式:获得学分(由导师及其所属的系根据学生的表现授予,各系会有所差别)、获取本科科研机会计划直接提供的报酬(2007—2008年度为每小时9美元,一学期和整个暑假的最高限额为1250美元和4275美元)、获取导师直接提供的报酬(不得低于整个计划的规定标准,即9美元/小时)和作为志愿者(不计学分和报酬,专门针对科研投入时间无法达到规定要求的学生)。

　　在计划运作中,科研导师的作用至关重要。美国各大学日益把教师对本科科研活动的指导规范化制度化,对导师制作出了一系列明确的规定。以加州理工学院为例,指导教师的具体职责为:(1)公布研究通告,使学生了解项目的背景、内容、目标及参与者的责任;(2)为学生撰写研究提案提供建议和指导;(3)和本科生定期座谈交流,检查他们的科研进度并提出改进意见;(4)协助学生完成结题报告和公开展示。总之,导师作为学生的资深研究伙伴,要引导他们走上正确的科研道路,帮助他们解决在探究活动中所遇到的各种问题,并最终圆满完成各项研究任务。

第四,评估保障。

高校本科科研的制度化不仅需要专门的机构、充足的资金和有效的运作,完善的评估也不可或缺。根据评估对象的不同,可分为三种类型。

首先,对学生科研成果的评估。

大学不仅有责任为学生创造良好的研究环境,还肩负着对他们的科研成果进行检查评价的使命,主要采取的形式包括建立专门的科研档案、创办本科科研刊物和开展学术庆祝活动。

科研档案是对学生参与探究活动的全景追踪:纪录本科生搜集、整理和分析数据的各个环节,规定每一阶段学生应达到的标准与要求,并对预期目标与最终成果进行比较。为每名本科生建立研究档案有机地把形成性评价和终结性评价、学生自评和教师他评结合起来,有助于全面把握学生的点滴进步和整体发展。本科科研期刊是学生和导师共同合作的结晶,文章的提交、审查和编辑以及刊物的设计、出版和发行都要广泛吸收本科生加入,而导师主要发挥咨询和指导作用。许多高校都鼓励这种行为,如加州大学伯克利分校目前就发行了五种侧重于不同学科的本科科研杂志。美国各高校一般都会设立本科科研日、周甚至月来展示学生的优秀成果,颁发各种科研奖项并邀请家长、校友及社会各界广泛参与。

其次,对科研活动在学生发展中影响的评估。

对科研活动在学生发展中影响的评价包括微观和宏观两个方面:前者主要面向学生各项具体能力的改善;后者着重于对学生未来生涯整体作用的考核。

2006—2007 年期间,佛罗里达州立大学实施了一次较大范围的调查,面向全校 4000 多名本科生,涉及社科、人文、科学、工程和艺术 5 大学科 22 个专业。评估活动对比了曾参与过科研项目和从未有过研究经历的学生的各项能力指标。考察内容共包括两大类 8 个小项。第一类交流技能和通识教育涉及清晰明白的写作、清楚有效的表达和获得宽厚的知识基础 3 个项目;第二类判断、量化和工作能力涵盖分析定量问题、运用计算机和信息技术、批判和分析性地思考、与团队中其他人合作以及获取与工作相关的知识 5 个方面。[80]调查结果显示,参加过科研课题的本科生在所有方面都表现出更高的得分,证明了探究活动在学生个体能力发展中的重要作用。此项调查主要考察了学生具体能力的变化,而要评估科研对本科生今后发展的整体影响则一般会对学生保持率、毕业率以及就读研究生比例等方面进行分析。

再次,对科研计划本身的评估。

美国高校本科科研评估不仅包括对学生进步的检查,还涉及对整个计划的反思,通过向参与其中的学生、教师和管理者发放问卷或进行访谈来收集意见,确定今后的改革方向。

蒙大拿大学每年都通过调查参与过科研的学生的看法,来对其开展的 BSW 计划进行评估。调查范围既包括细节性的指导问题,如导师能否为学生提供切实可行的研究帮助;也涉及整体性的实施方面,如学生对整个计划的申请过程及日程安排是否满意。结果显示被访学生普遍对该计划持肯定态度,同时也提出了不少宝贵意见如:希望学校在计划前能为他们提供更充足的相关背景介绍、期望延长参与课题的时间以及适当减少每个项目中的参与人数等。[81]总之,高校要重视对本科生科研活动的检查工作,定期对其目标、实施和走向进行反思与调整,不断根据现实情况吸收新的发展元素到该项活动中来。只有坚持对本科科研的全面系统评估,才能为其发展注入不竭之源。

3. 完善服务学习活动

服务学习将学习因素有机地融入到社会服务活动之中,从 20世纪 90 年代起,在一系列全国性法案的推动下成为声势浩大的改革运动,无论是基础教育还是高等教育都深受影响。1990 年,乔治·布什总统签署的《国家和社区服务法案》启动了服务美国计划,通过向中小学校、高等院校以及非营利性组织的服务计划拨款来推动服务学习走向规范化。1993 年比尔·克林顿总统签署《国家和社区服务信托法案》进一步重申了 1990 年法案的重要性;同时成立了全国和社区服务协会,不仅专司基金管理,而且致力于向各级学生提供更多的服务机会。2002 年颁布的《公民服务法》也将服务学习列为青少年教育的重要手段,并列出了以学校为基地、高等教育和以社区为平台 3 类计划。[82] 社区服务或志愿者活动与服务学习虽然都包括服务社会与他人的内容,但二者存在本质区别:前者更注重对服务对象的帮助,后者则更强调服务者自身的提高,更注意和课程学习联系在一起。由此,服务学习也相应成为学生中心大学教育活动的基本途径之一,如《美国新闻与世界报道》就将服务学习作为院校排名的衡量指标之一,其 2009 年评出的在这一领域表现最为突出的 31 所院校中,研究型大学就占了近一半的比例。

第一,服务学习的含义。

时至今日,各界对服务学习还未形成统一的定义,肯德尔早在1990 年就总结出了 147 种解释。有的将其视为教育哲学:强调服务学习是培育民主社会中合格公民的手段;有的视其为课程工具,着重于其在互动教学中的重要作用;有的则认为它是一种学校计划,是正规教育之外联系社区的活动。这主要是由于人们从两种不同角度出发来认识这一问题所造成的结果。第一种视角关注学生在帮助弱势群体时他们社会责任感的提升状况,指出服务学习是增加了反思过程的社区服务。如南部教育委员会就将其界定为:在完成满足人类真正需要的任务的同时还必须帮助参与者实现有意识的教育发展。第二种视角则将互动因素加入到定义之中,认为正是通过服务者和服务对象的相互学习,才促使普通的社区服务转化为独特的服务学习;即后者并非前者简单加入学生的思考行为,而是一种精心设计的以志愿服务为途径的学习活动。如 1990 年《国家和社区服务信托法案》的规定为:学生通过积极参与有意识地组织的服务来获得学习与发展;该活动要在社区进行并能够满足当地的需求,要在社区与中小学、大学或社区服务计划之间达成协调,同时激发出公民责任感;该活动要整合到学生的学术性课程或社区服务计划的教育要素之中,并能够对其发挥促进作用,同时需留出专门时间用于参与者反思服务经验。[83]

虽然各定义存在视角差异,但所有服务学习活动都包含一些共同要素:学生的积极参与、计划的精心组织、学术课程的整合、反思环节的存在、知识技能的应用、学习机会的拓展、公民责任心和意识感的发展、高校和社区的协作以及对社区需要的关注等都是必不可少的组成部分。[84]

第二,服务学习的标准与原则。

虽然各界在概念定义上有所分歧,但对于高质量的服务学习应达到哪些标准还是取得了相对一致的意见,认为有效的服务学习必须包含 11 个方面的要素:(1)具有清晰的目标,涉及学科概念、内容和技能的应用并包括学生对知识的建构;(2)学生所需完成的任务必须具有一定的挑战性,要有助于他们认知水平的提高;(3)充分利用各种评估手段来检验学生的发展情况;(4)服务活动要能够同时满足学校和社区的双重需要;(5)运用形成性评价和终结性评价来评估学生的努力和成果;(6)在选择、设计、实施和评估服务项目时要尊重学生的意见和地位;(7)无论是参与者、实践还是结果都必须体现出多样化的特征;(8)学校应注重和社区的交流互动,要不断增进二者的合作关系;(9)学生在活动前要做好充足的准备:清晰理解总体任务和个人应承担的责任、明确工作所需的技能和信息、做好安全防范措施并了解合作伙伴的特点;(10)在服务发生前、进行中和结束后都要有学生的反思活动,要将批判性思维的发展作为课程的核心目标之一;(11)创造多种形式来认可、验证和庆祝服务工作。[85]

在各类组织和学者对服务学习原则的阐释中,有的着眼于宏观方面,如1995年教育部和全国服务联盟指出服务学习在实施中必须遵循六大原则:(1)提供必要的资源和丰富的机会,以确保学生同时获得学术成功并提高服务能力;(2)在解决现实问题的各个阶段,通过激发学生的主动性和积极性来发展他们的领导力和公民责任感;(3)教师和管理者必须具备一定的专业知识和技能,以保证计划的顺利开展;(4)调动服务学习中各方参与者的积极性,使他们的独特作用充分发挥出来;(5)加强和各类公私组织的联系,充分利用它们的人力、技术和财政资源,建立起长期的相互合作关系;(6)引导学生与不同种族、年龄、性别和宗教的人共同工作和交流,帮助他们认识多元文化的现状。[86]有的则侧重于微观领域,以杰夫里·霍华德(Jeffrey Howard)的归纳最广为大家接受:(1)给予学习而不是服务以学分,以学生的学术和公民学习表现为成绩依据;(2)不能放松学术要求,通过增加服务因素来深化学习;(3)为学生制定学习标准,明确各门课程的目标;(4)建立选择社区服务内容的标准,帮助学生更有针对性地利用服务经验增进学习;(5)建立服务学习的教育机制,广泛运用各种学习策略;(6)帮助学生学会如何从服务中有所收获,指导他们在实践中总结提高;(7)最大程度地缩小学生在社区学习与课堂学习中角色的差异,引导学生成为积极的学习者;(8)重新审视教师在教学中的作用,从知识的传递者成为学习的促进者和引导者;(9)做好应对学生学习结果上的不确定性和变化的准备,充分考虑各种难以控制的因素;(10)最大程度地发挥课程在培养学生社会责任感方面的作用,利用服务社区的经验提高学生的公民素质。[87]

第三,服务学习的步骤与模式。

服务学习过程可以划分为准备、行动、反思、展示和评估五个部分,各程序都有规定的任务。准备属于最基础性的工作,分两步完成,前者面向社区,后者与学生相关:学校首先要明确学习目标与服务机构及人群之间的潜在联系,接着和社区签订合同并探讨学生如何服务才能满足当地需求,然后还要明确界定服务目标和进度、学习内容、评价指标以及参与各方的责任;与此同时,校方也要安排好学生方面的事宜:促使他们明确从做中学的重要意义以及经验教育的积极影响,向他们介绍社区的主要情况和所提供服务的基本性质,为他们提供完成服务所需的技能培训并解释评估程序。在行动阶段,教师要帮助学生将知识技能应用到实际的服务学习项目之中,引导他们从事蓝图规划、现状研究、问题解决和需求评估等一系列活动,并根据情境变化和现实反馈相应调整方针修改策略。[88]教师只能提供指导性建议而不应代替学生完成规定任务。反思实际上与行动是相伴而生的,当学生服务到一定程度时他们会自然进入反思阶段,分析个人的付出及收获。但教师也要及时将这种自发过程转化成更系统的行为,最通常的方法就是要求学生在每次服务之后都及时将所做所想记录下来,并对比学习目标分析自己的进步状况。展示服务学习成果的形式相当丰富,既可以是对学生总体表现的总结,也可以是各种实践技能的演示,还可以是教师和社区为对象的公开报告。这既是对学生已掌握的知识技能的一种升华,又给予学校和社区一次了解服务学习总体状况的机会。评估既包括对学生的服务意识、社会责任感以及团队合作能力的评价,又涉及对他们的知识理解程度、技能运用水平以及分析批判思维的考察,力图全方位多角度综合性地把握学生的发展状况,此外还要将这一结果及时回馈给学生以促使他们不断反思。

根据不同的标准,可将服务学习划分入不同类型。如依活动时间安排的差异,可分为四种模式:(1)一次性短期服务学习,主要针对一年级学生,为他们提供短暂的经验学习机会;(2)连续性课外服务学习,多属于学生团体定期组织的课外活动;(3)课内服务学习,将其融入课程之中,注重把课堂知识和现实背景联系起来;(4)集中性与深入式服务学习,前者规定学生每周至少有 10 小时用于服务活动,而且必须持续整个暑假甚至一学期;后者要求学生不仅要工作而且需生活在社区之中,时间至少一周。[89]依服务学习内容的不同,则可归入六种模式:(1)专门的服务学习课程,设置以社会服务、志愿者工作和公民参与为内容的科目,同时为学生提供与课程相关的实践机会;(2)以学科为基础的服务学习,不同学术领域的学生根据各自学科的特点将课内所学运用到现实情境中;(3)以问题为基础的服务学习,学生根据社区的现实需要或特定问题提出相应的对策建议;(4)顶峰体验式服务学习,学生通过服务活动将之前的知识技能综合起来并实现水平上的飞跃;(5)服务实习,不仅比传统实习在时间上有所增加,而且向学生提供了不断反思的机会,引导他们利用学科知识分析新经验;(6)社区行动研究,属于一种独立学习形式,本科生在教师指导下参与服务的同时学习研究方法。[90]前三种模式运用得最为广泛。以弗吉尼亚理工学院为例,其开展的服务学习计划就囊括了上述六类模式:(1)服务领导力课程一方面在课堂上向学生系统介绍志愿活动中的组织管理问题,另一方面又提供了大量小组工作的机会使本科生在实践中发展领导能力,属于纯粹的服务学习课;(2)妇女研究导论与特定学科相联系,要求修读该课的学生必须为某一妇女组织提供服务并将个人志愿者的经历描绘出来,才能获得规定学分;(3)本科生为残疾人设计修复装置或帮非营利组织撰写技术报告,都是针对真实问题解决的服务学习;(4)顶峰体验式服务学习专门针对大四学生,如要求西班牙语专业的毕业班学生深入移民社区服务就是很好的综合学习体验;(5)大学计算机专业学生的实习地点在公司之外,还新增了中小学校,本科生在为青少年提供教育的同时也完成了自己的见习任务;(6)历史学本科生采访社区老人整理口述史、资环专业学生观察社区水域并探讨改善建议都是社区行动研究实践。[91]

(三)引导教师投身教学学术运动

进入20世纪90年代以来,面对大学教学领域中长期积累起来的各种弊病,学术界开始深刻反思,其中欧内斯特·博耶首先从全新角度阐述了这一问题。他试图赋予学术活动以更为丰富的内涵,指出学术水平不仅限于基础研究,学者的工作还意味着走出调研,寻求相互联系,在理论和实践间建立桥梁,并把自己的知识有效地传授给学生。博耶指出教师活动可划分为四个独具特色又相互关联的方面:发现的学术、综合的学术、运用的学术和教学的学术。博耶认为教学也是一门学术性事业,需要教师深厚的专业知识和良好的学术素养；教学还是一个能动的过程，必须借助思维的力量来建立师生间理解的桥梁；教学中教师也应成为学习者，在与学生的互动中扩展知识锻炼思维能力。[92]博耶虽然没有对教学学术作出明确的界定，但他将教学纳入学术活动，要求其中各个环节都必须认真规划、不断检查并与所教科目直接相关的思想，不断启迪着之后的学者。李·舒尔曼(Lee Shulman)使教学学术有了更为严谨的定义：教学学术并非优秀教学的同义词，而是教学经验和学术研究的整合；作为一种不断的和累积的智力探究，其通过教师的系统观察和持续调查来探寻学习的本质以及教学的影响。舒尔曼进而归纳出了教学学术的四个基本特性：属于公共性活动，能够面对公开的批评和评估，可供其他学术人员交流借鉴以及包含质疑和探究行为。[93]他认为教学学术需要教师去构想和研究与学生学习相关的各种问题，如对于学习发生的条件、学习活动的状态以及如何巩固学生所学都要有所涉猎，并不应只局限于教师的教，还需要关注学生的学，实质上是一种教与学的学术。其他学者和组织在基本赞同舒尔曼观点的基础上做了一些有益的补充，如 E·马丁(E Martin)等人强调教学学术应包括知识互动、自我反思和思想分享三个相关的活动；卡内基基金会则总结为：对学生学习进行严密全面的研究，其成果要经过公开评阅并能够运用到更广泛的场合，通过个人和集体的知识建构来实现改善学习这一最主要的目标。

　　教学学术运动的发展既离不开广大学人的呼吁，又与几个重要组织的推动密不可分。1991 年美国高等教育协会认识到要发展起教学学术文化，就必须给予大学教学活动以应有的地位和鼓励，并在全国范围内发起了教师角色和奖励论坛，每年广泛吸引高校代表参会，共同讨论如何确定教师工作重点以及怎样从学术意义上改进教学等一系列问题。1998 年卡内基教学学术学会成立，并开展了学者项目、校园项目和学会项目，以促进学生学习水平的进步、改善教学实践的质量并提高教学工作的地位。[94]学者项目为致力于教学学术的教师提供一个相互交流的平台，教师以个人负责的形式接受资助完成研究项目，他们的成果还可以进入专门的数据库实现资源共享。校园项目支持参与院校为教学学术发展创造条件，至今已有 200 多所高校加入其中，它们在遵循学会总体原则的基础上根据本校具体情况建立委员会开展活动，一些大学还启动了跨校合作计划。学会项目注重加强同各专业学科组织之间的联系，邀请各领域的专家帮助教师提高业务能力。总之，在校内学者和校外组织的共同努力下，教学学术已为诸多高校所认可并践行着，特别是对于长期忽视本科教学工作的研究型大学来说，尤其希望借此契机调整教学科研失衡的状况，它们纷纷从开展教学学术研究、鼓励优秀教学行为以及重视教学技能培训等方面加强努力来响应这一趋势。

1. 开展教学学术研究

各大学为了推进教学学术工作，经常采用建立教学档案、召开研讨会议、提供发表渠道以及支持研究计划等方式引导教师参与其中。

第一，建立教学档案。

教学档案不仅有助于教师认真做好课前准备活动，也利于他们在课后反思自己的教学行为是否达到了促进学生学习的目标，作为教师发展中的重要纪录其相应成为教学学术研究的前提和基础。

完整的教学档案应包括如下几个方面：(1)教师责任和目标的说明：个人在课堂中承担的责任，教学目标、内容以及方法，选课学生人数及概况;(2)主要的课程材料:教学大纲、课程简介、阅读书目、作业内容、考试和测验要求以及视频资料;(3)评估学生的材料:各类考试中学生的试卷、学生的论文作业本或其他成果以及对本科生的各种书面评语;(4)教学评估资料:学生对教师的总体评价和等级划定、受访学生的表态、来自教授同一课程的同行的评价和来自其他同事的评论,有时还包括来自系主任、校外专家、校友乃至雇主的点评;(5)对大学或专业的贡献之处:是否参与过评审教材、修订课程、培训助教、发表教学类文章、指导学生实习、帮助同事改进教学和服务于教学委员会等活动;(6)提高教学方面的努力:是否有过编写教材、开发新课程、参加教学专业发展会议、设计跨学科或合作性课程、使用新方法从事教学或评估学习以及承担教学领域研究项目的经历;(7)教学方面所获得的荣誉:来自学系、学院或大学的奖励,来自专业领域的奖励,因教学声望而从事的建议咨询、开设讲座和撰写文章的活动以及为各类组织团体提供教学上的指导。[95]

总之,教学档案不但使教师的专业成长会更具科学性和方向性,而且还为他们参与其他学术活动提供了重要的先决条件。

第二,召开研讨会议。

定期举办讨论会是教学学术发展的手段之一,会议中教师们在发表个人观点的同时也能就共同感兴趣的问题和他人交流,各方在交换信息、分享心得和解决疑难中共同成长。

华盛顿大学从2005年至今已经连续召开了5届教学和学习专题研讨会,其由教师教学质量委员会、教学学术论坛以及教学发展和研究中心等组织联合主持,参与院系和人数已从最初的22个和45人增加到近50个和90多人。以2009年的论坛为例,整个大会由三部分组成。首先是主题发言,生物学系的一名学者围绕

"为学生揭开学习的神秘面纱"做了 1 小时的公开报告。作者介绍了他常用的三种教学策略：布卢姆学习目标分类法、每周学习总结和学习进度表以供与会者共享。接着是分组展示，六个小组同时向听众汇报他们的成果，大家可根据个人兴趣需求选择性地参加。六组的议题分别为：(1)学习任务设计，包括激发生态学课程中的主动学习、通过写作任务增强学生参与性、外语课中的修改写作、发展创造性研讨课、商业学习中的维持性以及科学教育中计算机的运用等内容；(2)经验学习，涉及社区学习、法律实习、田野作业以及海外学习中的探究教育等领域；(3)课程设计，涵盖护理课程中的问题解决学习、统计学导论课中批判性思维的发展以及同伴写作顾问的设立等主题；(4)理解本科生经验，覆盖帮助弱势群体实现学业成功、推动研究型大学的本科科研活动以及重视本科教育经验中的不确定因素等方面；(5)跨学科教学，包含跨文化研究中新媒体和新手段的运用、电影节作为教学工具的意义以及本科课程中的跨学科教育和合作教学等问题；(6)教学反思，主要是教师对于自己从教过程的各种回顾和体会。在分组展示中穿插进行的是六个小型圆桌会议，教师可以在相互讨论中获得进步，2009年的关注点为：如何着手从学术工作的角度审视教学活动、怎样运用电子档案袋评估学生的写作、利用 Q6C 在线指导研究活动、运用网络会议自由教学、引导学生尊重智力成果以及使用多媒体技术增强学生在大型导论课中的参与性。[96]研讨会几乎涉及教学中所有重要的方面，通过这一渠道教师们不仅可以掌握本领域的教学创新，还能够了解到其他学科的新进展，成为他们宝贵的自我提升的机会。

　　第三，提供发表渠道。

　　以文章著述的形式将教学成果呈现出来是发展教学学术的重

要推动力。为了使教师在投稿时更有针对性,同时增加他们投稿的命中率,各高校都会列出刊发教学研究类论文的杂志。如爱荷华州立大学就将设有教学学术栏目的期刊分别归入普通高教、农学、商学、设计、工程、科学、人文社科以及医学等类别之中,以便于教师查询。而且每一大类中又按照学科专业划出具体小项,如农学分出农业机械、农艺学和工业技术等项;商学划出会计、商业、经济、金融、管理、营销、信息技术和商业教育等类;设计分为建筑、艺术、绘图以及地区和社区规划各项;工程包括化学工程、计算机工程、建筑科学、电子工程、普通工程、工业工程、工业技术和机械工程等领域;科学分成化学、数学、物理、统计、环境和生物学等类别;人文社科包含音乐、戏剧、神学、英语、现代语言、社会学、人类学、心理学、经济学以及图书馆学等分支,每项中都有数种刊物供教师选择。有些大学还会自创教学领域的刊物,为校内外师资间的互动交流提供渠道:如伊利诺伊州立大学的《教学学术通讯》每年分别在 1 月和 9 月出版,汇报教学研究的最新动向,同时也刊登教师的学术文章。内布拉斯加大学林肯分校的《教学项目同行评阅》则以网络平台的形式支持教师分享心得。

第四,支持研究计划。

大学要真正实现教学的学术化,就必须鼓励教师从事广泛的教学研究,支持他们通过搜集资料、整理数据、分析理论和反思实践来探讨教与学的关系。如伊利诺伊州立大学的教师近几年来开展了相当丰富的教学学术计划,各项目都严格遵循提出问题假设、确定研究方法、呈现调查结果和得出最终结论这一步骤。比较有代表性的成果包括:(1)学习者成就动机研究,依靠对 263 名大学生的问卷调查,探讨了口头和书面交流对师生关系的影响;(2)通过研究方法课建构以学生为中心的学习,以一门课程为个案探讨

其在学生发展中的作用,在实践中检验建构主义的学习策略;
(3)比较分析大班授课和在线学习环境中学生的参与性和满意
度,指出教师要综合运用这两种方法充分考虑和学生的互动问题;
(4)大容量班级中的自主学习,利用进度导向的探究学习和学生
反应计算机系统来解决学生主动性不足的问题;(5)依托研究项
目教授人种志课程,探讨以本科生参观校园环境和活动的方式来
进行民族志学习。[97]上述研究计划反映出教师不但开始注重将教
学理论与实践联系起来,而且已经开始深入思考教学领域中的许
多根本性问题。

2. 鼓励优秀教学行为

要充分调动教师改善教学水平的积极性,除了为他们创造发
展教学学术的各种条件之外,还必须对优秀的教学予以承认和奖
励。[98]特别是对于长期以来过分强调科研成绩的研究型大学来说,
要真正实现关注学生学习的目标,就必须一方面明确教学表现在
教师职称晋升中的地位,另一方面对于突出的教学学术行为予以
一定的资助。

当前许多高校已经将教学学术作为评估教师业务水平和决定
他们能否获得终身教职的重要指标。它们从学术的角度去定义教
学,认为其属于一种创造性和综合性的学术活动,是利用现有知识
和批判思维去增进理解的过程,而不是刻板单调的内容复述和记
录行为。如爱荷华州立大学就从学术性教学和教学学术两个方面
提出了教师应达到的要求。学术性教学方面教师从事的主要工作
包括:讲授学分和非学分课程,开展继续教育和远程教育,指导本
科生和研究生完成论文、实习和项目,参加研究生学位委员会以及
为各级学生提供咨询和辅导帮助。当教师进行上述活动时,如果
能够将新的知识、观点、方法、材料和技术运用到与学生的互动中,

并使整个过程体现出创造性、精确性、有效性、可复制性以及影响的持久性时，就是成功的教学学术行为，也相应具备了晋升资格。如当教师有以下表现时可视为已满足这一要求：（1）革新课程内容，合作开发课程或服务于课程委员会都属此项；（2）创新教学方法，如将新技术或新策略运用到学习和评估领域中；（3）发表教学研究成果，并将其应用到实践之中；（4）开发新的教学材料；（5）开展教学领域的学术研究；（6）参与学生的科研活动；（7）参加致力于改善教学活动的学会组织；（8）辅导学生的课内学业和课外生活。[99] 与学术性教学相比，教学学术则提出了更高的要求，虽然二者都强调研究学生的学习过程并不断反思教学行为，但后者还规定教师要与同行交流个人的教学学术成果，并以公开形式发表出来，同时必须接受校内外专业人士的审阅批评。在爱荷华州立大学中，教学学术必须遵照和科研活动一样严谨的操作程序，以将教学实践上升到学术研究的高度。教师在高质量完成教学任务的同时还能从事高水平的教学研究，才能在这一领域达到了升职标准。

对于教学行为的奖励也是必不可少的一环，很多组织都在其中发挥着积极作用，如卡内基基金会的学者项目、教育部的中学后教育改善基金以及院校研究协会的学生成功专项资金都是帮助教师提高教学水平的重要资助渠道。在这些外部援助之外，各大学也一般都会留出专门预算以鼓励教师参与教学学术活动。如伊利诺伊州立大学就开展了七种侧重点各异的教学资助计划，其中以下三项覆盖面最广：教学发展旅行补助为参加教学会议和研讨活动的教师每年提供人均 300 美元的交通补贴，会后教师必须以文字总结或公开报告的形式汇报个人的收获及其对教学的影响，这是领取资助的必要条件；教学发展资助为教学领域的创新活动提供支持，最高金额个体为 1500 美元，小组是 2000 美元；院系教学学术资助计划专门赞助投身教学研究项目的学术单位,并特别鼓励跨学科合作,资助最高额度为 1 万美元。[100]大学还设立了四个教学领域的奖项:Ⅰ类杰出教师奖,专为终身教授或终身教职轨的教师而设,每年 2 名;Ⅱ类杰出教师奖,则针对普通的全职和兼职教师以及负有教学责任的行政和服务人员,每年 1 名;教学创造奖,专门面向任职 2—5 年的副教授,最多不超过 5 人;大学杰出助教奖,则颁发给教学表现突出的研究生。在大学层次的奖励之外,文理学院、教育学院、商学院、应用科学和技术学院以及艺术学院也都设有本领域的优秀教学奖。

3.重视教学技能培训

开展专门培训、提供咨询服务以及建立学习共同体是帮助教师提高教学技能的常用策略,三者相互结合能够有效地确保教学水平的不断改进。

密歇根州立大学依据教师的不同需要为他们设置了丰富的教学发展课程。每年春、秋学期举办的丽莱研讨班系列至今已开展了十余年,课程总数控制在 10 次以内,每次长度为 3—4 个小时,教师不一定要修完全部内容也可只参加部分讨论。授课者并不限于本校人士,还包括其他大学的优秀教师和教学专家。2009 年秋学期共安排了 6 次研讨,主题分别为:从有效教学转向教学学术、设计并实施合作性学习、促进学生反思学习、有效的评估策略、将评估理论运用于实践以及发展跨课程的写作任务。春季学院教学研讨会属于短期的集中教育,历时仅 3 天。2009 年的培训以四个议题为主:(1)促进大班课程中的主动学习,通过观看录像、分组讨论和设计教案等活动向教师传授个别化指导和小组教学的技巧;(2)联合在线和传统教学,在探讨相关的教学法、教育技术和交流策略问题之外,还为教师提供现场实际操作的机会;(3)创造性教学,从多学科的角度阐释创造性的含义、标准和方法并帮助教师将各种手段运用到专业发展领域;(4)实施有效的教师指导计划,依靠介绍教师辅导项目的理论模式和现实案例来促使更多的教师参与其中。[101]从副教授到教授职业发展计划则专门面向终身教职轨的副教授和近五年内获得终身教职的教师,帮助他们解决教学生涯转变中所需应对的各种挑战,其中也涉及教学责任的变化和教学能力的提高等问题。

　　与定期专门培训相比,教学咨询可以更加长久及时地帮助教师。大学会通过设立专门机构聘请专业人士来提供服务,一般都涉及如下三个领域:(1)内容方法,像整合多元文化到教材之中、发展跨学科教学、设计顶峰体验课程以及开展教学研究都属于常见问题,咨询者会根据学科特点和教师特质有针对性地提出解决办法;(2)演示技巧,包括言语和非言语行为的配合、肢体语言和物理空间的利用以及准确而富于表现力的语言的使用等方面,教师通过邀请专业人员现场听课或让他们观看教学录像带来修正不足谋求改进;(3)英语运用,主要针对非本土教师,通过咨询活动清除其在学术交流中的障碍,促使他们在发音的清晰性、表达的流利性以及用语的恰当性方面有显著提高。除了这些日常工作之外,咨询者还会满足教师的一些特殊要求:有些教师希望在课程结束前就能了解学生的反馈意见以及时改善教学,这时咨询人员会选择学期中的某一时间去观察授课情况并调查学生的满意程度,之后会就其中存在的问题同任课教师一起商讨应对策略;有些教师期望与一些优秀教员有更密切的接触以探讨有效教学之道,咨询者则充当了桥梁作用,为双方的沟通提供平台。

　　学习共同体可以在教师间发展协作联盟解决教学方面的困惑。共同体成员主要包括教学主管人员、学术职员和教师,总人数一般不超过 15 人。伴随学年的结束,教师们会再次加入新的共同体。他们会在一年中以在线互动、召开讨论会以及共同参与研究项目的形式来交换信息、共享资源和互助提高。每个共同体中会设立 1 到 2 名负责人员,他们会安排各类活动的日程和地点、协调教师之间的关系,帮助教师向行政部门争取资源支持、记录每次会议的内容并向教师主管部门汇报。各个大学往往会建立多样的学习共同体供教师选择,有时还会赋予他们自我创造的机会,如密歇根州立大学在 2009—2010 学年就设有整合学习中的优秀教学、发挥教学过程的持久影响、海外教学活动、保持在线学习质量、科学写作中的教学问题、大班授课中的有效教学以及创造兼容并包的学习环境等多个共同体。这些学习共同体促使学科、背景和年龄各异的教师基于共同的目标和兴趣集合起来,在一年时间里通过不断交流相互帮助来提高教学能力,并为今后的继续合作奠定了基础。

四、本章小结

进入 90 年代以来,本科教育改革在引起更多研究型大学关注的同时,也日益朝纵深发展。各大学逐渐深刻认识到本科教育既不应单一片面地关注某一领域,也不是各个部分的简单拼合,而要以多样的统一为原则去实现整体化:依靠各阶段的综合教育去谋求通识教育与专业教育、各类学科以及正式教育与非正式教育之间的融合;建构以学生为中心的大学来完成与学生相关的教学、科研和服务活动的整合;借助教学学术运动实现教师、学生和教材的和谐互动。总之,不论是对深层问题的思考、诸多创新之举的产生还是配套改革的大力推行都反映出高校开始不再满足于简单地修补而是试图从根本上重振本科教育活动。

首先,认识到许多深层问题。

虽然研究型大学从未完全放弃过对本科教育的反思与自省,但直到 20 世纪 90 年代之后,它们才开始注重从研究型大学自身的特殊性出发去考虑本科生的发展问题和高校的欠缺之处。大学不再单纯地强调某一方面,而是从全局的角度去考虑变革议题。各校不是简单地疾呼重视通识教育,而转为思考通识教育和专业教育如何衔接。同时它们也注意到本科生一直徘徊在院校优质资源之外这一现象,努力探索有效途径促使本科生享受到研究型大学的学科、师资和学术优势。就是长期以来高校最为忽视和最不愿触动的教学领域,也引来大学的普遍关注,改变大学教学因循守旧缺少创新的现状与引导教师投身教学方法改革和学习理论研究,成为这一时期的重要主题之一。各院校已经开始从本科教育自身的整体性、本科教育与大学其他任务的关联性以及大学教育活动的有效性等全新视角去认识并应对各种挑战。

其次,集全校合力实施变革。

从 90 年代初开始,各研究型大学就纷纷建立本科教育委员会,探讨如何解决长期以来的各种积习弊端,努力从全校战略规划的高度来思考其发展问题。如 1991 年罗格斯大学关于 90 年代本科教育的行动议程、1992 年加州大学的本科教育教师会议报告以及 1994 年斯坦福大学关于本科改革的总结性建议,都是这一时期的重要成果。特别是在 1998 年研究型大学本科教育博耶委员会的呼吁下,更多高校加入到改革队伍中来。各大学不再像以往那样仅局限于本科活动自身的局部调整,而是在全校范围从机构、资金和评估等诸多方面予以保障,确保各项举措都能走上制度化、规范化、系统化的道路,利用全校管理者、教师、员工乃至研究生的多方合力,促使大学中与本科生有关的教学、科研和服务活动都能成为帮助他们成长的重要途径。

再次,发展出诸多创新之举。

在这一时期,不但原有的一些有效措施在更广泛的院校中得到了推行,而且各校还创造出了不少全新的方法策略,在本科学习的各个阶段都有革新之举,直指本科教育的各个核心地带。几乎所有的研究型大学都为一年级学生开设了研讨课,新生学习共同体也在不断建设之中;跨学科主修和辅修成为联系沟通各专业领域教育的重要手段;顶峰体验则用来帮助毕业班学生综合之前所学的各类知识技能;就是一向被忽视的学生宿舍和社区生活也被加入了更多的教育因素。可以说新手段覆盖到了本科教育的方方面面,同时各校还会根据自身具体情况对这些方法进行加工和重组从而又催生出更多的新途径。

注　释

1　刘丽云、张惟英、李庆四:《美国政治经济与外交概论》,中国人民大学出版社,2004年版,第 278 页。

2　*Contexts of Postsecondary Education*. http://nces. ed. gov/programs/coe/2009/section5/indicator46. asp#Info. 2010. 01. 11.

3　[美]菲利普·G. 阿尔特巴赫等:《21 世纪美国高等教育——社会、政治、经济的挑战》,杨耕、周作宇主审,北京师范大学出版社,2005 年版,第 112 页。

4　[美]詹姆斯·杜德斯达:《21 世纪的大学》,刘彤主译,北京大学出版社,2005 年版,第 141 页。*Contexts of Postsecondary Education*. http://nces. ed. gov/programs/coe/2009/section5/indicator46. asp# Info. 2010. 01. 11.

5　Geiger, R. L. *Knowledge and Money：Research Universities and the Paradox of the Marketplace.* Stanford：Stanford University Press,2004,p. 45.

6　Noll, R. G. *Challenges to Research Universities.* Washington, D. C.：Brookings Institution Press,1998,p. 182.

7　Cohen, A. M. *The Shaping of American Higher Education：Emergence and Growth of the*

Contemporary System. San Francisco：John Wiley & Sons，Inc.，1998，pp. 409—410.

8　Miller，R. I. *Major American Higher Education Issues and Challenges in the 21st Century.* London：Jessica Kingsley Publishers，1999，p. 104.

9　Miller，R. I. *Major American Higher Education Issues and Challenges in the 21st Century.* London：Jessica Kingsley Publishers，1999，p. 110.

10　Brubacher，J. S. & Rudy，W. *Higher Education in Transition：A History of American Colleges and Universities.* New Brunswick：Transaction Publishers，1997，p. 402.

11　［美］弗兰克·H. T. 罗德斯：《创造未来：美国大学的作用》，王晓阳，蓝劲松等译，清华大学出版社，2007 年版，第 11 页。

12　郑若玲：《追求公平：美国高校招生政策的争议与改革》，《教育发展研究》，2008 年第 13—14 期，第 97 页。

13　Geiger，R. L. *Knowledge and Money：Research Universities and the Paradox of the Marketplace.* Stanford：Stanford University Press，2004，p. 122.

14　张华、石伟平、马庆发：《课程流派研究》，山东教育出版社，2000 年版，第 344—346 页。

15　顾明远、孟繁华主编：《国际教育新理念》，海南出版社，2001 年版，第 167 页。

16　刘宝存：《大学理念的传统与变革》，教育科学出版社，2004 年版，第 74 页。

17　［美］欧内斯特·L. 博耶：《关于美国教育改革的演讲：1979—1995》，涂艳国、方彤译，教育科学出版社，2002 年版，第 70 页。

18　［美］欧内斯特·L. 博耶：《关于美国教育改革的演讲：1979——1995》，涂艳国、方彤译，教育科学出版社，2002 年版，第 61 页。

19　艾德里安·杜普伊斯、迈克尔·高尔顿：《历史视野中的西方教育哲学》，彭正梅、朱承译，北京师范大学出版社，2008 年版，第 267 页。

20　［美］德里克·博克：《回归大学之道：对美国大学本科教育的反思与展望》，侯定凯等译，华东师范大学出版社，2008 年版，第 27 页。

21　［美］德里克·博克：《回归大学之道：对美国大学本科教育的反思与展望》，侯定凯等译，华东师范大学出版社，2008 年版，第 84 页。

22　The Boyer Commission on Educating Undergraduates in the Research University. *Reinventing Undergraduate Education：A Blueprint for America's Research Universities.* Stony Brook：The State University of New York，1998，p. 23.

23　Kuh, G. D. *The Other Curriculum：Out-of-Class Experiences Associated with Student Learning and Personal Development.* The Journal of Higher Education, 1995, 66（2）, p. 124.

24　［美］德里克·博克:《回归大学之道:对美国大学本科教育的反思与展望》,侯定凯等译,华东师范大学出版社,2008 年版,第 53—54 页。

25　The Boyer Commission on Educating Undergraduates in the Research University. *Reinventing Undergraduate Education：A Blueprint for America's Research Universities.* Stony Brook：The State University of New York, 1998, p. 15.

26　The Boyer Commission on Educating Undergraduates in the Research University. *Reinventing Undergraduate Education：Three Years After the Boyer Report.* Stony Brook：The State University of New York, 2001, p. 8, p. 5.

27　Gray, P. J. & Others. *A National Study on the Relative Importance of Research and Undergraduate Teaching at Colleges and Universities.* Syracuse：Center for Instructional Development, Syracuse University, 1996, p. 22.

28　［美］弗兰克·H. T. 罗德斯:《创造未来:美国大学的作用》,王晓阳、蓝劲松等译,清华大学出版社,2007 年版:第 95 页。

29　［美］德里克·博克:《回归大学之道:对美国大学本科教育的反思与展望》,侯定凯等译,华东师范大学出版社,2008 年版,第 30 页。

30　［美］德里克·博克:《回归大学之道:对美国大学本科教育的反思与展望》,侯定凯等译,华东师范大学出版社,2008 年版,第 30 页。

31　［美］德里克·博克:《回归大学之道:对美国大学本科教育的反思与展望》,侯定凯等译,华东师范大学出版社,2008 年版,第 187 页。

32　孙莱祥主编:《研究型大学的课程改革与教育创新》,高等教育出版社,2005 年版,第 35 页。

33　［美］弗兰克·H. T. 罗德斯:《创造未来:美国大学的作用》,王晓阳、蓝劲松等译,清华大学出版社,2007 年版,第 120 页。

34　The Boyer Commission on Educating Undergraduates in the Research University. *Reinventing Undergraduate Education：Three Years After the Boyer Report.* Stony Brook：The State University of New York, 2001, p. 20.

35　［美］德里克·博克:《回归大学之道:对美国大学本科教育的反思与展望》,侯定凯等译,华东师范大学出版社,2008 年版,第69 页。

36　Gardiner, L. F. *Redesigning Higher Education：Producing Dramatic Gains in Student Learning.* Washington, D. C.：Office of Educational Research and Improvement, 1994, p. 22.

37　［美］德里克·博克：《回归大学之道：对美国大学本科教育的反思与展望》,侯定凯等译,华东师范大学出版社,2008 年版,第82 页。

38　［美］弗兰克·H. T. 罗德斯：《创造未来：美国大学的作用》,王晓阳、蓝劲松等译,清华大学出版社,2007 年版,第130 页。

39　Padilla, G. & Porter, C. *Commission on Undergraduate Education, Final Report.* Berkeley：The University of California, Berkeley, 2000, pp. 11—12.

40　The Boyer Commission on Educating Undergraduates in the Research University. *Reinventing Undergraduate Education：Three Years After the Boyer Report.* Stony Brook：The State University of New York, 2001, p. 13.

41　The Boyer Commission on Educating Undergraduates in the Research University. *Reinventing Undergraduate Education：Three Years After the Boyer Report.* Stony Brook：The State University of New York, 2001, p. 13.

42　The Boyer Commission on Educating Undergraduates in the Research University. *Reinventing Undergraduate Education：Three Years After the Boyer Report.* Stony Brook：The State University of New York, 2001, p. 14.

43　*Preliminary Summary of Results from the 2006 National Survey on First-Year Seminars.* http://www. sc. edu/fye/research/surveyfindings/surveys/survey06. html. 2010. 01. 25.

44　Smith, B. L., MacGregor, J. & Matthews, R. S. *et al. Learning Communities：Reforming Undergraduate Education.* San Francisco：Jossey-Bass Publishers, 2004, p. 20.

45　高飞、王晓瑜：《美国麻省理工学院新生学习共同体研究》,《高教探索》,2010 年第6 期,第80 页。

46　*Concourse at MIT.* http://web. mit. edu/concourse/www/. 2010. 01. 10.

47　Epstein, A., Lipson, A. & Bras, R. et al. *Terrascope：A Project-Based, Team-Oriented Freshman Learning Community with an Environmental/Earth System Focus.* Washington, D. C.：American Society for Engineering Education, 2006, p. 1.

48　Gaff, J. G., Ratcliff, J. L. & Associates. *Handbook of the Undergraduate Curriculum：A*

Comprehensive Guide to Purposes, Structures, Practices, and Change. San Francisco：
Jossey-Bass Publishers,1997,p. 398.

49　阎光才：《大学的人文之旅：大学本科教育中人文社会科学的价值重估》,教育科学
出版社,2005 年版,第 54 页。

50　*Interdisciplinary Programs*. http://www. usc. edu/dept/publications/cat2009/interdisci-
plinary/. 2010. 01. 10.

51　*Interdisciplinary Programs*. http://www. usc. edu/dept/publications/cat2009/interdisci-
plinary/. 2010. 01. 10.

52　*USC Marshall School of Business Undergraduate Degrees：Bachelor of Science*. http://
www. usc. edu/dept/publications/cat2009/schools/business/undergraduate. html#cine-
ma. 2010. 01. 10.

53　*USC Marshall School of Business Undergraduate Degrees：Bachelor of Science*. http://
www. usc. edu/dept/publications/cat2009/schools/business/undergraduate. html#east.
2010. 01. 10.

54　*USC Marshall School of Business Undergraduate Degrees：Bachelor of Science*. http://
www. usc. edu/dept/publications/cat2009/schools/business/undergraduate. html#east.
2010. 01. 10.

55　*USC Marshall School of Business Undergraduate Degrees：Bachelor of Science*. http://
www. usc. edu/dept/publications/cat2009/schools/business/undergraduate. html # int.
2010. 01. 10.

56　*Undergraduate Degrees*. http://www. usc. edu/dept/publications/cat2009/schools/col-
lege/posc/undergraduate. html#ba. 2010. 01. 10.

57　*Interdisciplinary Programs*. http://www. usc. edu/dept/publications/cat2009/interdisci-
plinary/. 2010. 01. 10.

58　Wagenaar,T. C. *The Capstone Course*. Teaching Sociology,1993,21(3),p. 210.

59　The Boyer Commission on Educating Undergraduates in the Research University. *Rein-
venting Undergraduate Education：A Blueprint for America's Research Universities*. Stony
Brook：The State University of New York,1998,p. 27.

60　The Boyer Commission on Educating Undergraduates in the Research University. *Reinven-
ting Undergraduate Education：Three Years After the Boyer Report*. Stony Brook：The

State University of New York,2001,p. 22.

61　Carothers,M. ,Abraham,A. & Bauer,K. *Summary of Spring* 2003 *UD Capstone Survey.*
Newark: The University of Delaware,2003,p. 6.

62　Paul,M. J. *Carving a Capstone: Senior Design at the University of Delaware.* Journal of
Professional Issues in Engineering Education and Practice,2005(4),p. 95.

63　高飞:《美国大学新生适应教育活动及其对我国的启示》,《教育探索》,2010 年第
10 期,第 158 页。

64　Upcraft,M. L. Gardner ,J. N. & Barefoot,B. O. *Challenging and Supporting the First-
year Student.* San Francisco: Jossey-Bass Publishers,2004,p. 60.

65　Cuseo,J. B. *The Freshman Orientation Seminar: A Research-Based Rationale for Its Val-
ue,Delivery,and Content.* University of South Carolina,1991,pp. 11—20.

66　*Preliminary Summary of Results from the* 2006 *National Survey on First-Year Seminars.*
http://www. sc. edu/fye/research/surveyfindings/surveys/survey06. html. 2010. 01. 25.

67　*Honors College Community.* http://www. honorscollege. msu. edu/community/index. ht-
ml. 2010. 01. 12.

68　University Community Service Center. *UCSC Quarterly Fall* 2009. Chicago: University of
Chicago,2009,p. 6.

69　Geiger,R. L. *Knowledge and Money: Research Universities and the Paradox of the Market-
place.* Stanford: Stanford University Press,2004,p. 104.

70　Vincow,G. *The Student-Centered Research University.* Innovative Higher Education,1997,
21(3),p. 168.

71　Beichner,R. J. ,Saul,J. M. & Abbott,D. S. *et al. The Student-Centered Activities for Large
Enrollment Undergraduate Programs*(*Scale-Up*)*Project.* Raleigh: North Carolina State
University,2007,p. 3.

72　Heuvelen,A. V. *Learning to think like a physicist: A review of research-based instruction-
al strategies.* American Journal of Physics,1991,59(10),p. 891.

73　Beichner,R. J. ,Saul,J. M. & Abbott,D. S. *et al. The Student-Centered Activities for
Large Enrollment Undergraduate Programs*(*Scale-Up*)*Project.* Raleigh: North Carolina
State University,2007,pp. 34—35.

74　高飞:《美国高校本科科研制度化发展之路》,《中国高等教育》,2009 年第 8 期,第

61 页。

75 The Boyer Commission on Educating Undergraduates in the Research University. *Reinventing Undergraduate Education*：*Three Years After the Boyer Report*. Stony Brook：The State University of New York,2001,p. 9.

76 Hu,S. ,Scheuch,K. & Schwartz,R. A. *et al. Reinventing Undergraduate Education Engaging College Students in Research and Creative Activities*. San Francisco：Jossey-Bass Publishers,2008,p. 69.

77 *Undergraduate Research Opportunity Program Administrator's Handbook*. http：//www. undergraduate. research. umich. edu/UROPhandbook. html. 2008. 07. 15.

78 Hu,S. ,Scheuch,K. & Schwartz,R. A. *et al. Reinventing Undergraduate Education Engaging College Students in Research and Creative Activities*. San Francisco：Jossey-Bass Publishers,2008,p. 16.

79 Huggins,R. ,Jenkins,A. & Scurry,D. *Undergraduate Research In Selected US Universities*：*Report On US Visit——Institutional Case Studies*. Oxford：Oxford Brookes University,2007 ,p. 10.

80 Scheuch ,K. L. *Faculty Research Orientation ,Undergraduate Research Activities And Student Outcomes*. Tallahassee：Florida State University,2007,p. 47.

81 Jacobson,M. & Goheen,A. *Engaging Students in Research*：*A Participatory BSW Program Evaluation*. The Journal of Baccalaureate Social Work,2006, 12（1）,p. 97.

82 *Citizen Service Act of* 2002. http：//thomas. loc. gov/. 2009. 12. 15.

83 Thomas,T-S. *Liberating Service Learning and Applying the New Practice*. College Teaching,2001,49(1),p. 14.

84 Billig,S. H. *Research on K-12 School-Based Service-Learning*：*The Evidence Builds*. Denver：RMC Research Corporation,2000,p. 5.

85 Billig,S. H. *Research on K-12 School-Based Service-Learning* ：*The Evidence Builds*. Denver：RMC Research Corporation,2000,p. 8.

86 Riley,R. W. & Wofford,H. *The Reaffirmation of the Declaration of Principles*. Phi Delta Kappan,2000,(5),p. 672.

87 *Ten Principles of Good Practice in Community Service Learning and Pedagogy*. http：// centeach. uiowa. edu/programs/documents/Ten Principles of Good Practicein Community

Service Learning and Pedagogy. pdf. 2009. 12. 10.

88　Burns, L. T. *Make Sure It's Service Learning, Not Just Community Service.* The Education Digest, 1998, 64(2), p. 40.

89　刘宝存、王维、马存根:《美国高等学校的服务性学习》,《比较教育研究》,2005 年第 1 期,第 45—46 页。

90　Jacoby, B. *Service Learning in Higher Education: Concepts and Practices.* San Francisco: Jossey-Bass Publishers, 1996, pp. 3—4.

91　*Service-Learning Faculty Handbook.* http://www. vtserves. vt. edu/servicelearning/handbook. aspx. 2009. 12. 20.

92　吕达、周满生主编:《当代外国教育改革著名文献(美国卷·第三册)》,人民教育出版社,2004 年版,第 23 页。

93　Hutchings, P. & Shulman, L. S. *The Scholarship of Teaching : New Elaborations, New Developments.* Change, 1999, 31(9/10), p. 13.

94　Bender, E. T. *CASTLS in the Air: The SOTL "Movement" in Mid-Flight.* Change, 2005, (9/10), p. 42.

95　*Recommended Portfolio Contents.* http://www. celt. iastate. edu/faculty/portfolio_contents. html. 2009. 12. 20.

96　2009 *UW Teaching and Learning Symposium.* http://depts. washington. edu/sotl/2009/index. html#Sessio Ns. 2009. 12. 20.

97　*Keep Tool Kit Web Snapshots of ISU SoTL Projects.* http://www. sotl. ilstu. edu/examples/KEEPShots. shtml. 2009. 12. 20.

98　[美]弗兰克·H. T. 罗德斯:《创造未来:美国大学的作用》,王晓阳、蓝劲松等译,清华大学出版社,2007 年版,第 99 页。

99　*Faculty Handbook-5: Evaluation and Review.* http://www. provost. iastate. edu/faculty/handbook/current/section5. html#section-5. 2. 2. 3. 1. 2009. 12. 20.

100　*Funding Opportunities.* http://www. sotl. ilstu. edu/funding/. 2009. 12. 20.

101　Office of Faculty & Organizational Development. *Conversations About Active Teaching and Learning.* East Lansing: Michigan State University, 2009, pp. 4—5.

第 七 章

结 论

美国研究型大学的本科教育虽曾遭到冷遇并饱受批评,但各校从未完全放弃过对本科活动的重视,也一直坚持本科领域的改革创新:19 世纪 70 年代至二战,研究型大学通过在教育目标、内容、方式和评价上的扩充完善,建立起了新型本科教育模式;二战后初期本科教育虽遭遇忽视有沦为附庸的危险,但自 20 世纪 60 年代后期起缓解专业化和尊重个性化的改革,表明一些研究型大学已再次将本科教育放在重要位置;进入 80 年代,以质量为中心追求优质化成为研究型大学本科教育的主题;自 90 年代初开始,强调整体化又代表着各校努力的新方向。

本科教育始终是研究型大学发展的重要基石,这主要归结于两方面的原因:一是源于本科教育自身的特殊性,它既致力于高质量基础人才的培养,又是高层次人才的储备力量。根据博耶报告的调查,虽然研究型大学仅占全美高校总数的 3%,却培养出了大约 32% 的本科人才。[1]1901—1972 年间,美国共有 92 人获得诺贝尔自然科学奖,其中五分之三的人拥有著名大学的学士学位。美国主要领导人中也有不少人是研究型大学的校友。[2]二是基于研究型大学的独特性,其以增进知识为主旨,因而相应地集高水平的学术队伍、特色化的学科专业、最先进的物质设备、国际化的互动交流以及探究性的校园氛围于一身,这些特点实际上也正是打造高素质人才所必需的。所以研究型大学必须为本科教育留下发展空间、为本科人才培养提供肥沃土壤。而美国研究型大学在一百多年的发展历程中,也确实不断依靠在课程和教学领域的持续革新,来显示重视本科教育的决心,还相应形成了四类变革模式。

一、本科课程改革主题的演进

纵观美国研究型大学本科课程的发展历程,共同性、连贯性与综合性是突出特征。尽管每个历史时期都存在高校谋求三者的努力,但在特定阶段则往往以某一特点最为显著:共同性是本科教育模式确立时期的主要议题;连贯性是二战后至 80 年代初的探讨中心;综合性则成为 80 年代以来特别是 90 年代追求的新趋势。

(一)共同性

传统学院中,各校本科教育内容基本相同,普遍由希腊语、拉丁语、宗教、道德哲学、逻辑学以及数学等有助于涵养理性的科目组成,科学课程与实用教育虽有所发展但始终处于边缘地位。自 19 世纪下半叶开始,社会需求的变化、知识增长的加速以及认识论的转向都要求打破传统课程的既定模式:单一人才类型已经难以满足现实需要,社会迫切呼唤拥有精深知识的高层次专门人士的出现;学术研究的发展以及科学技术的进步,引发了三大学科领域知识的进一步拓展,学科处于不断分化和细化之中,多级学科逐步建立起来;实用主义的兴起导致学术界对知识形成了全新认识,从过去重视知识内在的自身价值转向追求其外在的实际效用,更多的知识获得了合法性基础。由此,要求所有学生在高等教育阶段学习统一的科目,既无法充分满足社会生产生活的要求,又跟不上知识更新换代的速度,也将日渐与主导的价值观念相背离。而选修制在各研究型大学的广泛推行,实际上正是课程共同性原则日趋瓦解的典型标志。不论是完全自主选修、自选规定各占一半、主修辅修相结合还是分组选择方式都是对教育内容共性的冲击,不但不同院校的本科课程出现巨大差异,就是一所高校中不同专业学生所学科目也少有共通之处。

　　然而,伴随自由化发展到一个极端,本科课程的混乱局面又引起了学者对共同性的呼唤。实际上早在选修制风头最劲之时就有学者和组织表示了异议,如詹姆士·麦考士就指出只有统一规定课程、共同宗教教学、严格学术监督以及有限的专业发展才是正轨;而以全美州立大学协会为代表的专业团体也发出了重建共同学术标准和教育实践的呼声。高教界逐渐认识到,缺乏普遍知识、经验和价值的本科生将无法做出理智选择,很容易丧失方向性并缺少应有的基础知识和基本能力。但是,全部必修的纯粹博雅教育不仅对学生缺乏吸引力,而且也同整个社会环境格格不入,因而课程的共同性只能凭借自由教育的变体通识教育来体现。通识教育在多样化的专业训练之外为学生建构了接受普通教育的平台。正是在 20 世纪上半叶,通识教育、主修科目和选修课程共同构成了研究型大学本科教育的一般模式。分布必修、概论课程以及名著计划也成为该阶段主导性的通识教育方法。总之,在该时期,本科生是否需要学习共同课程、采用何种形式学习以及所学课程份额等问题都得到了基本解决。自此之后通识教育和专业教育二者的关系一直是学术界争议的问题。如 60 和 70 年代课程的共同性再次受到严重侵蚀,1967—1974 年授予博士学位大学的通识教育比重就从 42.25% 明显下滑至 35.25%。而高教界也从未放弃过对共同教育的追求。欧内斯特·博耶和亚瑟·莱文就指出大学通识教育必须肩负起发展共同经验的责任。否则，人际关系将遭到削弱、共同纽带会受损、生活质量也将降低。通识教育应致力于人类作为家庭和社会成员相互依赖的　面，集中于将孤立个体凝聚成社团的经验。[3]克拉克·克尔也提出了大学教育必须具备的四个课程主题：对作为一系列相互联系的系统的世界的分析、关于世界历史和文明发展的基本知识和动因分析、有关美国社会和世界文化体系的透彻理解以及与公共政策参与制定相关的各种知识和意识。[4]可以说研究型大学本科课程的必修与选修、共同性与个别性这对矛盾将不断斗争下去。

（二）连贯性

在理性主义、学术精神以及实用主义的共同作用下，研究型大学本科教育从一开始就集基础性、专业性以及职业性知识于一身，隐藏着课程分裂的危险。而二战以来大学专业化的不断加剧虽促进了学术的繁荣，但同时也导致学生知识信息的零散、学习经验的片面以及学术凝聚力的瓦解。美国大学协会在 80 年代初的研究《大学课程的完整一贯：面向学术界的报告》中指明：各科目之间缺少理论联系和相互连贯，甚至全部课程都难以衔接。罗伯特·泽曼斯基的报告《结构性与连贯性：本科课程调查》也强调大学课程缺乏结构与连贯，这种零落片断的情形实在难以达成教育上全体大于部分之和的理想。[5]

学术界一直倾向于以通识教育的广博性来对抗专业训练的狭隘性，希望以此帮助本科生打通学科边界、形成联系的观点并获得整体化认识，二战后初期两份著名的报告均是这一思想的体现。《自由社会中的通识教育》认为：专业教育重视将材料从其背景中抽离出来,并在一种孤立的状态下求得对事物最精准的理解,但也由此缺乏对相互关系的全面思考;对专业训练的过分偏爱急需通识教育加以平衡。《美国民主社会中的高等教育》也指出:过度专业化下的高校毕业生,既不能对一门学科形成完整认识,又未能掌握人类知识领域的基本经验,还缺少观察客观世界和社会活动的整体视角,只有借助通识课程的连贯性教育才能加以补救。在实践中,大学一方面对传统的分布必修制进行修订,将知识性入门课改革为方法类导论课。1969 年布朗大学就设置了一系列通过探究特定领域问题来掌握方法、概念以及价值的思维方式课程;密歇根大学 1974 年也开办了方法知识课程,涉及分析法(数学、语法和哲学)、经验法(社会和自然科学)、道德法(生理学、宗教和古典学)以及审美法(艺术史、音乐、文学与戏剧)。另一方面,高校又开发出核心课程等新形式,其不同于仅是对原有科目简单重组的分布必修,而是专门编写的跨领域课程。哈佛大学 70 年代末的通识教育改革就将课程划分为文学与艺术、历史研究、社会与哲学分析、科学和数学以及外国语言与文化五个部分,各个领域中又根据侧重点不同分为若干组科目。在通识教育之外,主修领域也逐渐成为研究型大学谋求课程联系性的另一阵地。传统学科主修以外的新形式包括:(1)联合主修,要求本科生同时完成两个专业领域的学习;(2)跨系主修,围绕特定主题或问题超越单一学术领域的专业教育;(3)职业导向主修,指向特定工作领域以现实经验为整合手段;(4)学生中心主修,学生自主设计以个体经验综合为加强连贯性的途径。

　　二战后的三十多年里,课程的连贯性一直是美国研究型大学为之努力的重要目标之一,各校也确实发展出了不少新举措来加强知识之间的关联性。然而,学术界依然缺乏将本科教育视为一个有机整体的观念,更多关注的是通识教育和专业教育之间的区别而非联系:或者认为只有通识教育甚至传统的自由教育才能承担起贯通学科的作用,而忽略了专业训练在拓展知识宽度方面也具有重要功能;或者虽对通识教育和专业教育内部的连贯性均有所强化,但却漠视了二者之间的沟通,如将前者限定在低年级而认为后者只适合高年级。这两类做法实际上在促进课程小范围整合的同时,却带来了更大程度上的分裂。甚至一些所谓推动连贯性的措施其实际效果也令人质疑,如核心课程实质上只是各科知识的机械组合而非有机结合,进一步扩大了所学范围而已,并没有打破学科间的壁垒也未建立起各领域彼此互动的桥梁。因此,跳出普通和专业教育二分法局限,沟通课堂内外的正式和非正式教育,以及重视本科四年各阶段教育衔接的综合性课程就成为众望所归。

（三）综合性

80 年代以来,高教界在对本科教育的目标、起源、实践、结果、障碍、趋势以及前景等领域的全面分析中,逐渐抛弃了对通识教育和专业教育非此即彼的割裂认识,转而以更为系统整体的观点看待大学课程,努力探讨实施综合性教育的可能性和现实性。整合性被视为提高本科课程成效和效率的关键。[6] 德里克·博克指出怎样达到整体化是课程中的一个重要议题,整体化即教学生如何概括他们所学的知识,如何综合不同的分析方法和思维体系,并运用它们去解释人类社会的重要问题。[7] 欧内斯特·博耶也相信本科教育通过革新,能创造出比各分散部分的总和更大的东西,由此必须把学校生活的各个部分,如招生、入学、课程、教学、住宿生活以及其他方面都应相互联系在一起并构成一种整体意识,民主生活以及民族生存都需要这种内部的一致性来理解相互依赖的现实并实现自我利益的超越。[8]克拉克·克尔也以"宽阔的学习经验"以及"教育中的全面观点"为宗旨，主张关注当代社会的重大思想、重大问题或重大主题。他指出在如今的世界范围内，知识已处于一种分散零碎的状态，迫切需要一次新的整合，大学的文化学科和专业学科需要以系统、综合和全面的教学法来实现该目标。[9]总之，强调整体知识观、弘扬系统方法论以及注重本科课程各部分之间互动融合的综合性教育成为该阶段改革的指向所在。

推进本科课程综合化的努力主要体现在三个方面。一是以基本素质培养为导向统整本科课程，如何在纷繁的知识中寻找到主线，学生基本素养的发展成为衡量指标。哈佛大学校长德里克·博克指出本科生必须具备表达能力、批判思维能力、道德推理能力、公民意识、多元文化素养、全球化素养、广泛的兴趣以及职业能力等特质。二是在各阶段创造出了多样的整合教育形式，使各年级的本科生都能受益于综合教育：学习共同体通过重新组织教育材料将众多科目连结起来，是内部成员在一系列相关活动中共享各种经验的小型同伴群体；本科科研将大学生也吸纳到研究队伍之中，帮助他们在教师指导下明确科研方向、构思研究框架、搜集分析数据并完成成果报告；顶峰体验是对本科所获经验的一次全面系统的反思、运用和呈现，既是学生作为专业人士解决具体问题的活动，也是他们作为社会公民参与现实生活的过程。三是将正式教育和非正式教育联系起来，课堂教学与校园生活不再互相隔阂而是彼此建立起密切联系，使本科生的课余活动也能激发起他们探究知识的热情与兴趣。如主题寝室活动就通过将志趣相近的学生安排住在一起，并通过俱乐部、读书会以及专家讲座等活动来增加他们彼此交流的机会。服务学习则充分实现了课堂学习与公共服务的衔接,凭借准备、行动、反思、展示和评估五个步骤,依靠专门课程、服务实习、学科服务学习以及问题服务学习等多种途径将普通的社会服务转化为大学教育的一部分。总之,研究型大学在本科课程目标上日益以系统论整体观为指导,注重对多种学习经验的综合尝试;在课程内容上,不再局限于西方文明而是将多元文化、国际教育以及全球问题都纳入其中;在课程结构上,逐渐打破了简单叠加汇总的传统模式,而是以有机结合为前提灵活安排各部分之间的关系。

二、本科教学活动中心的变化

师生围绕课程共有三种不同的教学组织形式,即教师中心、学生中心以及交互中心,它们在美国研究型大学本科教育的发展历程中分别发挥过重要影响。学者艾德里安·杜普伊斯(Adrian Dupuis)和迈克尔·高尔顿(Michael Gordon)曾以保守模式、自由模式以及后现代模式对三者做出了归纳,详见下表:

表7.1 三类教学模式对比[10]

	教师中心的保守模式	学生中心的自由模式	教师（学习促进者）——学习者互动的后现代模式
内容选择	教师为学生选择教育内容	学生自己在限定范围内自主选择教育内容	学生和教师共同选定与个人相关的内容
教学活动	教师主导	教师引导	教师支持
师生互动	较少	较少	较多
学生和教育内容的交互作用	没有	没有	有

（一）教师中心

在研究型大学本科教育模式确立阶段,教师中心的教学方法居于绝对统治地位,它实质上是一种知识本位的体现。该时期依然延续着对知识的尊重与推崇,只不过强调重点从知识的内在价值转向外部功用,从人文领域转向自然科学,知识的权威地位不但得以保持而且因科技革命的巨大威力而进一步强化了。在教师中心的教学活动中,作为真理化身的教育者决定着学习内容及其传递方式,被教育者只是接纳信息的容器,知识基本上呈从教师到学生的单向流动态势,仅偶尔有学生的反馈回流至教师,而教师则是评判这些信息的唯一仲裁人。

作为教师中心模式典型代表的讲授法,在19世纪末成为大学本科教学的主导形式。教师通过介绍学科知识、阐释理论观点并总结学术动态,来帮助学生对某一领域形成相对全面系统的认识。这对于传统的背诵复述来说是一项巨大的进步,自此之后教师们开始利用生动的语言来重新诠释枯燥的书本内容,同时也能更有效地将学术前沿的最新成果引入课堂,更加便于学生深化认识拓展视野。课堂讲授法虽然也会配以提问或讨论等互动环节,然而一方面教师主讲内容的数量和重要性都占据绝对优势,其他形式不仅运用频率有限而且一般只做补充主体知识或学习次要内容之用;另一方面学生的表现往往只是回答或应和既定的事实性知识观点,教师大多不会兼顾到每个学生的具体经验和个性。面对讲授法过分强调教师权威忽视本科生体验的情况,研讨班和个别指导等重视学生主动性的教学方法也发展了起来,如研讨班上,师生围绕共同话题展开讨论,学生获得了更大的自由探索知识的空间;

个别指导中,本科生则可以接受更加个性化的教育。但是二者都没有动摇讲授法的主导地位,前者主要应用于研究生教育并未在本科教学中广泛推行,后者则只是作为少数大学的特色教学而存在。在20世纪上半叶,虽然讲授法受到不少抨击,但其主导地位始终不曾摇过。时至今日,课堂讲授依然是大学教育中的基本方法之一,对于发展低层次认知具有不可忽略的重要作用。

(二)学生中心

二战之后特别是60和70年代,面对本科生因传统教学模式压抑人性忽视个体而表现出的强烈不满,研究型大学开始着手改革以使学生在课程的制定、实施和评价过程中发挥更大的作用。高校教学活动又走向了另一极,学生中心教学由此兴起,大学开始赋予本科生更多自主设计教育计划的机会。在满足学校基本要求的前提下,他们可以拥有比较充分的选择内容、确定难度和把握进程的自由,只是需要定期同导师见面明确方向、解决疑难和汇报成果。至80年代初绝大多数高校都提供了某种形式的个别化教学方法,来满足多样学生群体的需要、兴趣及能力。[11]学生中心的教学模式确实在一定程度上调动起了本科生学习的参与性与积极性,有助于他们认知、情感和态度水平的综合发展以及表达、思维和实践能力的全面提升。然而与此同时,教师无论是与学生接触时间的长短还是实施影响的程度都相应大打折扣,一方面师生互动依然呈匮乏状态;另一方面教师应有的指导作用往往得不到有力贯彻。而且,从教师中心到学生中心的教学模式转换往往缺乏必要的过渡和支撑,容易造成学生的放任自流,他们本身在驾驭学习内容上就与教师存在不小差距,在缺乏外部问责的情况下很可能避重就轻避难就易,从而导致学业成就无法达到理想水平。

在 60 和 70 年代,不少大学开展了一系列由学生主导的教学活动,加州大学伯克利分校甚至一度出现了由学生自行经营运作的自由大学,学生是课程设计安排的主要责任人,他们修读不受限制来去自由,校园之外的街头、公园甚至教堂都成了上课场所。在这种极端途径之外,自设主修、同伴教学以及独立学习则是更普遍的形式。自设主修即高校希望本科生在充分研究现有教育计划的基础上,结合自身发展水平和志趣经验开发出符合个体需要的全新专业方向,这既是一次学生自我审视自行反思的体验,也是一项需要创造力的挑战性工作。同伴教学要求本科生以正式教师的身份主持教学活动履行教学职责,包括教师构思课程学生主讲与学生同时完成课程设计和实施任务两种类型,主要限于高年级学生,他们在向低年级本科生传播知识的同时自己也获得了一次再学习的机会。独立学习属于一种自学活动,跳出了传统课堂教学的窠臼,使个体能够更自由地选择适合自己风格和特点的学习时间、地点与方式。总之,在该阶段学生中心教学模式以多样形式得以表现出来,本科生甚至还拥有了评价教师教学质量的机会,这反映了研究型大学对于本科生个体的关注与重视,但是这些方法由于在现实中未妥善处理好师生互动的关系,因此或者参与者寥寥无几学生热情不高,或者成效一般难以同时兼顾个人需求与学术质量。然而不可否认的是,学生中心模式已经迫使传统教学开始考虑如何体现学生主体地位的问题。

(三)交互中心

自 80 年代起,面临质量下降的严峻形势,研究型大学认识到尊重学生并非就是简单放纵,加强严格要求势在必行,有关教学领域中师生关系的看法再次发生了变化,主体间性得到提倡,交互中心教学应运而生。高教界日益发现教师既非学校教育活动的主导者或操纵人，也非学生学习过程中的旁观者或监督人，他们的真正身份应是与学生共同探索新知识的高级学习者。教师在向学生表达见解观点的同时也要关注学生的回应和反馈，信息在彼此之间应呈双向流动，师生之间应建立起民主平等的对话关系，学习活动要成为双方一起成长发展的过程。不论是学科知识、书本内容还是教师阐释，都不再具有绝对的权威性，教师对来自学生的质疑呈欢迎态度，并鼓励他们带着个人的体会与思考去进行学习、建构意义，知识与人之间的关系不再是相互分离而是走向统一。现代多媒体技术的进步则发挥了重要的辅助作用，使教师通过网络能够兼顾到每个学生的反应。

　　研究型大学教师逐渐转变忽视本科教育的一贯态度，不再将教学仅看作经验的摸索与积累，而是视其为具有科学理论指导的学术性事业，教学学术运动由此兴起。高校教师一方面开始认真研究教学规律与学习理论，并将其纳入自己学术研究的范畴；另一方面则致力于提高实践教学技能，不断应用并开发出更多有助于师生互动的新方法。如研讨课已经不再是少数高校的专利而成为绝大多数研究型大学本科教学的常用手段，并特别为低年级教育所推崇，这表明各校希望学生从入门阶段起就成为一个主动的和负责任的学习者。问题解决策略也得到广泛推行，它以现实问题为中心，要求学生去探寻或试验破解之道。作为同路人的教师会提供必备的物质、技术和理论支撑，并允许错误和失败的存在，但学生必须依靠自己的力量去认识问题、尝试路径和检验结果。此外，强调学生彼此交换信息的合作学习、再现真实情境的模拟教学以及模仿特定人物的角色扮演等方式也逐渐发展起来。总之在交互中心模式中，不同成员会就彼此共同关心的问题进行探讨、交流和协商,并最终达成相对一致的意见,无论是教师还是学生都不再具有完全的决定权,教学行为从内容传递的过程演化为知识生成的活动。

三、本科教育变革模式的发展

追求变革一直是美国研究型大学本科教育的突出特征,要充分利用有限资源培养出满足各方需要的高素质本科人才,要求大学必须打破传统教育的陈规束缚,发展出更多富于创造性的手段策略。而根据变革发生的深度、广度和层次的差异,可将其归纳为四种模式,它们共同构成了本科教育革新的全景图式。

(一)实施局部调整

局部调整旨在改变现行体系中某一部分,是本科教育变革最普遍采用的形式,既会发生在大学层次,也可能停留于院系范围。其包括新增、废除和综合三条实施路径:(1)新增,在保留原有计划的前提下对个别方面进行扩充,如增加教学实习环节;(2)废除,停止某些举措、制度或机构的运作,如取消外语学习要求;(3)综合,整合现存的各项措施进而创造出全新机制,如开设区域研究课程就是对多学科知识的融会贯通。[12]该模式重视在充分利用现有师资力量和学术资源的基础上,依靠策略性重组而非颠覆性剧变来实现目标,由此并不需要对已有体制进行重大改动和众多配套措施。所以此模式虽在校内波及面和影响力有限,但却十分利于校际间互相借鉴,也便于在高等教育界广泛传播。

该类型具有基础性、针对性和经济性三大特点:(1)属于最基本的改革类型,另三类模式都是由其所积累、汇集和组合而成的;(2)大多围绕特定领域展开,可以集中全力予以重点解决,不像涉及领域广泛的改革因要划出目标级别而会导致重心分散化；（3）所需花费不多，即使改革失败付出的代价也相当有限，从而确保将风险降到了最低。然而从全校视角出发，这种零散创新也存在着难以克服的缺陷：（1）影响力小，作为一种作用领域不多和参与人员有限的改革，一般很难对现有制度形成有力冲击；如近年来各校纷纷引入的新生研讨课，就只是面向一年级本科生的基础教育，而并不能有效解决高年级学习和专业教育问题；（2）关联性弱，虽其理论上存在相互衔接的可能性，但实践中学术组织间的差异却导致彼此做法可能会互不相关甚至南辕北辙，个别部门甚至为了追求自身利益而置其他院系的发展于不顾，造成摩擦矛盾不断；所以，如何确保各机构步调的相对一致是急需注意的问题。

（二）开辟实验基地

在大学内部划出特定区域进行变革是实验基地模式的典型特征，高校会建立一个和现存本科教育组织并行的新机构来承担教学改造任务。这些单位既可以成为新事物的试验场，又能包容一些难以为常规教育所容纳的尝试。[13]由此，大学里就形成了两种教育模式共存的局面：一方是以普通本科院系为代表的传统教育，另一方则是以实验学院为代表的创新机制。

实验学院能够为众多院校所采用，自有其独特优势：（1）便于稳妥推动改革进程，该模式先在特定范围内进行改造，若是新措施取得了一定成效，再将其推广到全校领域；如果新举措效果不大甚至发挥了反作用，则可立刻中止而不会给大学带来过多负面影响，可进可退的策略能够为新政策的实施提供过渡；（2）利于保护新生事物发展：赋予变革实验性的地位，能有效减少人们对它的抵制感；将革新限制在固定区域，也可在一定程度上缓解改造给教师带来的压力;参与过学院活动的教师,又往往会成为新理念的传播者。然而此模式也面临着协调、推广和招生的问题:(1)虽然实验学院是独立于高校传统结构之外的组织,但其预算、设施和师资都离不开其他院系的协助,如果不能和这些单位形成良性互动则各种措施也很难落实到位;(2)实验学院自身的繁荣并不意味着本科改革已取得胜利,创新之举还必须突破学院局限进入大学范围,要防止学院成为保守势力规避全校变革的庇护所,他们会借口小规模的改革已为高校注入了活力而不再需要全局的整体革新;(3)在新旧本科教育体制并行的大学中,学院必须与其他院系争夺生源;本科生和家长出于更为保险的考虑,多不会把实验学院作为首选;但若学院就此下调录取要求,则很可能因质量不高而丧失更多的学生,由此陷入恶性循环的局面,所以如何吸引数量充足素质达标的学生也是值得学院认真思考的问题。

(三)发起整体改造

对于历史传统悠久并已经形成自身文化特色的高校来说,全校范围内的整体性变革既可以帮助它们保持品牌优势又能够实现教育的根本突破。在统一连贯的教育哲学指导下,全校范围内的整体性变革不再简单修补原有机制的漏洞,而是依靠除旧布新去彻底改造现状。

整体改造模式的优点体现为:(1)有助于各部分之间的合作,作为高校基础性工作的本科教育实际上属于牵一发而动全身的活动,需要学术单位和行政机构的配合,离不开各院系之间的互动,还要依赖于管理者、教师和职员的共同努力;而全面布局则能动员起各界力量的积极性,也便于从整体上协调诸方的利益和矛盾;(2)形成对现有制度的巨大冲击,教育活动的通盘改变可谓是一场疾风暴雨,试图在最短时间里争取到最大程度的更新,由此必然对现有本科教育造成全方位影响;(3)具有鲜明的校本特色,如果说零散的和小范围的改革在各校之间还有相互参考的可能性,涉及全校领域的根本变革则促使大学发挥出更多的创造性,依据各自本科教育组织结构、制度文化和运作过程的特点制定出相符的发展路径。但校内全面革新也经常面对两大难题:(1)改革阻力较大,相较于另三种模式,该类型所遇到的阻碍一般会是最大的,特别是在大型高校中,强大的旧有势力、复杂的组织机构和纷繁的人际关系使理想和现实之间往往形成巨大落差,整体改革常常转化为局域调整甚至最后不了了之;(2)成果巩固性差,全局变革要取得胜利本已不易,巩固各项成就并将其长期维持下去就更为困难了,内外环境的变化很容易导致改革失去原有的方向甚至完全销声匿迹。

（四）建立新式大学

建立新式大学依靠在现有高校类型之外创立崭新组织,来推进本科教育的全面更新。[14]新型高校在办学方针、教育观念、管理运作和职能活动上都将与现有大学存在明显区别。建设者如果能够正确估计教育环境中的利弊因素,明确大学的发展定位和方向、顺应潮流规划院校的整体布局并注意同时兼顾内外利益,则其成功几率要远大于其他三种类型。

该模式主要拥有两大优势:(1)全校认识比较一致,若是在已有大学内部进行改造,则极可能会出现激进派、中立派和保守派三分天下的割裂局面,这自然增大了变革的难度;而新院校中各方都是基于对现有教育状况的不满而聚集在一起,不同意见更多体现在细枝末节的争议上而非决定性问题的分歧方面,更易集中合力推动改革进程;(2)资源内耗相对较少,大学革新必然与资源分配紧密联系,对于存在时间较长的高校来说,这往往意味着权力的重新组合和利益的再次调整,相互推诿、彼此妥协乃至多方冲撞都是在所难免的,与之相伴的则是人财物方面的大量浪费;在全新的院校情境下,可以较少考虑过往人事纠葛,很大程度上避免因协调矛盾解决纠纷而导致的人财物力浪费。[15]然而作为新生事物,它也面临着前所未有的挑战:(1)创建高校首先需要大量的资金投入,还要有源源不断的后续支持,因此争取充足的办学经费就成为首要问题;(2)新建院校必须体现出独特魅力,并不断证明新理念、新措施和新途径的有效性,不然就难以与传统大学相抗衡;(3)辩证地扬弃也是新立大学需思考的议题,合格人才的标准在各类高校中都是通行的:娴熟的表达能力、发达的思维能力、负责任的公民意识以及一定的职业能力均属于本科教育的基本要求,如果违背则只能以失败告终。

纵观美国研究型大学本科教育的发展历程,除了新建大学模式外,其余三种类型在不同阶段皆有所体现。在以共同性为课程主题教师中心教学为主导的阶段,改革创新层出不穷:局域调整如新学科的引入、讲授法的确立以及书面考试的推行等;实验基地的开辟以威斯康星大学的实验学院和明尼苏达大学的通识学院为代表;哈佛、耶鲁以及普林斯顿等传统学院以选修制为契机实现向现代大学的跨越,属于整体改造的典型案例;约翰·霍普金斯、康乃尔以及芝加哥大学等高校则是以全新理念为指导的新式大学。在倡导课程连贯性强调学生作为教学中心的20世纪60和70年代,核心课程、跨系计划以及经验学习等小规模改革仍在断断续续地进行着;加州大学伯克利分校的实验学院和阿拉巴马大学的新学院,致力于在划定范围内加强课程的联系性;布朗大学面对本科生的普遍不满和学生运动的强烈冲击,则颠覆以往模式发起了由学生主导的全校性教育变革。在追求课程综合性趋向交互中心教学模式的新时期,多元文化教育和国际教育的加强,新生研讨课、跨学科专业以及顶峰体验等的推广都显示着大学加强基础性革新的决心;而不少大学的实验学院依然在本科教育中发挥着试验性和过渡性的重要作用,如塔夫斯大学的实验学院已逐渐从边缘位置走向了核心地带,目前绝大多数本科生都曾参与过学院的某项课程或活动;建构以学生为中心大学口号的提出,预示着部分高校战略目标的重大转折,也相应引发了它们在教学、科研及服务等领域的全局性改革。

　　任何一项教育变革都可以从深度、广度和层次三个维度进行衡量。深度是既定目标与传统标准之间的背离程度,决定改革是处于边缘地带还是核心区域。广度指发生变化的领域的数目,涉及领域越多范围越宽,反之则越窄。[16]层次代表变革发生的位置,即在高校中处于哪一层级,一般从低到高可分为专业系、学院和大学三级。纵观四类本科教育变革:在深度上,实施局部调整和开辟实验基地多属和缓的平稳过渡;发起整体改造和创立新式大学则是彻底的激烈变动;在广度上,前两类模式很难像后两种类型那样触及到大学教育的方方面面,宽度明显不足;在层次上,局域调整在三个层级上都有可能发生;实验学院属于学院级别,其余两种则均为大学层次。虽然对各类模式的特性已有所把握,但孤立地比较何种形式最会成功或最易推行则是不科学的,只有与具体的社会环境和教育现实联系在一起分析才有意义。在社会结构转型教育发生激变的时代,高教界更需要通过设立全新大学或对原有院校进行根本改造来满足新式人才需求,然而作为基础工作的局域创新同样必不可少。在社会机制已趋于完善教育格局也相对稳定的阶段,虽然不会过分触动已有制度的小规模改变会更受欢迎,但是大学全局性的深度变革也可作为重要补充。

通过分析美国研究型大学的实践我们发现,当前本科教育变革普遍反映出多样性、持续性和适切性的趋势,这为我国的高校改革提供了一定启示。

首先,本科教育活动内涵的丰富性要求其革新路径也不应单一化。美国大学的四种变革模式,不仅各具独特之处,而且都有代表性案例作为支撑。与之相比,国内高校本科改革实践主要为第一种类型所垄断,少数知名院校近年来才开始引进实验学院模式,而后两类范式则远未成为典型且缺乏成功个案。我国急需依托新模式的开发来为教育发展开拓新局面。

其次,本科教育变革应成为一项长期坚持的工程。美国大学之所以能够形成相对多样的革新范型,实际上正是一直以来不断努力的结果。改革不能仅成为处理暂时危机的应急策略,创新也不应是一时心血来潮的即兴发挥,探索求新的精神需作为本科教育的基本理念而长久与之相伴。高校只有不懈地反思、改进和创造才能保证培养出真正的一流人才。

再次,本科教育改革要与高校内外环境相契合。各类高校在教育目标、现实问题、物质资源和人员态度上都存在程度各异的差别;同一大学在不同发展时期其战略重点也会相应变化。因而,一种改革模式不可能不加调整地在所有院校中通行。高等院校必须发挥出各自的能动性,不是去简单照搬临摹,而要对照自身现实和模式特点,选择或创造出最适合的变革方式。

注　释

1　The Boyer Commission on Educating Undergraduates in the Research University. *Reinven-*

ting Undergraduate Education: A Blueprint for America's Research Universities. Stony Brook: The State University of New York,1998,p. 1.

2 王英杰:《美国高等教育的发展与改革》,人民教育出版社,1993 年版,第 59 页。

3 Boyer, E. L. & Levine, A. *A Quest for Common Learning: The Aims of General Education.* Washington, D. C. : The Carnegie Foundation for the Advancement of Teaching, 1981, p. 35.

4 [美]克拉克·克尔:《高等教育不能回避历史——21 世纪的问题》,王承绪译,浙江教育出版社,2001 年版,第 37—41 页。

5 黄坤锦:《美国大学的通识教育:美国心灵的攀登》,北京大学出版社,2006 年版,第 108—109 页。

6 Gaff, J. G. , Ratcliff, J. L. & Associates. *Handbook of the Undergraduate Curriculum: A Comprehensive Guide to Purposes, Structures, Pracitces, and Change.* San Francisco: Jossey-Bass Publishers,1997,p. 702.

7 [美]德里克·博克:《美国高等教育》,乔佳义译,北京师范学院出版社,1991 年版,第 32 页。

8 [美]欧内斯特·L. 博耶:《美国大学教育——现状·经验·问题及对策》,复旦大学高等教育研究所译,复旦大学出版社,1988 年版,第 22 页。

9 郭德红:《美国大学课程思想的历史演进》,中央编译出版社,2007 年版,第 188 页。

10 据艾德里安·杜普伊斯、迈克尔·高尔顿:《历史视野中的西方教育哲学》,彭正梅、朱承译,北京师范大学出版社,2008 年版,第 257 页表格整理而成。

11 Quehl, G. D. , Bergquist, W. H. & Subbiondo, J. L. *Fifty Years of Innovations in Undergraduate Education : Change and Stasis in the Pursuit of Quality.* Indianapolis: USA Group Foundation,1999,p. 24.

12 The Carnegie Foundation for the Advancement of Teaching. *Missions of the College Curriculum: A Contemporary Review with Suggestions.* San Francisco : Jossey-Bass Publishers,1977,p. 257.

13 The Carnegie Foundation for the Advancement of Teaching. *Missions of the College Curriculum: A Contemporary Review with Suggestions.* San Francisco : Jossey-Bass Publishers,1977,p. 256.

14 Hefferlin, J. B. L. *Dynamics of Academic Reform.* San Francisco: Jossey-Bass, Inc. , Pub-

lishers,1969,p.23.

15　Levine,A. *Handbook on Undergraduate Curriculum.* San Francisco：Jossey-Bass Publishers,1978,p.419.

16　［美］伯顿·克拉克:《高等教育新论——多学科的研究》,王承绪等译,浙江教育出版社,2001 年版,第 261 页。

主要参考文献

一、英文文献

(一)专著与报告

1. Adams, J. Q. & Others. *Multicultural Education: Strategies for Implementation in Colleges and Universities.* Springfield: Illinois State Board of Higher Education, 1991.

2. Adelman, C. & Reuben, E. *Starting with Students: Promising Approaches in American Higher Education.* Washington, D. C. : National Commission on Excellence in Education, 1984.

3. Antczak, F. *Learning and the Public Resarch University: Twenty-Two Suggestions for Reducing the Tension Between Teaching and Research.* Iowa: University of Iowa, 1994.

4. Armstrong, W. B. & Carty, H. M. *Analyzing the Relationship between Perceptions of the Research University Campus Climate and Student Outcomes: An Exploratory Analysis.* San Diego: the California Association for Institutional Research, 2001.

5. Arrow, K. J. , Cottle, R. W. , & Eaves, B. C. *et al. Education in a Research University.* Stanford: Stanford University Press, 1996.

6. Astin, A. W. *Achieving Educational Excellence: A Critical Assessment of Priorities and Practices in Higher Education.* San Francisco: Jossey-Bass Inc. , Publishers, 1985.

7. Axelrod, J. *New Patterns in Undergraduate Education: Emerging Curriculum Models for the American College.* Washington, D. C. : U. S. Department of Health, Education, and Welfare, Office of Education, 1967.

8. Becker, W. E. & Andrews, M. L. *The Scholarship of Teaching and Learning in Higher Education: Contributions of Research Universities.* Bloomington: Indiana University Press, 2004.

9. Beichner, R. J. , Saul, J. M. & Abbott, D. S. *et al. The Student-Centered Activities for Large Enrollment Undergraduate Programs (Scale-Up) Project.* Raleigh: North Carolina State University, 2007.

10. Bell, D. *The Reforming of General Education.* New York: Columbia University Press, 1966.

11. Ben-David, J. *Trends in American Higher Education.* Chicago: The University of Chicago Press, 1972.

12. Bennett, C. I. *Comprehensive Multicultural Education: Theory and Practice.* Boston: Allyn and Bacon, 2003.

13. Bennett, W. J. *To Reclaim a Legacy: A Report on the Humanities in Higher Education.* Washington, D. C. : National Endowment for the Humanities, 1984.

14. Berte, N. R. *Innovations in Undergraduate Education: Selected Institutional Profiles and Thoughts About Experimentalism.* Tusca-

loosa: University of Alabama, 1972.

15. Billig, S. H. *Research on K-12 School-Based Service-Learning*: *The Evidence Builds*. Denver: RMC Research Corporation, 2000.

16. Blackburn, R. , Armstrong, E. & Conrad, C. *et al. Changing Practices in Undergraduate Education*. Berkeley: Carnegie Council on Policy Studies in Higher Education, 1976.

17. Blits, J. H. *The American University*: *Problems*, *Prospects and Trends*. Buffalo: Prometheus Books, 1985.

18. Boudreau, T. E. *Universitas*: *The Social Restructuring of American Undergraduate Education*. Westport: Greenwood Publishing Group, 1998.

19. Boyer, C. M. *Five Reports* : *Summary of the Recommendations of Recent Commission Reports on Improving Undergraduate Education*. Denver: Education Commission of the States, 1985.

20. Boyer, C. M. *Transforming the State Role in Undergraduate Education*: *Time for a Different View*. Denver: Education Commission of the States, 1986.

21. Boyer, E. L. *College*: *The Undergraduate Experience in America*. New York: Harper & Row, Publishers, 1987.

22. Boyer, E. L. & Levine, A. *A Quest for Common Learning*: *The Aims of General Education*. Washington, D. C. : The Carnegie Foundation for the Advancement of Teaching, 1981.

23. Brooks, N. J. *The Future of Research Universities*. Washington, D. C. : ERIC Clearinghouse on Higher Education, 1980.

24. Brubacher, J. S. & Rudy, W. *Higher Education in Transition*: *A History of American Colleges and Universities*. New Brunswick:

Transaction Publishers, 1997.

25. Carothers, M. , Abraham, A. & Bauer, K. *Summary of Spring* 2003 *UD Capstone Survey.* Newark: The University of Delaware, 2003.

26. Cheney, L. V. 50 *Hours: A Core Curriculum for College Students.* Washington, D. C: National Endowment for the Humanities, 1989.

27. Clark, M. E. & Wawrytko, S. A. *Rethinking the Curriculum: Toward an Integrated Interdisciplinary College Education.* New York: Greenwood Press, 1990.

28. Cohen, A. M. *The Shaping of American Higher Education: Emergence and Growth of the Contemporary System.* San Francisco: John Wiley & Sons, Inc. , 1998.

29. Cohen, R. D. & Jody, R. *Freshman Seminar: A New Orientation.* Boulder: Westview Press, Inc. , 1978.

30. Cole, J. R. , Barber, E. G. & Graubard, S. R. *The Research University in a Time of Discontent.* Baltimore: The Johns Hopkins University Press, 1994.

31. Conrad, C. F. *The Undergraduate Curriculum: A Guide to Innovation and Reform.* Boulder: Westview Press, Inc, 1978.

32. Cuseo, J. B. *The Freshman Orientation Seminar: A Research-Based Rationale for Its Value, Delivery, and Content.* Columbia: University of South Carolina, 1991.

33. Diamond, R. M. & Adam, B. E. *Changing Priorities at Research Universities*, 1991-1996. Syracuse: Center for Instructional Development, Syracuse University, 1998.

34. Emans, R. L. *Understanding Undergraduate Education.* Vermillion: University of South Dakota Press, 1989.

35. Epstein, A. , Lipson, A. & Bras, R. et al. *Terrascope: A Project-Based, Team-Oriented Freshman Learning Community with an Environmental/Earth System Focus.* Washington, D. C. : American Society for Engineering Education, 2006.

36. Farrand, E. M. *History of the University of Michigan.* Ann Arbor: Register Publishing House, 1885.

37. Foster, William. *Administration of the College Curriculum.* Boston: Houghton Mifflin Company, 1911.

38. Frost, S. H. , Jean, P. M. & Teodorescu, D. *Intellectual Initiatives at a Research University: Origins, Evolutions, and Challenges.* Richmond: the Association for the Study of Higher Education, 2001.

39. Gaff, J. G. , Ratcliff, J. L. & Associates. *Handbook of the Undergraduate Curriculum: A Comprehensive Guide to Purposes, Structures, Pracitces, and Change.* San Francisco: Jossey-Bass Publishers, 1997.

40. Gardiner, L. F. *Redesigning Higher Education: Producing Dramatic Gains in Student Learning.* Washington, D. C. : Office of Educational Research and Improvement, 1994.

41. Geiger, R. L. *American Research Universities: Their Role in Undergraduate Education.* Washington, D. C. : ERIC Clearinghouse on Higher Education, 1984.

42. Geiger, R. L. *Knowledge and Money: Research Universities and the Paradox of the Marketplace.* Stanford: Stanford University Press, 2004.

43. Geiger, R. L. *Research & Relevant Knowledge: American Research Universities Since World War II.* New York: Oxford University

Press, 1993.

44. Geiger, R. L. *To Advance Knowledge*: *The Growth of American Research Universities*, 1900—1940. New York: Oxford University Press, 1986.

45. Graham, H. D. & Diamond, N. *The Rise of American Research Universities- Elites and Challengers in the Postwar Era*. Baltimore: The Johns Hopkins University Press, 1997.

46. Gray, P. J. & Others. *A National Study of Research Universities*: *On the Balance between Research and Undergraduate Teaching*. Syracuse: Center for Instructional Development, Syracuse University, 1992.

47. Gray, P. J. & Others. *A National Study on the Relative Importance of Research and Undergraduate Teaching at Colleges and Universities*. Syracuse: Center for Instructional Development, Syracuse University, 1996.

48. Haggstrom, G. W. *The Growth of Graduate Education in the Post-Sputnik Era*. Berkeley: Carnegie Commission on Higher Education, 1971.

49. Harper, W. R. *The Trend in Higher Education*. Chicago: The University of Chicago Press, 1905.

50. Harvey, J. *Reforming Undergraduate Curriculum*: *Problems and Proposals Washington*, D. C. : ERIC Clearinghouse on Higher Education, 1971.

51. Haswell, H. A. & Lindguist, C. B. *Undergraduate Curriculum Patterns*: *A Survey of Baccalaureate Programs in Selected Fields*, 1962 – 63. Washington, D. C. : U. S. Department of Health, Education, and Welfare, Office of Education, 1965.

52. Hefferlin, J. B. L. *Dynamics of Academic Reform*. San Francisco: Jossey-Bass, Inc. , Publishers, 1969.

53. Henry, D. D. *Challenges Past, Challenges Present: An Analysis of American Higher Education Since* 1930. San Francisco: Jossey-Bass Publishers, 1975.

54. Hill, D. J. *Study Abroad in the Eighties*. Columbus: Renaissance Publications, 1986.

55. Hofstadter, R. & Smith, W. *American Higher Education: A Documentary History*. Chicago: The University of Chicago Press, 1961.

56. Hu, S. , Scheuch, K. & Schwartz, R. A. *et al. Reinventing Undergraduate Education Engaging College Students in Research and Creative Activities*. San Francisco: Jossey-Bass Publishers, 2008.

57. Huggins, R. , Jenkins, A. & Scurry, D. *Undergraduate Research In Selected US Universities: Report On US Visit—Institutional Case Studies*. Oxford: Oxford Brookes University, 2007.

58. Hutchings, P. Opening lines: *Approaches to the Scholarship of Teaching and Learning*. Menlo Park: Carnegie Foundation for the Advancement of Teaching, 2000.

59. Jablin, F. M. & Putnam, L. L. *The New Handbook of Organizational Communication*. Thousand Oaks: Sage Publications, 2001.

60. Jacoby, B. *Service Learning in Higher Education: Concepts and Practices*. San Francisco: Jossey-Bass Publishers, 1996.

61. Jencks, C. & Riesman, D. *The Academic Revolution*. Garden City: The Doubleday Publishing Group, 1968.

62. Jones, E. S. *Comprehensive Examinations in American Colleges*. New York: The Macmillan Company, 1933.

63. Katherine, T. *A Study of the Long Term Effects of an Experimental Program of Freshman-Sophomore Studies at Berkeley in the 60's.* Berkeley: Center for Studies in Higher Education, University of California, Berkeley, 1991.

64. Kaysen, C. *Content and Context: Essays on College Education.* New York: McGraw-Hill Book Company, 1973.

65. Kerr, C., Gade M. L. & Kawaoka, M. *Troubled Times for American Higher Education: the 1990s and Beyond.* Albany: State University of New York Press, 1994.

66. Langenberg, D. N. *The American Research University.* Washington, D. C.: National Association of College and University Business Officers, 1980.

67. Levine, A. *Handbook on Undergraduate Curriculum.* San Francisco: Jossey-Bass Publishers, 1978.

68. Levine, A. *Higher Learning in America 1980 – 2000.* Baltimore: The Johns Hopkins University Press, 1993.

69. Levine, A. & Weingart, J. *Reform of Undergraduate Education.* San Francisco: Jossey-Bass Publishers, 1973.

70. Lucas, C. J. *American Higher Education: A History.* New York: ST. Martin's Press, 1994.

71. Massachusetts Institute of Technology. *Report of the Committee on Educational Survey.* Cambridge: The Technology Press, 1949.

72. Lynch, J. *Multicultural Education: Principles and Practice.* London: Routledge & Kegan Paul plc, 1986.

73. Mayhew, L. B. *Innovation in Collegiate Instruction, Strategies for Change.* Atlanta: Southern Regional Education Board, 1967.

74. Mayhew, L. B., Ford, P. J. & Hubbard, D. L. *The Quest for Quality: The Challenge for Undergraduate Education in the 1990s.* San Francisco: Jossey-Bass Publishers, 1990.

75. McGuinness, A. C. *A Framework for Evaluating State Policy Roles in Improving Undergraduate Education: Stimulating Long-Term Systemic Change.* Denver: Education Commission of the States, 1994.

76. Miller, R. I. *Major American Higher Education Issues and Challenges in the 21st Century.* London: Jessica Kingsley Publishers, 1999.

77. National Education Association. *Curriculum Reform in Higher Education. The Current Debate and Issues for Faculty.* Washington, D. C.: National Education Association, Office of Higher Education, 1989.

78. Nerad, M., June, R. & Miller, D. S. *Graduate Education in the United States.* New York: Garland Publishing, Inc, 1997.

79. Nyqiust, R. D., Abbott, D. H. Wulff & Sprague, J. D. *Preparing the Professoriate of Tomorrow to Teach : Selected Readings in TA Training.* Dubuque: Kendall/Hunt Publishing Company, 1991.

80. Noll, R. G. *Challenges to Research Universities.* Washington, D. C.: Brookings Institution Press, 1998.

81. Office of Faculty & Organizational Development. *Conversations About Active Teaching and Learning.* East Lansing: Michigan State University, 2009.

82. Padilla, G. & Porter, C. *Commission on Undergraduate Education, Final Report.* Berkeley: The University of California, Berkeley, 2000.

83. Pazandak, C. H. *Improving Undergraduate Education in Large*

Universities. San Francisco: Jossey-Bass Inc. , Publishers, 1989.

84. Pickert, S. M. *Preparing for a Global Community: Achieving an International Perspective in Higher Education.* Washington, D. C. : School of Educational and Human Development, George Washington University, 1992.

85. Poole, W. F. *The University Library and the University Curriculum.* Chicago: Fleming H Revell Company, 1894.

86. Pusey, N. M. *American Higher Education*, 1945—1970: *A Personal Report.* Cambridge: Harvard University Press, 1978.

87. Quehl, G. D. , Bergquist, W. H. & Subbiondo, J. L. *Fifty Years of Innovations in Undergraduate Education : Change and Stasis in the Pursuit of Quality.* Indianapolis: USA Group Foundation, 1999.

88. Ratcliff, J. L. , Johnson, D. K. & Gaff, J. G. *Changing General Education Curriculum.* San Francisco: John Wiley & Sons, Inc, 2004.

89. Reinarz, A. G. , White, E. R. *Beyond Teaching to Mentoring.* San Francisco: Jossey-Bass Publishers, 2001.

90. Research Institute for Higher Education. *A Cross-National Analysis of Undergraduate Curriculum Models: Focusing on Research-Intensive Universities.* Hiroshima: Hiroshima University, 2006.

91. Rudolph, F. *Curriculum: A History of the American Undergraduate Course of Study Since 1636.* San Francisco: Jossey-Bass Publishers, 1977.

92. Rudolph, F. & Thelin, J. R. *The American College and University: A History.* Athens: University of Georgia Press, 1990.

93. Sandeen, A. *Undergraduate Education: Conflict and Change.* Lexington: Lexington Books, 1976.

94. Scheuch , K. L. *Faculty Research Orientation*, *Undergraduate Research Activities And Student Outcomes*. Tallahassee: Florida State University, 2007.

95. Simpon, R. D. & Frost, S. H. *Inside College*: *Undergraduate Education for the Futures*. New York: Plenum Press, 1993.

96. Slosson, E. E. *Great American Universities*. New York: The Macmillan Company, 1910.

97. Smith, B. L. , MacGregor, J. & Matthews, R. S. *et al*. *Learning Communities*: *Reforming Undergraduate Education*. San Francisco: Jossey-Bass Publishers, 2004.

98. Smith, W. & Bender, T. *American Higher Education Transformed*, 1945—2005: *Documenting the National Discourse*. Baltimore: The Johns Hopkins University Press, 2008.

99. Snow, L. F. *The College Curriculum in the United States*. New York: Teachers College, Columbia University, 1907.

100. Snyder , T. D. *120 Years of American Education*: *A statistical Portrait*. Washington, D. C. : U. S. Department of Education Office of Educational Research and Improvement, 1993.

101. Southern Regional Education Board. *Access to Quality Undergraduate Education. A Report to the Southern Regional Education Board by Its Commission for Educational Quality*. Atlanta: Southern Regional Education Board, 1985.

102. Tighe, T. J. *Who's in Charge of America's Research Universities*: *A Blueprint for Reform*. Albany: State University of New York Press, 2003.

103. The Boyer Commission on Educating Undergraduates in the Re-

search University. *Reinventing Undergraduate Education*: *A Blueprint for America's Research Universities.* Stony Brook: The State University of New York, 1998.

104. The Boyer Commission on Educating Undergraduates in the Research University. *Reinventing Undergraduate Education*: *Three Years After the Boyer Report.* Stony Brook: The State University of New York, 2001.

105. The Carnegie Foundation for the Advancement of Teaching. *A Classification of Institutions of Higher Education* (1994 Edition). Ewing : California/Prinecton Fulfillment Services, 1994.

106. The Carnegie Foundation for the Advancement of Teaching. *The Carnegie Classification of Institutions of Higher Education* (2000 Edition). Menlo Park: Carnegie Publications, 2000.

107. The Carnegie Foundation for the Advancement of Teaching. *Missions of the College Curriculum*: *A Contemporary Review with Suggestions.* San Francisco : Jossey-Bass Publishers, 1977.

108. The Committee on Educational Survey. *Report to the Faculty of the Massachusetts Institute of Technology.* Cambridge: the Technology Press of the Massachusetts Institute of Technology, 1949.

109. University Community Service Center. *UCSC Quarterly Fall 2009.* Chicago: University of Chicago, 2009.

110. Upcraft, M. L. Gardner , J. N. & Barefoot, B. O. *Challenging and Supporting the First-year Student.* San Francisco: Jossey-Bass Publishers, 2004.

111. VanDyke, P. *Keeping the Promise*: *Achieving and Maintaining Quality in Undergraduate Education.* Washington, D. C. : Ameri-

can Association of State Colleges and Universities,1991.

112. Van Vught,F. A. ,Kaiser,F. *U-Map*: *The European Classification of Higher Education Institutions*. Enschede: Center for Higher Education Policy Studies,2010.

113. Veblen,Thorstein. *The Higher Learning in America*. New York: B. W. Huebsch,1918.

114. Veysey,L. R. *The Emergence of the American University*. Chicago: University of Chicago Press,1965.

115. Wankat, P. C. & Oreovicz, F. S. *Teaching Engineering*. New York:McGraw-Hill Book Company,1993.

116. Watson,J. *Enhancing Undergraduate Education in the University of California The Next Steps*. Oakland: University of California,1989.

117. Weingartner,R. H. *Undergraduate Education*: *Goals and Means*. New York: Macmillan Publishing Company,1992.

(二)学术期刊

118. Aigner,D. J. & Thum,F. D. *On Student Evaluation of Teaching Ability*. The Journal of Economic Education, 1986, 17 (4) , pp. 243 – 265.

119. Atkinson, M. P. *The Scholarship of Teaching and Learning*: *Reconceptualizing Scholarship and Transforming the Academy*. Social Forces,2001,79(4),pp. 1217 – 1229.

120. Barnes,S. B. *The Entry of Science and History in the College Curriculum*, 1865—1914. History of Education, 1964, 4 (1) , pp. 44 – 58.

121. Bauer,G. *General Education and Assessment at Research Universi-*

ties: *The Case of the University of Delaware.* Peer Review,2003, (Summer),pp. 23 – 25.

122. Bender,E. T. *CASTLS in the Air*: *The SOTL "Movement" in Mid-Flight.* Change,2005(9/10),pp. 41 – 49.

123. Bishop,C. C. *Teaching at Johns Hopkins*: *The First Generation.* History of Education Quarterly,1987,27(4),pp. 499 – 515.

124. Bisesi,M. *Historical Development in American Undergraduate Education*: *General Education and the Core Curriculum.* British Journal of Educational Studies,1982,30(2),pp. 199 – 212.

125. Brand,M. *Changing Faculty Roles in Research Universities*: *Using the Pathways Strategy.* Change,2000,32(6),pp. 42 – 45.

126. Brint,S. *Creating the Future*: *'New Directions' in American Research Universities.* Minerva,2005,43,pp. 23 – 50.

127. Burkhard,A. *The Harvard Tutorial System in German.* The Modern Language Journal,1930,14(4),pp. 269 – 284.

128. Burns,L. T. *Make Sure It's Service Learning,Not Just Community Service.* The Education Digest,1998,64(2),pp. 38 – 41.

129. Cutright,M. *What Are Research Universities Doing for First-Year Students.* About Campus,2002,9/10,pp. 16 – 20.

130. Cruze,W. W. *The Comprehensive Examination.* Peabody Journal of Education,1933,11(2),pp. 58 – 64.

131. Durm,M. W. *An A Is Not An A Is Not An A*: *A History of Grading.* The Educational Forum,1993,57(spring),pp. 1 – 4.

132. Heuvelen,A. V. *Learning to think like a physicist*: *A review of research-based instructional strategies.* American Journal of Physicis,1991,59(10),pp. 891 – 897.

133. Hutchings, P. & Shulman, L. S. *The Scholarship of Teaching* : *New elaborations*, *New Developments*. Change, 1999, 31 (9/10), pp. 10 – 15.

134. Jacobson, M. & Goheen, A. *Engaging Students in Research*: *A Participatory BSW Program Evaluation*. The Journal of Baccalaureate Social Work, 2006, 12 (1), pp. 87 – 104.

135. Kimball, B. A. *The Historical and Cultural Dimensions of the Recent Reports on Undergraduate Education*. American Journal of Education, 1988, 96(3), pp. 293 – 322.

136. Knott, B. *What is a Competence-Based Curriculum in the Liberal Arts*. Journal of Higher Education, 1975, 46(1), pp. 25 – 40.

137. Kraus, J. W. *The Development of a Curriculum in the Early American Colleges*. History of Education Quarterly, 1961, 1 (2), pp. 64 – 76.

138. Kruse, O. *The Origins of Writing in the Disciplines*: *Traditions of Seminar Writing and the Humboldtian Ideal of the Research University*. Written Communication, 2006, 23(3), pp. 331 – 352.

139. Kuh, G. D. *Learning Productivity at Research Universities*. The Journal of Higher Education, 2001, 72(1): pp. 1 – 28.

140. Kuh, G. D. *The Other Curriculum*: *Out-of-Class Experiences Associated with Student Learning and Personal Development*. The Journal of Higher Education, 1995, 66(2), pp. 123 – 155.

141. Lee, J. J. & Rhoads, R. A. *Faculty Entrepreneurialism and the Challenge to Undergraduate Education at Research Universities*. Research in Higher Education, 2004, 45(7), pp. 739 – 760.

142. Martin, T. W. & Berry, K. J. *The Teaching-Research Dilemma*: *Its*

Sources in the University Setting. The Journal of Higher Education, 1969, 40(9), pp. 691 – 703.

143. Mohrma, K. , Ma, W. & Baker, D. *The Research University in Transition: The Emerging Global Model.* Higher Education Policy, 2008, 21(1), pp. 5 – 27.

144. Paul, M. J. *Carving a Capstone: Senior Design at the University of Delaware.* Journal of Professional Issues in Engineering Education and Practice, 2005, (4), pp. 90 – 97.

145. Payton, P. W. *Origins of the Terms "Major" and "Minor" in American Higher Education.* History of Education Quarterly, 1961, 1(2), pp. 57 – 63.

146. Potts, D. B. *American Colleges in the Nineteenth Century: From Localism to Denominationalism.* History of Education Quarterly, 1971, 11(4), pp. 363 – 380.

147. Richard, J. S. *Discrepancies in Student Evaluation of University Teaching Quality.* The American Biology Teacher, 1978, 40(9), pp. 534 – 540 + 563.

148. Riley, R. W. & Wofford, H. *The Reaffirmation of the Declaration of Principles.* Phi Delta Kappan, 2000, (5), pp. 670 – 672.

149. Serow, R. C. *Research and Teaching at a Research University.* Higher Education, 2000, 40(4), pp. 449 – 463.

150. Serow, R. C. , Van Dyk, P. B. & McComb, E. M. *et al. Cultures of Undergraduate Teaching at Research Universities.* Innovative Higher Education, 2002, 27(1), pp. 25 – 37.

151. Shalala, D. E. *New Paradigms: The Research University in Society.* Teacher College Record, 1991, 92(4), pp. 528 – 540.

152. Spanos, W. V. *The End of Education*: *"The Harvard Core Curriculum Report" and the Pedagogy of Reformation*. boundary 2, 1982, 10(2), pp. 1 – 33.

153. Thomas, T-S. *Liberating Service Learning and Applying the New Practice*. College Teaching, 2001, 49(1), pp. 14 – 18.

154. Vincow, G. *The Student-Centered Research University*. Innovative Higher Education, 1997, 21(3), pp. 165 – 178.

155. Wagenaar, T. C. *The Capstone Course*. Teaching Sociology, 1993, 21(3), pp. 209 – 214.

156. Wilson, R. *Report Blasts Research Universities for Poor Teaching of Undergraduates*. The Chronicle of Higher Education, 1998, 44 (33), pp. A12 – 13.

(三)学位论文

157. Freid, L. *Reputation and Prestige in American Research Universities*: *An Exploration of the History of Rankings and the Increasing Importance of Student Selectivity in Perceptions of Quality in Higher Education*. Doctoral Dissertation, University of Pennsylvania, 2005.

158. Johnson, L. D. *Faculty Teaching Goals at Senior Research Universities*. Doctoral Dissertation, Virginia Polytechnic Institute and State University, 1997.

159. Levesque, G. G. *Between College and University*: *Noah Porter, Yale, and the Transformation of American Academic Culture, 1800 – 1890*. Doctoral Dissertation, Columbia University, 2005.

160. McInally, D. W. *Liberal Learning in Research Universities*: *Course*

Distribution in General Education Programs. Doctoral Dissertation, University of Pittsburgh, 2004.

(四) 电子文献

161. 2009 *UW Teaching and Learning Symposium.* http://depts. washington. edu/sotl/2009/index. html#SessioNs. 2009. 12. 20.

162. *Citizen Service Act of 2002.* http://thomas. loc. gov/. 2009. 12. 15.

163. *Clssification Description: Basic Classification.* http://classifications. carnegiefoundation. org/descriptions/basic. php. 2010. 08. 23.

164. *Concourse at MIT.* http://web. mit. edu/concourse/www/. 2010. 01. 10.

165. *Contexts of Postsecondary Education.* http://nces. ed. gov/programs/coe/2009/section5/indicator46. asp# Info. 2010. 01. 11.

166. *Faculty Handbook-5: Evaluation and Review.* http://www. provost. iastate. edu/faculty/handbook/current/ section5. html#section-5. 2. 2. 3. 1. 2009. 12. 20.

167. *Funding Opportunities.* http://www. sotl. ilstu. edu/funding/. 2009. 12. 20.

168. *Honors College Community.* http://www. honorscollege. msu. edu/community/index. html. 2010. 01. 12.

169. *Interdisciplinary Programs.* http://www. usc. edu/dept/publications/cat2009/interdisciplinary/. 2010. 01. 10.

170. *Keep Tool Kit Web Snapshots of ISU SoTL Projects.* http://www. sotl. ilstu. edu/examples/KEEPShots. shtml. 2009. 12. 20.

171. *National Association for Multicultural Education*. http：//www. nameorg. org/resolutions/definition. html. 2009. 12. 15.

172. *Overview of Indicators and Data-elements*, *by Dimension*. http：// www. u-map. eu/U-Map% 20dimensions% 20and% 20indicators% 20detail. pdf. 2009. 10. 31.

173. *Preliminary Summary of Results from the* 2006 *National Survey on First-Year Seminars*. http：//www. sc. edu/fye/research/survey-findings/surveys/survey06. html. 2010. 01. 25.

174. *Undergraduate Degrees*. http：//www. usc. edu/dept/publications/cat2009/schools/college/posc/undergraduate. html # ba. 2010. 01. 10.

175. *Undergraduate Research Opportunity Program Administrator' s Handbook*. http：//www. undergraduate. research. umich. edu/ UROPhandbook. html. 2008. 07. 15.

176. *USC Marshall School of Business Undergraduate Degrees*：*Bachelor of Science*. http：//www. usc. edu/dept/publications/cat2009/ schools/business/undergraduate. html#cinema. 2010. 01. 10.

177. *Recommended Portfolio Contents*. http：//www. celt. iastate. edu/ faculty/portfolio_contents. html. 2009. 12. 20.

178. *Service-Learning Faculty Handbook*. http：//www. vtserves. vt. edu/servicelearning/handbook. aspx. 2009. 12. 20.

179. *Ten Principles of Good Practice inCommunity Service Learning and Pedagogy*. http：//centeach. uiowa. edu/programs/documents/ TenPrinciples of Good Practicein Community Service Learning and Pedagogy. pdf. 2009. 12. 10.

二、中文文献

（一）专著与文集

1. ［英］阿什比:《科技发达时代的大学教育》,滕大春、滕大生译,人民教育出版社,1983 年版。

2. 艾德里安·杜普伊斯、迈克尔·高尔顿:《历史视野中的西方教育哲学》,彭正梅、朱承译,北京师范大学出版社,2008 年版。

3. ［美］艾伦·布鲁姆:《走向封闭的美国精神》,缪青、宋丽娜等译,中国社会科学出版社,1994 年版。

4. 北京大学编:《21 世纪的大学:北京大学百年校庆召开的高等教育论坛论文集》,北京大学出版社,1999 年版。

5. ［美］伯顿·克拉克:《高等教育新论——多学科的研究》,王承绪等译,浙江教育出版社,2001 年版。

6. ［美］伯顿·克拉克:《探究的场所——现代大学的科研和研究生教育》,王承绪译,浙江教育出版社,2001 年版。

7. ［美］伯顿·克拉克:《研究生教育的科学研究基础》,王承绪译,浙江教育出版社,2001 年版。

8. 陈洪捷:《德国古典大学观及其对中国的影响(修订版)》,北京大学出版社,2006 年版。

9. 陈晓端、郝文武主编:《西方教育哲学流派课程与教学思想》,中国轻工业出版社,2008 年版。

10. 陈学飞:《当代美国高等教育思想研究》,辽宁师范大学出版社,1996 年版。

11. 陈学飞:《美国高等教育发展史》,四川大学出版社,1989 年版。

12. 陈学飞主编:《美国、德国、法国、日本当代高等教育思想研究》,上海教育出版社,1998 年版。

13. [美]德里克·博克:《美国高等教育》,乔佳义译,北京师范学院出版社,1991 年版。

14. [美]德里克·博克:《回归大学之道:对美国大学本科教育的反思与展望》,侯定凯等译,华东师范大学出版社,2008 年版。

15. [美]菲利普·G. 阿尔特巴赫等:《21 世纪美国高等教育——社会、政治、经济的挑战》,杨耕、周作宇主审,北京师范大学出版社,2005 年版。

16. [美]弗兰克·H. T. 罗德斯:《创造未来:美国大学的作用》,王晓阳、蓝劲松等译,清华大学出版社,2007 年版。

17. [美]弗雷德·赫钦格、格雷丝·赫钦格:《美国教育的演进》,汤新湄译,美国驻华大使馆文化处,1984 年版。

18. 顾明远、孟繁华主编:《国际教育新理念》,海南出版社,2001 年版。

19. 舸昕:《从哈佛到斯坦福:美国著名大学今昔纵横谈》,东方出版社,1999 年版。

20. 郭德红:《美国大学课程思想的历史演进》,中央编译出版社,2007 年版。

21. [美]哈瑞·刘易斯:《失去灵魂的卓越:哈佛是如何忘记教育宗旨的》,侯定凯译,华东师范大学出版社,2007 年版。

22. 贺国庆:《德国和美国大学发达史》,人民教育出版社,1998 年版。

23. 贺国庆、华筑信主编:《国外高等学校课程改革的动向和趋势》,河北大学出版社,2000 年版。

24. [美]亨利·埃兹科维茨:《麻省理工学院与创业科学的兴起》,王孙禺、袁本涛译,清华大学出版社,2007 年版。

25. 侯光明:《中国研究型大学:理论探索与发展创新》,清华大学
    出版社,2005 年版。

26. 黄福涛:《外国高等教育史》,上海教育出版社,2003 年版。

27. 黄坤锦:《美国大学的通识教育:美国心灵的攀登》,北京大学
    出版社,2006 年版。

28. 贾志兰、杜作润主编:《国外高校改革探析》,上海大学出版社,
    2001 年版。

29. 教育发展与政策研究中心:《发达国家教育改革的动向和趋
    势——美国、苏联、日本、法国、英国 1981—1986 年期间教育改
    革文件和报告选编》,人民教育出版社,1986 年版。

30. [美]杰拉尔德·古特克:《哲学与意识形态视野中的教育》,
    陈晓端主译,北京师范大学出版社,2008 年版。

31. [美]克拉克·克尔:《大学的功用》,陈学飞等译,江西教育出
    版社,1993 年版。

32. [美]克拉克·克尔:《高等教育不能回避历史——21 世纪的问
    题》,王承绪译,浙江教育出版社,2001 年版。

33. [美]劳伦斯·A. 克雷明:《美国教育史:城市化时期的历程
    1876—1980》,朱旭东等译,北京师范大学出版社,2002 年版。

34. 李爱萍:《美国国际教育:历史、理论与政策》,云南大学出版
    社,2005 年版。

35. 李兴业主编:《七国高等教育人才培养:法、英、德、美、日、中、
    新加坡人才培养模式比较》,武汉大学出版社,2004。

36. [美] 丽贝卡·S. 洛温:《创建冷战大学:斯坦福大学的转型》,
    叶赋桂、罗燕译,清华大学出版社,2007 年版。

37. 刘宝存:《大学理念的传统与变革》,教育科学出版社,2004
    年版。

38. 刘放桐等编著:《新编现代西方哲学》,人民出版社,2000 年版。

39. 刘丽云、张惟英、李庆四:《美国政治经济与外交概论》,中国人民大学出版社,2004 年版。

40. 刘绪贻主编:《战后美国史:1945—2000》,人民出版社,2002年版。

41. 刘智运:《大学教育哲学》,人民教育出版社,2008 年版。

42. [美]罗伯特·M. 赫钦斯:《美国高等教育》,汪利兵译,浙江教育出版社,2001 年版。

43. [美]罗杰·L. 盖格:《增进知识——美国研究型大学的发展(1900～1940)》,王海芳、魏书亮译,河北大学出版社,2008年版。

44. 吕达、周满生主编:《当代外国教育改革著名文献(美国卷·第一册)[C]》,人民教育出版社,2004 年版。

45. 吕达、周满生主编:《当代外国教育改革著名文献(美国卷·第三册)》,人民教育出版社,2004 年版。

46. 吕达、周满生主编:《当代外国教育改革著名文献(美国卷·第四册)》,人民教育出版社,2004 年版。

47. 马骥雄主编:《战后美国教育研究》,江西教育出版社,1991年版。

48. 马万华:《从伯克利到北大清华——中美公立研究型大学建设与运行》,教育科学出版社,2004 年版。

49. [美]欧内斯特·L. 博耶:《关于美国教育改革的演讲:1979—1995》,涂艳国、方彤译,教育科学出版社,2002 年版。

50. [美]欧内斯特·L. 博耶:《美国大学教育——现状·经验·问题及对策》,复旦大学高等教育研究所译,复旦大学出版社,1988 年版。

51. 乔玉全:《21 世纪美国高等教育》,高等教育出版社,2000
　　年版。

52. 瞿葆奎主编、马骥雄选编:《美国教育改革》,人民教育出版社,
　　1990 年版。

53. 单中惠主编:《外国大学教育问题史》,山东教育出版社,2006
　　年版。

54. 单中惠主编:《西方教育思想史》,教育科学出版社,2007 年版。

55. 沈汉、黄凤祝编著:《反叛的一代:20 世纪 60 年代西方学生运
　　动》,甘肃人民出版社,2002 年版。

56. 沈红:《美国研究型大学形成与发展》,华中理工大学出版社,
　　1999 年版。

57. 施晓光:《美国大学思想论纲》,北京师范大学出版社,2001
　　年版。

58. 孙莱祥主编:《研究型大学的课程改革与教育创新》,高等教育
　　出版社,2005 年版。

59. 滕大春:《今日美国教育》,人民教育出版社,1980 年版。

60. 滕大春:《美国教育史》,人民教育出版社,1994 年版。

61.《外国教育丛书》编辑组编:《高等教育的发展与改革》,人民教
　　育出版社,1984 年版。

62. 王波:《当代美国社会热点聚焦》,安徽大学出版社,1998 年版。

63. 王定华:《走进美国教育》,人民教育出版社,2004 年版。

64. 王逢镇主编:《美国大学批判》,王义国译,天津人民出版社,
　　2004 年版。

65. 王庭芳主编:《美国高等教育史》,福建教育出版社,1995 年版。

66. 王英杰:《美国高等教育的发展与改革》,人民教育出版社,
　　1993 年版。

67. 王英杰、刘宝存:《世界一流大学的形成与发展》,山西教育出版社,2008 年版。

68. 王战军:《中国研究型大学建设与发展》,高等教育出版社,2003 年版。

69. 邢克超主编:《共性与个性——国际高等教育改革比较研究》,人民教育出版社,2004 年版。

70. 许迈进:《美国研究型大学研究——办学功能与要素分析》,浙江大学出版社,2005 年版。

71. [美]亚伯拉罕·弗莱克斯纳:《现代大学论——美英德大学研究》,徐辉、陈晓菲译,浙江教育出版社,2001 年版。

72. 阎光才:《大学的人文之旅:大学本科教育中人文社会科学的价值重估》,教育科学出版社,2005 年版。

73. 杨汉清、韩骅:《比较高等教育概论》,人民教育出版社,1997 年版。

74. 杨颉:《大学通识教育课程:借鉴与启示》,上海交通大学出版社,2009 年版。

75. 于富增主编:《国际高等教育发展与改革比较》,北京师范大学出版社,1999 年版。

76. 袁仲孚:《今日美国高等教育》,上海翻译出版公司,1988 年版。

77. [美]约翰·S.布鲁贝克:《高等教育哲学》,王承绪等译,浙江教育出版社,2002 年版。

78. [美]詹姆斯·杜德斯达:《21 世纪的大学》,刘彤主译,北京大学出版社,2005 年版。

79. 张华、石伟平、马庆发:《课程流派研究》,山东教育出版社,2000 年版。

80. 郑文:《当代美国教育问题透视》,中山大学出版社,2002 年版。

81. 中央教育科学研究所比较教育研究室:《世界教育思想发展探略》,贵州人民出版社,1989 年版。

82. 朱清时:《21 世纪高等教育改革与发展——国外部分大学本科教育改革与课程设置》,高等教育出版社,2002 年版。

83. 朱世达主编:《当代美国文化与社会》,中国社会科学出版社,2000 年版。

(二) 学术期刊

84. 陈何芳、刘宝存和任洪舜:《美国研究型大学本科生教育培养目标的演进》,《外国教育研究》,2007 年第 5 期,第 55—58 页。

85. 段晓刚、黄百渠和曾宪录等:《管窥美国研究型大学的教学改革》,《中国大学教学》,2005 年第 5 期,第 60—64 页。

86. 甘晖等:《战略机遇期高等学校的定位及其分层次管理探析》,《中国高等教育》,2004 年第 2 期,第 4—8 页。

87. 高飞:《美国高校本科科研制度化发展之路》,《中国高等教育》,2009 年第 8 期,第 61—62 页。

88. 高飞:《美国大学新生适应教育活动及其对我国的启示》,教育探索,2010 年第 10 期,第 158—159 页。

89. 高飞、王晓瑜:《美国麻省理工学院新生学习共同体研究》,《高教探索》,2010 年第 6 期,第 80—83 页。

90. 顾建民:《整合教育:美国研究型大学重建本科教育的新范式》,《外国教育研究》,2002 年第 5 期,第 56—60 页。

91. 关颖婧、袁军堂:《美国研究型大学本科教学改革及其启示》,《现代教育科学》,2005 年第 6 期,第 50—52 页。

92. 何仁龙等:《中美研究型大学本科教育目标定位的比较与反思》,《化工高等教育》,2004 年第 2 期,第 23—26 页。

93. 胡弼成:《国外研究型大学的本科教育及其启示》,《清华大学教育研究》,2001 年第 3 期,第 106—112 页。

94. 胡建梅、刘剑虹,《美国研究型大学本科教育改革中的突出问题及其观念性根源》,《外国教育研究》,2005 年第 3 期,第 69—73 页。

95. 姜凤春:《中美研究型大学本科课程结构比较研究》,《中国高教研究》,2008 年第 6 期,第 45—49 页。

96. 柯森:《美国九十年代教育改革的特点》,《比较教育研究》,1997 年第 6 期,第 39—41 页。

97. 李冲、袁永红:《美国研究型大学本科教育改革给我国的启示》,《现代教育科学》,2004 年第 5 期,第 18—20 页。

98. 李曼丽、杨莉、孙海涛:《我国高校通识教育现状调查分析——以北大、清华、人大、北师大四所院校为例》,《清华大学教育研究》,2001 年第 2 期,第 125—133 页。

99. 李巧针:《美国研究型大学本科教育改革经验及其启示》,《教育探索》,2008 年第 7 期,第 140—141 页。

100. 刘宝存、王维、马存根:《美国高等学校的服务性学习》,《比较教育研究》,2005 年第 11 期,第 43—47 页。

101. 刘宝存:《美国研究型大学的高峰体验课程》,《中国大学教学》,2004 年第 11 期,第 60—61 页。

102. 刘宝存:《美国研究型大学:历史·问题·改革》,《江苏高教》,2001 年第 6 期,第 111—113 页。

103. 刘宝存:《美国研究型大学本科生教育重建:进展·问题·走向》,《外国教育研究》,2006 年第 6 期,第 8—14 页。

104. 刘凡丰:《美国研究型大学本科教育改革透视》,《高等教育研究》,2003 年第 1 期,第 100—104 页。

105. 刘剑虹、吕杰:《美国研究性大学的教学经验——以纽约大学为例》,《中国高教研究》,2001 年第 10 期,第 62—63 页。

106. 刘少雪:《对研究型大学本科教育目的的思考——从华盛顿大学和上海交通大学的毕业生调查谈起》,《清华大学教育研究》,2006 年第 6 期,第 32—35、53 页。

107. 马陆亭、马桂荣:《试析研究型大学的边界条件》,《学位与研究生教育》,1997 年第 6 期,第 58—59 页。

108. 潘金林、龚放:《教学方法改革:美国研究型大学本科教育改革新动向》,《高等教育研究》,2008 年第 10 期,第 87—91 页。

109. 潘云鹤:《研究型大学本科生教育的改革与发展》,《中国高等教育》,2001 年第 5 期,第 6—8 页。

110. 任钢建:《中美一流研究型大学本科课程设置之比较》,《比较教育研究》,2006 年第 12 期,第 21—24 页。

111. 孙锐、王战军:《研究型大学的演化动力分析》,《高等教育研究》,2003 年第 1 期,第 12—16 页。

112. 王战军:《什么是研究型大学——中国研究型大学建设基本问题研究(一)》,《学位与研究生教育》,2003 年第 1 期,第 9—11 页。

113. 伍红林:《20 世纪 90 年代以来美国研究型大学本科教育改革综述》,《现代大学教育》,2005 年第 1 期,第 40—44 页。

114. 伍红林:《美国高等教育人才培养模式历史演变探析》,《现代教育科学》,2003 年第 6 期,第 15—17 页。

115. 伍红林:《美国研究型大学本科教育改革新进展——〈博耶报告三年回顾〉解读》,《比较教育研究》,2005 年第 3 期,第 71—75 页。

116. 武书连:《再探大学分类》,《中国高等教育评估》,2002 年第 4

期,第 51—56 页。

117. 吴咏诗:《综合性,研究型,开放式,国际化——关于建设国内外知名高水平大学的若干思考》,《高等工程教育研究》,2001年第 2 期,第 28—30 页。

118. 许迈进、杜利平:《美国研究型大学本科教育的变革与创新》,《浙江大学学报(人文社会科学版)》,2004 年第 4 期,第 29—36 页。

119. 徐小洲:《研究型大学本科生教学的困惑与方略》,《高等工程教育研究》,2001 年第 4 期,第 30—34 页。

120. 徐小洲、王天嫱:《论研究型大学本科教学的小组合作学习》,《中国高教研究》,2002 年第 5 期,第 57—58 页。

121. 杨秀玉:《美国研究型大学本科教育课程改革特点述评》,《外国教育研究》,2003 年第 7 期,第 47—50 页。

122. 殷小琴、孔志洪:《美国研究型大学崛起的原因与作用》,《浙江大学学报(人文社会科学版)》,2001 年第 4 期,第 95—100 页。

123. 余凯、洪成文和丁邦平等:《面向 21 世纪世界高等教育教学内容和课程体系改革述评》,《清华大学教育研究》,1998 年第 1 期,第 6—16 页。

124. 张虎生、李联明和王运来:《美国斯坦福大学的本科教学与启示》,《江苏高教》,2004 年第 5 期,第 115—117 页。

125. 赵蓉英、李雪璐:《中美研究型大学实力比较研究》,《高教发展与评估》,2008 年第 9 期,第 6—13 页。

126. 郑若玲:《追求公平:美国高校招生政策的争议与改革》,《教育发展研究》,2008 年第 13—14 期,第 96—99 页。

127. 庄丽君、刘少雪:《美国研究型大学本科教育改革现状及其个案研究》,《清华大学教育研究》,2008 年第 2 期,第 43—48 页。

128. 庄丽君、刘少雪:《中美两国研究型大学本科教育改革之比较》,《高等教育研究》,2008 年第 6 期,第 70—76 页。

（三）学位论文

129. 高艳青:《关于二战后美国研究型大学本科教育发展及改革的历史考察》,硕士学位论文,河北大学,2004 年。

130. 何振海:《重建本科教育:"二战"后美国研究型大学本科教育改革述评》,硕士学位论文,河北大学,2004 年。

131. 李福华:《高等学校学生主体性研究》,博士学位论文,华东师范大学,2003 年。

132. 李培利:《美国研究型大学提高本科教育质量研究》,硕士学位论文,北京师范大学,2006 年。

133. 李艳:《20 世纪 90 年代以来美国研究型大学本科教育改革探析》,硕士学位论文,西南大学,2007 年。

134. 李喆:《摭论美国研究型大学本科培养模式的历史变革》,硕士学位论文,吉林大学,2007 年。

135. 柳倩华:《论美国高等教育后大众化时期研究型大学本科教育质量的提高》,硕士学位论文,华南师范大学,2003 年。

136. 史静波:《美国研究型大学本科生培养模式研究》,硕士学位论文,大连理工大学,2007 年。

137. 郑旺全:《试论美国本科生教育经验》,硕士学位论文,北京师范大学,1990 年。

图表目录

后　记

　　本书是在我博士论文的基础上修改而成，成书之际回想过往，此时最想表达的唯有"感谢"两字。

　　感谢我的导师魏贤超教授。魏老师深厚的学术涵养、缜密的逻辑思维、严谨的治学态度、忘我的工作精神以及宽容的待人态度，都深深令人敬佩并让我在做人为学方面受益匪浅。整篇博士论文的完成，从论文题目的选择、观点的提炼、材料的搜集到语句的斟酌都离不开魏老师的严格要求与悉心指导。寥寥数语难以完全表达出我的感激之情，唯有今后更加努力以不辜负恩师的付出与期望。浙江大学教育学院这片沃土，浓厚的学术氛围与丰富的教育资源为我个人成长提供了良好的环境。王承绪先生、徐辉教授、徐小洲教授、顾建民教授、方展画教授、吴雪萍教授和祝怀新教授的亲自授课，使我对比较教育学的理论与实践有了更为全面的了解和更加深入的认识。单中惠教授和杨明教授，他们在我论文的选题、预审以及修改过程中提出了宝贵意见，这些真知灼识在帮我解决困惑、厘清思路和明确方向方面都提供了重要指导。感谢周谷平教授对我学业和生活上的细心教导和热忱帮助。感谢华东师范大学的陆有铨教授，不辞辛劳地从上海来杭担任答辩委员会的主席。感谢我的硕士导师、北京师范大学教育学院的魏曼华副教授，她对我的关怀与鼓励促使我不断进取。

感谢浙江大学韩芳、刘淑华、王霞、段新明、杨海燕、韩瑞莲和陈卓各位学长对我的真诚关心，感谢于滨、赵凌、倪小敏、刘艳舞、张秀坤和李栋诸多同学对我的热心帮助，在这个学术大家庭中我无时无刻不获得启迪、感到温暖。求知路上的朋友班建伍、段永富、杨静、寇丽娟、张瑞芳、苏伟、范明丽、周序和毛伟霞，都曾在论文写作中助我一臂之力。在此，致以真诚的谢意。

感谢浙江树人大学这个平台，为教师发展提供了良好的学术环境和科研条件。感谢徐绪卿副校长和高等教育学学科的各位成员以及科研处的诸位老师，我的成长离不开他们的支持与帮助。

感谢人民出版社的张秀平编审以及参与本书校对过程中的各位老师，他们为本书的出版创造了条件并付出了辛勤的劳动。

感谢张厚美叔叔和任国霞阿姨一直以来对我学习、工作和生活的关心。

感谢我的父母和公婆4位老人，这些年来他们对我物质和精神上的默默付出，使我能够全身心地投入到学习和工作之中。感谢我的爱人郭晨虹，正是他长期以来的关心和包容，成为我坚强的后盾和人生的避风港。

总之，在该书完成之际，再次向所有给予我关心、支持、启发和帮助的人予以衷心的感谢！也对于文中所参考的大量文献的原作者表示最真诚的敬意！

高 飞

2011 年 12 月

图书在版编目（CIP）数据

美国研究型大学本科教育发展研究 / 高飞著.
–北京：人民出版社，2011
ISBN 978–7–01–010256–6/
Ⅰ.①美…　Ⅱ.①高…　Ⅲ.①高等教育–研究–美国
Ⅳ.①G649.712
中国版本图书馆 CIP 数据核字（2011）第 191080 号

美国研究型大学本科教育发展研究

MEIGUO YANJIU XING DAXUE BENKE JIAOYU FAZHAN YANJIU

作　　者：高　飞
责任编辑：张秀平
封面设计：徐　晖

人民出版社　出版发行

地　　址：北京朝阳门内大街 166 号
邮政编码：100706　www.peoplepress.net
经　　销：新华书店总店北京发行所经销
印刷装订：北京昌平百善印刷厂
出版日期：2012 年 3 月第 1 版　2012 年 3 月第 1 次印刷
开　　本：880 毫米×1230 毫米　1/32
印　　张：14
字　　数：340 千字
书　　号：ISBN 978–7–01–010256–6/
定　　价：38.00 元